2026

KOREAN NATIONAL POLICE UNIVERSITY

경찰대학 기출문제

국어·영어·수학

3 개년 총정리

2025 ~ 2023

2026

경찰
대학
기출문제

3 총·정·리
2025~2023학년도
개년

인쇄일 2025년 3월 1일 7판 1쇄 인쇄   **발행처** 시스컴 출판사
발행일 2025년 3월 5일 7판 1쇄 발행   **발행인** 송인식
등 록 제17-269호   **지은이** 경찰대학입시연구회
판 권 시스컴2025

ISBN 979-11-6941-655-9 13350
정 가 21,000원

주소 서울시 금천구 가산디지털1로 225, 514호(가산포휴) | 홈페이지 www.nadoogong.com
E-mail siscombooks@naver.com | 전화 02)866-9311 | Fax 02)866-9312

발간 이후 발견된 정오사항은 나두공 홈페이지 도서정오표에서 알려드립니다.(나두공 홈페이지 → 자격증 → 도서정오표)

머리말

경찰대학은 국가치안부문에 종사하는 경찰간부가 될 자에게 학술을 연마하게 하고 심신을 단련시키기 위하여 설립된 국립대학입니다. 경찰대학을 졸업하면 초급 간부인 경위로 임관하여 국가 수호의 주도적인 역할을 하게 됩니다. 즉, 경찰대학에는 졸업과 동시에 취업이 보장된다는 이점이 있기 때문에 해마다 응시 인원이 증가하고 있어 경찰대학의 높은 인기를 실감할 수 있습니다.

그렇다면 경찰대학에 입학하려면 무엇이 가장 중요할까요?

당연한 말이지만 바로 1차 필기시험입니다. 왜냐하면 1차 시험에서 6배수 안에 들어야 그 다음 사정에 응시할 수 있는 기회가 주어지기 때문입니다. 1차 시험을 잘 보기 위해서는 무엇보다도 기출문제를 꼼꼼하게 파악하고 풀어보는 것이 중요합니다. 그래야 실제 시험에서 긴장하지 않고 실수를 최소화할 수 있기 때문입니다. 기출문제 풀이는 모든 시험의 필수적인 요소라고 할 수 있습니다.

이에 본서는 경찰대학 입시에 필수적인 과년도 최신 기출문제를 실어 연도별로 기출문제를 풀어볼 수 있도록 구성하였으며, 정답 및 해설에서 알기 쉽고 자세하게 풀이하였습니다.

본서는 여러분의 합격을 응원합니다!

경찰대학 입학 전형

▌모집 정원

50명(남녀통합선발)(일반전형 44명, 특별전형 6명)
※학과는 법학과/행정학과 각 25명 정원이며 2학년 진학 시 결정
※일반/특별전형 미충원 시 다른 전형 정원으로 전환함

▌지원 자격

- 1984. 1. 1부터 2009. 12. 31까지 출생한 대한민국 국적을 가진 자
  ※군복무 기간 1년 미만은 1세, 1년 이상~2년 미만은 2세, 2년 이상은 3세 연장
- 고등학교 졸업자, 2026. 2월 졸업예정자 또는 법령에 따라 이와 같은 수준 이상의 학력이 있다고 인정된 자
  ※인문·자연계열 구분 없이 응시 가능
  ※검정고시 응시자는 2025년 12월 31일 이전에 합격한 사람에 한함

▌결격 사유

- 「경찰공무원법」 제8조 제2항의 결격사유에 해당하는 자
  ※「국적법」 제11조의2 제1항의 복수국적자는 입학 전까지 외국 국적 포기 절차가 완료되어야 함
- 경찰대학 학생모집 시험규칙으로 정한 신체기준(신체 조건과 체력 조건을 말한다)에 미달하는 자
- 위에서 지원 자격으로 제시된 학력, 연령, 국적에 해당하지 않는 자

▌1차 시험 방법

과 목		국 어	영 어	수 학
문 항 수		45문항	45문항	25문항
시험시간		60분	60분	80분
출제형태		객관식(5지 택일 형태) ※수학은 단답형 주관식 5문항 포함		
배점	전체	100점	100점	100점
	문항	2점, 3점	2점, 3점	3점, 4점, 5점
출제범위		독서, 문학	영어Ⅰ, 영어Ⅱ	수학Ⅰ, 수학Ⅱ

전형 절차

구 분		내 용	장 소
인터넷 원서접수 (11일간)		▪ 대학 홈페이지에 접속하여 원서접수 (대행업체 홈페이지와 링크)	인터넷
1차 시험	시험	▪ 지구(14개) : 서울 · 부산 · 대구 · 인천 · 광주 · 대전 · 경기 · 강원 · 충북 · 전북 · 경남 · 울산 · 제주 · 충남 ※ 지정장소는 원서접수 후 홈페이지 공지 ▪ 수험표, 컴퓨터용 사인펜, 수정테이프, 신분증(주민등록증, 학생증, 운전면허증, 여권 등 사진 대조 가능) 휴대	응시지구 지방경찰청 지정장소
	시험문제 이의제기	홈페이지 1차 시험 이의 제기 코너에서 이의 접수	인터넷
	합격자 발표	▪ 대학 홈페이지 발표 ▪ 원서접수 홈페이지 성적 개별 확인	인터넷
2차 시험	구비서류 제출	미제출자 불합격 처리	인편 또는 등기우편
	자기소개서 제출	제출 기간 내 원서 접수 대행업체 "자기소개서 업로드"에 작성 완료한 자기소개서 제출(파일 업로드)	인터넷
	신체검사서 제출	경찰공무원 채용 신체검사(약물검사 포함) 가능한 국 · 공립 병원 또는 종합병원에서 개별 수검(검사비용 등 수험생 부담) ※ 미제출자 불합격 처리	인편 또는 등기우편
	체력 · 적성검사, 면접시험	세부 일정은 1차 시험 후 홈페이지 공지 ※ 식비는 수험생 부담	경찰대학
최종 합격자 발표		대학 홈페이지 발표	인터넷
합격자 등록		원서접수 홈페이지에서 입학등록 및 입학등록표 출력	인터넷
1차 추가합격자 발표		원서접수 홈페이지 개별 확인	인터넷
1차 추가합격자 등록		원서접수 홈페이지에서 입학등록 및 입학등록표 출력 ※ 이후 등록포기자 발생 시 개별 통지	인터넷
청람교육 입교		본인이 직접 입교 후 합숙 예정 ※ 미입교 및 퇴교자 발생 시 추가합격 개별 통지	경찰대학

▌신체 및 체력조건

- 신체조건(남 · 여 공통)

구 분	내 용
체격	국 · 공립병원 또는 종합병원에서 실시한 경찰공무원 채용시험 신체검사 및 약물검사의 결과 건강상태가 양호하고, 직무에 적합한 신체를 가져야 함
시력	시력(교정시력 포함)은 좌 · 우 각각 0.8 이상이어야 함
색각	색각 이상(약도 색약은 제외)이 아니어야 함
청력	정상(좌우 각각 40데시벨(db) 이하의 소리를 들을 수 있는 경우를 말함)이어야 함
혈압	고혈압 또는 저혈압이 아니어야 함 • 고혈압 : 수축기 혈압이 145mmHg을 초과하거나 확장기 혈압이 90mmHg 초과 • 저혈압 : 수축기 혈압이 90mmHg 미만이거나 확장기 혈압이 60mmHg 미만
사시(斜視)	복시(複視 : 겹보임)가 없어야 함(다만, 안과 전문의가 직무수행에 지장이 없다고 진단한 경우는 제외)
문신	내용 및 노출여부에 따라 경찰공무원의 명예를 훼손할 수 있다고 판단되는 문신이 없어야 함

- 순환식 체력검사 기준

채용기준	4분 40초 이하

• 합격 기록: 5분 10초 이하

• 불합격 기록: 5분 10초 초과

채용기준	4.2kg 조끼 착용

• 4.2kg 조끼 미착용 후 평가 실시

• 순환식 체력검사 불합격 시 당일에 한해 2회 추가기회 부여

• 경찰대학 입학생들은 졸업(임용) 전 채용기준으로 「순환식 체력검사」를 통과하여야 함

• 채용기준: 4.2kg 조끼를 착용하고 신체저항성 기구 32kg으로 중량 강화하여 4분 40초 이하 수행 ※체력검사의 평가종목 가운데 1종목이라도 1점을 받은 경우 불합격

최종 사정(1,000점 만점) 방법

- 1차 시험 성적(20%) : 환산 성적 200점 만점 → 최종사정 환산 성적=(3과목 합계점수)×200/300
- 체력검사 성적(5%) : 환산 성적 50점 만점 → 최종사정 환산 성적=20점+[(평가 원점수)×3/5]
- 면접시험 성적(10%) : 환산 성적 100점 만점 → 최종사정 환산 성적=50점+[(평가 원점수)÷2]

항 목	점수(100)	비고
적성	40	▪ 평가원점수 100점 만점 기준 60점 미만 불합격
창의 · 논리성	30	※적성 면접 평가 40점 만점 기준으로 4할(16점) 미만자는 전체 평가 원점수 60점 이상이어도 불합격
집단토론	30	▪ 생활태도 평가의 감점상한은 최대 10점으로 하고, 감점하는 사유는 면접시험 안내 시 별도로 설명
생활태도	감점제	

- 학교생활기록부 성적(15%) : 교과 성적 135점, 출석 성적 15점 만점(고등학교 1학년 1학기~3학년 1학기)

교과성적 산출방법	▪ 이수단위와 석차등급(9등급)이 기재된 전 과목 반영 ▪ 산출공식 = 135점 - (5 - 환산평균) × 5 　- 환산평균 = (환산총점) ÷ (이수단위 합계) 　- 환산총점 = (과목별 단위 수 × 석차등급 환산점수)의 합계 　- 학교생활기록부 석차등급 환산점수

석차등급	1등급	2등급	3등급	4등급	5등급	6등급	7등급	8등급	9등급
점 수	5점	4.5점	4점	3.5점	3점	2.5점	2점	1.5점	1점

※ 예체능 교과(우수, 보통, 미흡 3등급 평가) 제외

출석성적 산출방법

1 · 2학년 및 3학년 1학기까지 결석일수를 5개 등급으로 구분

결석일수	1일 미만	1~2일	3~5일	6~9일	10일 이상
점 수	15점	14점	13점	12점	11점

- 무단지각, 조퇴, 결과는 합산하여 3회를 결석 1일로 계산
- 질병 및 기타 인정사항으로 인한 결석, 지각, 조퇴, 결과는 결석일수 계산에서 제외
　※학교생활기록부 출결사항에서 사고(무단)의 경우만 산정

학생부 비적용 대상자

대학수학능력시험 성적에 따라 유사한 성적군의 학교생활기록부 성적과 비교하여 산출한 비교내신 반영
- 고등학교 졸업학력 검정고시 출신인 사람
- 고등학교에서 조기졸업을 하였거나 상급학교 조기입학 자격을 갖춘 사람
- 외국 소재 고등학교에서 과정의 1개 학기 이상을 이수하여 고등학교 1학년 1학기부터 3학년 1학기까지 1개 학기 이상의 학교생활기록부가 없는 사람
- 그 밖에 위에 나열한 사람에 준하는 사유로 고등학교 1학년 1학기부터 3학년 1학기까지 1개 학기 이상의 학교생활기록이 없는 사람
- 석차등급(9등급제)을 적용받지 않은 사람

- 대학수학능력시험 성적(50%) : 국어 · 수학 · 영어 및 탐구 2과목 필수(계열 구분없이 사회 · 과학탐구 영역 중 2과목 선택), 한국사 필수

영 역	합계	국어 · 수학	영어	탐구	한국사
점 수	500점	각 140점	등급별 환산점수	80점	수능 환산 점수에서 등급별 감점

※탐구영역에서 제2외국어 · 직업탐구는 제외(사회탐구 · 과학탐구 대체 불가)

※ 한국사 : 수능 환산점수에서 등급에 따라 감점 적용

등 급	1	2	3	4	5	6	7	8	9
반영점수	0	−0.5	−1	불합격					

▍구비 서류

1차 시험	■ 대상 : 응시자 전원 ■ 홈페이지에서 대행업체 웹사이트 접속하여 응시원서 접수(수수료 : 25,000원) ■ 인터넷에 게시된 양식에 따라 응시원서 작성 ■ 컬러사진 3.5cm×4.5cm(온라인 응시원서 작성 시 첨부파일로 첨부)
2차 시험	■ 대상 : 1차 시험 합격자 ■ 신원진술서 2부 ■ 개인정보제공동의서 2부 ■ 기본증명서(상세) 1부 ■ 가족관계증명서(상세) 1부 ■ 고등학교 학교생활기록부 2부 　(비적용 대상자는 졸업증서나 검정고시 합격증 사본 등을 제출하되 원본은 면접시험 시 지참) ■ 고등학교 개인별 출결 현황 1부(해당자만) 　※3학년 기간 중 결석, 지각, 조퇴, 결과 기록이 있는 경우 발생한 학기의 증명을 위해 제출

▍응시자 유의사항

– 응시자는 경찰대학 홈페이지의 입학안내 게시사항을 확인하고 안내에 따라야 함
– 다음에 해당하는 응시자는 불합격(합격 및 입학 취소) 처리됨
　1. 제출기간 내 구비서류 미제출자
　2. 1차 시험 또는 2차 시험에 결시한 자
　3. 원서 접수 후 지원자격에 부합하지 않은 사실이 확인된 자
　4. 부정행위, 서류의 허위 기재, 위조, 변조, 기타 부정한 방법으로 지원한 자
　5. 신체검사, 체력검사, 면접시험 등 기준 미달자
　6. 국내 또는 외국 소재 고등학교 졸업(예정)자로서 최종 합격한 자 중 2022학년도 학기 개시일 이전 졸업 증명서를 제출하
　　지 않은 자
　7. 사회적 물의 야기 등으로 경찰대학 대학운영위원회에서 합격취소 결정한 자
– 제출한 서류는 반환하지 않음

 모집 요강은 추후 변동될 수 있으므로 반드시 경찰대학 홈페이지에서 확인하시기 바랍니다.

순환식 체력검사

구분	합격		불합격
기록	5분 10초 이하		5분 10초 초과
	채용기준	4분 40초 이하	
※ 4.2kg 조끼 미착용 후 평가 실시	채용기준	4.2kg 조끼 착용	

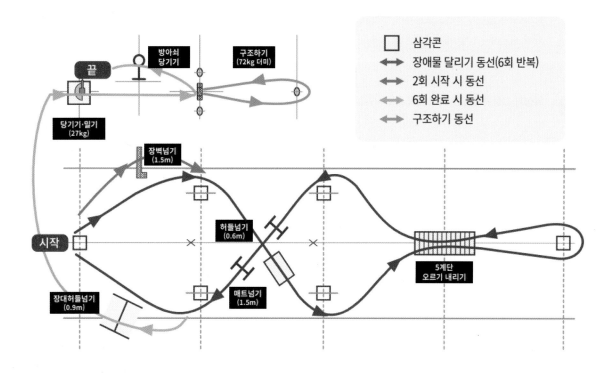

수행방법	① [파란선] 매트넘기, 5계단오르내리기, 허들넘기로 구성된 장애물 달리기* 1회 　*장애물 달리기: 매트넘기 1회, 5계단오르내리기 2회(왕복), 허들넘기 2회 ② [주황선] 장애물 달리기 2회 시작 시 1.5m 높이 장벽 넘기 ③ [파란선] 장애물 달리기 추가 5회 반복 수행 ④ [노란선] 장대허들(0.9m) 넘기 왕복 3회 ⑤ [노란선] 신체저항성 기구(27kg) 당기기 · 밀기 각 3회 총 6회 <table><tr><td>채용기준</td><td>32kg</td></tr></table> ⑥ [초록선] 72kg 더미 끌고 반환점 돌아오기(10.7m) ⑦ [노란선] 38권총 방아쇠 당기기(주손 · 반대손 각 16, 15회)

※ 순환식 체력검사 불합격 시 당일에 한해 2회 추가기회 부여

※ 경찰대학 입학생들은 졸업(임용) 전 채용기준으로 「순환식 체력검사」를 통과하여야 함

－ 채용기준: 4.2kg 조끼를 착용하고 신체저항성 기구 32kg으로 중량 강화하여 4분 40초 이하 수행

경찰대학 Q&A

Q1 경찰대학의 학과에는 무엇이 있나요?

법학과, 행정학과 총 2개의 학과가 있습니다.

Q2 학과별로 모집하나요?

학과 구분 없이 50명을 모집하며, 2학년 진학 시 학생의 희망에 따라 각 학과별 25명씩 학과를 선택합니다. 특정 학과 지원자가 많을 경우 1학년 성적에 의하여 강제로 나눌 수 있습니다.

Q3 특성화 고등학교, 검정고시 합격자도 지원할 수 있나요?

특성화 고등학교, 검정고시 합격자 모두 아무 제한 없이 지원할 수 있습니다. 다만, 경찰대학에서 요구하는 대학수학능력시험의 영역을 응시해야 합니다.

Q4 편입학제도가 있나요? 타 대학 수시합격자도 지원할 수 있나요?

2023학년도부터 편입학제도가 실시됩니다.(일반 대학생 25명, 재직경찰관 25명)
※ 경찰대학은 특별법에 의해 설립된 대학으로 복수지원 금지규정에 해당되지 않습니다.

Q5 외국어 특기, 경시대회 입상, 학생회 활동, 봉사활동, 무도 단증 등에 대한 가산점이 있나요?

어떤 종류에 대해서도 가산점을 부여하지 않고 있으며, 아울러 차별이나 감점도 없습니다.

Q6 아버지, 친척 등이 전과자인데, 응시에 제한을 받나요?

연좌제는 법으로 금지되고 있으므로 부모, 형제, 친척의 전과 등으로 인해 본인에게 영향은 없습니다.

Q7 1차 시험은 어디에서 보나요?

1차 시험은 수험생 응시지구의 관할 지방경찰청이 지정하는 장소에서 실시되며 보통 해당 지방경찰청 소재지 내 지정학교에서 시행됩니다. 장소는 원서접수 후 홈페이지에 별도로 공지합니다.

Q8   1차 시험은 어떤 과목을 보나요?

1차 시험 과목은 국어, 영어, 수학입니다. 각각 100점 만점 기준 고득점자 순으로 모집정원(50명)의 6배수를 선발합니다. 커트라인 동점자는 모두 합격처리합니다.

Q9   1차 시험의 시험시간, 출제형태, 난이도 등은 어떻게 되나요?

1차 시험의 시험시간은 국어 60분(45문항), 수학 80분(25문항), 영어 60분(45문항)이고, 객관식(5지 택일 형)이며 수학 과목만 단답형 주관식 5문항이 포함되어 있습니다. 말하기, 듣기 평가는 제외됩니다. 문제의 난이도는 응시자의 수준을 고려하여 출제하므로 일반적인 시험보다 어렵다고 느끼는 학생들이 있으며, 문제 형식은 가급적 수능시험 형태를 유지하는 것을 기본으로 합니다.

Q10   수학능력시험은 최종에 어떤 방법으로 반영하나요?

국어, 수학, 영어 및 탐구 2과목(계열 구분없이 사회·과학탐구 영역 중 2과목) 표준점수를 총 500점 만점으로 반영합니다. 국어, 수학은 각 140점 만점으로 반영하고, 영어는 등급별 환산점수로, 탐구는 80점 만점으로 반영합니다. 최종사정 1,000점 만점 중 500점을 반영하므로 50% 반영하는 것입니다.

Q11   내신은 어떤 방법으로 산출 하나요?

내신성적 산출은 학교생활기록부에 기재된 과목별 석차등급(1~9등급)을 반영하여 산출하게 되며 1학년 1학기부터 3학년 1학기까지 5학기를 적용하고 학기별 배점비율은 동일합니다.

Q12   수능시험만 잘 봐도 합격이 가능한가요?

최종합격생 선발 시, 대학수학능력시험 성적은 50%가 반영되므로 수능만 잘 본다고 해서 반드시 합격하는 것은 아닙니다.

이 책의 구성과 특징

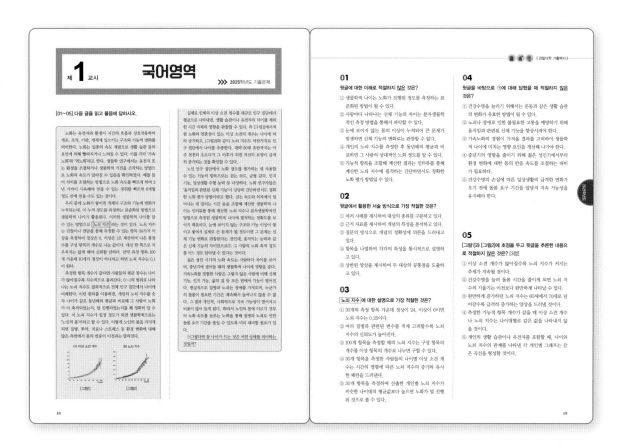

3개년 기출문제

경찰대학 1차 시험 국어, 영어, 수학, 세 과목의 기출문제를 2025학년도부터 2023학년도까지 연도별로 정리하여 수록함으로써 연도별 기출 경향과 출제 방향을 파악할 수 있도록 구성하였습니다.

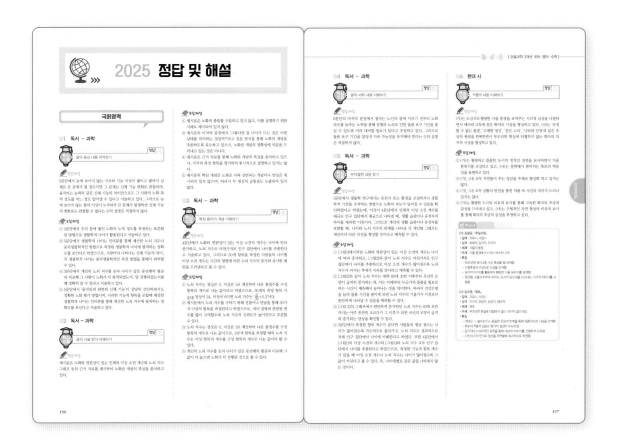

정답 및 해설

- **핵심주제** : 문항마다 핵심 주제를 제시하여 문제의 출제 의도를 보다 쉽게 간파하도록 하였습니다.

- **정답해설** : 각 문항별로 자세하고 알기 쉽게 풀이하여 수험생들이 쉽게 이해할 수 있도록 구성하였습니다.

- **오답해설** : 정답을 아는 것에서 나아가 오답이 오답인 이유를 명백히 이해할 수 있도록 오답에 대한 해설도 함께 수록하였습니다.

- **핵심노트** : 문제와 관련된 내용을 핵심노트로 정리하여 배경지식을 넓힐 수 있도록 구성하였습니다.

목차

[기출문제]

[정답 및 해설]

경찰대학 스터디 플랜

날 짜	연 도	과 목	내 용	학습시간
Day 1~3	2025학년도	• 국어영역 기출문제 • 영어영역 기출문제 • 수학영역 기출문제		
Day 4~6	2024학년도	• 국어영역 기출문제 • 영어영역 기출문제 • 수학영역 기출문제		
Day 7~9	2023학년도	• 국어영역 기출문제 • 영어영역 기출문제 • 수학영역 기출문제		

2025학년도
기출문제

제1교시 국어영역

제2교시 영어영역

제3교시 수학영역

[01~05] 다음 글을 읽고 물음에 답하시오.

노화는 유전자와 환경이 시간의 흐름과 상호작용하여 세포, 조직, 기관, 개체에 일으키는 구조와 기능의 변화를 의미한다. 노화는 일종의 속도 개념으로 생활 습관 등의 요인에 의해 빨라지거나 느려질 수 있다. 이를 각각 '가속노화'와 '역노화'라고 한다. 생물학 연구에서는 유전자 또는 환경을 조절하거나 생물학적 기전을 조작하는 방법으로 노화의 속도가 달라질 수 있음을 확인하였다. 예를 들어 식이를 조절하는 방법으로 노화 속도를 빠르게 하여 2년 가까이 사육해야 얻을 수 있는 생쥐를 빠르면 6개월 정도 만에 얻을 수도 있는 것이다.

우리 몸에 노화가 쌓이면 개체의 구조와 기능에 변화가 누적되는데, 이 누적 정도를 측정하는 표준화된 방법으로 생물학적 나이가 활용된다. 이러한 생물학적 나이를 알 수 있는 방법으로 노쇠 지수 라는 것이 있다. 노쇠 지수는 진찰이나 면담을 통해 측정할 수 있는 항목 30가지 이상을 측정하여 정상은 0, 이상은 1로 계산하여 나온 총점수를 구성 항목의 개수로 나눈 값이다. 대신 한 쪽으로 치우치지는 않게 해야 신뢰할 만하다. 만약 측정 항목 100개 가운데 10개가 정상이 아니라고 하면 노쇠 지수는 0.1이 된다.

측정한 항목 개수가 같다면 사람들의 평균 점수는 나이가 많아질수록 지수적으로 올라간다. 0~1의 범위로 나타나는 노쇠 지수도 결과적으로 전체 인구 집단에서 나이에 비례한다. 이런 원리를 이용하면, 개인의 노쇠 지수를 숫자 나이가 같은 동년배의 평균과 비교해 그 사람이 노화가 더 축적되었는지, 덜 진행되었는지를 꽤 정확히 알 수 있다. 이 노쇠 지수가 일정 정도가 되면 생물학적으로는 '노인의 몸'이라고 할 수 있다. 이렇게 노인의 몸을 가지게 되면 질병, 투약, 치료나 스트레스 등 환경 변화에 대해 많은 측면에서 몸의 반응이 이전과는 달라진다.

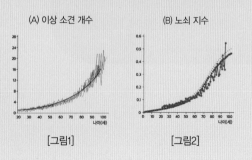

(A) 이상 소견 개수   (B) 노쇠 지수

[그림1]   [그림2]

실제로 인체의 이상 소견 개수를 대규모 인구 집단에서 평균으로 나타내면, 생활 습관이나 유전자의 차이를 제외한 시간 자체의 영향을 관찰할 수 있다. 즉 [그림1]에서처럼 노화와 연관성이 있는 이상 소견의 개수는 나이에 따라 증가하고, [그림2]와 같이 노쇠 지수도 마찬가지로 인구 집단에서 나이를 추종한다. 대략 60대 초반까지는 아주 천천히 오르다가 그 이후가 되면 곡선의 모양이 급격히 증가되는 것을 확인할 수 있다.

노인 인구 집단에서 노화 정도를 평가하는 데 사용할 수 있는 기능적 항목으로는 걷는 속도, 균형 감각, 인지 기능, 일상생활 수행 능력 등 다양하다. 노화 연구자들은 '움직임과 관련된 신체 기능'이 상당히 간단하면서도 정확한 노화 평가 방법이라고 했다. 걷는 속도와 의자에서 일어나는 데 걸리는 시간 등을 조합해 계산한 생물학적 나이는 인터뷰를 통해 계산한 노쇠 지수나 분자생물학적인 방법으로 측정된 생물학적 나이에 필적하는 정확도를 보이기 때문이다. 눈에 보이지 않는 구조와 기능 이상이 쌓이고 쌓여서 실제로 큰 문제가 될 정도이면 그 문제는 신체 기능 변화로 관찰된다는 것인데, 움직이는 능력과 같은 신체 기능의 차이만으로도 그 사람의 노화 축적 정도를 어느 정도 알아낼 수 있다는 것이다.

젊은 성인 시기의 노화 속도는 사람마다 차이를 보이며, 중년기에 접어들 때의 생물학적 나이에 영향을 준다. 가속노화를 경험한 사람은 그렇지 않은 사람에 비해 신체 기능, 인지 기능, 삶의 질 등 모든 면에서 기능이 떨어진다. 현실적으로 질병과 노쇠는 장애를 가져오며, 누군가의 돌봄이 필요한 기간은 계속해서 늘어나지 않을 수 없다. 그 결과 개인적, 사회적으로 지속 가능성이 떨어지고 비용이 많이 들게 된다. 따라서 노인의 몸에 이르기 전부터 노화 속도를 늦추는 노력을 통해 질병과 노쇠로 인한 돌봄 요구 기간을 줄일 수 있도록 미리 대비할 필요가 있다.

㉠그렇다면 잘 나이가 드는 것은 어떤 상태를 의미하는 것일까?

01

윗글에 대한 이해로 적절하지 <u>않은</u> 것은?

① 생물학적 나이는 노화가 진행된 정도를 측정하는 표준화된 방법이 될 수 있다.

② 사람마다 나타나는 신체 기능의 차이는 분자생물학적인 측정 방법을 통해서 파악할 수 있다.

③ 눈에 보이지 않는 몸의 이상이 누적되어 큰 문제가 발생하면 신체 기능의 변화로는 관찰할 수 없다.

④ 개인의 노쇠 지수를 측정한 후 동년배의 평균과 비교하면 그 사람의 상대적인 노화 정도를 알 수 있다.

⑤ 기능적 항목을 조합해 계산한 결과는 인터뷰를 통해 계산한 노쇠 지수에 필적하는 간단하면서도 정확한 노화 평가 방법일 수 있다.

02

윗글에서 활용한 서술 방식으로 가장 적절한 것은?

① 여러 사례를 제시하여 대상의 종류를 구분하고 있다.

② 근거 자료를 제시하여 개념의 특성을 분석하고 있다.

③ 질문의 방식으로 개념의 정확성에 의문을 드러내고 있다.

④ 항목을 나열하여 각각의 특성을 통시적으로 설명하고 있다.

⑤ 상반된 양상을 제시하여 두 대상의 공통점을 도출하고 있다.

03

노쇠 지수 에 대한 설명으로 가장 적절한 것은?

① 30개의 측정 항목 가운데 정상이 24, 이상이 6이면 노쇠 지수는 0.25이다.

② 여러 질병과 관련된 변수를 적게 고려할수록 노쇠 지수의 신뢰도가 높아진다.

③ 100개 항목을 측정할 때의 노쇠 지수는 구성 항목의 개수를 이상 항목의 개수로 나누면 구할 수 있다.

④ 30개 항목을 측정한 사람들의 나이별 이상 소견 개수는 시간의 영향에 따른 노쇠 지수의 증가와 유사한 패턴을 드러낸다.

⑤ 30개 항목을 측정하여 산출한 개인별 노쇠 지수가 비슷한 나이대의 평균값보다 높으면 노화가 덜 진행된 것으로 볼 수 있다.

04

윗글을 바탕으로 ㉠에 대해 답했을 때 적절하지 <u>않은</u> 것은?

① 건강수명을 늘리기 위해서는 운동과 같은 생활 습관의 변화가 유효한 방법이 될 수 있다.

② 노쇠나 장애로 인한 불필요한 고통을 예방하기 위해 움직임과 관련된 신체 기능을 향상시켜야 한다.

③ 가속노화의 경험이 가져올 결과를 고려하여 생물학적 나이에 미치는 영향 요인을 개선해 나가야 한다.

④ 중년기의 영향을 줄이기 위해 젊은 성인기에서부터 환경 변화에 대한 몸의 반응 속도를 조절하는 대비가 필요하다.

⑤ 건강수명의 손실에 따른 일상생활의 급격한 변화가 오기 전에 돌봄 요구 기간을 앞당겨 지속 가능성을 유지해야 한다.

05

[그림1]과 [그림2]에 초점을 두고 윗글을 추론한 내용으로 적절하지 <u>않은</u> 것은? [3점]

① 이상 소견 개수가 많아질수록 노쇠 지수가 커지는 추세가 지속될 것이다.

② 건강수명을 늘려 돌봄 시간을 줄이게 되면 노쇠 지수의 기울기는 이전보다 완만하게 나타날 수 있다.

③ 완만하게 증가하던 노쇠 지수는 60세에서 70세로 넘어갈수록 급격히 증가하는 양상을 드러낼 것이다.

④ 측정한 기능적 항목 개수가 같을 때 이상 소견 개수나 노쇠 지수는 나이대별로 같은 값을 나타내지 않을 것이다.

⑤ 개인의 생활 습관이나 유전자를 포함할 때, 나이와 노쇠 지수의 관계를 나타낸 각 개인별 그래프는 같은 곡선을 형성할 것이다.

[06~10] 다음 글을 읽고 물음에 답하시오.

(가)
낙엽은 폴란드 망명 정부의 지폐
포화(砲火)에 이지러진
도룬 시의 가을 하늘을 생각게 한다.
길은 한 줄기 구겨진 넥타이처럼 풀어져
일광(日光)의 폭포 속으로 사라지고
조그만 담배 연기를 내뿜으며
새로 두 시의 급행 열차가 들을 달린다.
포플라 나무의 근골(筋骨) 사이로
공장의 지붕은 흰 이빨을 드러내인 채
한 가닥 구부러진 철책(鐵柵)이 바람에 나부끼고
그 위에 셀로판지로 만든 구름이 하나.
자욱한 풀벌레 소리 발길로 차며
호올로 황량(荒凉)한 생각 버릴 곳 없어
허공에 띄우는 돌팔매 하나.
기울어진 풍경의 장막(帳幕) 저쪽에
고독한 반원(半圓)을 긋고 ㉠잠기어 간다.

– 김광균, 「추일서정」

(나)
폭포(瀑布)는 곧은 절벽(絶壁)을 무서운 기색도 없이 떨어
진다

규정(規定)할 수 없는 물결이
무엇을 향(向)하여 떨어진다는 의미(意味)도 없이
계절(季節)과 주야(晝夜)를 가리지 않고
고매(高邁)한 정신(精神)처럼 쉴 사이 없이 떨어진다

금잔화(金盞花)도 인가(人家)도 보이지 않는 ┐
밤이 되면   [A]
폭포(瀑布)는 곧은 소리를 내며 떨어진다 ┘

곧은 소리는 소리이다
곧은 소리는 곧은
소리를 부른다

번개와 같이 떨어지는 물방울은
취(醉)할 순간(瞬間)조차 마음에 주지 않고
나타(懶惰)와 안정(安定)을 뒤집어 놓은 듯이
높이도 폭(幅)도 없이
㉡떨어진다

– 김수영, 「폭포」

06

(가), (나)에 대한 설명으로 가장 적절한 것은?

① (가)는 구체적 심상을 나열하면서, (나)는 추상적 관념을 반복하면서 시상을 형성한다.
② (가)는 역동적인 장면을 서술하면서, (나)는 정적인 장면을 묘사하면서 분위기를 조성한다.
③ (가), (나) 모두 자연물이 주는 정감을 주제로 형상화하고 있다.
④ (가), (나) 모두 상황의 반전을 통해 작품 속 사건의 의미를 드러내고 있다.
⑤ (가), (나) 모두 비유를 통해 대상의 여러 속성들에 구체성을 부여하고 있다.

07

제목과 관련지어 (가)를 감상한 것으로 적절하지 <u>않은</u> 것은?

① '추일'은 화자가 감각적으로 경험한 대상이다.
② '추일'은 화자에게 경험적 시간보다는 심리적 상황으로 여겨진다.
③ '서정'은 '추일'에 반발하여 화자가 갖게 된 정서이다.
④ '서정'은 화자의 행동을 통해 겉으로 드러난다.
⑤ '추일서정'은 화자가 벗어나지 못하고 있는 심리 상태로 그려진다.

08

(가)에서 〈보기〉와 같은 표현을 사용한 구절은?

〈보기〉
흔들리는 종소리의 동그라미 속으로

① 낙엽은 폴란드 망명 정부의 지폐
② 조그만 담배 연기를 내뿜으며 새로 두 시의 급행 열차가 들을 달린다.
③ 공장의 지붕은 흰 이빨을 드러내민 채
④ 그 위에 셀로판지로 만든 구름이 하나.
⑤ 자욱한 풀벌레 소리 발길로 차며

09

(A)를 단서로 (나)의 '폭포'를 이해한 내용으로 가장 적절한 것은? [3점]

① 폭포가 지닌 본질은 이해할 수 없다.
② 폭포의 현상은 밤이 되어야 드러난다.
③ 폭포의 본질은 폭포의 현상에 있지 않다.
④ 폭포는 현상과 모순되는 본질을 나타낸 것이다.
⑤ 밤이 되면 폭포는 낮과는 다른 본질을 갖게 된다.

10

㉠, ㉡에 대한 설명으로 가장 적절한 것은?

① ㉠과 ㉡은 대상의 핵심적인 속성을 드러낸다.
② ㉠과 ㉡은 하강 이미지를 통해 슬픔을 나타낸다.
③ ㉠과 ㉡은 단호한 어조로 화자의 의지를 표현한다.
④ ㉠은 ㉡과 달리, 문제를 해결하는 계기가 된다.
⑤ ㉡은 ㉠과 달리, 사건의 전후가 상반된 의미를 지닌다.

[11~15] 다음 글을 읽고 물음에 답하시오.

두 번째로 **내가 건우란 소년에 대해서 관심을 더욱 가지게 된 것은** 학기 초 가정 방문을 나가기 전에 그가 써 낸 작품을 읽고부터였다. (나는 가정 방문을 나가기 전 가끔 학생들에게 자기 자신에 관한 글을 써 오라고 하였다.)

[A]
「섬 얘기」란 제목의 그의 글은 결코 미문은 아니었다. 그러나 내용은 끔찍한 것이라 생각했다. 자기가 사는 고장 — 복숭아꽃도, 살구꽃도, 아기 진달래도 피지 않는 조마이섬은, 몇 백 년, 아니 몇 천 년 갖은 풍상과 홍수를 겪어 오는 동안에 모래가 밀려서 된 나라 땅인데, 일제 때는 억울하게도 일본 사람의 소유가 되어 있다가 해방 후부터는 어떤 국회의원 명의로 둔갑이 되었는가 하면, 그 뒤는 또 그 조마이섬 앞 강의 매립 허가를 얻은 어떤 다른 유력자의 앞으로 넘어가 있다든가 하는 — 말하자면 선조 때부터 거기에 발을 붙이고 살아오던 사람들과는 무관하게 소유자가 도깨비처럼 뒤바뀌고 있다는, 섬의 내력을 적은 글이었다.

그저 그런 정도의 얘기를 솔직히 적었을 따름인데, 어딘지 모르게 무엇인가를 저주하는 듯한, 소년의 ㉠날카롭고 냉랭한 심사가 글 밑바닥에 좍 깔려 있었다. 나는 나 자신이 갑자기 무슨 고발이라도 당한 심정으로 그 글발을 따로 제쳐서 책상 서랍 속에 넣어 두었다. (중략)

"와 빨리 보능기요? 내 안주 술 안 취했음데이. 염려 마아소."

갈밭새 영감은 기름이 절은 수건을 꺼내더니 이마를 한 번 훔치고서

"인자 판 말은 안 하지요. 언제 또 만날지 모르이칸에 이왕 만낸 짐에 저 송아지 빨갱이나 이 갈밭새가 사는 조마이섬 이바구나 좀 하지요."

그러곤 정신을 가다듬기나 하듯이 앞에 놓인 술잔을 훌쩍 비웠다.

건우 할아버지와 윤춘삼 씨가 들려준 조마이섬 이야기는 언젠가 건우가 써냈던 「섬 얘기」에 몇 가지 기막히는 일화가 붙은 것이었다.

"우리 조마이섬 사람들은 지 땅이 없는 사람들이요. 와 처음부터 없기싸 없었겠소마는 죄다 뺏기고 말았지요. 옛적부터 이 고장 사람들이 젖줄같이 믿어 오던 낙동강 물이 맨들어 준 우리 조마이섬은…….."

건우 할아버지는 처음부터 개탄조로 나왔다. 선조로부터 물려받은 땅, 자기들 것이라고 믿어 오던 땅이 자기들이 겨우 철 들락말락할 무렵에 별안간 왜놈의 동척 명의로 둔갑을 했더란 것이었다.

"이완용이란 놈이 '을사보호조약'이란 걸 맨들어 낸 뒤라 카더만!"

윤춘삼 씨의 ㉡퉁방울 같은 눈에도 증오의 빛이 이글거리기 시작했다.

[B]
1905년 – 을사년 겨울, 일본 군대의 포위 속에서 강제로 맺어진 '을사보호조약'이란 매국 조약을 계기로, 소위 '조선토지사업'이란 것이 전국적으로 실시되던 일, 그리고 이태 후인 정미년에 가서는 '한국 정부는 시정 개선에 관하여 통감의 지도를 수할 사'란 치욕적인 조목으로 시작된 '한일신협약'에 따라, 더욱 그 사업을 강행하고 역둔토(驛屯土)의 대부분과 삼림 원야(森林原野)들을 모조리 국유로 편입시키는 등 교묘한 구실과 방법으로써 농민들로부터 빼앗은 뒤, 다시 불하하는 형식으로 동척과 일인 수중에 옮겨 놓던 그 해괴망측한 처사들이 문득 내 머릿속에서도 떠올랐다.

"쥑일 놈들."

건우 할아버지는 그렇게 해서 다시 국회 의원, 다음은 하천 부지의 매립 허가를 얻은 유력자…… **이런 식으로**

21

소유자가 둔갑되어 간 사연들을 죽 들먹거리더니.

"이 꼴이 되고 보니 선조 때부터 둑을 맨들고 물과 싸워 가며 살아온 우리들은 대관절 우찌 되는기요?"

그의 ⓒ꺽꺽한 목소리에는, 건우가 지각을 하고 꾸중을 듣던 날 '나릿배 통학생임더.' 하던 때의, 그 무엇인가를 ⓔ저주하듯 한 감정이 꿈틀거리고 있는 것 같았다. 얼마나 그들의 땅에 대한 원한이 컸던가를 가히 짐작할 수 있었다.

– 김정한, 「모래톱 이야기」

11

윗글에 대한 이해로 적절하지 <u>않은</u> 것은?

① '건우'는 '조마이섬'에 대해 안타깝게 생각했다.

② '윤춘삼'은 '건우 할아버지'의 생각에 동조하며 분노했다.

③ '건우 할아버지'는 부당한 권력의 횡포에 대해 비판했다.

④ '나'는 '건우'의 글에서 '나'를 고발하려는 의도를 읽고 걱정했다.

⑤ '조마이섬 사람들'은 '유력자'의 행위로 인해 억울하게 살아왔다.

12

윗글에 대한 설명으로 적절하지 <u>않은</u> 것은?

① 대화 장면을 통해 과거에 일어난 사건을 드러내고 있다.

② 지역 방언을 사용하여 이야기에 현장감을 부여하고 있다.

③ 인물이 처한 현재 상황을 과거와 연결지어 보여주고 있다.

④ 역사적 사건을 직접적으로 언급하여 이야기의 사실성을 부각하고 있다.

⑤ 공간적 배경을 상세하게 묘사하여 장소의 외적 특징을 구체화하고 있다.

13

㉠~㉣에 대한 설명으로 가장 적절한 것은?

① ㉠과 ㉡은 외양 묘사에 내포된 인물의 행동을 암시하고 있다.

② ㉠과 ㉢에서 드러나는 상황에 대한 인물의 태도는 상반되어 있다.

③ ㉠은 ㉣과 달리 인물의 심리를 서술하여 주제를 부각하고 있다.

④ ㉡과 ㉢은 인물의 외적 모습과 마음 상태의 괴리를 강조하고 있다.

⑤ ㉢은 ㉣에서 인물이 느낀 것과 같은 감정이 외적으로 발현되고 있다.

14

(A)와 (B)를 비교한 내용으로 가장 적절한 것은?

① (A)는 '나'가 직접적으로 겪은 경험의 기록을, (B)는 '건우'가 간접적으로 경험한 사실의 기억을 전달하고 있다.

② (A)는 특정한 글 속에 적혀 있는 사건에, (B)는 머릿속에 떠오르는 과거의 사건에 초점을 두고 내용을 정리하고 있다.

③ (A)는 (B)와 달리 시대적 배경을 구체적으로 명시하여 이야기의 사실성을 높이고 있다.

④ (B)는 (A)와 달리 비유적인 표현을 활용하여 사건에 대한 독자의 정서적 공감을 유도하고 있다.

⑤ (A)와 (B)는 모두 사건의 내용을 인과적으로 서술하여 이야기의 경과를 일목요연하게 제시하고 있다.

15

〈보기〉를 참고하여 윗글을 감상한 것으로 적절하지 <u>않</u>은 것은? [3점]

─〈보기〉─

1인칭 소설에서 서술자로서의 '나'는 인물로서 극화된 모습으로 드러난다. 이때 '나'는 이야기의 주인공과 일치할 때도 있고 구분될 때도 있다. 후자의 경우 '나'는 이야기 안에 있으면서 사건을 관찰하고 보고하는 목격자 역할을 한다. 그런데 서술자로서의 '나'가 목격자임에도 이야기에 개입을 하여 서사 전개를 이끌어간다고 한다면, 전지적 시점과 유사한 편집자적 논평을 하고 있는 것으로 볼 수도 있다.

① '내가 건우란 소년에 대해서 관심을 더욱 가지게 된 것'에서 주인공의 위치에서 이야기를 이끌어가는 서술자로서의 '나'를 확인할 수 있겠군.

② '갈밭새 영감은 기름이 절은 수건을 꺼내더니 이마를 한 번 훔치고서'에서 서술자가 이야기 안에 있으면서 사건을 관찰하고 보고하고 있음을 유추할 수 있겠군.

③ '건우 할아버지와 윤춘삼 씨가 들려준 조마이섬 이야기'에서 서술자는 이야기 안의 극화된 인물임을 짐작할 수 있겠군.

④ '이런 식으로 소유자가 둔갑되어 간 사연들을 죽 들 먹거리더니'에서 서술자가 대화의 목격자 역할을 하고 있음을 이해할 수 있겠군.

⑤ '얼마나 그들의 땅에 대한 원한이 컸던가를 가히 짐작할 수 있었다'에서 인물로서 극화된 서술자가 편집자적 논평을 하고 있는 것으로 볼 수 있겠군.

[16~20] 다음 글을 읽고 물음에 답하시오.

사회학자 알박스는 무엇이 사회 집단을 결속시키는가를 연구하다 기억이 중요한 역할을 함을 통찰하였다. 기억은 개인이 사건이나 경험을 간직하거나 회상하는 것을 말한다. 흔히 기억을 개인적 차원의 의식작용으로 간주한다. 알박스가 보기에 기억은 사회적 관계 속에서 형성되며 사회 집단의 성질과 분리될 수 없다. 이에 그는 '집단 기억'이란 개념을 주창하였다.

㉠알박스가 제안한 집단 기억은 사회적으로 형성된 집단 차원의 기억을 말한다. 집단 기억은 구성원들이 상징적 기호를 공유하고 사회적 상호작용에 참여하여 의미를 획득할 때 형성된다. 이때 사회 집단의 구성원들은 사건을 상징적으로 표현한 기념물, 건축물, 제의 등을 공유한다. 그리고 사건에 대한 기억을 말이나 글로 소통한다. 집단 기억은 어디까지나 개인의 의식 속에 존재하지만, 구성원들은 소속 집단의 관점에서 사건을 이해하고 관련된 기억을 공유한다. 그리고 이를 후속 세대에 전승한다.

그렇다면 집단 기억은 어떻게 전승되는가? 집단 기억의 전승에는 공간과 시간 그리고 사회 집단과의 연관 등이 관여한다. 사회 집단은 공간을 통해 기억을 의미화하면서 널리 확산시키고 오랫동안 보전한다. 사회 집단이 특정한 사건과 관련된 장소나 건축물을 설정하면 구성원들은 그 공간을 대면하면서 집단 기억을 회상할 수 있다. 공간이 사건을 의미화하지만, 그것이 기억으로 작용하려면 시간과의 접속이 이루어져야 한다. 낮과 밤, 계절 변화 등 자연적 시간은 기억이라는 의식작용에 필수적이다. 그런데 집단 기억의 형성과 전승에서 특히 중요한 것은 사회적 시간이다. 절기, 기념일, 축제일, 정치적·사회적 사건과 관련된 날 등 사회적 시간은 구성원들에게 집단 기억을 환기하고 다시금 널리 확산하는 계기를 마련한다. 이렇듯 공간과 시간에서 형성된 집단 기억은 사회적 상호작용 속에서 상징적 기호를 통해 지속적으로 공유되고 소통된다. 개인의 기억은 그의 죽음과 동시에 소멸되지만, 집단 기억은 소통을 통해 후속 세대에까지 전승된다.

집단 기억은 구성원들이 소속 집단에 대한 귀속감을 갖고 공동체 집단의 정체성을 형성하는 데 기여한다. 구성원들은 소속 집단의 주요 사건에 대한 집단 기억을 공유하고 그로부터 자신 혹은 그 집단의 정체성이 무엇인가를 깨닫게 된다. 예를 들어 자신의 뿌리가 되는 가문의 집단 기억을 공유함으로써 자신이 어떠한 집단의 구성원인지를 파악하고 가문의 후손으로서 정체성을 정립할 수 있다.

집단 기억은 사회 집단을 둘러싼 여러 요인들에 의해 변화되기도 한다. 문제적인 사건이 발생하면, 사회 집단 구성원들은 그 사건에 대한 기억을 교섭한다. 이 과정에서 기억들 간의 경합이 발생한다. 특정 기억은 사회적으로 의미를 획득하여 집단 기억으로 자리 잡고, 다른 기억은 개인적 차원에 국한되거나 망각된다. 이러한 과정에 권력 구조나 정치적 여건, 경제적 조건, 지리적 환경 등의 요인들이 영향을 미친다.

[A] ┌ 사회 집단의 권력 구조가 집단 기억의 형성 및 전승 과정에 직접적인 영향을 미치기도 한다. 문제적인 사건을 두고 기억이 경합하는 과정에서 권력을 가진 이가 자신에게 유리한 방향으로 집단 기억이 형성되도록 권력을 행사할 수 있다. 동시에 자신에게 불리한 기억은 배제하고 억압한다. 이런 경우, 집단 기억은 해당 사회 집단의 권력적 역학관계에 따

라 결정되므로 신뢰성 문제가 있을 수 있다. 하지만 이러한 기억은 집단 구성원들이 형성한 기억들과 충돌하며, 구성원들은 때로 결집하여 권력에 대응하며 권력자의 의도와 다른 집단 기억을 지키고 확산시키기도 한다.

16

윗글의 설명 방식으로 가장 적절한 것은?

① 개념을 정의한 후, 그에 영향을 미치는 요소에 대해 설명하고 있다.
② 여러 개념들 간의 관계를 제시한 후, 그 인과 관계를 분석하고 있다.
③ 개념에 관한 여러 이론들을 제시한 후, 각 이론의 장단점을 비교하고 있다.
④ 개념의 역사적 변천 과정을 살펴본 후, 그 의의 및 한계점을 밝히고 있다.
⑤ 개념의 문제점을 제시한 후, 이를 보완하기 위한 해결 방안을 제시하고 있다.

17

윗글을 읽고 알 수 있는 내용이 아닌 것은?

① 집단 기억의 의미
② 집단 기억의 종류
③ 집단 기억의 형성
④ 집단 기억의 전승
⑤ 집단 기억의 영향

18

(A)를 이해한 것으로 가장 적절한 것은?

① 집단 기억의 안정성은 사회 집단의 권력관계와 독립적으로 유지된다.
② 권력자와 달리 집단 구성원들은 집단 기억이 형성되는 것을 원하지 않는다.
③ 집단 기억은 권력관계에 영향을 받으므로 이를 공유하는 것은 금지해야 한다.
④ 집단 기억이 전승될 때 사회적 조건 중 권력 구조가 작용하므로 신뢰성에 대한 평가가 필요하다.
⑤ 권력자와 집단 구성원 간에 일방적 권력관계가 형성되는 경우, 그 사회의 집단 기억은 형성될 수 없다.

19

〈보기〉의 '아스만'의 관점에서 ㉠을 이해한 내용으로 가장 적절한 것은?

─〈보기〉─
아스만은 알박스의 집단 기억 개념을 받아들여 이를 문화적 기억으로 발전시킨다. 그는 문화적 기억이 문화적 재현 형식을 통해 과거에 대한 의미를 구체화한다고 하였다. 그리고 기억이 사회적 상황에 따라 집단의 관념 속에 존재한다고 하더라도 그 관념이 물질적이고 상징적인 문화적 형식으로 보존되고 전승될 때 신념과 인식으로 기능할 수 있다고 강조하였다. 아스만은 집단 기억을 소통적 기억과 문화적 기억으로 구분하고, 소통적 기억이 일상의 상호 행위를 통해 나타나는 비교적 가까운 시대적 지평에 의존하는데 비해, 문화적 기억은 문화적 상징을 통해 다수의 구성원들 사이에서 오랫동안 소통된다고 하였다.

① 집단 기억은 문화적 기억보다 소통적 기억에 근거할 때 구성원의 집단에 대한 신념을 높일 수 있다.
② 집단 내의 사회적 상호작용을 통해 개인의 의식 속에 형성되는 집단 기억은 문화적 재현 형식이 된다.
③ 개인이 자신의 기억을 문학 작품으로 형상화하면 그 자체로 문화적 재현 형식으로서 집단 기억이 된다.
④ 집단이 함께 기억하는 역사적 사실이 존재한다면 그들의 집단 기억은 신념이나 공동의 인식으로 기능하게 된다.
⑤ 집단 기억이 말을 통해 전달되며 개인의 의식 속에서 공유된다면 시간의 흐름에 따라 달라지거나 잊혀질 수 있다.

20

윗글을 바탕으로 〈보기〉를 이해한 내용으로 적절하지 않은 것은? [3점]

───〈보기〉───

제2차 세계대전 당시 독일의 나치가 아우슈비츠에서 유태인들을 대량 학살하는 사건이 벌어졌다. 나치의 항복으로 전쟁이 끝난 후, 유태인들은 생존자들의 증언을 기록하고 확산하여 나치의 만행을 규탄하였다. 독일인들은 유태인을 대량 학살한 가해자로서의 기억과 패전 과정에서 폭력을 당한 피해자로서의 기억 사이에서 혼란스러워했다. 독일인 중에는 나치와 관련된 건물을 없애 가해의 증거를 지우려 하는 이들도 있었다. 1979년 유네스코가 아우슈비츠를 세계문화유산으로 등재하면서 아우슈비츠는 인류의 어두운 역사를 성찰하는 공간으로 남게 되었다. 유태인들은 지금까지도 아우슈비츠를 방문해 죽은 이들을 추모하고 민족 절멸의 위기를 기억한다.

① 유태인의 집단 기억에서 아우슈비츠는 전쟁과 반인도적 행위를 상징하는 기호로서 공유되었겠군.

② 아우슈비츠라는 상징적 기호는 독일인들과 유태인들의 집단 기억 속에서 동일한 의미를 가지겠군.

③ 유태인이 아우슈비츠에 관한 집단 기억을 전승하는 것은 그들의 공동체 의식 형성에 영향을 주었겠군.

④ 일부 독일인이 나치와 관련된 건물을 없애려 한 것은 불리한 집단 기억을 제거하기 위한 행동으로 볼 수 있겠군.

⑤ 독일인들은 전쟁에 대한 집단 기억을 형성하면서 가해자로서 기억과 피해자로서 기억이 경합하는 혼란을 경험했겠군.

[21～25] 다음 글을 읽고 물음에 답하시오.

실제 상황에서 목격할 일이 많지는 않겠지만, 영화나 드라마를 보면 피의자를 체포한 경찰이 '미란다 원칙의 고지'를 하는 장면이 곧잘 나온다. 이제는 우리가 당연한 것으로 알고 있는 이 '미란다 원칙'은 언제 어떠한 과정을 통해 확립된 것일까? 그리고 그 안에 담긴 의미는 무엇일까?

어네스트 미란다는 어린 시절을 불우한 환경에서 여러 범죄를 저지르며 처벌을 받은 이력이 있는 20대의 히스패닉계 청년이다. 어느 날 아침에 그의 집에 두 명의 경찰관이 찾아온다. 열흘 전 쯤 애리조나 주 사막에서는 납치 및 강간 사건이 발생했고, 경찰은 그를 용의자로 지목한 상태였다. 경찰관은 그에게 신분 확인을 요청한 후 경찰서에 나와 진술해 줄 수 있는지를 물었다. 그는 순순히 동의하며 경찰과 동행했다.

미란다와 관련하여 여러 정황이 의심스러웠지만 핵심적인 증거가 될 만한 것은 없었다. 범죄 피해자나 목격자가 진술한 범인과 용의자가 일치하는지를 확인하는 과정인 범인 식별 절차에서 피해자는 범인을 알아보지 못했다. 경찰로서는 곤혹스러운 상황이었다. 절차를 마치고 경찰관이 조사실에 다시 왔을 때, 그곳에서 혼자 기다리던 미란다가 불안해하며 결과가 어떤지를 물었다. 경찰관은 짐짓 그에게 불리한 상황이 생겼음을 암시했다. 미란다는 자신이 범인으로 지목되었을 것으로 짐작하고는 자백하겠다고 밝혔다. 조사실에는 변호사나 목격자가 없었고, 대화 내용은 녹음되지 않았다. 미란다를 신문하면서 경찰관은 일정한 양식의 서류를 내밀었다. 거기에는 자의에 의해 협박이나 강요, 이익의 약속 없이 진술했음을 선서하며, 피의자 자신의 권리를 알고 진술이 불리하게 작용할 수 있음을 이해한다고 써 있었다. 미란다는 거기에 진술 내용을 자세히 적고 자신의 이름과 사인을 했다. 자백한 지 얼마 안 되어 미란다는 다른 강도 및 강간, 강간 미수 사건들을 추가로 자백했다.

애리조나 주 마리코파 구법원에서 재판이 열렸다. 대개 이런 재판은 하루만에 마치고 뻔한 결론에 이르곤 했다. ㉠국선 변호인 무어는 증인으로 나선 경찰관에게서 조사 중 진술의 임의성 을 확인하기 위한 고지를 하지 않았다는 증언을 이끌어내고 이의를 제기했지만 받아들여지지 않았다. ㉡이 재판의 검사는 최후 변론을 통해 경찰관의 훌륭한 자질에 비추어볼 때 그들이 피고인의 권리를 빼앗은 적이 없고 피고에게 그러한 권리를 고지하는 것이 불필요했다고 주장했다. 변호인은 경찰의 조사 과정에 다시 의문을 제기했지만, 배심원들은 검사의 말에 공감한 것으로 보였다. 평의를 마친 후 그들은 만장일치로 유죄 평결하였으며, 판사는 장기형을 선고했다.

그 후 이 재판은 주 대법원에 상고되었다. 자술서의 임의 진술을 문제 삼은 것이었다. ㉢1965년 애리조나 주 대법원은 미란다가 조사 과정에서 권리 고지를 받았고 변호인을 요구하지 않았으며 변호인의 도움받을 권리를 거절당한 사실도 없다는 이유로 그에 대한 유죄 판결을 다시금 확인했다.

1966년까지 연방대법원은 자백의 허용성을 검토할 때 적정절차 조항에 근거를 둔 임의성 기준에 따랐다. '임의성'이 있는지를 '사정의 전체'를 살펴서 판단한다는 것이다. 이 임의성에 대한 주장과 입증은 피의자와 경찰에게 맡겨졌다. 이는 본질적으로 수사 기관에 더 유리하게 작용하는 것이었다. 1965년 11월 연방대법원은 미란다 판결을 심리하기 위한 변론을 열기로 결정했다. ㉣1966년 1월 28일 연방대법원 상고심에서 피고를 변호한 존 플린은 구두 변론을 담당하며 다음 두 가지에 초점을 두었다. 첫째, 대부분의 미국 시민이 경찰 조사를 받을 때 변호사의 도움을 제대로 받지 못한다는 사실을 분명히 확인해 두고자 하였다. 둘째, 권리 고지를 하는지 여부가 아니라 언제 권리 고지를 하는지가 중요함을 확실히 밝혀두고자 하였다. 플린은 미란다가 조사를 받으면서 자백을 받기 전에 묵비권과 변호인 선임권, 변호인과 상의할 권리를 고지받지 않았음을 지적했다. 그는 피의자 단계에서부터 정당한 권리를 주장할 수 있기 위해서는 수정헌법 제5조의 권리를 확대하여 당사자 지위를 갖출 수 있게 해야 한다고 변론했다. 이 말은 미란다가 조사를 받았을 때 그가 경찰과 대립하는 당사자 지위에 있었으므로 그 시점에 이미 변호인의 조력을 받을 권리가 보장되었어야 한다는 뜻이었다.

이 주장은 매우 대담한 것이었다. 이전까지 법원은 시민의 권리 보장을 위해 수정헌법 제6조의 보호 아래 재판 전 변호인 선임권을 부여해 왔으며 형편이 안 되는 피고인을 위해 국선 변호인을 두게 하였다. 그런데 플린은 이 권리가 피의자의 체포, 조사 과정에서부터 지켜져야 한다는 것을 수정헌법 제5조에 근거하여 주장했던 것이다.

이때가 역사적인 순간이었다

㉤1966년 7월 13일 열린 상고 허가심에서 연방대법원은 '미란다 원칙'을 채택하고 헌법적 근거를 찾음에 있어 수정헌법 제6조가 아닌 수정헌법 제5조를 선택했다. 그 요지는 다음과 같았다. "구속된 사람은 반드시 신문 전에 묵비권이 있음과 진술한 내용이 법정에서 불리하게 쓰일 수 있다는 사실을 분명하게 고지해야 한다. 또한 변호인 선임권이 있고, 조사받는 동안 변호인과 상의할 수 있으며, 변호인을 선임할 형편이 안 되면 국가가 변호인을 선임해준다는 사실을 분명히 고지해야 한다. …… 질문하기 전에 묵비권을 행사하겠다는 의사를 표시하면 질문을 중단해야 한다. 피의자가 원한다면 변호인이 참여하기까지 조사를 중단해야 한다. …… 구속된 상태에서는 이러한 특권을 포기하지 않을 수 있음과 변호인 선임권이 있다는 사실을 환기시키고 그 후에 진술하도록 해야 한다." 플린이 그 역사적 순간에 밝혔던 '미란다 원칙의 고지'의 내용이었다.

21

윗글을 이해한 내용으로 적절하지 <u>않은</u> 것은?

① 미란다는 불우한 가정 환경 속에서 성장하며 여러 건의 범죄 행위로 처벌을 받았다.

② 경찰이 범죄 피의자로 미란다를 지목해 찾아왔을 때, 그는 자의에 의해 경찰서로 동행하였다.

③ 경찰은 미란다에게 자술서를 쓰게 했으며, 미란다는 자의에 의해 자술한다는 자술서 내용을 확인하고 서명하였다.

④ 애리조나 주 대법원은 재판 과정에서 피고인의 권리 보호가 충분히 이루어지지 않았다는 것을 이유로 변호인의 이의제기를 수용하였다.

⑤ 연방대법원은 기존에 인용해 왔던 수정헌법 제6조 대신 수정헌법 제5조에 근거하여 피의자 진술의 임의성을 재평가하였다.

22

윗글에 따를 때, '미란다 사건'을 다룬 연방대법원 재판의 핵심적인 쟁점으로 가장 적절한 것은?

① 하급심 판사의 형량 산정은 적정했는가

② 피고인은 변호인의 조력을 충분히 받았는가

③ 증인은 범인의 범죄 사실을 명확히 증언했는가

④ 피의자는 당사자로서 법적 권리를 보장받았는가

⑤ 대법원 판결은 수정헌법의 정신을 위배하였는가

23

진술의 임의성 과 관련하여 미란다 사건에 대해 각 주체가 판단한 내용으로 적합하지 않은 것은? [3점]

① ㉠ : 피의자가 자의에 따라 진술할 수 있다는 사실을 미리 알려주지 않았기에 진술의 임의성이 침해되었다.

② ㉡ : 경찰관은 강요하지 않았고 피의자는 자의로 진술했으므로 진술의 임의성이 침해되지 않았다.

③ ㉢ : 피고인이 변호인의 조력을 요구하지 않았고 진술서에 기록된 피의자 권리를 확인한 후 서명했으므로 진술의 임의성이 있다.

④ ㉣ : 경찰은 피의자를 조사하기 전 피의자 권리를 고지했어야 하지만 그렇게 하지 않았으므로 진술의 임의성을 침해했다.

⑤ ㉤ : 경찰은 적정절차 조항을 지켜 피의자를 조사하지 않았고 사정의 전체를 고려했을 때 피의자가 변호인의 조력을 거부한 것이므로 진술의 임의성을 인정하기 어렵다.

24

윗글의 맥락으로 볼 때, 이때가 역사적인 순간이었다 의 의미로 가장 적절한 것은?

① 형사 피고인의 권리가 최초로 법령에 규정된 순간이었다.

② 적법하지 않은 수사에 대해 유죄 판결이 내려진 순간이었다.

③ 법원이 피고측 변호인의 주장을 전폭적으로 수용한 순간이었다.

④ 피의자가 보장받아야 할 법적 권리가 처음으로 법원에서 공론화된 순간이었다.

⑤ 불우한 환경에 있는 사람들에 대한 법적 조력의 중요성을 사람들이 인식하기 시작한 순간이었다.

25

윗글에 따라 〈보기〉를 이해한 내용으로 가장 적절한 것은? [3점]

〈보기〉

우리 헌법은 묵비권을 보장하고 있다. 하지만 수사 실무 차원에서 보면, 피의자의 묵비권이라는 권리와 이율배반 관계에 있는 것처럼 보이는 피의자의 자백이 의외로 높은 비율을 차지한다.

① 현실이 법을 따르는 경우는 거의 없다.

② 많은 피의자들이 자신의 진술이 가져올 법적 판단의 결과나 파장을 잘 알지 못한다.

③ 범죄를 저지르지 않은 피의자들은 자백이 자신에게 더 유리할 것이라는 착각을 한다.

④ 묵비권은 범죄를 저지르지 않은 사람에게 주어지지만, 피의자의 대부분은 범죄자이다.

⑤ 피의자는 법정에서 재판을 받기 전까지는 변호인의 도움을 받을 수 없다고 생각하기 때문에 자백을 선택한다.

[26~30] 다음 글을 읽고 물음에 답하시오.

극심한 우울증으로 병원에 입원해 있던 환자가 자신의 기분이 훨씬 나아졌고 더 이상 나쁜 생각을 하지 않는다고 주장하며 하룻밤 귀가를 원할 때, 그 환자가 진실을 말하는지 어떻게 알 수 있을까? 그 환자가 병원의 감독을 벗어나기 위해 의도적으로 거짓말을 할 수도 있지 않은가?

메리(가명)는 마흔 살의 여성으로 입원하기 전 세 차례나 자살을 시도했고 거의 성공할 뻔했다. 그 후 그녀는 병원에 입원했고, 나중에 더 이상 우울증에 시달리고 있지 않다고 주장하며 주말 외박을 신청했다. 심리학자 폴 에크먼은 한 직원의 보고 덕분에 그녀가 외박 신청 인터뷰에서 거짓말을 했다고 고백했다는 사실을 알게 되었다. 외박 며칠 전 그녀는 병원을 나가면 자해하려고 한다는 사실을 털어놓았던 것이다. 그녀의 입원 중 인터뷰 영상을 처음 봤을 때, 에크먼은 그녀가 자신의 감정에 대해 거짓말을 하고 있다는 어떠한 증거도 보지 못했다. 그녀는 자주 웃었고 긍정적으로 말했으며 쾌활하게 보였다. 그녀를 담당했던 담당 의사는 실제로 그녀를 믿었다.

에크먼과 그의 공동연구자인 윌리 프리센은 다중 고속

모션 프로젝터를 활용하여 그녀의 표정 과 몸짓 하나하나를 프레임별로 검토했다. 인터뷰 중 어느 순간, 그녀가 멈칫하면서 얼굴에 엄청난 고통이 섬광처럼 스쳐 지나가는 것이 보였다. 의사가 메리에게 그녀의 장래 계획에 대해 물었을 때였다. 24장의 프레임 중 단 두 장뿐이었고 1/12초 사이에 지나갔으며 금방 웃음으로 덮였다. 그들은 그 장면을 반복해 보았고, 그것이 무엇을 드러내는지를 확인할 수 있었다. 정지된 프레임에서 그녀의 진정한 감정은 매우 분명했지만, 곧 의도적으로 숨겨졌다. 그들은 필름에서 아주 재빨리 지나가는 고뇌의 표정을 두 번 더 찾아냈다. 이처럼 사람들의 진짜 느낌을 비언어적으로 '누설'하는, 아주 잠깐 동안의 얼굴 움직임을 그들은 미표정(微表情) 이라고 명명했다.

그 후 20여 년 동안 에크먼과 프리센은 일부러 숨긴 감정과 억압된 감정에 대한 연구를 진행하며 다음과 같은 사실을 더 밝힐 수 있었다. 미표정은 메리의 경우와 같이 의도적인 은폐일 때나, 또는 자신이 어떤 감정을 느끼는지 알지 못할 때, 즉 감정이 억압된 상태일 때 발생할 수 있다. 어떤 미표정이 이 둘 중 하나를 가리키는지는 구분이 안 된다. 어떤 감정의 상태인지에 대한 판정이 가능하려면 미표정이 발생하는 맥락을 분석해야 하고 종종 더 많은 질문도 던져야 한다. 여기서 맥락이란, 대개는 어떤 대화 상황이나 특성을 가리키는지를 뜻하는 대화의 맥락을 뜻하며, 그 외에도 두 대화 당사자 간 관계의 내력, 미표정이 나타나는 순간의 대화 순서, 그리고 미표정에 드러나는 감정과 발화 간의 일치, 이를테면 피평가자가 말하는 내용이나 목소리, 몸짓, 자세 등과 일치 등이 포함된다.

그렇다면 사람들은 왜 미표정을 발견하지 못하고 실제 감정을 알아채지 못하거나 거짓말에 속게 되는 것일까? 이에 대해 에크먼은 대화 도중 미표정이 발생할 때 대부분의 사람들은 그 미표정에 주의를 기울이는 대신, 단어들과 목소리의 톤, 그리고 몸짓에 관심을 쏟기 때문에 아주 잠깐 동안의 얼굴 움직임을 식별하는 데 실패하는 것이라고 설명한다. 또한 대화 중 대개 다음 순간 상대방이 무슨 말을 할지에 대한 생각으로 종종 주의를 빼앗겨서 미표정을 놓치기도 한다고 말한다. 하지만 그는 미표정을 분간하기 위한 반복적 학습과 그 판단의 적절성에 대한 즉각적인 피드백, 그리고 가장 흔히 혼동하는 감정표현, 이를테면 분노와 혐오, 두려움과 놀람 등을 시각적으로 대조하는 훈련을 해 봄으로써 표정 속에 감추어진 감정을 탐지하는 방법을 익힐 수 있다고 판단했다. 만약 미표정을 확인할 수 있다면, 누군가의 억압된 감정도 알 수 있겠거니와 그가 일부러 숨긴 감정과 이를 통해 은폐하려 했던 진실에도 한 걸음 더 다가갈 수 있을 것이다.

"거짓말을 할 때마다 확실한 신호가 나타나는 것은 피노키오밖에 없다." 에크먼은 거짓말을 할 때 나타나는 여러 단서들을 살피면서, 순간적인 느낌에 관한 거짓말은 감정 숨기기와 표정 꾸미기 중 하나로 이루어지며 그 중 표정을 꾸미는 것이 더 쉽다고 말한다. 특히 대부분의 사회적 상황에서 불쾌한 느낌을 은폐하고 긍정적으로 행동하는 것이 요구된다는 점에서 웃음은 가장 흔히 사용되는 가면이라고 주장한다. 하지만 그는 이럴 경우에도 표정 속에 나타나는 자연스럽지 않은 비대칭이나 감정 기반 근육 운동의 부재(예컨대 웃을 때 눈둘레근의 외측 부분이 움직이지 않는 것 같은), 표정의 시점 등을 확인함으로써 꾸며낸 표정을 식별할 수 있다고 말한다.

26

윗글의 주제와 가장 가까운 것은?

① 메리는 왜 거짓말을 했을까
② 거짓말에 담긴 감정은 무엇인가
③ 거짓말은 어떻게 가려낼 수 있는가
④ 거짓말은 인간관계에서 왜 중요한가
⑤ 성공한 거짓말은 어떤 특징이 있는가

27

윗글에 대한 이해로 적절하지 않은 것은?

① 말은 생각과 일치하지 않을 때가 있다.
② 사람은 내면의 모든 감정을 자각하지는 못한다.
③ 꾸며낸 표정은 의도적으로 감정을 숨길 수 있다.
④ 숨기려 하지 않는 한, 감정은 표정을 통해 드러난다.
⑤ 감정을 숨기는 것이 꾸며낸 표정을 보이는 것보다 쉽다.

28

윗글을 읽고 독자가 추론한 내용으로 가장 적절한 것은?

① 정밀한 기계 장치를 사용하지 않으면 미표정을 분간할 수 없겠군.

② 미표정을 보면, 그 사람이 그런 감정을 갖게 된 이유와 배경을 알 수 있겠군.

③ 미표정에 대해 더 깊이 알게 되면 현실의 문제에서 실용적인 도움을 얻을 수 있겠군.

④ 어떤 사람이 보인 미표정을 다른 사람에게서 발견하게 된다면 그들은 같은 생각을 하고 있다는 뜻이겠군.

⑤ 대화 중 상대방의 말이 진실인지 알려면, 매 순간 주의를 집중하여 그 다음에 어떤 말을 할지 예측해야겠군.

29

〈보기〉의 내용과 윗글 간의 논리적 관계를 가장 적절하게 나타낸 것은? [3점]

― 〈보기〉 ―

모든 거짓말이나 거짓된 행동 단서들이 감정적인 것은 아니다. 단서는 사고와 감정 양쪽에서 발생할 수 있다. 사람들이 자신이 했거나 계획하고 있는 일에 대해 설명할 때, 그 설명이 거짓일 가능성을 알려주는 가장 명백한 인지적 단서는 설명 속에 존재하는 모순이다. 즉각적인 반응이 요구될 때 나타나는 망설임 또한 명백하고 유익한 단서가 된다. 하지만 이런 것들이 속이는 것과는 무관한 무언가를 뜻할 수도 있으므로, 거짓의 판명을 위해서는 추가적인 정보들을 더 검토하는 것이 필요할 것이다.

① 〈보기〉는 윗글과 대립적 관점에서 미표정의 기능이 제한적인 이유를 증명한다.

② 〈보기〉는 윗글에 대한 보완적 관점에서 거짓말을 판단할 수 있게 하는 또 다른 단서를 추가한다.

③ 〈보기〉는 윗글과 동일한 관점에서 사람의 행동 특성이 거짓말을 드러내는 유일한 단서라는 데 동의한다.

④ 〈보기〉는 윗글에 대한 비판적 관점에서 사람의 표정에서 그의 감정 상태를 읽어낼 수 있다는 견해를 반박한다.

⑤ 〈보기〉는 윗글을 포괄하는 관점에서 감정적 단서나 인지적 단서로는 거짓말에 익숙한 사람을 변별할 수 없음을 주장한다.

30

표정 과 미표정(微表情) 의 의미 관계를 보이는 것은?

① 개척 : 미개척
② 생물 : 미생물
③ 결정 : 미결정
④ 소년 : 미소년
⑤ 완성 : 미완성

[31~35] 다음 글을 읽고 물음에 답하시오.

(가)

엊그제 젊었더니 하마 어이 다 늙거니
소년 행락(小年行樂) 생각하니 일러도 속절없다
늙어서야 서러운 말 하자 하니 목이 멘다
부생모육(父生母育) 신고(辛苦)하여 이내 몸 길러 낼 제
공후 배필(公侯配匹)은 못 바라도 군자호구(君子好逑) 원하더니
삼생의 원업이요 월하의 연분으로
장안 유협(長安遊俠) 경박자(輕薄子)를 꿈같이 만나 있어
당시의 마음 쓰기 살얼음 디디는 듯
삼오 이팔(三五二八) 겨우 지나 천연 여질(天然麗質) 절로이니
이 얼굴 이 태도로 백 년 기약하였더니
연광(年光)이 훌쩍 지나 조물이 시샘하여
봄바람과 가을 물이 베올에 북 지나듯
설빈 화안(雪鬢花顔) 어디 가고 면목가증(面目可憎) 되었구나
내 얼굴을 내 보거니 어느 임이 날 사랑할까
스스로 참괴(慚愧)하니 누구를 원망하랴
삼삼오오(三三五五) 야유원(冶遊園)의 새 사람이 났단 말인가
꽃 피고 날 저물 제 정처(定處) 없이 나가 있어
백마 금편(白馬金鞭)으로 어디어디 머무는고
원근을 모르거니 소식이야 더욱 알랴
인연을 끊었어도 생각이야 없을쏘냐
얼굴을 못 보거든 그립기나 말았으면
열두 때 길기도 길구나 서른 날 지리하다
옥창(玉窓)에 심은 매화 몇 번이나 피고 졌고
겨울밤 차고 찬 제 자취눈 섞어 치니
여름날 길고 길 제 궂은비는 무슨 일인고
삼춘 화류(三春花柳) 호시절의 경물(景物)이 시름없다
가을 달 방에 들고 실솔(蟋蟀)이 상에 울 제
긴 한숨 지는 눈물 속절없이 생각만 많다
아마도 모진 목숨 죽기도 어렵울사

도로혀 풀쳐 혜니 이리하여 어이하리
청등을 돌라 놓고 녹기금(綠綺琴) 빗겨 안아
벽련화(碧蓮花) 한 곡조를 시름 좇아 섯거 타니
소상야우(瀟湘夜雨)의 댓소리 섯도는 듯
화표천년(華表千年)의 별학이 우니는 듯
옥수(玉手)의 타는 수단 옛 소리 있다마는
부용장(芙蓉帳) 적막하니 뉘 귀에 들리소니
간장(肝腸)이 구곡(九曲)되어 굽이굽이 끊쳤어라
차라리 잠을 들어 꿈에나 보려 하니
바람에 지는 잎과 풀 속에 우는 벌레
무슨 일 원수로서 잠조차 깨우는가
천상의 견우직녀 은하수 막혔어도
칠월 칠석 일 년 일도 실기(失期)치 않거든
우리 임 가신 후는 무슨 약수(弱水) 가렸관대
오거나 가거나 소식조차 그쳤는고
난간에 빗겨 서서 임 가신 데 바라보니
풀 끝에 아침 이슬은 맺혀 있고 저녁 구름 지나갈 제
죽림 푸른 곳에 새소리 더욱 섧다
세상에 서러운 사람 수없다 하려니와
박명(薄命)한 홍안(紅顔)이야 나 같은 이 또 있을까
아마도 이 임의 탓으로 살 동 말 동 하여라

　　　　　　　　　　　　　－ 허난설헌, 「규원가(閨怨歌)」

(나)
임 그리워하는 꿈이 | 귀뚜라미 | 의 넋이 되어
기나긴 가을밤에 임의 방에 들어갔다가
날 잊고 깊이 든 잠을 깨워 볼까 하노라

　　　　　　　　　　　　　　　　　－ 박효관

(다)
㉠연못에 비 뿌리고 버드나무에 안개 끼었는데
사공은 어디 가고 | 빈 배 | 만 매어 있는고
석양에 짝 잃은 갈매기는 오락가락 하는구나

　　　　　　　　　　　　　　　　　－ 조헌

31

(가)~(다)에 대한 설명으로 가장 적절한 것은?

① (가)는 자신의 감정을 감추고 있고, (나)는 감정을 격하게 드러내고 있다.
② (가)는 과거를 후회하는 마음을, (다)는 임과의 만남에 대한 기대를 표현하고 있다.
③ (나)는 임을 그리워하는 심사를, (다)는 외로운 심사를 표출하고 있다.
④ (나)와 (다)는 현재 상황에 대한 만족감을 드러내고 있다.
⑤ (가)~(다) 모두 임과 이별하는 상황을 회상하며 원망하는 태도를 보이고 있다.

32

(가)의 내용으로 적절하지 않은 것은?

① 화자는 임의 소식을 듣고 안도하고 있다.
② 화자는 꿈에서라도 임을 만나고 싶어 한다.
③ 화자는 서러운 마음으로 거문고를 연주하고 있다.
④ 화자의 부모는 화자가 좋은 배필을 만나기를 원했다.
⑤ 화자는 세월이 흘러 변해버린 자신의 용모를 안타까워한다.

33

| 귀뚜라미 | 와 | 빈 배 | 의 역할로 가장 적절한 것은?

① 화자의 감정을 간접적으로 드러낸다.
② 시간의 흐름을 가시적으로 나타낸다.
③ 화자가 소망하는 이상향을 상징한다.
④ 공간적 배경을 시각적으로 묘사한다.
⑤ 시상의 전환을 구체적으로 보여준다.

34

〈보기〉를 참고할 때 (가)에서 ㉠과 성격이 다른 것은?

―〈보기〉―
　시적 상황은 화자가 처한 문제 상황을 드러내는 역할을 하기도 한다.

① 겨울밤 차고 찬 제 자취눈 섞어 치니
② 여름날 길고 길 제 궂은비는 무슨 일인고
③ 삼춘 화류 호시절의 경물이 시름없다
④ 가을 달 방에 들고 실솔이 상에 울 제
⑤ 죽림 푸른 곳에 새소리 더욱 섧다

35

〈보기〉를 바탕으로 (가)를 이해한 것으로 적절하지 않은 것은? [3점]

　조선은 봉건적 규범 아래 여성에게 가해지는 제약이 많던 시대였다. 당대 여성들은 출가외인(出嫁外人)이라 하여 친정으로부터 격리된 삶을 살아가야 했고, 삼종지도(三從之道)라 하여 평생 아버지, 남편, 아들을 따르며 살아야 했다. 남편이 아내를 내쫓을 수 있는 악행을 칠거지악(七去之惡)이라 하였는데, 아내가 시부모에게 불순하거나 남편의 외도를 시샘하는 것, 심지어 말이 많은 것도 해당되었다. 〈규원가〉는 그러한 시대적 배경 아래 창작된 규방가사로, 화자는 남성 위주의 사회에서 억압받으며 살아가면서도 자신의 처지나 상황을 직접적으로 말하지 못하는 안타까운 심정을 드러낸다.

① '당시의 마음 쓰기 살얼음 디디는 듯'에서 시집 온 후 남편을 모시며 조심스럽게 살았던 화자의 삶을 엿볼 수 있군.
② '내 얼굴을 내 보거니 어느 임이 날 사랑할까'에서 남편이 자신을 찾지 않는 것을 자신의 탓으로 돌리는 화자의 모습을 드러내고 있군.
③ '삼삼오오 야유원의 새 사람이 났단 말인가'에서 남편의 행실이 바르지 못하다고 생각하는 화자의 생각을 엿볼 수 있군.
④ '간장이 구곡되어 굽이굽이 끊쳤어라'에서 봉건적 규범 속에 살아가는 화자의 한이 얼마나 큰지 느낄 수 있군.

⑤ '아마도 이 임의 탓으로 살 동 말 동 하여라'에서 남편이 자신을 찾지 않는 현실을 적극적으로 비판하는 화자의 태도를 엿볼 수 있군.

[36~40] 다음 글을 읽고 물음에 답하시오.

　빅데이터란 크고 복잡해 일반 컴퓨터로는 처리할 수 없는 많은 양의 데이터를 말한다. 데이터는 단순히 수집하는 것뿐만 아니라 분석이 수반돼야 한다. 빅데이터는 큰 용량, 빠른 속도, 다양성을 갖는 정보 자산으로 통찰력, 의사결정, 프로세스 자동화 등 혁신적인 처리 방식이 필요하다.

　빅데이터 활용에는 데이터 마이닝이 필수적이다. 데이터 마이닝이란 빅데이터 안에서 체계적이고 자동적인 규칙이나 패턴을 찾아내는 작업으로, 통계학에서 쓰이는 다양한 기법을 활용한다. 데이터 마이닝이 다루는 데이터베이스는 크게 정형 데이터와 비정형 데이터로 구분할 수 있다. 정형 데이터는 결제 금액, 회계 등과 같이 구조화된 데이터를 일컫는다. 비정형 데이터는 소셜 미디어의 텍스트, 이미지, 영상처럼 형태와 구조가 정형화되지 않은 복잡한 데이터를 뜻한다. 대표적인 비정형 데이터로는 온라인 리뷰, 소셜 미디어 포스팅을 꼽을 수 있다. 과거에는 데이터 마이닝이 대부분 정형 데이터 위주였다면, 지금은 비정형 데이터의 비중이 월등히 높다.

　비정형 데이터는 형태와 구조가 다양하여 기존의 통계로는 분석이 쉽지 않다. 최근에는 비정형 데이터를 분석하기 위해 텍스트 마이닝이 부각되고 있다. 텍스트 데이터를 다룰 때 가장 어려운 점은 바로 구조화가 되지 않는다는 것이다. 컴퓨터가 데이터를 분석하려면 그 데이터를 이해할 수 있어야 하는데, 언어에 따라 의미나 문법 규칙이 전부 다르다는 문제가 있다. 따라서 언어를 이해하고 처리하는 기술이 필요하다. 모든 텍스트는 특정 언어로 만들어지는 만큼, 언어의 문장구조를 분석하고 단어의 의미를 이해해야 비로소 데이터에서 가치를 찾아낼 수 있다. 이러한 작업을 가능하게 하는 기술이 텍스트 마이닝이다.

　하루에 생산되는 데이터의 양은 정말 어마어마하다. 특히 페이스북과 인스타그램 같은 소셜 미디어에는 수십억 개 이상의 콘텐츠가 공유되고 있다. 유튜브와 틱톡 등 동영상 기반 서비스는 짧게는 몇 초에서 길게는 수십 시간 분량의 영상이 끊임없이 생겨나고 스트리밍된다. 최근 이러한 데이터는 영상, 음악, 이미지 등 다양한 형태로 그 수가 급격히 늘어났는데, 사용자가 특정 목적으로 ⓐ처리하지 않은 상태에 있는 것을 ㉠원시 데이터라 한다. 그리고 이러한 다양한 원시 데이터 세트를 기본 형식으로 저장하는 곳이 데이터 레이크이다.

　이렇게 많은 데이터를 분석하려면 컴퓨터의 성능은 물론 많은 시간과 비용이 필요하다. 그 시간과 비용을 줄이거나 좀 더 효율적으로 정보와 지식을 활용하기 위해, 데이터 마이닝은 많은 양의 데이터에서 인간이 찾을 수 없는 패턴까지 추출해 스마트 데이터를 찾아낸다. 빅테이터가 가공 처리 전 원재료라면, 데이터마이닝은 이를 정제하는 작업이다. 정제 및 가공 처리된 데이터를 ⓒ스마트 데이터라고 한다. 이렇게 분석과 가공된 스마트 데이터는 개인과 기업의 생산성을 높이는 데 활용된다.

36

윗글에 대한 이해로 적절하지 <u>않은</u> 것은?

① 데이터 마이닝은 데이터에서 가치를 추출하고 결과를 분석하는 기술의 종류이다.

② 형태가 구조화된 데이터보다 형태가 일정하지 않은 데이터가 점점 많아지고 있다.

③ 텍스트 데이터는 언어 규칙에 일정한 패턴이 있어서 정보를 구조화하는 데 용이하다.

④ 원시 데이터는 다양한 데이터가 특정한 목적에 맞게 처리되지 않은 상태의 것을 의미한다.

⑤ 빅데이터를 실제로 활용하기 위해서는 많은 양의 데이터에서 목적에 맞는 규칙이나 패턴을 찾아내는 과정을 거쳐야 한다.

37

㉠, ㉡에 대한 설명으로 가장 적절한 것은?

① ㉠은 효율적인 정보와 지식을 활용하기 위해 패턴을 추출한 결과를 축적한 것이다.

② ㉡은 유튜브와 틱톡 등 동영상 기반 서비스에서 생성된 영상 자료를 그대로 보관한다.

③ ㉠은 ㉡과 달리 인공지능 서비스로 생성되는 데이터를 가공 처리한 정보를 기본 형식으로 이루어진다.

④ ㉡은 ㉠과 달리 수십억 개 이상의 콘텐츠를 데이터 마이닝을 통해 처리한 결과를 저장한다.

⑤ ㉠과 ㉡은 모두 영상, 음악, 이미지 등 다양한 형태로 존재하는 빅데이터를 원재료 상태로 구성한 것이다.

38

윗글을 바탕으로 〈보기〉를 이해한 것으로 가장 적절한 것은?

〈보기〉

(가) 킬로바이트 단위에 불과했던 텍스트 데이터의 양이 이미지와 영상 등이 포함된 데이터로 바뀌며 메가바이트와 기가바이트 수준이 되었다.

(나) 데이터 수집은 컴퓨터, 네트워크, 스마트폰 등에서 이루어지며 이러한 데이터 흐름은 단절되지 않고 연속적으로 신속히 진행된다.

(다) 환자가 병원에서 검사를 받을 때 컴퓨터에 수치 정보가 입력되며 또한 검사 기기에서 생성된 생체 정보, 유전자 정보, 질병 정보, 영상 정보 등 다양한 데이터가 저장된다.

① (가)는 데이터가 생성되는 속도가 빠르다는 빅테이터 처리 속도의 변화 양상을 분석한 것이다.

② (나)는 정형 데이터를 비롯해 비정형 데이터까지 다양하게 생성되는 빅데이터의 종류를 분류한 것이다.

③ (다)는 데이터 환경의 변화로 정형 데이터를 비롯해 비정형 데이터까지 생성되는 예를 들어 설명한 것이다.

④ (가)와 (나)는 모두 빅데이터를 통해 체계적인 규칙과 방법을 적용하는 분석이 활발하게 이루어지고 있음을 논증한 것이다.

⑤ (나)와 (다)는 모두 데이터 처리 방식이 발전함에 따라 빅데이터의 양이 증가된 상황을 구체화하여 제시한 것이다.

39

〈보기〉의 내용을 윗글에 추가하려고 할 때, 글쓴이가 한 생각으로 적절하지 않은 것은? [3점]

─────〈보기〉─────

　아침에 일어나 스마트폰 알람을 보니 야채, 고기가 문 앞에 배송되었다. '주문하지도 않은 식재료가 왜 왔지?' 하는 생각에 냉장고 문을 열어보니 텅 비어 있었다. 평소 출근 시간보다 늦어 택시를 부르려고 음성 인식 스피커에 말을 걸자 내가 입을 열기도 전에 '택시를 호출할까요?'라고 물었다. 점심식사 시간이 다가오자 주변 식당 정보가 스마트폰 알람으로 전송되어 가장 덜 붐비는 식당에서 식사하고 돌아왔다. 오후 회의에 필요한 자료를 정리하는데 인공지능이 지난 수십 년간의 데이터를 토대로 향후 5년 치 예측 데이터를 이미 내놨다. 지금까지 인공지능이 예측한 데이터는 오차 없이 맞았다. 물론 갑작스러운 사고나 기후 변화로 인한 변수는 아직 완벽히 반영되는 것 같지는 않다. 그래도 빅데이터 분석의 정확도가 워낙 높아져 생산과 재고로 인한 손실은 크게 줄었다.

① 빅데이터가 인간의 실생활에 미치는 영향을 사례를 들어 보여주는 것이 좋겠다.
② 개인에게 제공되는 스마트 데이터가 어떤 도움이 되는지를 일상적 경험을 토대로 제시할 필요가 있겠다.
③ 불확실하거나 예측 불가능한 상황에 대비하는 빅데이터의 한계에 대해 언급하는 것이 좋겠다.
④ 스마트 데이터의 변수에 따른 손실 규모가 과거에 비해 점점 커지는 이유를 상세히 설명할 필요가 있겠다.
⑤ 예측 데이터를 활용한 음성 인식 스피커가 인간의 마음을 어디까지 읽어낼 수 있는지를 구체적으로 보여주면 좋겠다.

40

문맥상 ⓐ의 의미와 가장 가까운 것은?

① 경찰은 그를 무혐의 처리하기로 방침을 세웠다.
② 당신은 이 일을 신속하게 처리해야 할 것입니다.
③ 업무를 제게 맡겨 주시면 완벽하게 처리하겠습니다.
④ 부패 방지를 위해 시신을 알코올로 처리하여 안치했다.
⑤ 이 일을 장난처럼 처리하는 당신의 태도가 못마땅하다.

[41~45] 다음 글을 읽고 물음에 답하시오.

[앞부분 줄거리]

홍모 부부는 선녀가 품에 들어오는 태몽을 꾸고 딸 계월을 낳는다. 계월은 난으로 인해 부모와 헤어진 후 평국으로 개명하고 남장한다. 이후 평국은 장원 급제하고 대원수가 되어 난을 평정한다. 천자는 평국이 여자임을 알고도 신임하여 보국과 혼인시켰으나 보국은 평국을 소홀히 대한다. 그러던 중 반란이 일어난다.

　천자가 깜짝 놀라 조정의 모든 신하를 불러 의논했다. 우승상 정영태가 말했다.
　"이 도적은 좌승상 평국을 보내야 막을 수 있을 것입니다. 빨리 평국을 부르십시오."
　천자가 듣고 곰곰이 생각하다가 말했다.
[A] "평국이 예전에는 밖에 나와 일을 했기에 불렀지만, 지금은 규중에 머물러 있는 여자인지라 차마 불러낼 수 없는데, 어찌 전쟁터로 보내겠는가?"
　이에 모든 신하가 말했다.
　"평국이 비록 아녀자로 집 안에 있으나, 조야에 이름이 있고 작록을 거두지 않았는데, 어찌 아녀자라 하여 거리끼겠습니까?"
　천자가 마지못해 급히 평국을 불렀다.

　평국은 집 안에서 날마다 시녀들을 데리고 장기와 바둑을 두며 세월을 보내고 있었다. 이때 사관이 와서 천자가 부르는 명령을 전하자, 평국이 깜짝 놀라 곧바로 여자 옷을 벗고 조복으로 갈아입은 뒤 사관을 따라가 천자 앞에 엎드렸다. 천자가 매우 기뻐하며 말했다.
　"그대가 집 안에 머문 후로 오랫동안 보지 못해 밤낮으로 보고 싶었는데, 이제 그대를 보니 기쁘기 한이 없도다. 짐이 덕이 없어 지금 오나라와 초나라 양국이 반역하여, 호주 북쪽 지방을 쳐서 항복을 받고 남관을 열어젖히고 황성을 침범하려 한다고 하니, 그대는 나아가 나라와 조정을 편안하게 지키도록 하라."
　평국이 엎드려 아뢰었다.
　"제가 외람되게 폐하를 속이고 높은 관직에 올라 영화롭게 지내기가 황공했는데, 저의 죄를 용서하시고 이처럼 사랑하시니, 제가 비록 어리석으나 힘을 다해 성은을 만분의 일이나마 갚고자 합니다. 폐하는 근심하지 마옵소서."
　천자가 매우 기뻐하며 즉시 천병만마를 뽑아 모으도록 했다. 삼남원에 진을 치고 홍 원수가 친히 붓을 잡아 보국에게 명령을 내렸다.
　"적병이 급하니 중군장은 급히 대령하여 군령을 어기지 마라."
　보국이 이 명령을 보고 분함을 이기지 못해 부모께 여

주었다.

"계월이 또 저를 중군장으로 부리려 하니, 이런 일이 어디 있습니까?"

여공이 말했다.

㉠"전날 내가 너에게 뭐라고 이르더냐? 계월을 괄시하다가 이런 일을 당하니, 어찌 그르다 하겠느냐? 나랏일이 매우 중하니, 어떻게 해볼 수가 없다."

여공은 보국에게 나가라고 재촉했다. 보국은 할 수 없이 바삐 갑주를 갖추고 진중에 나아가 홍 원수 앞에 엎드리니, 홍 원수가 분부했다.

"만일 명령을 거역하는 자가 있으면, 군법을 시행할 것이다."

[B] ⎡ 보국이 두려워하며 처소로 돌아와 명령 내리기를 기다렸다. 홍 원수가 장수들에게 각각의 임무를 정해 주고 가을날 구월 갑자일에 행군을 시작했다. 십일월 초하룻날 남관에 당도해 삼일 동안 군사를 머물게 하고, 즉시 떠나 오일에 천속산을 지나 영경루에 다다랐다. 적병이 평원광야에 진을 치고 철통같이 지키고 있었다. ⎣

홍 원수가 적진 가까이 진을 치고 명령했다.

"명령을 어기는 자가 있으면, 세워 두고 벨 것이다."

호령이 서릿발 같아, 모든 장수와 군졸들이 두려워하며 어찌 할 줄 몰라 했다. 보국 또한 매우 조심했다.

이튿날 홍 원수가 보국에게 분부했다.

"오늘은 중군장이 나가 싸워라."

보국이 명령에 순종해 말에 올라 삼척장검을 들고, 적진을 향해 외쳤다.

"나는 명나라 중군장 보국이다. 대원수의 명을 받아 너희 머리를 베려 하니, 너희는 빨리 나와 칼을 받아라."

적장 운평이 이 소리를 듣고 크게 화를 내며 말을 몰고 나와 싸웠다.

세 번도 채 겨루지 않아 보국의 칼이 빛나더니, 순간 운평의 머리가 말 아래로 떨어졌다. 적장 운경이 운평의 죽음을 보고 크게 화를 내며 말을 몰아 달려들자, 보국이 승리의 기세가 등등해 창검을 높이 들고 서로 싸웠다. 두어 차례 겨루지도 못해, 보국이 칼을 날려 칼을 들고 있는 운경의 팔을 치니, 운경이 미처 손을 놀리지 못하고, 칼을 든 채 말 아래로 떨어졌다.

보국은 운경의 머리를 베어 본진으로 돌아왔다. 그때 적장 구덕지가 크게 노해 장검을 높이 들고 말을 몰아 큰소리로 고함치며 달려들고, 난데없이 적병들이 사방에서 달려들었다. 보국이 매우 다급해 피하려 했으나, 한순간에 적들이 함성을 지르며 보국을 천여 겹이나 에워쌌다.

사세가 위급하자 보국이 하늘을 우러러 탄식했다. 이때

홍 원수가 장대에서 북을 치다가 보국의 위급함을 보고 재빨리 말을 몰아, 장검을 높이 들고 좌충우돌하여 적진을 헤치고 들어가, 구덕지의 머리를 베어 들고 보국을 구해 낸 후, 몸을 날려 적진 속을 헤집고 다녔다. 동에 번쩍하더니 어느새 서쪽에 있는 적장을 베고, 남쪽으로 가는 듯하더니 어느새 북쪽에 있는 장수를 베고, 좌충우돌하여 적장 오십여 명과 군사 천여 명을 한칼로 쓸어버리고 본진으로 돌아왔다.

41

윗글의 내용을 이해한 것으로 가장 적절한 것은?

① 반란이 일어나기 전에 평국은 나랏일을 한 적이 없다.

② 평국이 군령을 몇 번 반복하자 비로소 장수들과 군졸들이 움직이기 시작하였다.

③ 평국의 부하가 된 것에 불만을 가진 보국이 처소에만 머물러 진군이 더디게 이루어졌다.

④ 보국이 평국의 군령을 어기고 적진으로 뛰어들어 상황이 악화되었다.

⑤ 평국이 위기에 빠진 보국을 구하러 적진으로 가서 활약하고 돌아오면서 상황이 일단락되었다.

42

(A)에 대한 설명으로 가장 적절한 것은?

① 대화 당사자는 함께 문제 해결의 방법을 찾아낸다.

② 대화 당사자는 각자의 견해를 상대방에게 강요하고 있다.

③ 대화 당사자는 누구도 대화 상황을 인식하지 못하고 있다.

④ 대화 당사자는 모두 동등한 의사결정 권한을 가지고 있다.

⑤ 대화 당사자는 대상 인물의 능력에 대해 견해 차이를 보인다.

43

(B)에 대한 설명으로 가장 적절한 것은?

① 과거와 현재의 교차를 통해 환상성을 높이고 있다.

② 공간의 이동을 통해 인물의 성장 과정을 그리고 있다.

③ 공간적 배경 묘사를 통해 인물이 처한 상황을 보여주고 있다.

④ 사건의 흐름을 요약적으로 서술하여 이야기를 전개하고 있다.

⑤ 주인공에 대한 일화를 나열하여 주인공의 인물됨을 드러내고 있다.

44

윗글을 감상한 내용으로 적절하지 <u>않은</u> 것은? [3점]

① 주인공은 자신이 여자라 전쟁에서 원수의 직분을 수행하기에는 능력이 부족하다고 여겼겠군.

② 수많은 적군을 한칼에 쓸어버리는 모습에서 주인공은 비범한 능력을 가지고 있다고 볼 수 있군.

③ 주인공이 나라의 위기 상황에서 아내로서의 역할보다 신하로서의 책무를 더 우선시하였음을 알 수 있군.

④ 주인공이 여자라는 이유로 결혼 후 사회적 활동을 제약받긴 하지만 그 능력에 대해서는 인정을 받고 있군.

⑤ 주인공은 더 높은 관직을 얻고 싶어서가 아니라 자신의 잘못을 용서해 준 천자의 성은에 보답하기 위해 전쟁에 나서기로 했군.

45

㉠의 상황에 어울리는 속담으로 가장 적절한 것은?

① 개미 구멍이 둑을 무너뜨린다.

② 남의 눈에 눈물 내면 제 눈에는 피가 난다.

③ 낮말은 새가 듣고 밤말은 쥐가 듣는다.

④ 사공이 많으면 배가 산으로 간다.

⑤ 산이 커야 골이 깊다.

영어영역

[01~05] 밑줄 친 부분의 뜻으로 가장 적절한 것을 고르시오.

01

He has violated one of the profession's most sacred rules.

① holy
② weird
③ demanding
④ practical
⑤ uncommon

02

Ask them to send you information on how to assess the value of your belongings.

① upgrade
② evaluate
③ maximize
④ negotiate
⑤ overestimate

03

She was filled with despair at the conditions under which miners were forced to work.

① anger
② regret
③ hopelessness
④ sympathy
⑤ contentment

04

The fresh tire tracks in the snow were obvious proof that someone had recently driven down this country road.

① abstract
② invisible
③ evident
④ plentiful
⑤ unruly

05

The company provided valid reasons for the delay in delivering the product to customers.

① reasonable
② unsound
③ multiple
④ invaluable
⑤ incredible

[06~07] 다음 대화의 빈칸에 들어갈 말로 가장 적절한 것을 고르시오.

06

A: Hey, have you ever thought about picking up a new hobby?
B: I don't know. I feel like I'm too old to start something new.
A: Not at all! What's something you've always wanted to try?
B: Well, I've always wanted to learn how to play the piano.
A: That's a fantastic idea! There are plenty of resources for adult beginners. You could start with online lessons or find a local class.
B: I guess you're right. I'll think about it.
A: I've seen people of all ages learn new things. It's very inspiring. Remember, _____ _____.
B: Thanks for the encouragement! I'll give it a shot!

① practice makes perfect

② it's never too late to learn

③ two heads are better than one

④ never judge a book by its cover

⑤ there is no royal road to learning

07

A: What are you up to this weekend?

B: Probably just chilling at home. What about you?

A: I'm thinking of going hiking. It's been a while.

B: Where are you headed?

A: I found a great spot in the mountains with awesome views.

B: Nice! Are you going by yourself?

A: Yeah, I need some time to clear my head.

B: Understood. Besides hiking, do you have any other plans?

A: Maybe I'll catch up on some reading. There's a new thriller I've been waiting for.

B: Sounds like a perfect weekend!

_____.

A: I will.

① Let's play outside more often

② Hiking is my favorite activity

③ I'll meet you up in the mountains

④ Let me know how the book turns out

⑤ I'll try to make some other plans tomorrow

[08–09] 밑줄 친 부분 중, 어법상 틀린 것을 고르시오.

08

Growing up in India, I would spend summer breaks visiting my grandparents in Kolkata. Each afternoon, my grandmother ①settling down on a floor mat, facing the family's worship room, where stone idols of Hindu gods sat on little wooden thrones. For half an hour, she would sit still, her eyes closed, fingers rolling her prayer beads, chanting Krishna's name in a whisper. It's impossible to know, objectively, ②whether those meditation sessions helped my grandmother achieve some sort of communion with a higher power, but a growing body of scientific evidence suggests she benefited from it in multiple ways. The practice was ③likely an effective approach for her to manage her stress. It may have also helped slow down aging-related cognitive decline. It also probably enhanced her ability to cope with pain. ④Defined most broadly as the exercise of focusing one's attention on the current moment, meditation in some form has been practiced for millennia by religious traditions around the world—most rooted in a quest for spiritual enlightenment. Today, the popularity of meditation ⑤has grown in parallel with awareness about the importance of mental health and stress relief.

* throne: 왕좌

09

Anger is clearly related to aggression but they are not one and the same. It is possible to be aggressive without being angry and it is ① equally possible to be angry without becoming aggressive. However, the two (the emotion of anger and the behaviour of aggression) are linked and are biologically based, with obvious survival value. Anger always results in a much increased burst of energy and, ② although biologically based, is seen by some psychologists as largely socially constructed. That is, some people might be temperamentally more prone to anger than others, but the extent ③ to which they express this is probably socially determined. In our culture, for example, boys are encouraged to express their anger more openly than girls and a far greater proportion of men than women are made ④ take anger management courses. These are ⑤ learned differences, not differences of biology. [3점]

[10~11] (A), (B), (C)의 각 네모 안에서 문맥에 맞는 낱말로 가장 적절한 것을 고르시오.

10

As a result of the political and social changes of recent decades, cultural pluralism is now generally recognized as an organizing principle of this society. In (A) addition / contrast to the idea of the melting pot, which promised to erase ethnic and group differences, children now learn that variety is the spice of life. They learn that America has provided a shelter for many different groups and has allowed them to (B) maintain / reform their cultural heritage or to assimilate, or—as is often the case—to do both; the choice is theirs, not the state's. They learn that cultural pluralism is one of the norms of a free society; that differences among groups are a national resource rather than a problem to be solved. Indeed, the unique feature of the United States is that its common culture has been formed by the interaction of its subsidiary cultures. It is a culture that has been influenced over time by immigrants, American Indians, Africans (slave and free), and by their descendants. American music, art, literature, language, food, clothing, sports, holidays, and customs all show the effects of the blending of (C) similar / diverse

cultures in one nation. Paradoxical though it may seem, the United States has a common culture that is multicultural.

* subsidiary: 부차적인

	(A)		(B)		(C)
①	addition	⋯⋯	maintain	⋯⋯	similar
②	addition	⋯⋯	addition	⋯⋯	similar
③	contrast	⋯⋯	maintain	⋯⋯	similar
④	contrast	⋯⋯	maintain	⋯⋯	diverse
⑤	contrast	⋯⋯	reform	⋯⋯	diverse

11

Popular understanding of the interrelationship between knowledge and power is frequently expressed through the phrase "Knowledge is power." Foucault, in his genealogical studies, (A) confirms / reverses the logic of this expression. He contends that it is not the acquisition of knowledge that gives one power. Instead, knowledge is already always deeply invested with power in such a way that it must be said that "power is knowledge." Thus, in Foucault's analysis, knowledge is never separate from power but is instead a specific means for (B) exercising / resisting power. In this way, power is not simply something embodied within an individual or a social structure and expressed by brute coercion or punishment. Power appears in its most potent form when successfully translated into systems of "knowledge" and thus removed from reflection under the veil of obvious truths. The (C) inseparability / separability of power and knowledge is so thoroughgoing, according to Foucault, that he often conjoins the two into the term power/knowledge.

* coercion: 강제

	(A)	(B)	(C)
①	confirms	... exercising	... inseparability
②	confirms	... resisting	... inseparability
③	reverses	... exercising	... inseparability
④	reverses	... resisting	... separability
⑤	reverses	... exercising	... separability

[12–13] 밑줄 친 부분 중, 문맥상 낱말의 쓰임이 적절하지 않은 것을 고르시오.

12

Every economics textbook will tell you that competition between rival firms leads to innovation in their products and services. But when you look at innovation from the long-zoom perspective, competition turns out to be less ① central to the history of good ideas than we generally think. Analyzing innovation on the scale of individuals and organizations—as the standard textbooks do—② broadens our view. It creates a picture of innovation that overstates the role of proprietary research and "survival of the fittest" competition. The long-zoom approach lets us see that openness and connectivity may, in the end, be more ③ valuable to innovation than purely competitive mechanisms. Those patterns of innovation deserve recognition—in part because it's intrinsically important to understand why good ideas emerge historically, and in part because by ④ embracing these patterns we can build environments that do a better job of nurturing good ideas, whether those environments are schools, governments, or social movements. We can think more creatively if we open our minds to the many ⑤ connected environments that make creativity possible. [3점]

* proprietary: 독점의

13

The great American author Edgar Allan Poe, who needs no ① lengthy introduction, is one of the writers who invented the modern short story. A modern short story is different from earlier forms of tales and fables not only in that it sets the story on a modern realistic background but also in the way its form ② concentrates on a single dramatic event. In Poe's case, this single event very often has to do with some ③ abnormal act typically involving death and murder. It was Poe's innovation to narrate such disturbing event from the viewpoint of the murderer himself, so that the reader of Poe's short story has to hear the vivid voice of the ④ aggressor who takes great care to give a detailed account of how he committed the act. The ⑤ disadvantage of such mode of storytelling is that it allows the writer to explore that mysterious thing, the human mind, in a most intimate and extreme fashion.

14

Virgil에 관한 다음 글의 내용과 일치하지 않는 것은?

Virgil's masterful poetry earned him a legacy as the greatest poet in the Latin language. Throughout the Middle Ages and the Renaissance, his fame only grew. Before the invention of the printing press, when classical texts, transmitted by the hands of scribes, were scarce, Virgil's poetry was available to the literate classes, among whom he was regarded as the most significant writer of the ancient time. He inspired poets across languages, including Dante in Italian, Milton in English, and an anonymous French poet who reworked the *Aeneid* into the medieval romance *Le Roman d'Eneas*. In what became a Christian culture, Virgil was viewed as a pagan prophet because several lines in his works were interpreted as predictions of the coming of Christ. Among writers of the Renaissance, Virgil was appreciated for his vivid portrayals of human emotion. Modern critics, on the other hand, have been less kind. Virgil's poetry is often judged in relation to that of his Greek predecessors, especially the *Iliad* and the *Odyssey*, epics attributed to Homer that also portray the Trojan War. Most contemporary scholars hold that Virgil's poetry pales in comparison to Homer's.

* pagan: 이교도의

① His skillful poems in Latin made him a noted poet.
② His reputation fell into a decline during the Renaissance.
③ He influenced the poems of different languages.
④ His poetry clearly expressed human emotion.
⑤ His poetry was valued less than Homer's by modern critics.

15

Alice James에 관한 다음 글의 내용과 일치하는 것은?

Alice James is always classified as some famous person's sister or brother. Both of her brothers, Henry James the novelist and William James the philosopher, are important figures in their fields. Her family itself was a famous and respected household in Cambridge, MA. Yet Alice, the youngest daughter, was something of a problem, ever since she had her first mental breakdown at sixteen. She also suffered from numerous health problems. The brothers, in the meantime, were becoming more and more successful in their public career. Alice James died at the age of forty-four, yet she left behind a most interesting record of her thoughts during the last three years of her life. She was, however, too weak even to write. Her close friend K. P. Loring wrote down her words for her. Loring also printed a copy of her diary for Alice's brothers and herself. The challenge in reading her journal is to appreciate the mixture of anger, self-pity, and, of course, the pain the writer feels. One should also remember that hers was a uniquely feminine experience, as women in those times were very often considered to be a "case" or "problem" to be studied and treated by male doctors.

① She came from a lower-class family in Cambridge.
② She was the oldest child in her family.
③ Her brothers failed to gain a reputation.
④ She left a dictated writing of her thoughts.
⑤ Her journal was full of her pity for other women.

16

다음 글의 내용과 일치하는 것은?

The American transition to analytic philosophy was mediated by several important figures, institutions, and events. One such figure was Morris Cohen (1880-1947). Born in Russia, he was educated at City College of New York. With a 1905 Harvard Ph.D., he taught at City from 1912 to 1938, and at the University of Chicago from 1938 to 1941. Known for his interest in logic and the philosophy of science, he was a committed naturalist who recognized no non-scientific methods capable of attaining knowledge in philosophy. One of his students was the Czechoslovakian-born Ernest Nagel, who, after earning his B.A. at City, got his Ph.D. in 1931 from Columbia University. With the exception of a year at Rockefeller University in the 1960s, he spent his career at Columbia University teaching and writing about the philosophy of science and explaining the centrality of logic to philosophy.

① Cohen was born in Czechoslovakia.
② Cohen taught at City College of New York until 1941.
③ Cohen was known for his interest only in logic.
④ Nagel earned his Ph.D. from Harvard University in 1931.
⑤ Nagel spent most of his career at Columbia University.

[17–21] 다음 글의 빈칸에 들어갈 말로 가장 적절한 것을 고르시오.

17

In terms of education, history has not always received a good press. Advising his son in 1656, Francis Osborne was far from enthusiastic about the subject. His experience of hearing contradictory reports about the Civil Wars of his own time (contemporary history), led him to be doubtful about the _____ of records of less recent events. Such historical records, he concluded, were likely to present a 'false, or at best but a contingent beliefe'; and as such they hardly warranted serious study. Osborne's anxiety about his son potentially wasting his time by studying history that is unreliable, implies an understanding of history as being ideally of a certain kind—the

kind that yields certain, 'factual' knowledge about the past. Now, although that model was already under challenge in Osborne's day, it has persisted to some extent up to our own time.

* contingent: 부수적인

① continuity
② reliability
③ rediscovery
④ conciseness
⑤ predictability

18

Every intelligence has to _____. A human brain, which is genetically primed to categorize things, still needs to see a dozen examples as a child before it can distinguish between cats and dogs. That's even more true for artificial minds. Even the best-programmed computer has to play at least a thousand games of chess before it gets good. Part of the AI breakthrough lies in the incredible amount of collected data about our world, which provides the schooling that AIs need. Massive databases, self-tracking, web cookies, online footprints, terabytes of storage, decades of search results, and the entire digital universe became the teachers making AI smart. Andrew Ng explains it this way: "AI is akin to building a rocket ship. You need a huge engine and a lot of fuel. The rocket engine is the learning algorithms but the fuel is the huge amounts of data we can feed to these algorithms."

① be taught
② exceed itself
③ think by itself
④ be governed by rules
⑤ calculate all possibilities

19

Etymology is the study of the root or origin of a word: it derives from the Greek root *etymos*, meaning 'true'. The importance and the implications of etymology are considerable. Generally speaking, there are two contradictory processes at work in the relation between etymology and meaning. The first is a gradual erosion of the original link: words tend to move steadily away from their original meanings. Contrary to this is a desire to revive the link, to get words 'to make sense' with their past. People _____, and even invent them if they do not exist. Some words do indeed have such striking origins. Few of us ever forget (once we are told) that the *sandwich* derives from the Earl of Sandwich, a compulsive gambler who, in order not to leave the gaming table during a twenty-four-hour bout, sustained himself in part with slices of cold beef between slices of toast. Thus was born the *sandwich*, first recorded in 1762. [3점]

* erosion: 침식

① prefer memorable or logical origins for words
② pay little attention to the implications of etymology
③ consider the original meanings of words unimportant
④ are unaware of the contradictory processes of etymology
⑤ dislike any association between use and meaning of words

20

Our intuition is that in chess experts, the parsing of board games becomes a reflex. Indeed, research proves that a single glance is enough for any grand master to evaluate a chessboard and to remember its configuration in full detail, because he automatically parses it into meaningful chunks. Furthermore, a recent experiment indicates that this segmenting process is truly unconscious: a simplified game can be flashed for 20 milliseconds, sandwiched between masks that make it invisible, and still influence a chess master's decision. The experiment works only on expert chess players, and only if they are solving a meaningful problem, such as determining if the king is under check or not. It implies that the visual system takes into account the identity of the pieces (rook or knight) and their locations, then quickly binds together this information into a meaningful chunk ("black king under check"). These sophisticated operations _____. [3점]

* parsing: 분석

① happen only when the master's consciousness is working
② unfold consciously with meaningful awareness
③ occur entirely outside conscious awareness
④ succeed through careful analysis and repetition
⑤ prove that multisensory information can be bound together

21

The industrial (and associated agricultural) revolution which occurred in Europe during the eighteenth and nineteenth centuries not only changed the nature of work, but also dramatically transformed the organization of society, gender and kinship relationships, and _____. In particular, the composition of, and link between, the rural and the urban was completely overturned as a result of the large-scale migration of potential industrial workers from the countryside to the cities where the factories of the emerging manufacturing bourgeoisie were located. The scope of the demographic change that occurred at this time is underlined by research showing that at the beginning of the nineteenth century only 15 British towns had populations of more than 20,000 but by its end there were 185. Indeed, it has been estimated that in 1800 only 2.2 percent of the population of Europe lived in cities of more than 100,000—today that geopolitical space is predominantly urbanized and highly industrialized.

* kinship: 친족 ** demographic: 인구학의

① the geographical features of some nations
② the system of the manufacturing industry
③ the concept of social justice and equality
④ the dominant form of human settlement
⑤ the definition of the working class

22

다음 글의 빈칸 (A), (B)에 들어갈 말로 가장 적절한 것은?

Are you the type of person who sees the proverbial glass as half full or as half empty? People with more optimistic attitudes—who see the glass as half full—tend to be more resilient than others to the effects of stress, including stress associated with physical disorders.   (A) , investigators link optimism to lower levels of emotional distress among heart disease and cancer patients and to lower levels of reported pain among cancer patients. Optimism in pregnant women even predicts better birth outcomes, as measured, for instance, by higher infant birth weights. Optimism in coronary artery bypass surgery patients is also associated with fewer serious postoperative complications.   (B) , people with more pessimistic attitudes tend to report greater emotional distress in the form of depression and social anxiety.

* resilient: 탄력 있는

	(A)		(B)
①	For instance	......	Hence
②	For example	......	On the other hand
③	In addition	......	Nevertheless
④	However	......	Therefore
⑤	In fact	......	As a result

[23~26] 다음 글의 제목으로 가장 적절한 것을 고르시오.

23

One of the most daring deep-space missions NASA has ever planned is turning out to be one of the least publicized. The target is a large asteroid named 1992KD, which orbits the sun millions of km from Earth. But that destination is almost incidental to the performance of the spacecraft that will make the trip. Though it looks little different from countless other unmanned spaceships NASA has launched, the ship will be navigated by an electronic brain that has been likened to HAL, the independent-minded computer in the film *2001 Space Odyssey*, and will move through space under power of a system that has long been the stuff of technological fantasies: an ion propulsion engine. If all goes as planned, Deep Space 1, scheduled for launch later this month, will be the forerunner of a new generation of spacecraft. While flight planners hope the ship will make some interesting observations about the target asteroid, including its composition and the structure of its surface, DS1's prime assignment is to validate a host of new technologies NASA had always considered too risky to try on a high-profile mission. [3점]

* asteroid: 소행성 ** propulsion: 추진

① A Smart New Kind of Spacecraft
② The Launch of Unmanned Rockets
③ Failure of DS1's Risky Technologies
④ Performance of Computerized Engine System
⑤ New Mission to Navigate a Larger Asteroid

24

Cattle are sensitive creatures. They have evolved a suite of sensory adaptations to detect predators at long distances. They have a keen sense of smell and hearing at least as good as a dog's or cat's. People often say that elephants never forget, but neither do cattle. Cattle can recognize pictures of herd mates as well as humans they know. Charles Darwin argued that both humans and animals possess a similarity in the expression of emotions. We can, of course, discern basic emotions, like pleasure and fear. But what endears dogs to us is their apparent capacity for what we take as their version of love—the longing in their eyes to be with their people and their overall willingness to please. How do you know cattle love you? Pretty much the same way you do with dogs. My bull, Ricky Bobby, happily lies down next to me and puts his horned head in my lap. He loves for me to brush him, and he'll even roll over for a belly rub.

① Cattle Can Be Our New Pets
② Pets Express Emotional Change
③ How to Domesticate Wild Animals
④ Ways to Drive the Cattle Home Safe
⑤ Darwin's Discovery of Animal Behaviors

25

Because of the goals of protecting life and property and maintaining order, and because the police are open for business 24 hours a day in all kinds of weather, it is inevitable that the police are called upon to look after people who cannot or will not properly care for themselves. This includes young children, elderly citizens, the mentally ill, and the homeless. Police assistance to these people can only go so far, of course―police cannot raise other people's children, cure the mentally ill, or build houses for all the homeless people in this country. However, police can and often do provide or arrange for temporary shelter and transportation for those in need. They also make referrals and provide information so that people can take advantage of programs and services available to them. During times when the economy is struggling, when social programs are underfunded, and when many citizens turn a cold shoulder to those less fortunate, police assistance is often the only option for those who cannot properly care for themselves.

① Police Always on the Lookout for Potential Problems
② A Key Objective of the Police: To Prevent Serious Crimes
③ Police Are Here for Those Who Cannot Care for Themselves!
④ Who Is in Charge of Resolving Various Kinds of Conflicts?
⑤ Patrol as the Backbone of the Police Service

26

Although there had been a long tradition of religious and morally enlightening dramas (termed respectively the miracle and morality plays) the first public playhouse in England was built only in 1576. This proved the catalyst for what Gamini Salgado has rightly called 'the greatest efflorescence of dramatic writing England has ever seen'. The conditions of the Elizabethan stage, though difficult to reconstruct with total accuracy now, were generally primitive. To compensate for these inadequacies, a whole new linguistic medium was created. On a bare stage with minimal properties and effects with which to build up a sense of theatrical illusion, the great dramatists, Shakespeare especially, created an extraordinary diversity of experience and range of characters exclusively through the medium of individuated language, worlds of words in which their creations could philosophize, agonize, laugh, suffer and die. [3점]

* catalyst: 촉매 ** efflorescence: 전성기

① Technological Advancements of Elizabethan Theaters
② The Elizabethan Stage and Its Linguistic Innovation
③ Shakespeare's Effective Use of the Primitive Stage
④ The Decline of Religious Drama in England
⑤ The Rise of Medieval Morality Plays

27

다음 글의 주장으로 가장 적절한 것은?

Behind every anhedonic choice that keeps you stuck is the belief that you (or your life) will fall apart if you challenge the rules. This is a powerful myth! It can keep you absolutely paralyzed! The only way to rid yourself of it is to put your psychological strengths to the test. Few people realize how strong they really are until they stop putting up with the problems in their lives and take some steps toward change. It won't be easy. You may get knocked down a few times, but you won't fall apart. On the contrary, the more you assert your ability to take control over your life, the stronger you'll become. Developing psychological strengths is just like developing physical abilities. The more you exercise, the stronger you become.

* anhedonic: 쾌락을 추구하지 않는

① Do not feel you always have to have a realistic plan.

② Identify the conditions that help you become a success.

③ Choose one of your bigger dreams and make it a reality.

④ Set attainable goals and enjoy each small step of progress.

⑤ Stop thinking of yourself as fragile and be mentally strong.

28

다음 글의 주제로 가장 적절한 것은?

No clear-cut category can encompass all jazz. Each performer's idiom is a style unto itself; if it were not so, the music would hardly be jazz. Jazz, like almost all other music, comprises three artistic activities: creating, performing, and listening. In traditional Western European music, these three activities are not always performed by the same individual, although they quite often are. In jazz, however, it is necessary for the performer to combine all three at the same time. Musical creation is an active part of any jazz performance and depends on the performers' understanding of the developing creation, an understanding gained only by their ability to listen well. They must react instantaneously to what they hear from their fellow performers, and their own contribution must be consistent with the unfolding themes and moods. Every act of musical creation in jazz is, therefore, as individual as the performer creating it.

① traits of jazz reflecting performers' individuality

② how to compose jazz for a great performance

③ similarities between jazz and Western music

④ celebrated figures in the modern jazz scene

⑤ influences of traditional music on jazz

[29~30] 다음 글에서 전체 흐름과 관계 없는 문장을 고르시오.

29

Computer-aided instruction is changing the very nature of the educational process at the college level. An increasingly large number of students want a college education, yet they work during the day and may not have a university nearby that offers evening instruction. A solution to this problem is called *distance learning*, meaning that students can enroll in college courses yet not be physically present at the college. ① Course lectures offered at the college are recorded and made available for viewing by students on their personal computers, at whatever time the students have available. ② Thus a course can be offered without regard to time or space because computer technology delivers the course to the student. ③ Some universities are now offering entire degree programs to students through this technology. ④ Hence, distance learning cannot be a good option for students who keep delaying things or those who aren't able to stick to deadlines. ⑤ A student can earn a degree from a university without ever having physically attended the university.

30

It is common knowledge that Descartes was a Cartesian Dualist. (Perhaps it's nothing more than common sense!) ① As everyone knows, he held that there are two worlds, one of mental objects and one of material things, including animals and human bodies. ② The mental objects are 'states of consciousness' (e.g. pains, visual experiences, beliefs and desires, fear and joy); the material objects are more or less complex bits of 'clockwork'. ③ The items in the 'inner world' are understood through the exercise of a special faculty called 'introspection'; objects in the 'outer world' are perceived by the five senses. ④ Like most items of 'common knowledge', the importance of reading is often taken for granted without critical examination. ⑤ Mental states and states of the body are logically independent but causally interrelated: causal interaction is, as it were, the glue bonding mind to body in each individual person.

[31–33] 글의 흐름으로 보아, 주어진 문장이 들어가기에 가장 적절한 곳을 고르시오.

31

But AI promises to transform all areas of human experience.

Humanity has experienced technological change throughout history. Only rarely, however, has technology fundamentally transformed the social and political structure of our societies. (①) More frequently, the preexisting frameworks through which we order our social world adapt and absorb new technology, evolving and innovating within recognizable categories. (②) The car replaced the horse without forcing a total shift in social structure. (③) The rifle replaced the musket, but the general paradigm of conventional military activity remained largely unaltered. (④) Only very rarely have we encountered a technology that challenged our prevailing modes of explaining and ordering the world. (⑤) And the core of its transformations will ultimately occur at the philosophical level, transforming how humans understand reality and our role within it.

32

Seeking refuge, the pair transformed themselves into fish, tied together for safety, and leapt into the river Euphrates.

The constellation Pisces is most often imagined as a pair of fish that are joined together by a rope. This image has been recorded in ancient Egypt of the 2nd millennium BCE and later Babylonian texts. Why these two fish happen to be tied together is not recorded by these earliest sources but later Greek and Roman myths offer some explanations. (①) When the gods were facing the terrible monster Typhon, it is said that Aphrodite and Eros were far away from the battle. (②) Being gods of love and lust, these two had little they could do in the face of such a world-crushing threat. (③) This is the moment that was captured in the form of this constellation. (④) An alternative version has the two fish of Pisces rescuing the gods who rode away on their backs. (⑤) As a reward for their help the fish were placed in the night sky.

33

A principal vehicle of this enterprise was educational reform and specifically the building of a university system dedicated to the ideals of science, reason, and humanism.

Writing just after the end of World War I, an acute observer of the French philosophical scene judged that "philosophical research had never been more abundant, more serious, and more intense among us than in the last thirty years." (①) This flowering was due to the place of philosophy in the new educational system set up by the Third Republic in the wake of the demoralizing defeat in the Franco-Prussian War. (②) The French had been humiliated by the capture of Napoleon III at Sedan and wasted by the long siege of Paris. (③) They had also been terrified by what most of the bourgeoisie saw as seventy-three days of anarchy under the radical socialism of the Commune. (④) Much of the new Republic's effort at spiritual restoration was driven by a rejection of the traditional values of institutional religion, which it aimed to replace with an enlightened worldview. (⑤) Albert Thibaudet highlighted the importance of this reform when he labeled the Third Republic "the republic of professors." [3점]

* siege: 포위 ** anarchy: 무정부

[34~36] 주어진 글 다음에 이어질 글의 순서로 가장 적절한 것을 고르시오.

34

"National forests need more roads like farmers need more drought." We heard somebody say this who was trying to persuade an audience that more roads would be bad for our national forests.

(A) An argument attempts to prove or support a conclusion. When you attempt to persuade someone, you attempt to win him or her to your point of view; trying to persuade and trying to argue are logically distinct enterprises. True, when you want to persuade somebody of something, you might use an argument.

(B) But not all arguments attempt to persuade, and many attempts to persuade do not involve arguments. In fact, giving an argument is often one of the least effective methods of persuading people—which, of course, is why so few advertisers bother with arguments. People notoriously are persuaded by the weakest of arguments and sometimes are undisturbed by even quite good arguments.

(C) The remark, however, is not an argument; it's just a statement that portrays road building in the forests in a bad light. Now, some writers define an argument as an attempt to persuade somebody of something. This is not correct. [3점]

① (A)-(C)-(B)　　　② (B)-(A)-(C)
③ (B)-(C)-(A)　　　④ (C)-(A)-(B)
⑤ (C)-(B)-(A)

35

Good critical thinking is a cognitive skill. In general, developing a skill requires three conditions—learning the theory, deliberate practice, and adopting the right attitudes.

(A) However, your attitudes make a big difference as to whether your practice is effective and sustainable. If you hate playing the piano, forcing you to practice is not productive in the long run.

(B) However, knowing the theory is not the same as being able to apply it. You might know in theory that you should balance the bike when you are cycling, but it does not mean you can actually do it. This is where practice comes in, because it translates your theoretical knowledge into actual ability.

(C) By theory we mean the rules and facts we have to know in order to possess the skill. For example, one cannot be a good basketball player without knowing the rules of the game—for example, kicking the basketball is not allowed. Likewise, thinking critically requires knowing a certain amount of logic.

① (A)-(C)-(B) ② (B)-(A)-(C)
③ (B)-(C)-(A) ④ (C)-(A)-(B)
⑤ (C)-(B)-(A)

36

In regard to problem solving, imagery can be used to help solve problems that one could not easily solve using verbal reasoning.

(A) She then realizes that after driving to Washington, traveling to Chicago and then to Buffalo before returning to New York City will save her many hours of driving.

(B) For example, a salesperson who lives in New York City has to drive to three cities, Washington, DC; Buffalo; and Chicago. If she plans to travel to the cities in that order and then return to New York City, she might not be traveling the shortest route.

(C) Hence, she might image a map of the United States and make several virtual trips in her mind's eye. She realizes if she travels to Buffalo after visiting Washington and then after visiting Buffalo travels to Chicago and back to New York, she would be partially retracing her path.

① (A)-(C)-(B) ② (B)-(A)-(C)
③ (B)-(C)-(A) ④ (C)-(A)-(B)
⑤ (C)-(B)-(A)

[37-38] 다음 글의 내용을 한 문장으로 요약하고자 한다. 빈칸 (A), (B)에 들어갈 말로 가장 적절한 것은?

37

To be really smart, an online group needs to obey one final rule and a rather counterintuitive one. The members can't have too much contact with one another. To work best, the members of a collective group ought to be able to think and work independently. This rule came to light in 1958, when social scientists tested different techniques of brainstorming. They posed a thought-provoking question: If humans had an extra thumb on each hand, what benefits and problems would emerge? Then they had two different types of groups brainstorm answers. In one group, the members worked face-to-face; in the other group, the members each worked independently, then pooled their answers at the end. You might expect the people working face-to-face to be more productive, but that wasn't the case. The team with independently working members produced almost twice as many ideas. Traditional brainstorming simply doesn't work as well as thinking alone, then pooling results.

↓

In brainstorming, group members who have direct contact produce ___(A)___ ideas than those who work physically separately from one another, which is against our ___(B)___.

	(A)		(B)
①	fewer	......	intuition
②	fewer	......	benefit
③	more	......	conclusion
④	more	......	intuition
⑤	smarter	......	benefit

38

Soon after the first computers appeared, their blunders became the subjects of jokes. The tiniest errors in programming could wipe out clients' bank accounts, or send out bills for outlandish amounts, or trap the computers in cyclical loops that kept repeating the same mistakes. This maddening lack of common sense led most of their users to conclude that machines could never become intelligent. Today, of course, computers do better. Some programs can beat people at chess. Others can diagnose heart attacks. But no machine yet can

make a bed, or read a book, or babysit. What makes our computers unable to do the sorts of things that most people can do? Do they need more memory, speed, or complexity? Do they use the wrong kinds of instruction-sets? Or do machines lack some magical attribute that only a human brain can possess? I will argue that none of those are responsible for the deficiencies of today's machines; instead, all those limitations come from the out-of-date ways in which programmers have chosen to program them.

* blunder: 큰 실수

↓

Although early computers had significant errors, modern machines ___(A)___ at tasks like chess and medical diagnosis but struggle with basic human activities due to outdated programming rather than inherent technological ___(B)___.

	(A)		(B)
①	fail	......	problems
②	excel	......	limitations
③	malfunction	......	problems
④	succeed	......	advances
⑤	stare	......	limitations

[39~40] 다음 글을 읽고, 물음에 답하시오.

Pompeii was destroyed by the catastrophic eruption of Mount Vesuvius in 79 A.D., entombing residents under layers of volcanic ash. But there is more to this story of an ancient Roman city's doom. Research published in the journal *Frontiers in Earth Science* offers proof that Pompeii was simultaneously wrecked by a massive earthquake. The discovery establishes a new timeline for the city's collapse and shows that fresh approaches to research can (a) reveal additional secrets from well-studied archaeological sites. Researchers have always had an idea that seismic activity contributed to the city's destruction. The ancient writer Pliny the Younger reported that the eruption of Vesuvius had been accompanied by violent shaking. But, until now, no evidence had been discovered to (b) support this historical account. A team of researchers led by Domenico Sparice from Italy decided to investigate this (c) gap in the record. Dr. Sparice said that excavations of Pompeii to date had not included experts in the field of archaeoseismology, which deals with the effects of earthquakes on ancient buildings. Contributions from (d) specialists in this area were key to the discovery, he said. "The effects of seismicity have been speculated by past scholars, but no factual evidence has been reported before our study," Dr. Sparice said, adding that the finding was "very exciting." The team focused on the Insula of the Chaste Lovers. This area encompasses several buildings, including a bakery and a house where painters were evidently interrupted by the eruption, leaving their paintings (e) colored. After excavation and careful analysis, the researchers concluded that walls in the insula had collapsed because of an earthquake.

* seismic: 지진의 ** excavation: 발굴

39

윗글의 제목으로 가장 적절한 것은?

① Who Found Pompeii Covered with Volcanic Ashes

② Mt. Vesuvius's Influence on the Scenery of Pompeii

③ The Eruption of Mt. Vesuvius Triggered by Earthquake

④ Seismic Timeline by Archaeological Discovery in Pompeii

⑤ The Eruption of Mt. Vesuvius Wasn't Pompeii's Only Killer

40

밑줄 친 (a)~(e) 중, 문맥상 낱말의 쓰임이 적절하지 않은 것은? [3점]

① (a) ② (b)
③ (c) ④ (d)
⑤ (e)

[41~42] 다음 글을 읽고, 물음에 답하시오.

Personality is one of those parts of the human condition that is obvious in everyday life. Each of us is unique and it is the study of personality that stresses this uniqueness, whereas much of the remainder of psychology emphasises similarities between people. Some parts of personality appear to be built in and others appear to be learned. Certainly, personality is also influenced by culture, either through environmental necessity or through beliefs, values, opinions and judgements.

Whichever way that personality is looked at or theorised about, it is clear that it does not exist in a vacuum. A person may be made up of an id, an ego and a superego, or of an actualising self, or of a series of learned social behaviours, or of a set of traits. Whichever of these it might be occurs within a context or a series of situations or experiences, no two of which are the same. So the best way to look at personality in general, or at someone's personality in particular, is through the eyes of _____. People cannot exist without their environment, each influencing the other. It is therefore best to make sense of personality as it exists in its particular environment. Personality cannot exist in isolation.

41

윗글의 제목으로 가장 적절한 것은?

① How Does Personality Develop as One Grows Older?

② Gender Differences in Personality and Social Behaviour

③ Understanding Personality: Uniqueness, Culture, and Context

④ Personality, One Factor That Determines Your Social Behaviours

⑤ What Are the Similarities between Personality and Characteristics?

42

윗글의 빈칸에 들어갈 말로 가장 적절한 것은? [3점]

① emotion
② creativity
③ usefulness
④ interaction
⑤ productivity

[43~45] 다음 글을 읽고, 물음에 답하시오.

(A)

Sophia leaned against the brick wall of North High, tracing the graffiti with her fingers. The final bell had rung, and students were leaving quickly. She looked around for her older sister Sara but couldn't find her. With a sigh, (a) she started walking home. Next week was the school talent show, and she had signed up to sing. She loved singing but had never sung in front of a big audience before.

(B)

Sophia's eyes widened. "Really? That'd be amazing!" They spent the next hour planning and practicing. When they finally said goodbye, Sophia felt more confident because Janet helped her a lot. As she walked home, the evening sun made the town look golden. She realized that unexpected moments and new friends could make everything better. The talent show was no longer something to be scared of but a chance for (b) her to shine.

(C)

As Sophia walked, she was lost in thought and didn't notice Janet, the senior class president, until she was right in front of her. Janet and Sara knew each other, but Sophia had never talked to her before. "Hey, Sophia," Janet said with a big smile. "Hi, Janet. What's up?" (c) she replied, feeling surprised. "I heard you signed up for the talent show," Janet said. "What are you going to sing?" Sophia felt nervous. "I'm not sure yet," (d) she said. "I'm still deciding." Janet smiled again. "Want to grab a coffee and talk about it?"

(D)

They walked to a local cafe and talked about school and music. Janet was easy to talk to, and Sophia felt more relaxed with (e) her. "What kind of music do you like?" Janet asked. "I love classic rock," Sophia said. "So, I'm thinking about doing an acoustic version of classic rock." Janet's eyes lit up. "That sounds perfect. I play a bit of guitar; maybe I could play with you?"

43

주어진 글 (A)에 이어질 내용을 순서에 맞게 배열한 것으로 가장 적절한 것은?

① (B)-(D)-(C)
② (C)-(B)-(D)
③ (C)-(D)-(B)
④ (D)-(B)-(C)
⑤ (D)-(C)-(B)

44

밑줄 친 (a)~(e) 중, 가리키는 대상이 나머지 넷과 다른 것은?

① (a)
② (b)
③ (c)
④ (d)
⑤ (e)

45

윗글에 관한 내용으로 적절하지 않은 것은?

① Sophia signed up to sing in the school talent show.
② Sophia felt more confident after practicing with Janet.
③ Sophia's sister and Janet knew each other.
④ Sophia was thinking about singing a classic rock song.
⑤ Sophia taught Janet how to play the guitar.

01

$(2^{\sqrt{3}+1})^{2\sqrt{3}-2}$의 값은? [3점]

① $8\sqrt{2}$ ② 16

③ $16\sqrt{2}$ ④ 32

⑤ $32\sqrt{2}$

02

두 자연수 a, b에 대하여 $0 \le x \le 2\pi$에서 정의된 함수 $f(x) = a\sin(bx) + a$의 그래프가 직선 $y = 2$와 서로 다른 네 점에서 만난다. ab의 최솟값은? [3점]

① 4 ② 6

③ 8 ④ 10

⑤ 12

03

자연수 n에 대하여 다항식 $(x+1)^n$을 $x(x-1)$로 나누었을 때의 나머지를 $R_n(x)$라 하자. $\sum_{n=1}^{8} R_n(2)$의 값은? [3점]

① 1008 ② 1012

③ 1016 ④ 1020

⑤ 1024

04

40 이하의 두 자연수 m, n에 대하여 $-\log_{\sqrt{2}} m + \log_{\frac{1}{2}}(4n+6)^{-1}$의 값이 자연수가 되도록 하는 모든 순서쌍 (m, n)의 개수는? [3점]

① 4 ② 5

③ 6 ④ 7

⑤ 8

05

$1^3 - 2^3 + 3^3 - 4^3 + \cdots + 19^3$의 값은? [4점]

① 3300   ② 3400

③ 3500   ④ 3600

⑤ 3700

06

함수 $f(x)$는
$$f(x) = \begin{cases} 1 - |x| & (x(x-3) \neq 0) \\ 0 & (x(x-3) = 0) \end{cases}$$
이고 함수 $g(x)$는 최고차항의 계수가 1인 삼차함수이다. $g(0) = 5$이고

함수 $(g \circ f)(x)$가 실수 전체의 집합에서 연속일 때, $g(6)$의 값은? [4점]

① 245   ② 247

③ 249   ④ 251

⑤ 253

07

수직선 위를 움직이는 점 P의 시각 $t(t \geq 0)$에서의 위치 x가 $x = t^4 - 4t^3 + 2kt$이다. 점 P가 원점을 출발한 후 운동 방향을 두 번 바꾸도록 하는 정수 k의 개수는? [4점]

① 1   ② 3

③ 5   ④ 7

⑤ 9

08

넓이가 $4\sqrt{3}$이고 $\angle A = \dfrac{\pi}{3}$인 삼각형 ABC의 외접원의 반지름의 길이가 4일 때, $\overline{AB} + \overline{BC} + \overline{CA}$의 값은? [4점]

① $4(\sqrt{2} + \sqrt{3})$

② $4(2 + \sqrt{3})$

③ $4(\sqrt{3} + \sqrt{5})$

④ $4(\sqrt{3} + \sqrt{6})$

⑤ $4(\sqrt{3} + \sqrt{7})$

09

함수 $f(x)=x^2+ax+1$에 대하여 집합
$\{x\,|\,f(f(x))=f(x),\ x\text{는 실수}\}$의 원소의 개수가 2
일 때, 양수 a의 값은? [4점]

① 1　　　　　　　　② 2

③ 3　　　　　　　　④ 4

⑤ 5

10

실수 θ에 대하여 직선 $y=x$와 곡선
$y=x^2+2x\sin\theta-\cos^2\theta$이 만나는 두 점 사이의 거
리의 최댓값은? [4점]

① $2\sqrt{2}$　　　　　　② $3\sqrt{2}$

③ $4\sqrt{2}$　　　　　　④ $5\sqrt{2}$

⑤ $6\sqrt{2}$

11

첫째항과 공차가 정수인 등차수열 $\{a_n\}$에
대하여 수열 $\{b_n\}$이

$b_n=n^2\sin(\pi a_n)+n\cos(\pi a_n)+1$

$\sum\limits_{n=1}^{7}b_n=3$을 만족시킬 때, $b_{48}+b_{49}+b_{50}$의 값은? [4점]

① 48　　　　　　　② 50

③ 52　　　　　　　④ 54

⑤ 56

12

수열 $\{a_n\}$의 첫째항부터 제n항까지의 합을 S_n이라 할
때, 모든 자연수 n에 대하여
$S_n=2a_n-pn$이다.

$\sum\limits_{k=1}^{6}\dfrac{p+a_k}{a_k a_{k+1}}=3$일 때, 상수 p의 값은? [4점]

① $\dfrac{36}{127}$　　　　　② $\dfrac{38}{127}$

③ $\dfrac{40}{127}$　　　　　④ $\dfrac{42}{127}$

⑤ $\dfrac{44}{127}$

13

함수 $f(x)=x^3+6x^2+13x+8$의 역함수를 $g(x)$라고 하자. 두 곡선 $y=f(x)$, $y=g(x)$와 직선 $y=-x+8$로 둘러싸인 도형의 넓이는? [4점]

① 36
② 40
③ 44
④ 48
⑤ 52

14

자연수 n에 대하여 함수 $y=|2^{|x-n|}-2n|$의 그래프가 직선 $y=15$와 제1사분면에서 만나는 점의 개수를 a_n이라 할 때, $\sum\limits_{n=1}^{20} a_n$의 값은? [4점]

① 52
② 55
③ 58
④ 61
⑤ 64

15

실수 a, b, c, d에 대하여, 삼차함수 $f(x)=ax^3+bx^2+cx+d$가 다음 조건을 만족시킨다.

> (가) $\displaystyle\int_{-1}^{1} f(x)dx=0$
>
> (나) $\displaystyle\int_{-1}^{1} xf(x)dx=0$

함수 $f(x)$에 대한 설명으로 옳은 것만을 〈보기〉에서 있는 대로 고른 것은? [4점]

〈보기〉
ㄱ. $abcd \geq 0$
ㄴ. $ab < 0$이면 방정식 $f(x)=0$은 열린구간 $(-1, 0)$에서 적어도 한 개의 실근을 갖는다.
ㄷ. $ab > 0$이면 방정식 $f(x)=0$은 열린구간 $(0, 1)$에서 오직 한 개의 실근을 갖는다.

① ㄱ
② ㄴ
③ ㄱ, ㄴ
④ ㄴ, ㄷ
⑤ ㄱ, ㄴ, ㄷ

16

다음 그림과 같이 삼차함수
$f(x)=x^3-x^2-2x$의 그래프와 직선 $y=kx$로 둘러싸인 도형의 넓이를 각각
S_1, S_2라 하자. $S_2-S_1=18$일 때, 실수 k의 값은? [4점]

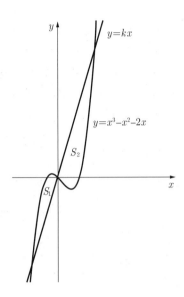

① $\dfrac{21}{4}$ ② $\dfrac{23}{4}$

③ $\dfrac{25}{4}$ ④ $\dfrac{27}{4}$

⑤ $\dfrac{29}{4}$

17

양수 a에 대하여 함수 $f(x)$를
$$f(x)=\begin{cases} x^2-1 & (x<1) \\ a-a|x-2| & (x\geq1) \end{cases}$$
이라 하자. 양수 b에 대하여 함수
$$g(x)=|x(x-2)|\int_b^x f(t)dt$$가

실수 전체의 집합에서 미분가능할 때, $a+b$의 최댓값은? [5점]

① $\dfrac{14}{3}$ ② $\dfrac{29}{6}$

③ 5 ④ $\dfrac{31}{6}$

⑤ $\dfrac{16}{3}$

18

두 삼차함수 $f(x)$, $g(x)$에 대하여 함수
$$h(x)=\begin{cases} \dfrac{f(x)}{g(x)} & (x\neq2) \\ 3 & (x=2) \end{cases}$$가 실수 전체의

집합에서 연속이고 다음 조건을 만족시킨다.

> (가) $\lim\limits_{x\to\infty}h(x)=3$이고 $\lim\limits_{x\to1}\dfrac{1}{h(x)}=\infty$이다.
>
> (나) 방정식 $h(x)=12$가 오직 하나의 실근을 가진다.

$h(0)$의 값은? [5점]

① $\dfrac{1}{7}$ ② $\dfrac{2}{7}$

③ $\dfrac{3}{7}$ ④ $\dfrac{4}{7}$

⑤ $\dfrac{5}{7}$

19

최고차항의 계수가 1인 삼차함수 $f(x)$에 대하여 함수 $g(x)$를 $g(x)=|f(x)|-f'(x)$라 할 때, 두 함수 $f(x)$, $g(x)$는 다음을 만족시킨다.

(가) $g(0)=f(0)=1$
(나) 방정식 $|f(x)|=3$의 서로 다른 실근의 개수는 3이다.
(다) 함수 $g(x)$가 $x=k$에서 미분불가능한 실수 k의 개수는 3이다.

$g(1)$의 값은? [5점]

① -1　　　　　② 0
③ 1　　　　　④ 4
⑤ 7

20

함수 $f(x)$를 $f(x)=(x+1)^2(x-1)^2$이라 하자. $-1 \le x \le 1$인 모든 실수 x에 대하여 $f(x) \le f'(t)(x-t)+f(t)$를 만족시키도록 하는 실수 t의 최댓값은? [5점]

① $\dfrac{1}{2}$　　　　　② $\dfrac{1}{3}$
③ $\dfrac{1}{4}$　　　　　④ $\dfrac{1}{5}$
⑤ $\dfrac{1}{6}$

21

모든 항이 자연수인 수열 $\{a_n\}$이 다음 조건을 만족시킬 때, 모든 a_1의 값의 합을 구하시오. [3점]

(가) 모든 자연수 n에 대하여
$$a_{n+1}=\begin{cases} a_n+1 & (a_n \text{은 홀수}) \\ \dfrac{a_n}{2} & (a_n \text{은 짝수}) \end{cases}$$
(나) $a_5=1$

22

자연수 n에 대하여 집합 $\{x \,|\, x \le \log_2(x+n), x \text{는 자연수}\}$의 원소의 개수를 $f(n)$이라 할 때, $\displaystyle\sum_{n=1}^{20} f(n)$의 값을 구하시오. [4점]

23

다항함수 f, g가 모든 실수 x, y에 대하여

$f(0)=5$, $f(x-g(y))=(x+4y^2-1)^3-3$을

만족시킬 때, 함수 $h(x)=f(x)-g(x)$의 극댓값을

구하시오. [4점]

24

실수 전체의 집합에서 도함수가 연속인 함수 $f(x)$가

다음 조건을 만족시킬 때,

$\int_0^4 f(x)dx$의 값을 구하시오. [4점]

(가) 모든 실수 x에 대하여

$(f'(x)+2)(f'(x)-2)=x(x-4)$

이다.

(나) $f(0)<f(4)$, $f(2)=1$

25

함수 $f(x)=\dfrac{2^x}{2^x+\sqrt{2}}$에 대하여 수열 $\{a_n\}$의 일반항이

$$a_n=f\left(\frac{1}{n}\right)+f\left(\frac{2}{n}\right)+f\left(\frac{3}{n}\right)+\cdots$$

$$+f\left(\frac{n-1}{n}\right)+f\left(\frac{n}{n}\right)$$일 때,

$\displaystyle\sum_{n=1}^{20} a_n=p+q\sqrt{2}$이다.

정수 p, q에 대하여 $p+q$의 값을 구하시오. [5점]

2024학년도
기출문제

제1교시   국어영역

제2교시   영어영역

제3교시   수학영역

[01~05] 다음 글을 읽고 물음에 답하시오.

19세기 초반부터 의학 분야에서는 실험과학의 방법을 엄격히 적용해야만 의학이 진보할 수 있다는 믿음이 확산되고 있었고, 의학을 실험실에 접목하려는 실험실 의학이 체계적으로 시도되기 시작했다. 병실에서의 우연적이고 소극적인 관찰보다는 통제된 실험실 환경에서 살아 있는 동물을 대상으로 실험하는 것이 더 믿을 만한 정보를 줄 수 있을 것이라는 증거들이 확인되고 있었다.

19세기 초반의 실험실에 기반을 둔 의학 모델은 유스투스 리비히에 의해 개발되었다. 그는 기센 대학의 화학 교수로 일하며 생물학적 기능을 선천적인 생기적 활동의 소산으로 다루기보다 신체 내부의 화학적, 물리적 과정의 결과로서 연구하면서 의학 연구에 화학 연구를 결부시키는 전통을 확립하는 데 핵심적인 역할을 담당했다. 이와 비슷하게 클로드 베르나르도 실험실 과학을 프랑스 의학의 일부분으로 승격하는 데 중요한 역할을 했다. 특히 의학 교육과 연구에서 실험과학이 담당하는 역할을 강력하게 옹호했다. 그는 질병이 진행하는 방식을 알기 위해서는 통제된 실험실 환경에서 살아 있는 동물을 가지고 실험하는 것이 필수적이라고 생각했다.

실험실 연구 덕분에 1830년대 이후로 세포가 핵과 그 외의 여러 구조를 가지고 있다는 사실이 확인되었고 과학자들은 이를 빠르게 받아들였다. 하지만 썩은 고기나 고여 있는 물에서 단순한 생물이 생겨나는 것처럼 보인다는 '자연발생설'에 관한 해묵은 논쟁은 별개의 문제였다. 사람들은 아무것도 덮지 않고 식탁에 고기 조각을 방치하면 며칠 안에 구더기가 생긴다는 사실을 알고 있었다. 당시에는 파리가 낳은 알에서 구더기가 부화한다는 것을 알지 못했다. ㉠그렇다면 구더기가 어디에서 왔는지 어떻게 설명할 수 있겠는가? 이 시기 과학자들에게 가장 쉬운 설명은 영양분이 공급되는 환경에서 이 생물들이 일종의 화학적 과정을 통해 만들어졌다는 해석이었다. 이는 ㉡당시의 일반적인 견해에 따른 해석이었으며 이치에 맞는 것 같았다.

1850년대 후반부터 자연발생 여부를 두고 벌어진 '파스퇴르-푸셰 논쟁'은 실험 방법의 중요성이 다시금 확인된 사건이었다. 화학자로서 훈련이 되어 있던 파스퇴르는 다양한 화합물의 화학적 특성을 조사하는 데 능했고, 포도에 효모를 섞어 와인을 만들거나 효모를 넣어 빵을 부풀리거나 하는 발효 과정에 대해서도 잘 알고 있었다. 그 이전까지는 발효를 효모가 반응속도만 높이며 그 스스로는 변하지 않는 촉매 역할을 하는 일종의 화학적 반응으로 이해해 왔으나, 파스퇴르는 발효가 포도나 밀가루 반죽의 당분을 먹고 살아가는 효모 때문에 일어나는 생물학적 과정임을 보여주었다. 그는 상한 고기에서 구더기가 생기는 과정에도 다른 미생물이 관여했을 가능성을 생각했고, 엄밀한 실험 도구로 이를 증명할 수 있을 것이라 보았다.

파스퇴르와 유사한 실험을 했던 푸셰의 실험에서는 미생물이 발견되었다. 하지만 여러 차례의 실험을 통해 파스퇴르는 실험기구가 철저히 소독되어 있고 주변 환경이 오염되어 있지 않다면 어떤 상황에서도 유기물이 발생하지 않는다고 주장했다. 이것은 자연발생이 일어났다는 푸셰의 관찰은 외부 미생물에 의해 실험기구가 오염된 결과라는 것이었다. 물론 고온의 가열에도 죽지 않는 균이 존재함을 알고 있는 오늘날의 관점에서 보면, 미생물을 발견한 푸셰의 실험 결과가 틀렸다고 하기는 어렵다. 하지만 이 사실을 알 수 없었던 당시에 파스퇴르가 취했던 과학적 검증 방식은 합리적인 것이었다. 이 논쟁은 파스퇴르의 승리로 끝났다. 여기에는 '모든 세포는 세포에서 나온다.'라는 병리학자 피르호의 중요한 발언이 당시 지지를 얻고 있었다는 배경도 있었을 것이다. 사람들은 파스퇴르의 이론이 과학적으로 큰 발전을 이룬 것이었기 때문에 파스퇴르를 믿고 싶어 했고, 이는 과학적으로도 매우 중요했다. 1860~70년대에 파스퇴르는 미생물 연구를 진척시키는 동안에 질병세균설을 강력하게 옹호하였고, 이후 여러 백신을 개발하는 데 성공하였다.

실험 도구와 장비들의 개선은 당대 과학은 물론 의학 연구에 큰 발전을 가져왔다. 현미경뿐 아니라 렌즈 아래에 놓고 검사할 표본을 준비하는 도구도 크게 개선되었다. 염료처럼 작용하는 특수 화학물질인 착색제는 그냥 지나칠 수도 있는 세포 구조의 특징적인 부분에 색을 입혀 강조할 수 있었기 때문에 특히 중요했다. 염색된 핵에는 '염색체'라는 이름이 붙은, 어둡게 염색된 여러 가닥이 보였다. 세포분열 중에는 염색체가 부풀어 오르는 모습을 실제로 볼 수 있었다. 이러한 발견이나 과학자들이 확인한 세포의 다른 부분은 20세기가 되어서야 주목받기 시작했다. 하지만 이처럼 실험 도구와 방법들이 개선되는 과정에서 실험실 의학은 정당성을 확보할 수 있었다.

01

윗글의 중심 내용으로 가장 적절한 것은?

① 19세기 자연발생설의 양상
② 19세기 실험실 의학의 정립 과정
③ 1850년대 파스퇴르와 푸셰의 논쟁
④ 19세기 중반 생물학의 성과와 한계
⑤ 1860년 이후 파스퇴르의 미생물 연구

02

윗글의 내용과 일치하지 않는 것은?

① 실험을 통해서 파스퇴르와 푸셰는 생물의 자연발생 여부에 관해 논쟁했다.
② 19세기 초반까지 과학자들은 대체로 생물의 발생을 화학적 과정으로 이해했다.
③ 파스퇴르는 효모가 발효 과정에서 촉매 작용만 하지는 않는다는 것을 실험을 통해 확인했다.
④ 파스퇴르는 푸셰가 실험기구를 철저히 관리하지 않아 부정확한 실험 결과를 얻었다고 생각했다.
⑤ 실험실 의학의 중요성은 과학적 실험 방법이 마련된 20세기에 들어와서 비로소 인정되기 시작했다.

03

㉠의 진술 의도를 가장 잘 나타낸 것은? [3점]

① 답이 명확하다면 굳이 질문할 필요는 없다.
② 알 수 없는 것을 아는 것으로 속일 수는 없다.
③ 답은 알고 있으나 어떻게 말해야 할지 알지 못한다.
④ 최선의 답을 모른다면 차선의 답이라도 구해야 한다.
⑤ 답에 대한 시비가 있다면 확실해질 때까지 기다려야 한다.

04

㉡에 해당하지 않는 것은?

① 고온의 가열에도 죽지 않는 균이 존재한다.
② 발효는 효모에 의해 일어나는 화학적 과정이다.
③ 단순한 생물은 자연발생 과정으로 생겨날 수 있다.
④ 외부적 관찰을 통해 생물의 발생 과정을 확인할 수 있다.
⑤ 방치된 고기 조각에서 생긴 구더기는 화학적 변화의 결과이다.

05

윗글을 바탕으로 〈보기〉를 이해한 내용으로 가장 적절한 것은?

─ 보기 ─

1879년에 파스퇴르는 우연한 일로 독성이 약해진 닭 콜레라 유발 미생물을 닭에게 주사하여 면역 여부를 확인하게 되었는데, 닭이 콜레라에 걸리지 않았을뿐더러 면역이 생기기도 했음을 확인했다. 이를 바탕으로 그는 양이나 소와 같은 가축에 생기는 탄저병에 관한 백신도 만들었고, 많은 사람들 앞에서 행한 공개실험을 통해 그 효과를 증명하기도 하였다. 즉, 백신을 주사한 양과 주사하지 않은 양에게 탄저균을 주입하여, 백신을 맞지 않은 양들은 거의 죽어가고 백신을 맞은 양들은 한 마리도 죽지 않은 것을 사람들에게 보인 것이다.

① 파스퇴르가 닭콜레라를 치료하는 데 백신을 사용한 까닭은 소독이 병균 억제에 중요했기 때문이겠군.
② 파스퇴르가 백신 개발에 성공한 것은 푸셰와의 논쟁에 사용했던 실험 방법을 그대로 따랐기 때문이겠군.
③ 파스퇴르는 발효나 미생물 발생 실험에서 이미 알고 있었기에 동물의 병을 일으키는 원인을 미생물과 관련지어 생각했겠군.
④ 파스퇴르는 같은 실험에서도 다른 결과가 생길 수 있다는 것을 알고 있었기에 백신의 발견에서도 우연에 의존했겠군.
⑤ 파스퇴르가 백신의 효과를 공개실험을 통해 확인하려 한 것은 실험실 연구로는 확실한 성과를 얻을 수 없었기 때문이겠군.

[06~10] 다음 글을 읽고 물음에 답하시오.

변화 없던 사내의 얼굴에 비로소 어떤 심상찮은 표정이 떠오른 것은 그가 그 2백여 미터 남짓한 교도소 길목을 빠져나와 공원 입구께에까지 닿았을 때였다.

―새들은 하늘과 숲이 그립습니다.

공원 입구의 오른쪽으로 한 작은 가겟집이 비켜 앉아 있고, 그 가겟집 부근의 벚나무 가지들에 크고 작은 새장들이 줄줄이 매달려 있었다. 그리고 그 벚나무 가지들 중의 몇 곳에 그런 비슷한 광고 문구가 씌어진 현수막이 이리저리 내걸려 있었다.

―새들에게 날 자유를 베풉시다.

―자비로운 방생은 당신의 자유로 보답받게 됩니다.

새장의 새를 사서 제 보금자리로 날려 보내게 해 주는 이른바 방생의 집이었다.

사내는 비로소 긴 망각의 골목을 벗어져 나온 듯 거기서 문득 발길을 머물러 섰다. 그리고는 ㉠어떤 깊은 반가움과 안도감에 젖으며 고개를 두어 번 끄덕여 댔다. 사내의 그 마르고 지친 얼굴 위로는 잠시 어떤 희미한 미소 같은 것이 솟아 번지기까지 하였다.

(가) ┌ 사내는 이윽고 다시 고개를 돌려 그가 걸어 나
     │ 온 교도소 길목을 조심스럽게 한번 건너다보고
     └ 나서 그 방생의 집 쪽으로 길을 건너갔다.

마침 그때 그 길 건너 가겟집에서는 공원을 찾아온 중년의 사내 한 사람이 흥정을 한 건 끝내 가던 참이었다.

"이제 선생님께선 이 녀석에게 하늘과 숲을 마음껏 날 날개를 주신 겁니다. 그건 바로 이 녀석의 자유지요. 그리고 선생님께서 이 녀석의 자유를 사신 것은 바로 선생님 자신의 자유를 사신 것입니다……"

[중략 부분 줄거리] '방생의 집' 주인이 방생에 쓰일 새들의 날개에 상처를 입혀 새들이 멀리 날지 못하게 하여, 방생된 새들을 다시 수거하고서 장사에 재사용한다는 사실이 '사내'에 의해 밝혀진다. '사내'는 상처 입은 새를 구하여 고향을 향하는 길에 나선다.

"그래 어쨌거나 우리가 녀석을 떠나온 건 백 번 천 번 잘한 일이었을 게다. 게다가 이제부터 도시엔 겨울 추위가 몰아닥치게 되거든. 너 같은 건 절대로 그 도시의 추위를 견디지 못한다. 작자도 아마 그걸 알았을 게다. 글쎄, 네놈도 그 작자가 암말 못하고 멍청하게 날 바라보고만 있는 꼴을 봐 뒀겠지. 내가 네놈을 데리고 떠나려 할 때…… 아, 그야 나도 물론 작자한테 그만한 값을 치르긴 했지만 말이다."

맞은편 산굽이께로부터 도시를 향해 길을 거꾸로 들어가고 있는 사람들의 한 패가 사내의 곁을 시끌적하게 떠들고 지나갔다.

㉡사내는 잠시 말을 끊고 그 도시로 들어가는 사람들의 일행을 스쳐 보냈다. 그리고 그들의 말소리가 등 뒤로 멀리 사라져 간 다음 다시 말하기 시작했다.

"마지막 반 해분만이라도 내 그 노역의 품삯을 한사코 주머니 속에 깊이 아껴 뒀던 게 천만다행이었지. 널 데려올 수 있었던 건 순전히 그 돈 덕분인 줄이나 알아라. 하기야 그건 내가 정말로 집엘 닿는 날까지 기어코 안 쓰고 지니려던 거였지만…… 하지만 난 후회 않는다. 암 후회하지 않구말구. 그까짓 돈이야 몇 푼이나 된다구…… 이런 몰골을 하고 빈손으로 고향 길을 찾기는 좀 뭣할지 모르지만, 그런다구 어디 사람까지 변했나…… 아니, 아니 내 아들 녀석도 물론 그런 놈은 아니구."

㉢사내는 제풀에 고개를 한번 세차게 흔들었다.

가슴속 녀석이 응답을 해 오듯 발가락을 몇 차례 꼼지락거렸다. 그 바람에 잠시 발길을 멈추고 녀석의 발짓을 느끼고 있던 사내의 얼굴에 만족스런 웃음기가 번지고 있었다.

"그래, 어쨌든 잘했지. 떠나온 건 잘했어."

사내는 다시 발길을 떼 옮기며 말하기 시작했다.

"녀석도 아마 잘했다고 할 거야. 글쎄, 이렇게 내가 제 발로 녀석을 찾아 나섰기가 망정이지 하마터면 우리도 거기서 겨울을 지낼 뻔했질 않았나 말이다."

그리고 ㉣사내는 뭔가 더욱 은밀하고 소중스런 자신만의 비밀을 즐기듯 몽롱스런 눈길로 중얼거림을 이어갔다.

"너도 곧 알게 될 게다. 우리가 함께 남쪽으로 길을 나서길 얼마나 잘했는가를 말이다. 남쪽은 북쪽하곤 훨씬 다르다. 겨울에도 대숲이 푸른 곳이니까. 넌 아마 대숲이 있는 곳이면 겨울도 그만일 테지. 내 너를 그런 대숲이 있는 곳으로 데려다 줄 테다. 녀석의 집 뒤꼍에도 그런 대숲은 얼마든지 많을 테니까. 암 대숲이야 많구말구…… 넌 그럼 그 대숲으로 가거라. 그리고 거기서 겨울을 나려무나……."

사내의 얼굴은 이제 황홀한 꿈속을 헤매고 있는 사람의 그것처럼 밝고 행복하게 빛나고 있었다.

그는 계속 걸으면서 중얼댔다.

"넌 아마 그래야 할 게다. 가엾게도 작은 것이 날개를 너무 상했으니까. 이 겨울은 그 대숲에서 날개가 다시 길어 나기를 기다려야 할 게야. 내년에 다시 날이 풀리면 네 하늘을 맘껏 날 수가 있을 때까진 말이다. 그야 너만 좋다면 녀석의 집에서 이 겨울을 너와 함께 지내줄

수도 있지만, 그건 아무래도 네 맘은 아닐 테니까……"

석양의 햇발이 점점 더 풀기를 잃어 갔다.

ⓜ구불구불 남쪽으로 뻗어 나가고 있는 하얀 신작로 길도 먼 곳에서부터 차츰 윤곽이 아득히 흐려져 가고 있었다.

하지만 사내에겐 아직도 한줄기 햇볕이 등줄기에 그토록 따스할 수가 없었다. 그리고 그 한줄기 햇살이 꺼지지 않는 한 그의 눈앞에서 남쪽으로 뻗어 나가고 있는 좁은 신작로 길이 그토록 따뜻하고 맑게 빛나고 있을 수가 없었다. 그건 차라리 사내의 가슴속을 끝없이 비춰 주는 영혼의 빛줄기와도 같았다.

– 이청준, 「잔인한 도시」

06

윗글의 서술상 특징으로 가장 적절한 것은?

① 이야기의 전모를 알고 있는 전지적 서술을 통해 인물의 행위와 심리가 밀도 있게 드러나고 있다.

② 동시에 벌어진 일들을 교차시켜 편집한 장면의 제시를 통해 이야기의 구성이 다각화되고 있다.

③ 이념에 대한 대조적 입장의 병치를 통해 인물들의 생각이 대립적 국면으로 극화되고 있다.

④ 인물로 등장한 서술자의 개입을 통해 주인공이 직면한 문제 상황이 해소되고 있다.

⑤ 인물의 행위에 대한 객관적 서술을 통해 갈등 양상에 대한 판단이 유보되고 있다.

07

(가)의 서사적 기능에 대한 설명으로 가장 적절한 것은?

① 변화된 시간적 배경이 제시되어 사건의 개연성이 부각된다.

② 인물이 처한 상황의 변화가 대비되어 사건의 계기가 형성된다.

③ 일상에 변화를 주는 행위가 묘사되어 사건의 반전이 이루어진다.

④ 인물의 감정이 변화된 정황이 드러나서 사건의 위기감이 고조된다.

⑤ 공간적 배경의 변화된 분위기가 조성되어 사건 해결의 실마리가 생긴다.

08

[녀석]에 대한 이해로 적절하지 않은 것은?

① '사내'의 연민을 부르는 대상이다.

② '사내'에게서 특별한 의미를 부여받은 대상이다.

③ '사내'가 몸의 감각을 통해 느낄 수 있는 대상이다.

④ '사내'로 하여금 마음의 위로를 얻게 하는 대상이다.

⑤ '사내'가 재회의 기대를 이루어 반가워하는 대상이다.

09

문맥을 고려할 때, ㉠~㉤에 대한 이해로 적절하지 않은 것은?

① ㉠: 자신이 바라는 어떤 것을 마주쳤음을 짐작하게 하는 행위가 나타난다.

② ㉡: 지향하는 가치관이 상반된 이들의 간섭으로 자신의 여정이 방해받고 있는 장면이 연출된다.

③ ㉢: 자신의 선택에 대해 잠시 들었던 의구심을 떨쳐 내려는 모습이 나타난다.

④ ㉣: 자신만의 생각에 몰입해 가는 정황이 드러난다.

⑤ ㉤: 시간의 변화로 대상의 속성이 약화되는 상황에 대한 의미가 부여되는 문맥이 형성된다.

10

〈보기〉를 바탕으로 하여 윗글을 감상한 내용으로 적절하지 않은 것은? [3점]

> **보기**
>
> 「잔인한 도시」는 도시가 주요 인물처럼 설정된 소설이다. 수감 생활의 억압된 처지를 벗어난 자유로운 새 삶에 대한 염원을 새의 방생을 통해 기원하는 선한 의지가, 방생을 부당한 돈벌이 수단으로 악용하는 '잔인한 인간'에게 배신당하였음을 깨달은 '사내'는 도시를 떠나 고향을 향하는 길에 나선다. 이 길은 '잔인한 도시'에 대적하여 투쟁하는 수행에 수렴되는 것이라 해도 좋다. 다만 그 싸움의 승패를 섣불리 확신하기 어려운 것은, 대적의 상대가 현대 사회의 강력한 구조적 문제의 거점인 '도시'인 까닭이다.

① '교도소 길목'에서 '방생의 집'으로 향하는 '사내'의 심정은 자유로운 삶에 대한 염원을 기원하려는 선한 의지에 맞닿아 있겠군.

② '너 같은 건' '도시의 추위를 견디지 못한다'고 '새'에게 이르는 것을 보면, '방생의 집'으로 대변된 도시의 잔인한 이면에 대한 방증을 상처 입은 '새'의 처지를 보고 짐작할 수 있겠군.

③ '사내'가 자기 판단이 '잘한 일'이라고 말하는 장면에서 도시에 대적한 투쟁의 성공에 대한 확신과 의구심의 혼재가 '새'의 상태에서 비롯한 것임을 확인할 수 있겠군.

④ '겨울에도 대숲이 푸른 곳'은 '새'에게 상처를 준 '잔인한 도시'와는 달리 '새'의 상처를 치유할 수 있는 환경이라고 할 수 있겠군.

⑤ '사내'의 남행 길을 비추는 '한 줄기 햇볕'이 '영혼의 빛줄기'와 같다고 한 것을 보면, 도시를 떠나 고향을 향해 나선 '사내'의 새로운 삶에 대한 염원을 엿볼 수 있겠군.

[11~15] 다음 글을 읽고 물음에 답하시오.

> (가)
> 어느 집에나 ㉠문이 있다
> 우리 집의 문 또한 그렇지만
> 어느 집의 문이나
> 문이 크다고 해서 반드시
> 잘 열리고 닫힌다는 보장이 없듯
>
> 문은 열려 있다고 해서
> 언제나 열려 있지 않고
> 닫혀 있다고 해서
> 언제나 닫혀 있지 않다
> 어느 집에나 문이 있다
> 어느 집의 문이나 그러나
> 문이라고 해서 모두 닫히고 열리리라는
> 확증이 없듯
>
> 문이라고 해서 반드시
> 열리기도 하고 또 닫히기도 하지 않고
> 또 두드린다고 해서 열리지 않는다

> 어느 집에나 문이 있다
> 어느 집이나 문은
> 담이나 벽을 뚫고 들어가
> 담이나 벽과는 다른 모양으로
> 자리 잡는다
>
> 담이나 벽을 뚫고 들어가
> 담이나 벽과 다른 모양으로
> 자리 잡기는 잡았지만
> 담이나 벽이 되지 말라는 법이나
> 담이나 벽보다 더 든든한
> 문이 되지 말라는 법은 없다
>
>   – 오규원, 「문」
>
>
> (나)
> ㉡유리에 차고 슬픈 것이 어른거린다.
> 열없이 붙어 서서 입김을 흐리우니
> 길들은 양 언 날개를 파닥거린다.
> 지우고 보고 지우고 보아도
> 새까만 밤이 밀려 나가고 밀려와 부딪히고,
> 물 먹은 별이, 반짝, 보석처럼 박힌다.
> 밤에 홀로 유리를 닦는 것은
> 외로운 황홀한 심사이어니,
> 고운 폐혈관이 찢어진 채로
> 아아 너는 산새처럼 날아갔구나!
>
>   – 정지용, 「유리창 1」

11

(가), (나)에 대한 설명으로 가장 적절한 것은?

① (가)와 달리 (나)는 화자의 행동과 관련한 감각적 경험 내용이 직접 표현되고 있다.

② (가)는 (나)와 달리 현실과 환상을 함께 경험하는 화자가 모순된 감정을 느끼고 있다.

③ (가), (나) 어디에도 시적 대상에 대한 화자의 태도가 드러나지 않는다.

④ (가), (나)는 각기 상징적 표상을 사용하여 대상에 대한 통념을 비판한다.

⑤ (가), (나) 모두 작품 전반에 걸쳐 구조적인 반복과 병치를 사용함으로써 리듬을 형성한다.

12

(가)에 대한 감상으로 적절하지 않은 것은? [3점]

① 대상이 '우리 집'에서 '어느 집'으로 확대되어 가면서 시인의 인식도 확장되고 있군.

② 하루하루 살아가는 과정에서 깨닫게 된 삶의 무상함이 상징적 시어들을 통해 표현되고 있어.

③ 각각의 개인이 각각의 '집'이라 생각한다면 '문'이나 '담', '벽' 등은 사람들 사이의 다양한 소통 관계를 뜻한다고 할 수 있겠군.

④ 일상에서는 쉽게 놓칠 수 있는 대상의 여러 특징들을 성찰을 통해 발견하면서 대상의 의미에 대한 새로운 접근을 시도하고 있군.

⑤ 대상과 관련한 다양한 상황들을 제시하면서 그것의 의미들을 단정적으로 말하지 않는 것은 독자들이 직접 생각해 보게 하려는 까닭인 것 같아.

13

(가)의 주제와 가장 유사한 발상을 보여 주는 진술은?

① 우리 모두는 저마다 웃는 표정이 다르다.

② 어린아이의 웃음은 어른의 웃음보다 밝고 깨끗하다.

③ 어제는 모두가 웃고 있었지만, 오늘은 아무도 웃지 않는다.

④ 내가 보이는 웃음은 내 마음이 기쁘다는 것을 나타내는 표현이다.

⑤ 웃음이 선의를 나타낸다고 하지만, 그것은 어색함일 수도, 위선일 수도 있다.

14

(나)에 대한 이해로 적절하지 않은 것은?

① '차고 슬픈 것'에는 화자의 내면 심리가 투영되어 있다.

② '길들은 양 언 날개'는 시적 대상이 화자를 불러내었음을 보여준다.

③ 쉼표 전후에 배치한 '반짝'은 슬픔의 승화를 함축한다.

④ '고운 폐혈관이 찢어진 채'는 작품의 창작 배경을 암시한다.

⑤ '날아갔구나!'는 화자가 새삼 현실을 자각하게 되었음을 드러낸다.

15

㉠, ㉡에 대한 설명으로 가장 적절한 것은?

① 각 시의 화자는 ㉠, ㉡을 통해 외부와 소통하고 있다.

② 각 시의 화자는 ㉠, ㉡에 대해 탐구적인 태도를 취한다.

③ 각 시의 화자는 ㉠, ㉡의 실체가 확인되자 절망하고 만다.

④ 각 시의 화자는 ㉠, ㉡을 가변적 속성을 지닌 것으로 인식한다.

⑤ 각 시의 화자에게 ㉠, ㉡과의 관계 형성은 중요한 과제이다.

[16~20] 다음 글을 읽고 물음에 답하시오.

(가)

인간이 공간에 존재한다는 것은 어느 사물이 그릇 속에 존재하는 것과는 의미가 다르다. 인간은 사물들 중의 하나가 아니라 주변 세계와 관계를 맺는 주체이며 그런 의미에서 인간은 ㉠지향성이라는 특징으로 설명되어야 한다. 사람들은 그저 세상에 던져져 주어진 자리에 머무른 채 살지는 않는다. 어떤 필요에 따라 사물들을 이용하거나 대상에 대해 어떤 감각이나 느낌을 가지고 상호 작용하며 이리저리 생각하면서 어떤 일을 해 나가는데, 이러한 과정에서 필요한 수행의 영역이 인간 삶의 공간에 상응한다. 이 공간은 수행의 진전 여하에 따라 확장되거나 축소될 수 있고 다른 양태로 변경될 수도 있다.

공간은 인간 존재의 지향에 따라 의미를 얻는다. 인간은 공간 속 '어딘가에', 즉 특정한 위치에 존재한다. 인간이 어느 곳에 처해 있는 방식은, 그가 우연히 '어딘가에' 버려졌다고 느끼는지 아니면 바로 그 곳이 자신에게 속해 있고 자신과 한 몸처럼 묶여 있다고 느끼는지에 따라 각기 다를 수 있다. 인간은 공간에 버려진 듯이 느낄 수도 있고 공간에서 안도감을 느낄 수도 있다. 또 공간과 일체감을 느끼기도 하고 공간을 낯설게 여기기도 한다. 이것이 인간이 처한 공간에서 공간과 맺는 관계의 변화 양상이다.

하이데거는 인간 실존이 세계에 던져져 있는 상태에 대해 얘기한다. 던져진 상태는 인간이 그의 의지와 무관하게, 혹은 그의 의지에 반하여 낯선 세계 안에 들어 있음을 말한다. 이처럼 생각지도 않은 자리에 있는 인간은 무의미한 존재이기 때문에 그 상태에서 벗어나 삶의 영역에 상응하는 세계의 지평을 넓히려고 도모하는데, 이를 '존재의 기획'이라 한다. 이러한 기획을 성공적으로 수행하지 못할 경우, 인간은 던져진 상태에서 벗어나지 못하는 것이다. 이는 실제로 고향을 잃어버리고 뿌리가 뽑혀 나간 우리 시대의 인간이 공간과 맺고 있는 관계를 정확하게 본 모습이다. 이 모습은 인간과 공간의 관계에서 무엇인가 중요한 것이 결여된 경우에 나타나는 현대인의 특징이다.

(나)

사람들이 장소를 경험할 때는 보통 긴밀한 애착, 즉 친밀감이 생긴다. 친밀감은 특정 장소에서 '여기'를 알게 되는 과정의 일부이다. 우리가 장소에 내린 뿌리는 바로 이 애착으로 구성된 것이며, 이 애착이 포괄하고 있는 친밀감은 단지 장소에 대해 세부적인 것까지 알고 있는 것만이 아니라 그 장소에 대한 깊은 배려와 관심이다. 장소에 애착을 갖게 되고 그 장소와 깊은 유대를 가진다는 것은 인간의 중요한 욕구이다.

ⓒ한 장소에 뿌리를 내린다는 것은 세상을 내다보는 안전지대를 가지는 것이며, 사물의 질서 속에서 자신의 입장을 확고하게 파악하는 것이며, 특정한 어딘가에 의미 있는 심리적 애착을 가지는 것이다. 우리가 애착을 가지는 장소들은 그 속에 우리의 복잡다단한 경험이 있으며 복잡한 애정과 반응을 불러일으키는 환경이다. 그러나 장소를 소중히 여긴다는 것은 과거의 어떤 경험과 미래에 대한 기대 때문에 가지는 관심 이상이다. 실제로 어떤 장소에 대한 전적인 관심, 사람이 할 수 있는 어느 것 못지않은 심오한 관심이 거기에 있다. 소중히 한다는 것은 인간이 세계와 맺는 관계의 기초이기 때문이다.

그런 헌신과 책임에는 하이데거가 '아낌'이라고 부른 것이 포함된다. 즉, 아낌이란 사물, 여기서는 장소를, 그것이 존재하는 방식 그대로 두는 것이다. 예컨대 장소를 무리하게 인간의 의지에 복종시키려 하지 않으면서 건물을 세우거나 농사를 지음으로써 장소를 돌보는 것이 온당한 자세이다.

16

(가)의 내용에 부합하는 것은?

① 공간의 의미를 규정하는 유일한 기준은 인간과 공간의 일체감이다.

② 던져진 자리에 머무르는 행위는 사람들이 존재의 기획을 위한 주요 전략이다.

③ 어떤 곳에 묶여 있다고 느끼는 감각은 인간과 공간의 관계에 대한 올바른 이해를 방해한다.

④ 공간을 고정된 사물로 보는 것은 인간과 공간의 관계에 대한 논의의 전제로 적절하지 않다.

⑤ 인간이 특정한 공간에 부여한 의미에는 상황이나 조건의 변화에도 유지되는 불변의 자질이 있다.

17

(나)의 논지 전개 방식에 대한 설명으로 가장 적절한 것은?

① 기존 논의의 한계를 지적하며 새로운 논점을 제시하고 있다.

② 다른 학자의 견해를 제시하여 여러 해석의 가능성을 보이고 있다.

③ 용어의 개념적 이해를 바탕으로 논의의 논리적 맥락을 형성하고 있다.

④ 개념이 잘못 적용된 사례를 들고 이를 바로잡는 과정을 제시하여 설득력을 높이고 있다.

⑤ 난해한 표현을 대체할 일상적 표현을 제안한 뒤 둘의 공통점과 차이점을 해설하고 있다.

18

㉠에 주목하여 추론한 생각으로 가장 적절한 것은? [3점]

① 인간이 사물과 관계를 맺는 방식은 ㉠을 배제할 때 가능해진다.

② 인간이 고정불변의 사물로 규정된다는 것은 ㉠을 전제로 할 때 타당하다.

③ 인간이 필요에 따라 사물을 이용할 때 이미 ㉠의 방향은 결정된 상태이다.

④ 인간이 사물과 구별되는 속성은 ㉠과 무관하게 선험적으로 부여받은 것이다.

⑤ 인간의 존재 방식과 사물의 존재 방식의 다른 점은 공간과 연관될 때 ㉠의 자질이 나타나는지 여부이다.

19

㉡에 대한 이해로 적절하지 <u>않은</u> 것은?

① 인간이 세계에서 입지를 확고하게 할 수 있는 행위이다.

② 인간이 장소에 대해 친밀감을 가지려는 적극적인 행위이다.

③ 인간이 복잡다단한 삶을 이어갈 환경을 마련하는 행위이다.

④ 인간이 세계를 경험할 때 자신을 보호해 줄 영역을 확보하는 행위이다.

⑤ 인간이 과거 경험을 통해 미래의 장소에 대해 세부적인 것까지 알게 되는 행위이다.

20

윗글을 바탕으로 〈보기〉를 이해한 내용으로 적절하지 <u>않은</u> 것은?

> **보기**
>
> 집은 건축물로서의 의미를 넘어, 생활 공동체의 근거지라는 가치를 함의한다. 가족들에게 집이란 거주의 공간이면서, 가족 구성원들에게 안정성을 보장하는 영역이다. 안정성이란 스스로의 의지에 따라 지속적으로 정착할 수 있는 가능성에서 비롯된다. 정착이 특정한 공간을 점유하는 것을 의미한다는 점을 고려할 때, 정착을 통해 집은 물리적 공간에서 개인적·심리적 가치를 지닌 곳으로 바뀔 수 있다.
>
> 외부 세계의 위협으로부터 보호와 안락을 제공하는 안식처로서의 집은, 가족들에게 자신들만의 고유한 가치를 부여한다. 일상생활을 함께 영위하면서 구성원들은 각자의 방식으로 외부 세계를 고찰하고 해석한다. 이 과정에서 발생하는 구성원들 간의 동질감은 생활 공동체를 유지하는 원동력으로 작용한다. 이때 집은 구성원들의 유대 관계를 형성하는 심리적 터전의 의미를 지닌다. 따라서 가족들이 집에 함께 머무는 것은 결속을 강화하여 외부 세계의 위협에 맞설 수 있는 계기가 된다.

① 집을 단순한 건축물이 아니라 공동체적 의미를 지닌 것이라 한 얘기는, 인간과 공간의 관계에 관한 생각을 드러내는군.

② 특정한 공간을 점유하는 인간과 공간의 관계는 공간을 돌보는 동시에 인간 자신의 의지에 복종시키는 현대인의 이중성을 드러내는군.

③ 정착을 통해 집의 가치가 물리적 차원에서 다른 차원으로 변환될 수 있다는 것은, 공간이 일정한 양태로 환원되지 않는다는 점을 방증하는군.

④ 집이 구성원들을 어우러지게 하는 심리적 터전이라고 보는 것은 인간이 특정한 장소에 심리적 애착을 가지는 성향이 있다는 견해와 부합하는 면이 있군.

⑤ 가족들이 집에 함께 머무는 것이 결속을 강화하여 외부 세계의 위협에 맞설 수 있는 계기가 된다고 하니, 어딘가에 거주하는 것이 안전지대를 얻고 자기 입장을 확고하게 파악하는 계기가 된다는 점을 이해할 수 있군.

[21~25] 다음 글을 읽고 물음에 답하시오.

> 서로 영향을 주고받는 상황에서 상대방의 행동을 고려하여 자신의 행동을 결정하는 것을 전략적 행동이라 한다. 게임이론은 이러한 '전략적 행동'을 연구하는데, 경제학에서 상호작용이 중요하게 작용하는 과점기업들의 경쟁을 설명하는 이론으로 활용된다. 현실에서 접하는 여러 경제 문제가 이 게임과 비슷한 구조를 지니고 있기 때문이다. 완전경쟁시장이나 독점시장의 분석에는 게임이론을 적용할 필요가 없다. 완전경쟁시장에서 각 기업의 규모는 시장 전체에 비해 매우 작아서 기업끼리의 상호작용은 중요하지 않으며, 독점시장에서는 기업이 하나뿐이어서 상호작용이라는 것이 가능하지 않기 때문이다. ㉠
>
> 게임이론에서 자주 인용되는 죄수의 딜레마 게임을 살펴보자. 명백하게 징역 1년 형 정도의 범죄를 저지른 두 사람이 체포되었다. 이에 더해 이들은 이보다 더 중대한 범죄를 저질렀을 것이라는 혐의를 받고 있었다. 그 혐의를 입증하는 방법의 하나로 두 사람의 자백을 받아 내기 위해 각각 격리된 채 조사를 받게 되었다. 중대 범죄를 시인하고 다른 사람을 주범이라 증언하면 수사

에 협조한 대가로 석방되고 그 주범만 징역 20년 형을 받을 것이지만, 둘 다 시인하면 공범으로 8년 형씩 받을 것이라는 제안에 둘은 어떤 전략적 행동을 할까? 두 사람은 각각 자백과 침묵 중 하나를 선택할 수 있으므로 경우의 수는 네 가지로 한정된다. 이들이 받을 형량은 자신의 선택뿐만 아니라 상대방의 선택에도 달려 있다. 둘 다 자백하지 않는 것이 더 좋은 결과를 낳지만, 상대방이 자백할 것을 두려워하여 둘 다 자백하게 된다. ㉡

게임이론의 핵심 개념은 '최적 대응'과 '내쉬균형'이다. 최적 대응은 상대방의 전략에 대응하여 자신에게 더 유리한 결과를 가져올 전략을 말한다. 상대방이 선택한 전략이 무엇이든 상관없이 자신의 입장에서 볼 때 최적의 전략이라면 이를 '우월전략'이라 하고, 둘 다 우월전략을 선택해서 다른 상태로 바뀔 유인이 없는 상황을 '우월전략균형'이라 한다. 죄수의 딜레마 게임에서 자백은 두 사람 모두에게 우월전략이며, 이 전략을 사용한 결과로 나타난 균형, 즉 둘 다 자백한 상태가 우월전략균형 에 해당한다. 그러나 죄수의 딜레마 게임처럼 우월전략균형이 존재하는 조건이 현실에서 완전히 충족되기는 무척 어려우며, 어느 한쪽만 우월전략을 갖는 경우도 그리 흔하지 않다. 게임에서 나타날 수 있는 여러 균형 중에는 우월전략균형 외에도 '내쉬균형'과 같은 다른 종류의 균형이 나타날 수 있다. 상대방의 모든 전략에 대해 최적 대응의 성격을 지니는 우월전략과 달리 내쉬균형 의 전략은 주어진 상대방의 전략에 대해서만 최적 대응이라는 성격을 갖는다. 이는 존 내쉬(John Nash)가 제안한 균형 개념의 핵심으로, 균형이 아닌 상태에서는 적어도 한쪽이 자신의 전략을 바꿀 유인을 가지며, 따라서 그 상태가 유지되지 않기에 균형이 아니다. ㉢

죄수의 딜레마 게임에서 보듯이 과점기업들이 협조 관계를 유지한다면 더 많은 이윤을 얻을 수도 있지만 실제로 그렇게 하기는 어렵다. 정부가 과점기업들의 명시적 담합을 금지하고 있을 뿐만 아니라 기업들이 협조 관계를 유지하는 것이 말처럼 쉽지는 않기 때문이다. 그런데 현실에서는 협조 관계를 유지하는 경우도 발생한다. 만약 죄수의 딜레마 게임이 여러 번 반복된다면 상대방이 어떤 전략을 쓰는지 파악한 다음 자신의 전략을 수정할 수 있다. 예컨대 상대방도 범행을 부인하리라 믿고서 침묵으로 버텼는데 막상 상대방은 자백하는 전략을 선택했다고 하자. 반복되는 다음 게임에서는 자신도 자백하는 전략을 선택함으로써 상대방에게 보복을 가할 수 있다. 마찬가지로 기업 간의 협정을 위반해 일시적으로 이득을 얻을 수 있다고 해도 곧 다른 기업의

보복으로 인해 더 큰 손해를 입을 수 있다. ㉣

그렇다면 과점기업들이 현실적으로 협조 관계를 유지하기 힘들다는 것이 사회적 관점에서는 어떤 의미가 있을까? 공유자원을 사용하는 경우나 불필요한 군비 경쟁 등의 경우에는 협조 관계를 유지하는 것이 사회적으로 이득이 될 수 있다. 그러나 일반적으로는 과점기업들이 협조 관계를 유지하지 못하여 담합에 실패하는 것이 사회적으로 바람직할 수 있다. ㉤

21

윗글을 통해 답할 수 있는 질문으로 적절하지 않은 것은?

① 게임이론에서 핵심을 이루는 것은 무엇일까?
② 게임이론의 연구 대상인 전략적 행동은 무엇일까?
③ 게임이론에서 다루는 게임에는 어떤 것이 있을까?
④ 게임이론이 만들어져 지금까지 발전해 온 과정은 어떠한가?
⑤ 게임이론을 경제 문제의 분석에 적용하게 된 이유는 무엇일까?

22

윗글을 통해 알 수 있는 내용으로 적절하지 않은 것은?

① 인접한 두 나라 간에 벌어지는 국제적인 경제 정책과 그 효과를 분석하는 데에도 게임이론을 적용할 수 있다.
② 시장 전체의 규모에 비해 규모가 작은 다수의 기업이 경쟁하는 완전경쟁시장은 기업들의 상호작용이 중요하지 않다.
③ 담합을 통해 독점 이윤을 얻고자 하는 과점기업들이 협조 관계를 유지하지 못하는 것은 대체로 소비자들에게 유리하다.
④ 특정 재화를 독점 공급하는 기업이 이윤을 극대화하기 위해 가격정책을 수립하는 것에는 게임이론을 적용할 필요가 없다.
⑤ 과점기업들이 협정을 위반하는 것을 정부가 엄격히 단속하기 때문에 과점기업들은 더 많은 이윤을 얻기가 현실적으로 어렵다.

23

[우월전략균형] 과 [내쉬균형] 에 대한 이해로 가장 적절한 것은?

① '우월전략균형'은 '내쉬균형'을 이루기 위한 필수 조건이다.

② '내쉬균형'을 이루기 위한 전략은 상대의 전략과 상관없이 자신에게 최적인 전략이다.

③ '내쉬균형'을 이룬 상태에서 상대가 전략을 바꾸면 자신의 전략이 바뀔 수 있다.

④ 한 대상만 우월전략을 갖더라도 '우월전략균형'이 이루어질 수 있다.

⑤ 현실에서 '우월전략균형'의 조건이 충족되는 것은 불가능하다.

24

윗글의 주요 내용을 구체화하기 위해 〈보기〉의 사례를 추가한다고 할 때, 가장 적절한 곳은?

보기

우물이 2개뿐인 마을에서 각각의 소유주 두 사람은 물 공급량 결정을 매주 토요일 만나 결정하기로 한다. 물값은 공급량에 따라 시장에서 결정되며, 편의상 물을 퍼 올리는 비용은 들지 않는다고 하자. 또한 총생산량이 60갤런일 때 물값은 갤런당 60달러로 3,600달러의 최대 수입을 거두지만, 70갤런을 생산하면 물값은 갤런당 50달러로, 80갤런을 생산하면 갤런당 40달러로 점차 하락한다고 할 때 두 소유주의 물 공급량 결정은 어떠할까? 어느 한 소유주가 약속을 위반하고 40갤런을 생산하면 그 후로 둘은 모두 40갤런씩 생산하기로 하는 벌칙 조항을 정할 수 있다. 이런 벌칙만으로도 장래의 이윤을 중요하게 여기는 소유주라면 아무도 한 번의 높은 수입을 위해 약속을 위반하지는 않을 것이다.

① ㉠　　　　　　② ㉡

③ ㉢　　　　　　④ ㉣

⑤ ㉤

25

윗글을 바탕으로 〈보기〉를 이해할 때 가장 적절한 것은? [3점]

보기

어떤 마을에 경쟁 관계에 있는 서핑용품 판매점 A, B 두 곳만 있다. A와 B는 각각의 이득을 극대화하기 위해 광고를 할지 고민하고 있다. A와 B가 벌어들인 수익을 상황별로 제시하면 다음과 같다. 이를 바탕으로 새로운 전략을 세우려고 한다.

		A의 선택	
		광고함	광고 안 함
B의 선택	광고함	400만원 / 400만원	300만원 / 700만원
	광고 안 함	700만원 / 300만원	800만원 / 800만원

① A, B 모두 광고를 하지 않은 경우, A는 전략을 바꿀 유인을 가진다.

② A, B 모두 광고를 하지 않은 경우, B는 전략을 바꿀 유인을 가진다.

③ A가 광고를 하고 B가 광고를 하지 않은 경우, B는 전략을 바꿀 유인을 가진다.

④ A가 광고를 하지 않고 B가 광고를 한 경우, A는 전략을 바꿀 유인을 갖지 않는다.

⑤ A, B 모두 광고를 한 경우, B는 전략을 바꿀 유인을 가진다.

[26~30] 다음 글을 읽고 물음에 답하시오.

적정기술이란 한 사회의 환경, 윤리, 문화, 사회, 경제적인 측면을 모두 고려하여 특별히 고안된 기술로, 적은 비용으로 제품을 제작할 수 있고 지역 생태 환경에 적합하며 자주적으로 유지·운영할 수 있는 지속 가능한 기술을 말한다. 이 개념은 1973년 영국의 경제학자 에른스트 슈마허의 저서 『작은 것이 아름답다(Small is Beautiful)』로부터 비롯되었다. 슈마허는 대중에 의한 생산을 강조하면서 지역에서 생산되는 자원을 최대한 활용할 수 있고 저렴하며 전문가가 아니더라도 사용법을 쉽게 익힐 수 있다는 의미에서 중간기술을 제안했다. 이것은 기술혁신이 빠르고 기술 집약도가 높으며

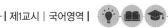

고부가가치 창출을 실현하기 위해 대규모로 자원을 소비하는 특징을 지닌 첨단기술과 구분되고 전래부터 사용해 온 토속기술과도 구분되는 중간적 의미를 지니는 것이었다.

슈마허가 중간기술을 구상했을 때, 그것은 빈곤국의 자원과 필요에 적합하게 소규모이며 간단하고 돈이 적게 드는 기술을 의미했다. 어느 정도 '가난한 사람을 위한 착한 기술'이라는 다소 추상적이고 정신적인 슬로건에 가까웠다. 따라서 주로 저개발국의 빈곤 퇴치나 기술의 자주성에 초점이 맞춰진 단순한 기술, 또는 값싼 기술로 인식되는 것이 일반적이었다. 이는 구매력이 있는 상위의 소비자들만을 대상으로 하는 첨단의 기술이 진정한 의미에서 적정기술이 될 수 있느냐는 문제의식, 곧 기술이 무엇을 위해 존재해야 하는가 하는 목적론적 관점의 문제의식을 반영한 것이었다. ⑦

하지만 그 이후 현지화된 발전, 지속가능한 발전, 환경 친화적 발전 같은 요소들을 공통적으로 포함하는 개념이 정리되어 가면서 얼마 지나지 않아 부유한 선진국에서도 각 나라가 처한 상황에 적합한 새로운 형태의 적정기술이 필요하다는 것이 확인되기 시작했다. 보편적인 관점에서 실제적인 필요와 당위성이 생겼던 것이다. 1973~1974년에 일어난 석유 파동은 사람들이 값싸고 풍족하게 여겼던 석유가 한순간에 고갈될 수 있다는 사실을 깨닫게 하기에 충분했다. 오랫동안 첨단기술에 의존하여 그 속에서 편리를 추구해 왔던 사람들은 첨단기술이 정작 위기상황에 취약하다는 것을 알게 되었다. 첨단기술은 지속 가능성을 염두에 두고 설계된 것이 아니었기에, 지정학적 불안정, 환경 재해, 자원 고갈 같은 문제들은 모두 위기를 야기하는 요인들이었다.

위기는 새로운 상황을 기존 시스템이 수용하지 못할 때 발생하며 그 자체가 위기상황이 된다. 2004년 남아시아 대지진으로 35만 명의 사망자를 냈던 쓰나미 사태라든가 2008년 리만 브라더스 파산과 함께 찾아온 세계적 차원의 금융·경제 위기 등은 첨단기술에 의지하고 있는 사회 시스템이 일순간에 무력해질 수 있다는 사실을 확인시켜 주고 있었다. 이에 따라 사람들은 기존의 고비용 중앙집중식 에너지 공급의 한계, 원자력 발전의 재난 위기 취약성, 성장 위주 경제 발전의 부작용 등의 문제들에 대해 다시 생각하게 되었고, 그와 함께 적정기술의 가치에 대해서도 재발견하게 되었다.

적정기술의 재발견과 관련하여 주목할 만한 사례가 있다. 리만브라더스 사태 이후 미국에서는 장기 주택담보 대출로 인한 고통을 피하려는 배경에서 '타이니 하우스'라는 새로운 주택 형태가 유행하였다. 10제곱미터 남짓의 작은 집 형태의 타이니 하우스는 이동이 가능한 데다가 태양광 발전으로 전기를 이용하고 빗물과 샘물을 활용하여 물을 얻는 친환경적 기술을 사용한다. 이 작은 집은 주택담보 대출의 과중한 부담으로부터 벗어나고 싶은 저소득층 청년들의 관심을 받아 인기를 끌었지만, 그 후로는 주거 환경에 대한 새로운 접근으로서 널리 알려졌다. 지속적인 경제 호황을 경험하던 시기에는 찾아보기 힘들었던 이러한 사례는 위기에 대응하면서 지속 가능한 발전을 모색하려는 적정기술의 지향적 가치에 부합하는 것이었다.

오늘날에 와서 적정기술은 경제적 수익을 창출하는 실용적이고 자립적인 기술로까지 개념이 확장되어 사용되고 있다. 미래의 자원을 끌어다 현재의 필요를 채우는 방식으로는 작동하지 않는 기술, 그렇기에 기본적으로 지속 가능한 시스템을 배경으로 작동하는 기술로서의 새로운 모색이다. 이제 적정기술은 단순하고 낮은 수준의 기술뿐 아니라 정보통신기술을 비롯한 첨단기술과의 접목을 통해 적은 비용으로 자원을 고갈시키지 않으면서 저개발 국가와 선진국의 다양한 사회 문제를 해결하는 복지 기술, 공동체 기술, 혹은 사회 문제 해결 기술 등과 같은 새 시대의 대안적 기술과 사업 모델로서 모색될 전망이다.

26

윗글의 서술 방식에 대한 설명으로 가장 적절한 것은?

① 가설과 검증을 통해 이론의 타당성을 마련하고 있다.
② 시간적 흐름에 따른 개념의 발전 과정을 소개하고 있다.
③ 다양한 사례를 통해 상반된 개념의 절충을 시도하고 있다.
④ 항목별로 구체적인 근거를 제시하면서 주장을 강화하고 있다.
⑤ 문제에 대한 서로 다른 관점에서의 분석 내용을 비교하고 있다.

27

윗글의 내용과 일치하는 것은?

① 적정기술은 극빈국 국민의 삶을 구제하기 위한 원조 기술이다.

② 영리를 기술 개발의 목적으로 삼는 것은 적정기술의 취지에 부합하지 않는다.

③ 적정기술은 사회 시스템의 도움을 받기 어렵기 때문에 대규모 위기상황에 취약하다.

④ 오늘날 적정기술은 다수의 시민들에게 경제적이며 실용적인 이득을 제공해 줄 수 있다.

⑤ 선진국이 적정기술에 새롭게 주목하는 까닭은 환경 문제 해결을 위해 첨단기술로부터 적정기술로의 전환이 필요해졌기 때문이다.

28

윗글의 맥락을 고려할 때, '첨단기술'에 대한 설명으로 적절하지 않은 것은?

① 적정기술과의 접목 가능성이 낮다.

② 저비용의 친환경적 기술로 보기 어렵다.

③ 저개발 국가에서는 사용하기 어려운 제약이 있다.

④ 대규모 에너지 공급을 안정적으로 지원받아야 한다.

⑤ 위기상황에 대처하는 유연한 체제를 갖추고 있지 못하다.

29

㉠에 제시할 만한 사례로 적절하지 않은 것은? [3점]

① 책가방 없이 학교에 오는 아이들이 대부분인 어느 학교에서는 교실에서도 아이들이 공책을 바닥에 놓고 공부하는 경우가 많다. 이 아이들을 위해 가방 기능을 하는 책상인 '헬프데스크'가 제작되었다. 폐지를 모양대로 자른 뒤 접어서 만들 수 있는 이 제품은 적은 비용으로 가방이나 책상을 사용할 수 있게 해준다.

② 과일이나 채소 작물은 일시적으로 다량 생산된다. 이것들의 수확과 가공에는 주로 여성 노동이 투입되는데, 손으로 딱딱한 껍질을 제거하기에 긴 노동 시간과 부상의 위험이 뒤따른다. 금속과 콘크리트로 만든 '범용 견과 껍질 제거기'는 농촌 마을 여성들의 노동 부담을 줄여주며 판매 수익을 높이는 데 기여한다.

③ 물과 전기가 부족한 어느 시골에서는 '페달 펌프'가 제작되어 사용된다. 페달 펌프는 실린더를 제외하면 현지에서 나는 대나무 재료를 사용하여 만들 수 있고 사람의 힘으로 소규모 농업용수를 확보할 수 있다. 이 펌프를 사용하여 농부들은 지하 6~7미터 깊이에 있는 물을 쉽게 끌어올릴 수 있다.

④ 어느 시골에서는 전기가 안 들어와 대낮에도 움막 형태의 집안은 매우 어둡다. 투명 페트병 안에 물과 표백제를 넣고 지붕의 틈새에 끼워 태양 빛을 투과하게 하면 빛의 산란으로 집안은 상당히 밝아진다. 페트병은 매우 적은 비용을 필요로 할 뿐 아니라 꽤 오랫동안 사용할 수 있는 경제성을 지니고 있다.

⑤ 전기 사정이 안 좋은 어느 나라에서는 기부자나 투자자의 자본 및 기술 지원으로 소규모 친환경 태양광 발전소를 운영하고 있다. 다수의 태양광 패널을 결합하여 사용하면 소형 가전부터 냉장고나 텔레비전 같은 중형 가전의 전력을 공급할 수 있어 전기 문제를 해결할 수 있다.

30

〈보기〉에 언급된 사례가 윗글에서 설명하는 '적정기술'로서 적합하지 <u>않은</u> 가장 주된 이유는? [3점]

> **보기**
>
> 플레이펌프(PlayPump)는 전기가 보급되지 않는 오지 지역의 주민들에게 놀이와 전력 공급이라는 두 가지 수단을 동시에 갖게 한 상품이다. 아이들이 회전목마를 돌리면서 놀기만 하면 그것이 동력이 되어 지하수를 끌어올려 탱크에 물을 채우는 장치이다. 이 간단한 아이디어 사업에 미국의 정치가와 기부자들이 동참했고, 수천만 달러의 기부금을 모아 남아프리카 모잠비크에 1,500대가 넘는 플레이펌프를 공급했다. 이로 인해 한때 적정기술의 대표적 사례로 다루어지기도 했다. 하지만 시간이 지난 후 이 제품은 실패한 적정기술의 사례로 회자되고 있다. 이 제품을 설치한 마을에서 아이들이 주민들이 먹을 만큼 지하수를 올리려면 학교도 가지 않고 하루 종일 놀이기구를 돌려야 하는 불편을 감수해야 한다는 사실이 확인되었기 때문이다.

① 다른 지역에 적용하기 어려웠다.

② 지속 가능한 발전을 고려하지 못했다.

③ 환경 친화적인 기술을 적용하지 않았다.

④ 사업에 필요한 자금을 기부를 통해 모았다.

⑤ 기술을 구현하는 데 많은 천연 자원이 필요했다.

[31~35] 다음 글을 읽고 물음에 답하시오.

> (가)
>
> 추성(楸城) 진호루(鎭胡樓) 밖에 울어 예는 저 시냇물아
> 무엇을 하려고 주야로 흐르느냐
> ㉠임 향한 내 뜻을 좇아 그칠 때를 모르는도다 〈제3수〉
>
> 뫼는 길고 길고 물은 멀고 멀고
> 어버이 그리워하는 뜻은 많고 많고 크고 크고
> 어디서 ⓐ외기러기는 울고 울고 가나니 〈제4수〉
>
> 어버이 그리워할 줄을 처음부터 알았건마는
> 임금 향한 뜻도 하늘이 생기게 했으니
> ㉡진실로 임금을 잊으면 불효인가 여기노라 〈제5수〉
> – 윤선도, 「견회요(遣懷謠)」

> (나)
>
> 청천에 떠서 울고 가는 ⓑ외기러기 날지 말고 내 말 들어 한양성 안에 잠깐 들러 부디 내 말 잊지 말고 웨웨쳐 불러 이르기를 ㉢월황혼 겨워 갈 때 적막한 빈방에 던진 듯 홀로 앉아 임 그려 차마 못 살레라 하고 부디 한 말을 전하여 주렴
> 우리도 임 보러 바삐 가는 길이오매 전할동 말동 하여라
> – 작자 미상

> (다)
>
> 일조(一朝) 낭군 이별 후에 소식조차 돈절하야
> ㉣자네 일정(一定) 못 오던가 무슨 일로 아니 오더냐
> 이 아해야 말 듣소
> 황혼 저문 날에 개가 짖어 못 오는가
> 이 아해야 말 듣소
> 춘수(春水)가 만사택(滿四澤)하니 물이 깊어 못 오던가
> 이 아해야 말 듣소
> 하운(夏雲)이 다기봉(多奇峰)하니 산이 높아 못 오던가
> 이 아해야 말 듣소
> 한 곳을 들어가니 육관 대사 성진이는
> 석교(石橋)상에서 팔선녀 데리고 희롱한다
> 지어자 좋을시고
> 병풍에 그린 황계(黃鷄) 수탉이 두 나래 둥덩 치고
> 짧은 목을 길게 빼어 긴 목을 에후리어
> 사경(四更) 일점(一點)에 날 새라고 꼬끼요 울거든 오려는가
> 자네 어이 그리하야 아니 오던고
> 너는 죽어 황하수(黃河水) 되고 나는 죽어 도대선(都大船) 되어
> 밤이나 낮이나 낮이나 밤이나
> 바람 불고 물결치는 대로 어하 둥덩실 떠서 노자
> 저 달아 보느냐
> ㉤임 계신 데 명휘(明輝)를 빌리려문 나도 보게
> 이 아해야 말 듣소
> 추월(秋月)이 양명휘(揚明輝)하니 달이 밝아 못 오던가
> 어데를 가고서 네 아니 오더냐
> 지어자 좋을시고
> – 작자 미상, 「황계사」

31

(가)~(다)의 공통점으로 가장 적절한 것은?

① 대상의 부재를 시적 상황으로 삼고 있다.
② 계절의 변화에 따라 시상을 전개하고 있다.
③ 세태에 대한 비판적인 시선을 기본으로 하고 있다.
④ 자연과 속세를 대비하여 주제의식을 강조하고 있다.
⑤ 규범과 현실의 괴리로 인한 심리 상태를 부각하고 있다.

32

(가)의 표현상 특징으로 가장 적절한 것은?

① 시어의 반복을 통해 소재의 속성을 강조하고 있다.
② 색채 이미지를 활용하여 분위기를 조성하고 있다.
③ 점층법을 사용하여 화자의 감정을 표출하고 있다.
④ 반어적 표현을 통해 시적 긴장감을 형성하고 있다.
⑤ 다양한 의성어를 활용하여 생동감을 자아내고 있다.

33

ⓐ, ⓑ에 대한 이해로 가장 적절한 것은?

① ⓐ는 화자의 소망을 실현해 주는 자연물이고, ⓑ는 화자의 희망을 방해하는 자연물이다.
② ⓐ는 화자의 감정을 이입한 대상이고, ⓑ는 화자의 바람을 실행해 주기를 기대하는 대상이다.
③ ⓐ, ⓑ는 모두 화자의 불만을 유발하는 소재이다.
④ ⓐ와 달리 ⓑ는 화자의 추억을 촉발하는 요소이다.
⑤ ⓑ와 달리 ⓐ는 화자의 고민을 해결해 주는 존재이다.

34

㉠~㉤에 대해 이해한 내용으로 적절하지 않은 것은?

① ㉠ : 어버이와 임금을 향한 뜻이 영원히 변치 않을 것이라는 다짐에서 화자의 강한 의지를 확인할 수 있다.
② ㉡ : 충성과 효도를 동등한 것으로 여기는 것에서 화자의 가치관을 파악할 수 있다.
③ ㉢ : 시간적·공간적 배경과 함께 진술된 외로운 상황에서 화자의 절박한 심정을 느낄 수 있다.
④ ㉣ : 상대방이 못 오는지 안 오는지 묻는 화자의 어조에서 상대방을 그리워하는 화자의 마음을 엿볼 수 있다.
⑤ ㉤ : 밝은 달빛을 빌려 임이 계신 곳을 비추려는 화자의 모습에서 임의 안위에 대한 화자의 걱정을 엿볼 수 있다.

35

〈보기〉를 바탕으로 (다)를 감상한 내용으로 적절하지 않은 것은? [3점]

> **보기**
>
> 조선 후기 유행한 십이가사에는 관념적이고 추상적인 조선 전기 사대부 가사와 달리 정제된 형식적 틀에서 벗어나 가창 현장의 자유분방한 분위기가 반영되어 있다. 특정한 어구의 반복, 장황하다고 느낄 정도의 구체적 묘사 등은 가창 현장의 즉흥적이고 흥겨운 유흥적 상황이 반영된 결과들이다. 특히 대중의 통속적 흥미와 관심에 맞추기 위해 널리 알려진 소설, 시조, 한시 등으로 노랫말을 구성하다 보니, 작품 내용과 무관한 어구가 삽입되고 노랫말의 유기성이 떨어지는 특징을 보이기도 한다.

① '이 아해야 말 듣소'와 같은 표현을 반복적으로 사용한 것은 가창 현장의 특성을 고려하여 음악적 효과를 형성하기 위한 것이겠군.
② '육관 대사 성진이는 석교상에서 팔선녀 데리고 희롱한다'는 구절을 제시한 것은 대중들에게 잘 알려진 소설의 내용을 활용하여 대중들의 흥미를 불러일으키려고 한 것이겠군.
③ 노랫말의 맥락과는 동떨어진 정서의 '지어자 좋을시고'를 이용한 것은 가창 현장에 모인 대중들의 흥을 돋우기 위한 것이겠군.
④ '춘수가 만사택', '하운이 다기봉', '추월이 양명휘'라는 한시 구절을 인용한 것은 관념적이고 추상적인 사대부 가사에 문제를 제기하기 위한 것이겠군.
⑤ '병풍에 그린 황계 수탉'이 우는 모습을 구체적으로 묘사하여 나타낸 것은 가창 현장의 자유분방한 분위기에 발맞추기 위한 것이겠군.

[36~40] 다음 글을 읽고 물음에 답하시오.

여 부인이 상서를 심하게 꾸짖으니 상서가 아무 말도 못 하고 가만히 생각하다가 여쭙기를,

"누님께서 주관하신 줄 몰랐나이다. 예전에 양왕(梁王)이 구혼하여 허락했는데, 요즘 '선이 부모 모르게 미천한 사람을 얻어 혼례를 치렀다' 하여 조정에 시비가 들끓기에 낙양 수령에게 기별했나이다."

하니 여 부인이 말했다.

㉠"부부의 인연은 하늘이 정한 것이며, 애정에는 천하고 귀한 것이 없는지라. 옛날 송나라 황제도 정궁(正宮)을 폐하고 후궁(後宮)을 맞이하여 죽을 때까지 사랑한 일이 있소. 내가 비록 그대 모르게 주관했으나, 그 낭자는 첩과는 다르오. 또한 선이 급제하여 벼슬이 높아지면 두 부인을 얻는 것이 어렵지 않을 것이니, 그때 상서가 원하는 가문을 골라 며느리를 구해도 될 것이오. 그러니 더 이상 죄 없는 낭자를 죽이려 하지 마시오."

상서는 본래 충효를 겸비한 사람이었다. 속으로는 탐탁지 않았지만, 맏누이의 말씀이라 거역하지 못하고 말하기를,

"그렇게 하오리다."

하고 새로 보낸 낙양 수령을 불러 분부했다.

㉡"그 여자를 반드시 죽이려 했는데, 우리 누님이 하도 말리시니 그럴 수가 없도다. 그 여자를 죽이지 말고 놓아 주되, 멀리 보내 그 근처에 얼씬거리지 못하게 하라."

[중략 부분 줄거리] 상서 부인은 아들 이선을 낳을 때 해산을 도운 선녀가 남양 땅 김전의 딸 숙향이 아들의 배필이라고 한 말을 뒤늦게 떠올리고서 숙향을 다시 불러들인다.

"네 집은 어디며, 부모는 누구이고, 나이는 몇이나 되었느냐?"

낭자가 절을 하고 바르게 고쳐 앉으며 여쭈었다.

"다섯 살 때 부모님을 난리 중에 잃고 길거리를 방황했는데 어떤 짐승이 업어다 남군 땅 장 승상 댁에 내려놓았나이다. 마침 그 집에 자식이 없어 저를 친자식처럼 십 년을 기르셨으니, 고향은 물론 부모님의 성명도 모르옵나이다."

상서가 또 묻기를,

"장 승상이라 하면 남군 땅 장송밖에는 없는데, 거기 있다가 어찌하여 이화정 할미의 집으로 왔느냐?"

하니 낭자가 대답했다.

"승상 댁에 있던 사향이란 종이 승상 부인의 봉채를 훔쳐다 첩의 화장 그릇에 넣어 놓고 첩이 훔친 것처럼 모함했나이다. 그 일로 인해 승상 댁에서 쫓겨나 포진물에 빠져 죽으려 했는데, 마침 연꽃을 따는 아이들이 구해 주며 동쪽으로 가라 했나이다. 동쪽으로 가다 또 갈대밭에서 화재를 만나 거의 죽게 되었사온데, 화덕진군이라는 노인이 구하여 살아나게 된 것을 이화정 할미가 지나가다 보고 데려갔나이다."

"장 승상 댁에서 할미 집까지 며칠 만에 왔느냐?"

"장 승상 댁에서 하룻밤 자고, 그 이튿날 바로 왔나이다."

㉢"장 승상 댁에서 여기까지는 삼천삼백오십 리나 되니, 비록 천리마를 탔을지라도 쉽게 오기 어려우리라. 그런데 이틀 만에 왔다고 하니, 참으로 이상하도다."

상서와 낭자의 문답이 끝난 뒤에 부인이 물었다.

"네 이름은 무엇이며, 몇 년 몇 월에 태어났느냐?"

"이름은 숙향이옵고, 나이는 열여섯 살이오며, 기축년 4월 초파일 해시(亥時)에 났사옵니다."

"부모님 성명도 모르면서 생월생시는 어찌 그렇게 자세히 아느냐?"

"어렸을 때 부모님께서 제게 ⓐ비단주머니를 채워주셨는데, 자란 후에 보니 생월생시를 적어넣었더이다."

숙향이 주머니를 끌러 부인에게 드렸다. 부인이 비단주머니를 풀어 보니, 붉은 비단조각에 '이름은 숙향이요, 자는 월궁선이며, 기축년 4월 초파일 해시생이라'는 글씨가 금자(金字)로 쓰여 있었다.

부인이 크게 기뻐하며 말하기를,

"네가 내 아들과 나이가 같고, 이름도 선녀가 일러준 것과 같되, 다만 부모가 누구인지 모른다고 하니, 참으로 답답하구나."

하니 상서가 말하기를,

"이 글을 금자로 썼으니, 틀림없이 성은 김씨인가 하노라."

했다. 낭자가 말하기를,

㉣"제가 자란 후에 우연히 듣자오니, 지난번에 낙양 수령으로 계시던 김전이 제 부친이라 하더이다. 그러나 제가 어찌 그것을 자세히 알 수 있사오리까?"

하니 상서가 말했다.

"만일 그렇다면 오죽 좋으랴."

이에 부인이 묻기를,

"그 사람이 어떤 사람이나이까?"

하니 상서가 말했다.

"김전은 이부상서 운수 선생의 아들이라. 가문이 어찌 거룩하지 않으리오."

부인이 말하기를

ⓜ"시간이 지나면 자연 알게 되리이다."

하고 낭자에게 이선의 처소인 봉황당에 가 있으라고 했다. 낭자가 봉황당으로 내려가니, 낭군이 부리던 시녀 여남은 명이 낭자를 매우 공경하면서 극진하게 모시더라.

– 작자 미상, 「숙향전」

36

윗글의 서술상 특징으로 가장 적절한 것은?

① 배경 묘사를 통해 극적 긴장감이 고조되고 있다.

② 인물들의 대화를 통해 과거 행적이 드러나고 있다.

③ 편집자적 논평을 통해 비극적 분위기가 조성되고 있다.

④ 과거와 현재의 대비를 통해 부당한 현실을 비판하고 있다.

⑤ 구체적인 시대 상황을 통해 사건의 사실성에 주목하고 있다.

37

윗글의 내용으로 적절하지 <u>않은</u> 것은?

① 맏누이는 숙향을 죽이려는 상서를 질타했다.

② 이화정 할미는 숙향을 데려다 친자식처럼 십 년 동안 길렀다.

③ 상서 부부는 숙향의 부모가 누구인지 알고 싶어 한다.

④ 낙양 수령을 지낸 김전은 이부상서를 지낸 가문의 자손이다.

⑤ 낭자는 상서 부인의 말에 따라 낭군의 처소에 머물게 된다.

38

㉠~㉤에 대한 설명으로 적절하지 <u>않은</u> 것은?

① ㉠ : 역사적 사실을 근거로 제시하여 자신의 요구를 관철하려는 태도가 드러나 있다.

② ㉡ : 연장자의 권위를 감히 침범하지 못하는 입장을 내세워 자신의 생각을 마지못해 수정하는 모습이 드러나 있다.

③ ㉢ : 현실적으로 실현되기 어려움을 지적하며 상대방의 말에 의문을 표하는 모습이 나타나 있다.

④ ㉣ : 자신이 알게 된 사실이 전해 들은 것임을 들어 판단에 신중을 기하는 태도가 나타나 있다.

⑤ ㉤ : 자연의 이치를 고려하면서 이후에 펼쳐질 사태에 대해 염려하는 자세가 나타나 있다.

39

ⓐ에 대한 설명으로 가장 적절한 것은?

① 사건이 현실성을 지니게 한다.

② 현재 사건의 원인이 드러나도록 한다.

③ 인물을 대하는 태도가 호의적으로 바뀌게 한다.

④ 권선징악의 주제의식이 표출되도록 한다.

⑤ 인물의 감춰진 재능이 발휘되게 한다.

40

〈보기〉를 참고하여 윗글을 감상한 내용으로 적절하지 <u>않은</u> 것은? [3점]

보기

조선 후기에 창작된 「숙향전」은 남녀 주인공의 결합을 위한 고난의 여정으로 이루어져 있다. 여러 차례의 위기가 두 인물의 결합을 방해하지만, 이들은 다른 존재의 도움으로 고난을 극복하며 하늘의 예정된 운명에 따라 혼인한다. 이 과정에서 애정을 중시하는 두 남녀가 봉건적 신분 질서와 가문을 중시하는 지배층과 갈등을 빚기도 한다. 개인적 차원의 애정이 권위적인 지배 이념과 충돌하는 대목을 통해 신분제가 동요되는 당시의 사회현상을 엿볼 수 있다.

① 불에 타 죽을 위기에 처한 숙향을 화덕진군이 구해 주는 것은 다른 존재의 도움으로 고난을 극복한 경우이겠군.

② 부모 몰래 아들이 결혼한 것이 조정의 시빗거리가 되었다는 상서의 말은 권위적인 지배 이념에 따라 나타난 반응이겠군.

③ 숙향의 이름이 선녀가 일러준 것과 같다는 상서 부인의 말은 하늘의 예정된 운명을 받아들이려는 의지의 표현이겠군.

④ 아들이 미천한 여자와 결혼했다는 이유로 상서가 낭자를 죽이려는 것은 개인적 애정보다 가문의 위상을 중시한 결과이겠군.

⑤ 사향의 모함으로 장 승상 댁에서 쫓겨난 숙향이 죽으려 한 것은 남녀 주인공이 결합에 이르는 여정 중 겪는 고난에 해당하겠군.

[41~45] 다음 글을 읽고 물음에 답하시오.

융에 의하면, 인간에게는 태어날 때부터 마음의 토대를 이루고 있는 무의식의 층이 있다. 그것은 개인의 특수한 생활사에서 나온 무의식의 층과는 달리, 인간이면 누구나 태어날 때부터 갖추어져 있는 인간 고유의 원초적이며 보편적인 무의식의 층이다.

융은 이를 '집단 무의식'이라고 했다. 융의 이와 같은 가설은 환자뿐만 아니라 많은 건강한 사람의 꿈과 원시 종족의 심성, 신화와 종교, 서양 사상과 인도 · 중국 등 동양의 사상을 비교하여 고찰한 결과다. 융은 무의식이 개인 생활의 경험 자료만이 아니라 인류의 태곳적부터 끝없이 반복되어 경험되는 일정한 인간적 체험의 조건들을 갖추고 있다고 본다. 이러한 무의식은 수많은 신화적 상징으로 표현되고 경험되며 모든 의식된 마음에 활력을 주고 그 기능을 조절하여 의식과 통일된 '전체 정신'을 실현시킬 수 있는 원동력을 가지고 있다. 한마디로 무의식은 충동의 창고, 의식에서 쓸어 낼 쓰레기장이거나 병적인 유아기 욕구로 가득 찬 웅덩이에 불과한 것이 아니라, 마음을 성숙케 하는 '창조의 샘'이라는 얘기다.

㉠무의식의 창조적 작용은 자율성과 보상 작용으로 표현된다. 자아 의식이 한 방향으로만 나가면 무의식이 자율적으로 작동하여 의식의 방향과는 다른 방향의 이미지를 보내서 그것을 보상한다. 예컨대, 지나치게 이성적인 사람이 꿈속에서는 매우 불합리한 행동을 하거나 욕망에만 사로잡힌 일을 벌일 수 있는데, 이는 단순한 욕구 충족을 위해서가 아니라, 의식의 일방성을 깨우치고 의식이 소홀히 하고 있는 것이 무엇인지를 알려 주기 위한 무의식의 의도를 드러낸 것이다. 무의식이 자율적으로 보상 작용을 발휘하여 의식화할 수 있는 기회가 생긴 셈이다.

이 맥락에서 융이 말하는 ⟨그림자⟩ 개념이 주목을 끈다. 그림자는 무의식의 열등한 인격으로, 자아의 어두운 면이다. 그림자는 자아와 비슷하면서도 자아와는 대조되는, 자아가 가장 싫어하는 열등한 성격을 지니고 있다. 자아의식이 한쪽 면을 지나치게 강조하면, 그림자는 그만큼 반대편 극단을 나타낸다. 그래서 일상적으로 자아는 자신이 어떤 그림자를 가지고 있는지 모른다. 그것은 자아에게는 보이지 않는 무의식의 그늘에 속하는 인격이기 때문이다. 자아의식으로서는 결코 있을 수 없는 성격, 가장 싫어하기 때문에 절대로 그렇게 되지 않으려고 노력해 온 바로 그 성격이다. 가령, 친구 한테 비난당할 때 심한 분노를 느낀다면, 바로 그 순간 미처 의식하지 못하고 있던 자기 그림자의 일부를 발견할 수 있다.

그림자를 밖으로 투사(projection)할 때 그 투사 대상을 향한 자기의 감정을 살펴볼 수 있다. 투사란 어떤 대상에 대하여 강력한 감정 반응을 일으키고 자아가 그 대상에 집착하게 만든다. 투사는 나쁜 것은 남에게만 있다고 생각함으로써 괴로운 마음을 피하려는 자기 방어의 수단으로서만 아니라 자기의 무의식적인 마음의 일부를 의식화할 수 있는 기회를 갖도록 하는 목적으로도 일어난다. 무의식의 내용이 밖에 있는 어떤 대상에 투사되면 우리는 최소한 우리 안에 있는 것을 투사 대상에게서 경험하게 되고 그런 경험을 통해서 자기 마음속의 무의식적 내용을 깨달을 수 있는 가능성이 생긴다.

그림자의 투사는 집단 차원에서도 벌어진다. 그림자의 집단적 투사는 어떤 집단 성원의 무의식에 같은 성질의 그림자가 형성되어 다른 집단에 투사되는 것을 가리킨다. 이 경우 그림자는 개인적인 특성을 가지기보다 집단적 특성을 지닌다. 그러한 그림자가 생기는 이유는 그 집단의 구성원이 자신을 하나의 집단 의식과 동일시하고 있기 때문이다. 가령 '우리는 하나'로 대변되는 슬로건 밑에 결속을 다짐할 때, 거기에 속하지 않은 집단과의 차별화가 일어나고 이 집단은 쉽게 배타적이 되거나 다른 집단으로부터 배타적이라는 비난을 받게 된다.

그러므로 지향하는 집단적 목표가 일방적이고 뚜렷한 것일수록 이에 어긋나는 요소가 억압되어 공통된 그림자를 집단 성원이 나누어 가지게 된다. 아무리 선의로 뭉친 집단이라도 너무 밝은 목표에 치중한 나머지 자기 집단 성원의 그림자를 보지 못할 때 처음의 좋은 뜻을 펼치는 데 실패할 ⓛ공산이 크다.

다만, 인간 집단은 집단 행동을 통하여 집단적 그림자를 만들어내고 이를 다른 집단에 투사하여 서로 반목하고 비난하며 싸우기도 하지만, 때로는 그림자를 사회 표면으로 끌어내어 사람들이 그것을 보고 경험하게 하는, '카니발'과 같은 문화적 장치를 가지고 있다. 한 사람에게 집단적으로 그림자를 투사하여 속죄양을 만들고 자기의 그림자를 보지 않으려는 부정적인 기능을 가진 경우가 아니라, 문화적으로 허용되고 예술적으로 승화된 형태에서 '그림자 놀이'를 통해 각자의 그림자를 살려서 도덕이나 규범 의식과 무의식적 충동 사이의 단절을 지양할 수 있는 것이다.

41

윗글을 통해 알 수 있는 것은?

① 의식과 무의식의 조화를 이루기 위한 시도는 불가능하다.

② 집단 무의식은 특정한 문화권에서만 발견되는 특수한 현상이다.

③ 무의식이 제어 불가능한 충동으로 가득차 있다는 점에서 집단적 무의식의 발현은 공동체에 위해를 가한다.

④ 속죄양에 관한 개념을 만들어 자아의 부정적인 이미지를 입히는 것은 무의식이 작용하는 결과이다.

⑤ 사회적인 차원에서는 무의식이 자율적인 방식으로 작동하므로 항상 예술적으로 승화된 형태의 결실을 낳는다.

42

㉠에 대한 이해로 가장 적절한 것은?

① 의식이 안정된 상태에서 이루어지는 정신 활동의 일부이다.

② 의식이 무의식과 활발하게 상호 작용한 결과로 주어지는 보상이다.

③ 의식이 한 방향으로만 활성화될 경우 그에 반발하여 표출되는 무의식의 이미지 작용이다.

④ 의식이 작동하지 않는 상태에서 의식이 지향하는 인격을 대신 구현하려는 무의식의 작용이다.

⑤ 의식이 무의식을 억압하는 강도가 커질 때 무의식이 의식 표층에 떠오르는 이상 징이다.

43

그림자 에 관한 이해로 적절하지 않은 것은? [3점]

① 분노의 상황에서는 그림자를 볼 수 없다.

② 그림자는 무의식의 그늘에 속하는 인격이다.

③ 그림자는 집단 차원에서도 나타나는 현상이다.

④ 그림자는 자아가 싫어하여 닮으려고 하지 않는 열등한 성격의 일부이다.

⑤ 사회 표면으로 그림자를 끌어 내어 경험할 수 있게 하는 문화적 장치가 있다.

44

윗글을 바탕으로 〈보기〉를 이해한 내용으로 적절하지 않은 것은?

> **보기**
>
> 카니발은 가톨릭교회가 지배하고 있는 라인강 유역에서 명맥을 유지하고 있다. 해가 바뀌는 연말에는 각지에서 가면무도회가 열리고, 부활절 전의 카니발에서는 기상천외한 분장을 한 사람들이 대규모로 등장한다. 마치 근엄한 가톨릭 수도원 곳곳에 유폐되었던 이교(異敎)의 귀신과 악마와 별의별 부도덕한 불한당들이 뚜껑을 열고 나온 듯하다. 신분적 위계나 윤리 규범의 제약 속에서 억압된 욕망을 분출하는 극적 상황이 연출되는 것이다. 이러한 양상은 신분적 위계 질서에서 하층에 속하는 이들이 펼치는 의례나 연희, 놀이 등에서 자주 확인된다. 가령 탈춤판에서 양반 세력을 희화화하고 농락하며 신분적 위계를 해체한 가운데 성원들 서로가 어우러지는 장이 펼쳐지는 것은 카니발을 떠올리게 한다.

① 기성 질서에서 지배층은 '집단적 그림자'가 만든 무의식의 그늘에서 벗어날 특권을 얻는다고 할 수 있겠군.

② '가면'을 쓰거나 기괴한 모습으로 '분장'하는 행위는 투사된 '그림자'를 극적으로 연출한 것이라고 할 수 있겠군.

③ '카니발'은 참여자들의 억눌린 감정을 표출할 수 있는 계기가 되므로, '그림자 놀이'를 설명하는 예로 삼을 수 있겠군.

④ '수도원 곳간'은 현실에서 허용되지 않는 욕망에 연관된 '집단적 그림자'를 가두는 수용소에 상응하는 표상이라 할 수 있겠군.

⑤ '탈춤'은 신분 질서에 억눌린 욕구가 연희를 통해 투사되는 장을 연다고 할 수 있으니 '집단적 그림자'가 승화된 형태라 할 수 있겠군.

45

문맥상 ⓛ을 바꿔 쓰기에 가장 적절한 것은?

① 기회(機會)가 많다

② 단서(端緒)가 많다

③ 여지(餘地)가 많다

④ 예외(例外)가 많다

⑤ 정보(情報)가 많다

영어영역

[01~05] 밑줄 친 부분의 뜻으로 가장 적절한 것을 고르시오.

01

No art can conquer the people alone — the people are conquered by an ideal of life advocated by authority.

① opposed
② championed
③ disregarded
④ undermined
⑤ overwhelmed

02

We rarely begin with completely open minds, which would allow us to discuss a topic in a completely impartial way.

① fair
② harmless
③ meaningful
④ timely
⑤ creative

03

We read through the minutes of the last meeting.

① hours
② records
③ moment
④ duration
⑤ melody

04

The youngest police officer's duties were confined to taking statements from the crowd.

① limited
② enlarged
③ classified
④ promoted
⑤ conformed

05

It goes without saying that the difficulties of color photography are multiplied when movement is added to the composition, and when the image is projected.

① Arguably
② Probably
③ Fortunately
④ Agreeably
⑤ Obviously

[06~07] 다음 대화의 빈칸에 들어갈 말로 가장 적절한 것을 고르시오.

A: Have you finished your assignment?
B: No, not yet. I plan to do it tonight.
A: Tonight? Aren't you going to the football game?
B: Oh, the game! I completely forgot about it. I've been looking forward to this game.
A: I know. I guess you have a big decision to make.

B: Right. Should I go to the game or just stay home and do the assignment?

A: _____

B: I know. Still, I don't know what to do.

A: Don't worry. I know you'll make the right decision.

06

① You should've practiced harder.

② I need to stay home tomorrow.

③ Well, it's up to you.

④ I have a profound question.

⑤ We watched the football game yesterday.

07

A: What are you doing?

B: My car doesn't start. I'm trying to find out what's wrong.

A: Oh, no. Do you know about cars? Did you find something?

B: I think the battery is dead. I was out of town for a few weeks, and during that time, nobody had used my car.

A: Did you call your insurance company?

B: For what?

A: Normally, car insurance companies offer battery recharging services. They'll come to you and recharge the battery instantly. It's very convenient.

B: Oh, I didn't know that. _____ I'll call right away.

A: You're welcome.

① This runs great!

② Take your time.

③ What is the registration number?

④ I didn't do anything wrong.

⑤ Thanks for the tip.

[08~09] 밑줄 친 부분 중, 어법상 틀린 것을 고르시오.

08

No one had yet attempted to survey the consequences of the fifteenth-century communications shift from script to print. While recognizing that it would take more than one book to remedy this situation, I also felt that a preliminary effort, however inadequate, was better than none, and began a decade of study — devoted primarily to ① become acquainted with the special literature on early printing and the history of the book. Between 1968 and 1971 some preliminary articles were published to draw reactions from scholars and to take advantage of ② informed criticism. My full-scale work, *The Printing Press as an Agent of Change*, ③ appeared in 1979. It has been abridged for the general reader in the present version. Illustrations have been added, but footnotes ④ have been dropped from this abridgment. The unabridged version should be consulted by any reader ⑤ seeking full identification of all citations and references.

*preliminary: 예비의 **abridge: 단축하다

09

There is no neutral position from which to evaluate the benefits and burdens of new technologies. ① Consider the mass-produced Ford Model T at the beginning of the twentieth century or self-driving cars in the twenty-first century. With cars, we weigh benefits of autonomous mobility and ② swiftly transport against human congestion and earth-devastating pollution. And so it is with photography. Since its inception, skeptics worried that widespread and uncontrolled photography would destabilize communities and governments by spreading lies and ③ invading privacy. This anxiety arose in the early years of the Kodak camera, ④ when its popularity combined with the spread of yellow journalism to produce invasive and misleading photographs. These concerns persist today with ubiquitous digital camera phones, deep-fake videos, and the viral internet. Then and now, arguments about how cameras work and the power of photographic expression ⑤ concern personal lives, international politics, and public justice. [3점]

*inception: 시작

[10~12] (A), (B), (C)의 각 네모 안에서 문맥에 맞는 낱 말로 가장 적절한 것을 고르시오.

10

Thanks to its broad popularity, sports could be a powerful tool for raising awareness about the climate crisis among people across the world, regardless of their geographical location and social background. Simply put, the industry could (A) restrain / share important messages about the environment to billions of individuals that are involved in sports either as spectators, practitioners, or facilitators. Such strategy of increasing awareness and educating has shown good results in the past. Research found that fans are (B) receptive / resistant to ecological initiatives organised at sporting events, some even to the extent that they are willing to change their lifestyle habits regarding sustainability. This study precisely concluded that "the norms related to sport events have a significant relationship with

(C) negative / positive perceptions of the efforts undertaken by sport organisations while also influencing at-home environmental behavioural intentions."

	(A)	(B)	(C)
①	restrain	receptive	negative
②	restrain	resistant	positive
③	share	resistant	positive
④	share	receptive	positive
⑤	share	resistant	negative

11

Whenever a scholar needed a technical term to refer to a concept that English didn't have name for, they would import one from Greek or Latin. If Greek or Latin didn't have name for the concept either — a situation that became increasingly (A) frequent / rare as scientific knowledge rapidly expanded beyond the dreams of the ancients — they would make up a name for the concept out of Latin and/or Greek roots, rather than from English roots. This practice continues to this day. As a result, many (B) abandoned / borrowed Latin terms, and newly formed words from Latin roots as well as affixes that had never been used in Cicero's time, entered English in this period. Many such words fell out of use almost immediately, but many others were (C) picked up / taken out by contemporaries and are still with us today.

	(A)	(B)	(C)
①	frequent	abandoned	picked up
②	frequent	abandoned	taken out
③	frequent	borrowed	picked up
④	rare	abandoned	taken out
⑤	rare	borrowed	picked up

12

The two centuries prior to the time of Plato and Aristotle had been a period of economic liberalization, and with this came an enormous rise in commercial activity including international trade. Moreover, tremendous economic disturbance and social instability accompanied the rapid commercial (A) expansion / reduction , and this greatly influenced Plato and Aristotle's economic thinking. They believed that the instability resulted from the pursuit of financial gain, which, as the fable of Midas made clear, brought with it dreadful consequences. Just as Midas had (B) destroyed / liberated himself in the pursuit of gold, so too had the pursuit of wealth endangered Greek society. It was partly in response to this threat that Plato and Aristotle undertook to examine what life would look like in the ideal state, and their analysis was built around the question of what, in such a state, would constitute "the good life"? It was clear to them that economic growth had undesirable effects, and they stressed the need for an economic system that generated a relatively (C) dynamic / stationary level of economic activity. [3점]

	(A)	(B)	(C)
①	expansion	destroyed	dynamic
②	expansion	liberated	dynamic
③	expansion	destroyed	stationary
④	reduction	destroyed	dynamic
⑤	reduction	liberated	stationary

[13~14] 밑줄 친 부분 중, 문맥상 낱말의 쓰임이 적절하지 <u>않은</u> 것을 고르시오.

13

Because all evidence of the past can only be found in the present, creating a story about the past inevitably implies ① <u>interpreting</u> this evidence in terms of processes with a certain history of its own. We do so because we experience both the surrounding environment and our own persons to be such processes. As a result, all historical accounts are reconstructions of some sort, and thus likely to ② <u>change</u> over time. This also means that the study of history cannot offer absolute certainties, but only ③ <u>precision</u> of a reality that once was. In other words, true historical accounts do not exist. This may sound as if there is endless leeway in the ways the past is viewed. In my opinion, that is not the case. Just as in any other field of science, the major test for historical reconstructions is whether, and to what extent, they ④ <u>accommodate</u> the existing data in a concise and precise manner. Yet there can be no way around the fact that all historical reconstructions consist of a ⑤ <u>selected</u> number of existing data placed within a context devised by the historian. [3점]

*leeway: 여지

14

The battle against single-use plastic bags may not be won, but it's definitely under way. Restrictions on their use are in place in almost a dozen US states and in many other countries around the world. And in many cases, these efforts have been ① <u>successful</u> at eliminating new sales of thin plastic bags that float up into trees, block waterways, leech microplastics into soil and water, and harm marine life. But this environmental success story of sorts ② <u>masks</u> another problem. Many of us are ③ <u>drowning</u> in reusable bags that retailers sell cheaply or give away to customers as an apparently greener alternative to single-use plastic. Campaigners say these bag hoards are ④ <u>solving</u> fresh environmental problems, with reusable bags having a much higher carbon footprint than thin plastic bags. According to one eye-popping estimate, a cotton bag should be used at least 7,100 times to make it a truly environmentally friendly alternative to a ⑤ <u>conventional</u> plastic bag. The answer to what's the greenest replacement for a single-use plastic bag isn't straightforward, but the advice boils down to this: Reuse whatever bags you have at home, as many times as you can.

*leech: 달라붙어 떨어지지 않다 **hoard: 축적

15

다음 글의 내용과 일치하는 것은?

The son of a minister in Basel, Switzerland, Jacob Burckhardt originally intended to follow his father's footsteps and become a Protestant minister. However, while studying theology in Basel, he came to the conclusion that Christianity was a myth. Turning instead to the study of history and art history, he spent four years studying with Leopold Ranke in Berlin. Burckhardt's relationship with Ranke is the subject of contrary points of view among historians. Some argue that Burckhardt retained a high regard for Ranke throughout his life, despite their differences, which were fundamental. While Ranke saw the power of the state as guardian of order and stability, Burckhardt regarded power as tied to evil. Ranke, the Protestant scholar, confidently sought the hand of a generous God in the events of the past; but Burckhardt, skeptical and withdrawn, saw in history an unending struggle between hostile forces. These differences led other historians to argue that we should not be misled by Burckhardt's references to Ranke as 'my great master'. Rather, Burckhardt came to reject both Ranke's personal ambition and his intellectual approach.

*theology: 신학

① Jacob Burckhardt never wanted to become a minister.
② Jacob Burckhardt studied art history in Basel.
③ Jacob Burckhardt's relationship with Ranke is uncontroversial.
④ Jacob Burckhardt thought power and evil went hand in hand.
⑤ Jacob Burckhardt embraced Ranke's intellectual approach.

[16~17] 다음 글의 내용과 일치하지 <u>않는</u> 것을 고르시오.

16

During a certain stage of sleep, which can be identified by rapid eye movements and characteristic brain wave patterns, we engage in dreaming. Everybody dreams, but unless we concentrate on remembering what we just dreamed, the images fade almost immediately once we wake up. Dreams are often bizarre because they are formed without outside stimulation and are based instead on our own internal associations, memories, and emotional inputs. Often, we can trace our associations to the symbols and metaphors that occur in dreams. Sometimes we are able to decode what it is that the dream sequence and images were expressing. The existence of "lucid dreams" has been established in research studies. People who can have lucid dreams are able to influence their own dreams, recognize that they are having a dream, and are able to wake themselves up if they wish.

① While people are dreaming, their eyes can move.
② Not everyone remembers what they dreamed.
③ Dreams are related with our mind and thought.
④ Dreams can be figurative and be interpreted.
⑤ People are unable to affect their own dreams.

17

Noise from inland wind farms, part of a growing industry located largely in the central midwestern United States and in the Canadian provinces of Ontario and Quebec, is the subject of scientific controversy. It is believed by many scientists to subject nearby residents to insomnia and headaches as well as the muscle aches, anxiety, and depression that result from sleep loss, from low-frequency noise, and possibly from changes in air pressure caused by operation of the turbines. Whether these symptoms are the result of actual wind turbine activity, of weather sensitivity, or of stress reactions brought on by noise annoyance is not entirely clear. Because the definition of noise annoyance includes emotional reactions as well as physical symptoms, studies are showing conflicting results: each side of the controversy can cite extensive evidence, but neither side is convinced by the other's interpretation of research design or findings.

*insomnia: 불면증

① Noise from inland wind farms is a scientifically controversial topic.
② Residents near inland wind farms probably experience both mental and physical illness.
③ Scientists have not successfully identified the major cause of the symptoms that residents near inland wind farms suffer.
④ Noise annoyance is defined only within emotional reactions.
⑤ The results of the research on the noise from inland wind farms are still inconclusive.

[18~22] 다음 글의 빈칸에 들어갈 말로 가장 적절한 것을 고르시오.

18

Different cultural groups think, feel, and act differently. There is no scientific standards for considering one group as essentially superior or inferior to another. Studying differences in culture among groups and societies presupposes a position of cultural relativism. It does not imply normalcy for oneself, nor for one's society. It, however, calls for judgment when dealing with groups or societies different from one's own. Information about the nature of cultural differences between societies, their roots, and their consequences should _____. Negotiation is more likely to succeed when the parties concerned understand the reasons for the differences in viewpoints. [3점]

① construct our cultural identity
② precede judgment and action
③ form presupposed goals
④ be reevaluated objectively
⑤ explain the fundamental principles

19

Scientific superstructures resemble historical truths, or theological notions of God. They are provisionally useful as being the best we have for the moment, but they are _____. Our acceptance of them remains provisional, our commitment something less than wholehearted, while we continue to search for something better to displace them. In whatever area of human aspiration, the ultimate goal — the 'truth' or 'god' or 'reality' — remains forever elusive, out of reach, beyond us; but our belief that it's there provides the necessary motivation for our continuing search.

① to become the proof of aspiration
② to transform our lifestyle
③ not to motivate your life
④ to display the absolute truth
⑤ not to be relied upon for ever

20

It is estimated that for every human being alive today, there are as many as two hundred million individual insects. Just the total weight of all the ants in the world, all nine thousand

different kinds, is twelve times greater than the weight of all the humans on the planet. Despite their amazing numbers and the fact that they are found virtually everywhere, insects and other arthropods are still very alien to us, as if they were beings from another planet. They move on six or more legs, stare with unblinking eyes, breathe without noses, and have hard skinless bodies made up of rings and plates, yet there is something _____ about them, too. Arthropods have to do all the things people do to survive, such as find food, defend themselves from their enemies, and reproduce. They also rely on their finely tuned senses to see, touch, hear, smell, and taste the world around them.

*arthropod: 절지동물

① surprisingly suspicious
② minutely categorized
③ steadily progressive
④ humanly productive
⑤ strangely familiar

21

The fact remains that meditation has been practiced for centuries. Critics agree that, whatever the reason, it does seem to work. It is possible that psychological benefits may exist, even if physiological changes are not well established. Furthermore, studies have not controlled possible differences between persons who choose to practice meditation and those who do not. It is possible that such subject differences exist and that they influence the results of the meditation more than the technique itself. What we can

conclude here is that _____.
People will continue to meditate, often with beneficial results. Therapists will continue to use it to treat conditions of hypertension, alcohol abuse, drug abuse, insomnia, and many other psychiatric disorders. Similarly, behavioral scientists will continue to study meditation and its effects until more definitive findings are available. Yet there will always be those who refuse to accept objective, scientific evidence as the standard of acceptance and belief. [3점]

*meditation: 명상 **physiological: 생리학의

① the meditation waters are muddy
② its critics should try to practice meditation
③ meditation can relieve various physical pains
④ the definition of meditation is now unclouded
⑤ scientists should examine the methods of meditation

22

Ecological people interact with nature, in contrast with logical people who act upon nature and mythological people who are acted upon by nature. They engage in dialogue with nature. Dikes in Holland are made with layers of mud and rocks and woven willow mats. When the fury of the North Atlantic strikes these dikes they absorb the force with the flexibility of willow branches by moving in tune with the waves. This ecological solution stands in contrast to the logical solution of most European port cities that have built sea walls of steel-reinforced concrete to stop the waves. Acting against nature, these firm walls are eventually smashed apart and need to be rebuilt unlike the Dutch dikes that

_____. The mythological solution is to passively accept the edict of nature by neither building firm walls nor flexible dikes. Following the mythological solution, one third of Holland would be under water. [3점]

*dike: 제방 **edict: 칙령, 명령

① silently remain as objective observers
② constantly change with dramatic shifts
③ flexibly move with the natural rhythms
④ actively respond to the ecological mysteries
⑤ simply disregard the order of natural worlds

[23~24] 다음 글의 제목으로 가장 적절한 것을 고르시오.

23

Claims are *not*, as you might think, the opposite of facts. Nor does a claim 'become' a fact once we know it is true. A claim is always a claim, but the truth of some claims is established. And a claim does not necessarily involve some personal advantage or bias. Although in everyday speech we often use the word 'claim' to try to distinguish between statements whose truth is suspect or that are biased and those statements (called 'facts') whose truth is established and that are unbiased, these distinctions are dangerously misleading. All the statements that we think of as 'facts' are, actually, claims; they are so widely and clearly accepted as true that they *seem* different from claims that are not accepted. Put simply, claims are those statements that express beliefs or views about the way the world is or the way the world should be. Whether they are true or not is, of course, important, but it does not determine whether or not they are claims.

① Can We Separate Facts from Claims?

② Landmarks of the Truthful Claims

③ Facts, Everlasting Promises!

④ What Is the Opposite of Facts and Claims?

⑤ A Journey from Suspicion to Determination

24

Don't be afraid to try or to fail. It teaches you strength and how to overcome your personal challenges. Life's trials are not unique to you; they happen to everyone in differing degrees and help develop your mental tolerance and a strong character giving you the tools to help others to avoid the dangers. When you do not achieve the conclusion that you aimed for in a project or task, you often look on it as a defeat. This thought process can keep you stuck in a position of stalemate and prevent real progress because you give up. Never look at this experience as something bad, trying and failing is progress in every sense of the word. It can prove to be the vehicle that really launches you forward with renewed energy and a desire to try again.

*stalemate: 교착상태

① A Stay at the Bottom of Fate

② Welcome Hardships, Kicks of Life

③ Giving Up Is Part of Life's Trials

④ How to Apply Knowledge to Reality

⑤ Be Open-minded to New Experiences

[25~26] 다음 글의 요지로 가장 적절한 것을 고르시오.

25

We are regularly confronted by the need to make choices in our use of language. For most of the time, no doubt, coping with variance does not constitute anything of a problem and may indeed be unconscious: we are dealing with family and friends on everyday affairs; and what is more, we are usually talking to them, not writing. It is in ordinary talk to ordinary people on ordinary matters that we are most at home, linguistically and otherwise. And fortunately, this is the situation that accounts for the overwhelming majority of our needs in the use of English.

① The vast majority of us make careless mistakes in ordinary talk.

② We should not confront family and friends about their everyday affairs.

③ A linguistically diverse group of people must try harder to live in harmony.

④ Making unconscious choices does not constitute using language creatively.

⑤ Our everyday use of English does not usually require coping with variance.

26

As we observe the "objective" world, we view it through our own lenses or filters. Our everyday environment is like water to a fish—it's just there; we don't take note of it. Most of the time, we're not particularly conscious of what we consider normal activities, since we already have a place for them on our mental map; they fall into familiar categories. We have a tendency, as linguists have shown, to generalize from what we know to what we don't know— and either to distort or to delete (edit out) anything that doesn't make sense, given that view. All snow may look alike to Floridians; their experience does not provide a "map" for differentiation, so differences in the type of snow are ignored. Swedes or Aleuts, on the other hand, have the worldview, including the language, to distinguish among many different kinds of snow. Deleting or distorting that information would cause them real inconvenience.

① We should keep the objective filters of our perception.

② We see the world through a lens of subjectivity.

③ Our expectations shape our dream.

④ Our reason should avoid distorted information.

⑤ We must take a neutral position in generalizing what we know.

27

다음 글의 주제로 가장 적절한 것은?

Celtic Studies is a field long connected with the study of mythology. In the western European context the Celtic-speaking peoples have been amongst those most often held up as the recipients of a rich body of 'tradition'. From early descriptions of the Gauls through to modern accounts of Scottish Highland culture we find a reappearing emphasis on oral culture and a concern with the supernatural in daily life. In modern scholarship Celtic languages developed a strong connection to the discipline of comparative Indo-European philology and, in turn, to theories of comparative mythology

that are its by-products. Aside from these external perspectives, a primary stimulus of interest for mythologists is the very strong sense of the mythic present within Celtic literature itself; reference to gods, to heroes with supernatural qualities, and to events of the distant past. For these reasons, studies of Celtic religion, folklore and literature have very often been made subject to mythological models of interpretation.

*philology: 문헌학

① the repeated theme in describing supernatural qualities in gods

② the importance of Scottish Highland culture in classic literature

③ the characteristics of Celtic Studies and its connection to mythology

④ the novel perspectives on how to understand Celtic-speaking peoples

⑤ the rich body of tradition present in comparative Indo-European philology

[28~29] 다음 글에서 전체 흐름과 관계 없는 문장을 고르시오.

28

Camouflage, also known as cryptic coloration, is the one-size-fits-all defense in the world of animals. Animals as small as insects and as large as the boldly patterned giraffe —towering at a height of 18 feet (6 m) —depend on their cryptic colorations to help them blend in. ① Colors and patterns may camouflage an animal not only by helping it blend in, but also by breaking up its shape. ② That way, a predator does not recognize it at first. ③ An animal's coloring can hide the roundness of its body, making it look flat. ④ Our planet continues to be damaged as its inhabitants are indifferent to environmental issues. ⑤ Colors and patterns also can help hide an animal's shadow.

*cryptic: 숨은, 비밀의

[30~34] 글의 흐름으로 보아, 주어진 문장이 들어가기에 가장 적절한 곳을 고르시오.

30

Odysseus got most of these aboard again, though he had to abandon his dead and seriously wounded.

According to the *Odyssey*, a poem that shows Odysseus in a different light, he first sailed for Thrace after leaving Troy. There he attacked and burned the city-port of Ismarus. (①) A priest of Apollo, whose life he undertook to spare, gratefully gave him several jars of sweet wine, half of which his men drank at a picnic on the beach. (②) Some Thracians who lived inland saw flames rising from Ismarus, and charged vengefully down on the drunken sailors. (③) A fierce north-easterly storm then drove his ships across the Aegean Sea towards Cythera, an island at the southernmost point of Greece. (④) Taking advantage of a sudden calm, he made his men use their oars and tried to round Cythera, bearing north-west for Ithaca, but the storm sprang up more fiercely than before, and blew nine days. (⑤) When at last it dropped, Odysseus found himself within sight of Syrinx, the Lotus-eaters' Island off the North African coast. [3점]

*vengeful: 복수심에 불타는 **oar: 노

29

The structuring of time can have many functions, some of which are more or less important in different cultures. But everywhere, one of the main functions is to set the schedule of the culture and, thereby, coordinate the activities of individuals in the culture. Other functions may be to relate the group's activities to some natural phenomena or to some supernatural phenomena. ① The structure may be used to order events in the past or in the future, or to measure the duration of events, or to measure how close or far they are from each other or from the present. ② Above all, the structure provides a means of orientation and gives form to the occurrence of events in the lives of individuals, as well as in the culture. ③ It provides a continuous and coherent framework in which to mark periodically repeating events and in which to place special events. ④ Mathematical ideas as fundamental as order, units, and cycles are the very building blocks. ⑤ As such, the structure imposed on time extends well beyond itself, reflecting and affecting much in a culture.

31

Of course, grills are but one component of the growing interest in outdoor kitchens.

For consumers who desire more flexibility, an increasing number of companies are offering hybrid gas grills outfitted with pans or pullout drawers to accommodate charcoal and/or wood. (①) In addition, some barbecues can be customized with carts containing refrigeration or even an oven, allowing one to grill and bake at the same time. (②) And those who like their meat smoked on occasion can opt for accessories such as smoking trays and smoker boxes, or simply invest in a separate smoker. (③) In addition, because grilling is a day- and nighttime activity, many of today's barbecues incorporate surface lighting, as well as LEDs on the control panel to ensure temperature settings are visible after dark. (④) However, as these spaces continue to expand in functionality, taking on features that allow for year-round enjoyment, so too will the development of grill technology. (⑤) After all, as Russ Faulk noted, "Everything tastes better off a grill."

*incorporate: 포함하다

32

If an epidemic is particularly fierce or prolonged (like the Black Death), a great number of people who were weak will die, leaving the resistant survivors to repopulate their communities.

When an epidemic hits a population, there will be individuals in that population who have genetic mutations that make them more naturally resistant to infection. (①) Upon facing exposure to the pathogen, they will be more likely to survive than their normal, nonmutant counterparts. (②) After many generations of such "weeding out," the new surviving population will have a much higher frequency of individuals with the mutation than did the original, pre-epidemic population. (③) As a result, they will be more genetically prepared if that epidemic were to ever hit again. (④) Therefore, an epidemic can act as a selective pressure that triggers a change in the genetic profile of a population over time. (⑤) In other words, it can promote human evolution.

*epidemic: 전염병 **pathogen: 병원균

33

The only reason we know even this bare outline is that the tale was passed on by word of mouth until a visitor from the Mediterranean world wrote it down.

Over two thousand years ago, someone on the cold and windswept shores of the Atlantic Ocean sat down before a blazing fire and told a story. (①) Long ago, this person said, there were two gods who were brothers, twins born together from a great mother goddess of the sea. (②) When these brothers grew up, they left the ocean behind and came to dwell among the people who lived near the sea. (③) There was much more to the story, but that is all that survives. (④) In time, that document found its way to a Greek historian named Timaeus from the island of Sicily, who lived just after the age of Alexander the Great. (⑤) He recorded the story as part of his impressive history of the world from legendary times until his own day.

34

In France, many words of the conquering Frankish Germans were incorporated into the vocabulary.

In the fifth century, Germanic expansion brought about the fall of the Roman Empire. Subsequently, without the Roman army to defend them, many lands passed under the control of Germanic tribes. (①) The movements of the West Germanic tribes are particularly important to the story of English. (②) By the end of the fifth century, West Germanic speakers had taken control of much of France and England. (③) These words included the name of the land itself: called *Gallia* (*Gaul*) under the Romans, it now came to be called *Francia* (*France*) 'land of the Franks'. (④) Still, Latin remained the language of France. (⑤) It is perhaps surprising that the conquerors adopted the language of the conquered people, but the high prestige of Latin as the language of a great empire and civilization may have contributed to its survival.

(A) Therefore, when explorers detect a great amount of such bacteria in a place, they know there is probably petroleum. On the basis of the quantity of bacteria detected in the sample, they can also predict the quantity of petroleum and gas in reserve.

(B) Here, bacteria can be said to have a mysterious bond with petroleum. Petroleum is composed of various organic compounds, of which the majority is a carbon and hydrogen compound called hydrocarbon.

(C) Although petroleum is buried deep, there are always some hydrocarbons coming up to the earth's surface through the gaps in rock formations. Gas components in petroleum can also leak to the surface. Some bacteria feed on petroleum.

① (A) − (C) − (B)   ② (B) − (A) − (C)
③ (B) − (C) − (A)   ④ (C) − (A) − (B)
⑤ (C) − (B) − (A)

[35~38] 주어진 글 다음에 이어질 글의 순서로 가장 적절한 것을 고르시오.

35

Petroleum is the "blood" of industry. But as it is buried deep in the earth, how can we find it? Sometimes, considerable labor, materials, and money are spent without exactly identifying the distribution range of petroleum.

36

Pearl Harbor transformed the nature of Hollywood's social concern, and criticism of government information services in the first half of 1942 led the President to create one unified body, the Office of War Information (OWI), from three existing agencies.

(A) It also encouraged Hollywood to publicise the efforts of the Allies and of resistance groups in Norway, Yugoslavia and elsewhere in occupied Europe. By late 1942 the manual began to have an impact on studio production.

(B) Lowell Mellett, a close friend of and adviser to the President, became head of the Bureau of Motion Pictures, part of the OWI's domestic branch. In the same month, June 1942, the administration issued a *Government Information Manual for the Motion Picture Industry*, a document written by Mellett's appointee Nelson Poynter and his staff.

(C) The manual has been seen as 'the clearest possible statement of New Deal, liberal views on how Hollywood should fight the war'. It stressed that the 'people's war' was not just a fight of self-defense but also a fight for democracy. [3점]

① (A) − (C) − (B) ② (B) − (A) − (C)
③ (B) − (C) − (A) ④ (C) − (A) − (B)
⑤ (C) − (B) − (A)

37

The reproducibility of published results is the backbone of scientific research. Objectivity is crucial for science and requires that observations, experiments and theories be checked independently of their authors before being accepted for publication.

(A) Unfortunately, this is not the case today, as most peer-reviewed journals belong to a few major publishers, who keep scientific articles behind pay-walls.

Since all over the world the majority of research programs are supported by public funds financed by taxpayers, not only researchers, but everyone from everywhere should have access to scientific publications.

(B) Consequently, the set of all scientific publications is the common heritage that researchers have collectively built over centuries, and are constantly developing. Given the constructive and universal nature of science, any researcher should have access, as early and easily as possible, to all scientific publications.

(C) Indeed, a result to be recognized as scientific must be presented and explained in an article which has been reviewed and accepted by peers, i.e., researchers able to understand, verify and, if necessary, correct it. It is only after successful peer review that a new result can be published and belongs to scientific knowledge.

① (A) − (C) − (B) ② (B) − (A) − (C)
③ (B) − (C) − (A) ④ (C) − (A) − (B)
⑤ (C) − (B) − (A)

38

The psychological answers to the question of why we should be bothered with history may seem too obvious to labour.

(A) But, if only because they seem so obvious, these answers can easily be taken for granted, and it's only when we are deprived of our pasts that we realise their importance—if not our actual dependence on them. That is why the examples of deprivation and abnormality recorded by Oliver Sacks and others are so instructive.

(B) From them we can see that a malfunctioning memory, or a complete loss of memory, has crucial implications for our sense of personal identity and therefore our ability to live in society with other people. Our personal histories provide support for our selves and our sanity.

(C) After all, it has become a platitude of history's defenders that the subject is needed as an essential part of education to provide a sense of national identity; and, at the personal level, we are all well enough aware that we have memories that have something to do with who we are, and where we are, and even where we hope to go. [3점]

*sanity: 제정신 **platitude: 상투어

① (A) − (C) − (B)　　② (B) − (A) − (C)
③ (B) − (C) − (A)　　④ (C) − (A) − (B)
⑤ (C) − (B) − (A)

[39~40] 다음 글의 내용을 한 문장으로 요약할 때, 빈칸 (A), (B)에 들어갈 말로 가장 적절한 것을 고르시오.

39

Though it sounds so simple and obvious, people screw this up all the time. When you train, many different factors influence each other and cause the resultant adaptations of the body. The experiences of trainees in gyms around the world for the last century, when combined with research over the last few decades, has enabled us to establish a fairly clear order of importance as to what will and won't give you the most from your training efforts. When you see seemingly conflicting advice —which exercises to do, how heavy to go, how many sets to perform, whether to train to failure, lifting explosively or slowly to 'feel the burn' etc. —you need to decide how important these factors are relative to your goals, and how they will affect the other aspects of your training. By looking at these variables through the lens of a pyramid of importance, you'll save yourself unnecessary confusion. As the classic saying goes, if you want to "fill your cup to the brim" when it comes to your training potential, get your big rocks in place before your pebbles, and your pebbles in place before your sand.

*brim: 가장자리 **pebble: 자갈

↓

As considering __(A)__ factors in training is crucial for maximizing results, a pyramid of importance can help __(B)__ the key elements over seemingly conflicting advice.

	(A)		(B)
①	various	······	prioritize
②	limited	······	prioritize
③	unique	······	generate
④	diverse	······	generate
⑤	powerful	······	characterize

40

Theory and practice are often at odds. Yet there is something particularly strange in the way in which the received theory and the presumed practice of toleration in contemporary societies seem to go their separate ways. Theoretical statements on toleration assume at the same time its necessity in democratic societies, and its impossibility as a coherent ideal. In her introduction to a comprehensive collection on tolerance and intolerance in modern life, Susan Mendus appropriately makes the point that the commitment that liberal societies have to toleration 'may be more difficult and yet more urgent than is usually recognised'. In contrast with the urgency insisted on by the theory, the practice can appear contented: liberal democratic societies seem to have accepted the need for the recognition and accommodation of difference without registering its depth. So much so that 'practical' people often just dismiss such toleration as an excess of permissiveness. The success of 'zero tolerance' as a slogan for a less forgiving society bears witness to the spread of such a mood in public opinion.

*coherent: 통일성 있는.

↓

Theoretically, tolerance is regarded __(A)__ in democratic societies, but in reality, some people frequently overlook it as a(n) __(B)__ of permissiveness.

	(A)		(B)
①	fundamental	······	overflow
②	fundamental	······	lack
③	radical	······	balance
④	customary	······	luxury
⑤	customary	······	shortage

[41~42] 다음 글을 읽고, 물음에 답하시오.

Why do we gesture? Many would say that it brings emphasis, energy and ornamentation to speech (which is assumed to be the core of what is taking place); in short, gesture is an "add-on." However, evidence is against this. The lay view of gesture is that one "talks with one's hands." You can't find a word so you resort to gesture. Marianne Gullberg debunks this ancient idea. As she simply puts it, rather than gesture starting when words stop, gesture stops as well. The reasons we gesture are more profound. Language is _____. While gestures enhance the material carriers of meaning, the core is gesture and speech together. They are bound more tightly than saying the gesture is an "add-on" or "ornament" implies. They are united as a matter of thought itself. Even if, for some reason, the hands are restrained and a gesture is not externalized, the imagery it embodies can still be present, hidden but integrated with speech (it may surface in some other part of the body, the feet for example).

*debunk: (정체를) 폭로하다

41

윗글의 제목으로 가장 적절한 것은?

① The Hidden Power of Language

② Dissociation Between Gesture and Thought

③ Essential Principles of Gestures

④ Can We Measure the Depth of Our Thought?

⑤ Gestures: More Than Supplements

42

윗글의 빈칸에 들어갈 말로 가장 적절한 것은? [3점]

① inseparable from imagery
② emphasized by underlying meaning
③ different from superficial embodiment
④ dependent upon linguistic decoration
⑤ constructed by externalization

[43~45] 다음 글을 읽고, 물음에 답하시오.

(A)

"Dad, are you keeping an eye on the time?" Tom asked. He thought they had to go to the gate now, but (a) his dad seemed careless about the time. "Yes, I am, Tom. Don't worry. We're not going to be late," Dad said, but he had been saying that for at least twenty minutes. Dad was trying to find a duty-free shop with one special brand of watches. When they got there, the place was packed with a multitude of people. It seemed as though everyone in the airport wanted something from this duty-free shop

(B)

However, Dad did not even look at his son. He was talking with a salesman while examining a few watches in front of him. The salesman was very patient and considerate. Finally, Dad chose one, and the salesman said, "I'll wrap this for you then." Dad paid quickly and received the package from (b) him. Finally, the transaction was over. Dad turned to his son and said, "Let's roll." Before even Dad finished his words, Tom was already running.

(C)

They dashed along the passageway like 100-meter racers, and the bag of the package was flying, chasing after them. In the distance, (c) the son saw the gate closing and shouted, "Wait, we are here!" "Wait, please!" the father yelled too, right after his son. The attendant saw them, and they made it by the skin of their teeth. Sitting in his seat, Dad said, "See, I was right!" Tom didn't know what to say, but (d) he simply sighed with relief.

(D)

In the shop, there were many small booths selling different goods, and Dad was again walking around to look for the watch booth. "The plane leaves at four thirty, and the boarding begins thirty minutes earlier, which means we have to be at the gate by four," Tom was calculating in his mind and looked at (e) his watch. It was almost four. They should have been at the gate already. It would take at least ten minutes to reach the gate from where they were. Tom looked at his dad and made a long face.

43

주어진 글 (A)에 이어질 내용을 순서에 맞게 배열한 것으로 가장 적절한 것은?

① (B) − (D) − (C)
② (C) − (B) − (D)
③ (C) − (D) − (B)
④ (D) − (B) − (C)
⑤ (D) − (C) − (B)

44

밑줄 친 (a)~(e) 중에서 가리키는 대상이 나머지 넷과 다른 것은?

① (a)
② (b)
③ (c)
④ (d)
⑤ (e)

45

윗글에 관한 내용으로 적절하지 <u>않은</u> 것은?

① Tom was concerned about his dad's attitude toward time.

② The duty-free shop Tom visited was very crowded.

③ The salesperson provided a patient and considerate service.

④ Tom and his dad successfully went on board.

⑤ Tom was delighted with his dad's shopping.

수학영역

[01~20] 각 문항의 답을 하나만 고르시오.

01

부등식 $\left(\log_{\frac{1}{2}}x-2\right)\log_{\frac{1}{4}}x<4$를 만족시키는 자연수 x의 개수는? [3점]

① 1 ② 3

③ 5 ④ 7

⑤ 9

02

함수 $y=f(x)$의 그래프가 그림과 같다.

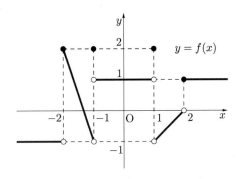

$\displaystyle\lim_{x\to1-}(f\circ f)(x)+\lim_{x\to-\infty}f\left(-2-\frac{1}{x+1}\right)$의 값은?

[3점]

① -4 ② -2

③ 0 ④ 2

⑤ 4

03

〈보기〉에서 옳은 것만을 있는 대로 고른 것은? [3점]

보기

ㄱ. 함수 $y=\tan\dfrac{3\pi}{2}x-\sin2\pi x$의 주기는 2이다.

ㄴ. 함수 $y=2\pi+\cos2\pi x\,\sin\dfrac{4\pi}{3}x$의 주기는 3이다.

ㄷ. 함수 $y=\sin\pi x-\left|\cos\dfrac{3\pi}{2}x\right|$의 주기는 2이다.

---

① ㄱ ② ㄷ

③ ㄱ, ㄴ ④ ㄴ, ㄷ

⑤ ㄱ, ㄴ, ㄷ

04

두 다항함수 $f(x),\,g(x)$가 다음 조건을 만족시킨다.

(가) $\displaystyle\int xf'(x)dx=x^3+3x^2+C$ (단, C는 적분상수)

(나) $\displaystyle g(x)=\int_{-1}^{x}tf(t)dt$

$g'(2)=0$일 때, $f(-2)$의 값은? [3점]

① -30 ② -24

③ -18 ④ -12

⑤ -6

05

두 실수 a, b가 다음 조건을 만족시킬 때, a^3-2b의 값은? [4점]

(가) b는 $-\sqrt{8a}$의 제곱근이다.
(나) $\sqrt[3]{a^2}\,b$는 -16의 세제곱근이다.

① $-2-2\sqrt{2}$ ② -2

③ $4-2\sqrt{2}$ ④ 2

⑤ $2+2\sqrt{2}$

06

$x\geq0$에서 정의된 함수 $f(x)=\dfrac{x^2}{12}+\dfrac{x}{2}+a$에 대하여 $f(x)$의 역함수를 $g(x)$라 하자.

방정식 $f(x)=g(x)$의 근이 b, $2b$ $(b>0)$일 때, $\displaystyle\int_{b}^{2b}\{g(x)-f(x)\}dx$의 값은?

(단, a는 상수이다.) [4점]

① $\dfrac{2}{9}$ ② $\dfrac{1}{3}$

③ $\dfrac{4}{9}$ ④ $\dfrac{5}{9}$

⑤ $\dfrac{2}{3}$

07

3θ는 제1사분면의 각이고 4θ는 제2사분면의 각일 때, θ는 제m사분면 또는 제n사분면의 각이다. $m+n$의 값은? (단, $m\neq n$) [4점]

① 3   ② 4

③ 5   ④ 6

⑤ 7

08

모든 항이 음수인 수열 $\{a_n\}$이

$$\frac{1}{2}\left(a_n-\frac{2}{a_n}\right)=\sqrt{n-1}\ (n\geq1)$$

을 만족시킬 때, $\displaystyle\sum_{n=1}^{99}a_n$의 값의? [4점]

① -20 ② $-10-3\sqrt{11}$

③ $-10-7\sqrt{2}$ ④ $-9-3\sqrt{11}$

⑤ $-9-7\sqrt{2}$

09

실수 전체의 집합에서 연속인 두 함수 $f(x)$, $g(x)$가 다음 조건을 만족시킨다.

> (가) 모든 실수 x에 대하여 $f(x)+f(-x)=1$이다.
> (나) $x^2-x-2 \neq 0$일 때,
> $$g(x)=\frac{2f(x)-7}{x^2-x-2}$$이다.

방정식 $f(x)=k$가 반드시 열린구간 $(0, 2)$에서 적어도 2개의 실근을 갖도록 하는 정수 k의 개수는? [4점]

① 3 　　　　　② 4
③ 5 　　　　　④ 6
⑤ 7

10

함수
$$f(x)=\begin{cases}2(x-2) & (x<2) \\ 4(x-2) & (x \geq 2)\end{cases}$$와 실수 t에 대하여

함수 $g(t)$를 $g(t)=\int_{t-1}^{t+2}|f(x)|dx$라 하자.

$g(t)$가 $t=a$에서 최솟값 b를 가질 때, $a+b$의 값은? [4점]

① 6 　　　　　② 7
③ 8 　　　　　④ 9
⑤ 10

11

두 실수 $a(a>0)$, b에 대하여 수직선 위를 움직이는 점 P의 시각 $t(t \geq 0)$에서의 위치 $x(t)$가
$$x(t)=t^3-6at^2+9a^2t+b$$
일 때, $x(t)$는 다음 조건을 만족시킨다.

> (가) 점 P가 출발한 후 점 P의 운동 방향이 바뀌는 순간의 위치의 차는 32이다.
> (나) 점 P가 출발한 후 점 P의 가속도가 0이 되는 순간의 위치는 36이다.

$b-a$의 값은? [4점]

① 18 　　　　　② 23
③ 28 　　　　　④ 33
⑤ 38

12

함수
$$f(x)=\begin{cases}\dfrac{x^2+ax+b}{x-5} & (x \neq 5) \\ 7 & (x=5)\end{cases}$$
에 대하여 두 함수 $g(x)$, $h(x)$를
$$g(x)=\begin{cases}\sqrt{4-f(x)} & (x<1) \\ f(x) & (x \geq 1)\end{cases},$$
$$h(x)=|\{f(x)\}^2+a|-11$$
이라 하자. 함수 $f(x)$가 실수 전체의 집합에서 연속일 때, 함수 $g(x)h(x)$도 실수 전체의 집합에서 연속이 되도록 하는 모든 실수 a의 값의 곱은? (단, a, b는 상수이다.) [4점]

① -34 　　　　　② -36
③ -38 　　　　　④ -40
⑤ -42

13

삼각형 ABC가 다음 조건을 만족시킨다.

> (가) $\cos^2 A + \cos^2 B - \cos^2 C = 1$
> (나) $2\sqrt{2}\cos A + 2\cos B + \sqrt{2}\cos C = 2\sqrt{3}$

삼각형 ABC의 외접원의 반지름의 길이가 3일 때, 삼각형 ABC의 넓이는? [4점]

① $4\sqrt{3}$ 　　　　② $5\sqrt{2}$

③ $6\sqrt{2}$ 　　　　④ $5\sqrt{3}$

⑤ $6\sqrt{3}$

14

최고차항의 계수가 양수인 다항함수 $f(x)$와 $f(x)$의 한 부정적분 $F(x)$가 다음 조건을 만족시킨다.

> (가) $\displaystyle\lim_{x \to \infty} \frac{\{F(x)-x^2\}\{f(x)-2x\}}{x^5} = 3$
> (나) $\displaystyle\lim_{x \to 0} \frac{f(x)-2}{x} = 2$
> (다) $f(0)F(0) = 4$

곡선 $y = F(x) - f(x)$와 x축으로 둘러싸인 도형의 넓이는? [4점]

① $\dfrac{1}{3}$ 　　　　② $\dfrac{2}{3}$

③ 1 　　　　④ $\dfrac{4}{3}$

⑤ $\dfrac{5}{3}$

15

모든 항이 양수인 수열 $\{a_n\}$이 다음 조건을 만족시킨다.

> (가) $a_2 = \pi$
> (나) $7a_n - 5a_{n+1} > 0 \ (n \geq 1)$
> (다) $2\sin^2\left(\dfrac{a_{n+1}}{a_n}\right) - 5\sin\left(\dfrac{\pi}{2} + \dfrac{a_{n+1}}{a_n}\right) + 1$
> $\qquad = 0 \ (n \geq 1)$

$\dfrac{(a_4)^5}{(a_6)^3}$의 값은? [4점]

① 4 　　　　② 9

③ 16 　　　　④ 25

⑤ 36

16

$0 \leq x \leq 1$인 모든 실수 x에 대하여 부등식

$2ax^3 - 3(a+1)x^2 + 6x \leq 1$

이 성립할 때, 양수 a의 최솟값은? [4점]

① $\dfrac{11+\sqrt{5}}{6}$ 　　② $\dfrac{5+\sqrt{5}}{3}$

③ $\dfrac{3+\sqrt{5}}{2}$ 　　④ $\dfrac{4+2\sqrt{5}}{3}$

⑤ $\dfrac{7+5\sqrt{5}}{6}$

17

두 실수 a, b가 다음 조건을 만족시킬 때, $a+b+c+d$

의 값은? [5점]

> (가) $\lim\limits_{x \to \infty}(\sqrt{(a-b)x^2+ax}-x)=c$ (c는 상수)
> (나) $\lim\limits_{x \to -\infty}(ax-b-\sqrt{-(b+1)x^2-4x})$
> 　　　$=d$ (d는 상수)

① $-\dfrac{5}{2}$ 　　② -3

③ $-\dfrac{7}{2}$ 　　④ -4

⑤ $-\dfrac{9}{2}$

18

모든 자연수 n에 대하여 세 점 $(n-1,\ 1)$, $(n,\ 0)$, $(n,\ 1)$을 꼭짓점으로 하는 삼각형을 T_n, 직선 $y=\dfrac{x}{n}$가 직선 $y=1$과 만나는 점을 A_n, 점 A_n에서 x축에 내린 수선의 발을 B_n이라 할 때, 삼각형 $T_1, T_2, \cdots, T_n$의 내부와 삼각형 OA_nB_n의 내부의 공통부분의 넓이를 a_n이라 하자. 예를 들어, 그림과 같이 a_3은 세 감각형 T_1, T_2, T_3의 내부와 삼각형 OA_3B_3의 내부의 공통부분의 넓이를 나타내고 $a_3=\dfrac{7}{12}$이다. a_{50}의 값은? (단, O는 원점이다.) [5점]

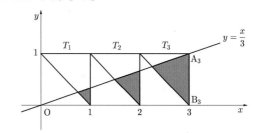

① $\dfrac{49}{6}$ 　　② $\dfrac{101}{12}$

③ $\dfrac{26}{3}$ 　　④ $\dfrac{107}{12}$

⑤ $\dfrac{55}{6}$

19

실수 $t(2<t<8)$에 대하여 이차함수
$f(x)=(x-2)^2$ 위의 점 $P(t, f(t))$에서의 접선이
x축과 만나는 점을 Q라 하자.
직선 $y=2(t-2)(x-5)$ 위의 한 점 R를 $\overline{PR}=\overline{QR}$
가 되도록 잡는다. 삼각형 PQR의 넓이를 $S(t)$라 할
때, $\lim\limits_{t \to 2+} \dfrac{S(t)}{(t-2)^2}$의 값은? [5점]

① $\dfrac{3}{2}$ ② 2

③ $\dfrac{5}{2}$ ④ 3

⑤ $\dfrac{7}{2}$

20

$0 \le x < 2\pi$일 때, 함수
$f(x)=2\cos^2 x-|1+2\sin x|-2|\sin x|+2$에 대
하여 집합 $A=\{x \mid f(x)$의 값은 0 이하의 정수$\}$라 하
자. 집합 A의 원소의 개수는? [5점]

① 6   ② 7

③ 8   ④ 9

⑤ 10

[21~25] 각 문항의 답을 답안지에 기재하시오.

21

최고차항의 계수가 1인 삼차함수 $f(x)$에 대하여 함수
$g(x)$를

$$g(x)=\begin{cases} f(x) & (x<1) \\ -f(x) & (x \ge 1) \end{cases}$$

이라 하자. 함수 $g(x)$가 실수 전체의 집합에서 미분가
능하고 $x=-1$에서 극값을 가질 때, 함수 $f(x)$의 극
댓값을 구하시오. [3점]

22

다항함수 $f(x)$가 다음 조건을 만족시킬 때, $f(1)$의 값
을 구하시오. [4점]

> (가) 모든 실수 x에 대하여 $2f(x)-(x+2)f'(x)-$
> $8=0$이다.
> (나) x의 값이 -3에서 0까지 변할 때, 함수 $f(x)$의 평균
>   변화율은 3이다.

23

방정식 $3^x + 3^{-x} - 2(\sqrt{3^x} + \sqrt{3^{-x}}) - |k-2| + 7 = 0$ 이 실근을 갖지 <u>않도록</u> 하는 정수 k의 개수를 구하시오. [4점]

24

수열 $\{a_n\}$과 공차가 2인 등차수열 $\{b_n\}$이

$$n(n+1)b_n = \sum_{k=1}^{n} (n-k+1)a_k \ (n \geq 1)$$

을 만족시킨다. $a_5 = 58$일 때, a_{10}의 값을 구하시오.

[4점]

25

두 함수 $y = 4^x$, $y = \dfrac{1}{2^a} \times 4^x - a$의 그래프와 두 직선 $y = -2x - \log b$, $y = -2x + \log c$로 둘러싸인 도형의 넓이가 3이 되도록 하는 자연수 a, b, c의 모든 순서쌍 (a, b, c)의 개수를 구하시오. [5점]

There is nothing like a dream to create the future.
미래를 창조하기 위해서 꿈만 한 것은 없다.

– 빅토르 위고(Victor Hugo)

2026 경찰대학 기출백서

2023학년도
기출문제

제1교시   국어영역

제2교시   영어영역

제3교시   수학영역

[01~05] 다음 글을 읽고 물음에 답하시오.

현대 사회와 문명의 발전을 대표하는 요인으로 과학과 민주주의를 들 수 있다. 그러나 이 요인들이 위기에 봉착하지 않는 것은 아니다. 과학은 환경 위기의 재앙을 낳았고 민주주의는 전체주의로 퇴행할 위험이 상존한다. 칼 포퍼는 '반증주의'로 이러한 위기에 대응하고자 한다.

우선 그는 **과학 이론**이 논리적으로 모순이 없다고 해도 반드시 경험적 적용을 통해 타당성을 검증해야 한다고 본다. 이론들은 자연에 대해 이런저런 설명을 시도하지만 항상 오류 가능성을 포함하고 있다. 이때 경험적 적용은 이론의 예외가 되는 반증 사실이 있는지에 대해 검증하는 것으로서 만약 반증이 성립하면 그 이론은 수정되거나 폐기될 수밖에 없다. 반증은 과학 이론에 대해 지속적인 비판이 이루어진다는 것을 의미한다. 그러하기에 모든 과학 이론은 완전하지 않으며 반증 가능성을 통해 개선되거나 폐기된다.

그러나 모든 이론의 가설이 동일한 정도로 반증 가능성이 있는 것은 아니다. 예컨대 "검은 백조는 없다."라는 가설은 "여기 검은 백조가 있다."라는 경험적 적용을 통해 반증되지만, "모든 백조는 희다."라는 가설은 여러 색깔의 백조가 있을 가능성까지 배제하기 때문에 더 많은 반증이 필요하다. 이런 관점에서 좋은 이론은 반증 가능성이 큰 대담한 내용을 내포함에도 쉽게 무너지지 않는 이론으로 볼 수 있다. 포퍼는 자연의 진화처럼 과학 이론 역시 끊임없는 반증과 오류 제거를 통해 점진적으로 발전한다고 본다.

포퍼는 정치 역시 반증 가능성이 발전의 조건이 된다고 본다. 그는 현대 사회가 민주주의 사회로 발전했지만 다수결에 의해 폭군과 독재자가 통치하도록 결정될 수 있다는 역설을 배제할 수 없다고 본다. 민주주의 사회는 '열린 사회'지만 그렇다고 해서 '닫힌 사회'로 퇴보할 가능성이 없어진 것은 아니라는 것이다. 그가 보기에 닫힌 사회는 주술적이다. 통치자가 어떤 반박도 허용하지 않는 ㉠주술적 가치를 통해 지배하기 때문이다. 열린 사회를 구성하는 합리주의는 자신의 한계를 인식하고, 범할 수 있는 오류를 인정하기에 다른 의견을 경청하는 지적 겸손의 태도를 지니는 반면, 닫힌 사회의 독단주의는 소수의 폐쇄된 집단만 사태를 정확히 인식한다고 전제하는 지적 오만을 드러낸다.

그리하여 포퍼는 역사가 어떤 일반적 법칙에 따라 정해진 목적을 향해 발전해 간다는 역사주의를 비판한다. 그에게 역사주의란 전체론, 역사적 법칙론, 그리고 유토피아주의를 합쳐놓은 사상이다. 먼저 그는 전체 자체를 인식할 수 있다는 전체론이 오류라고 지적한다. 예컨대 국가를 구성원들 간의 단순한 집합 이상의 것이라고 한다면, 구성원 개개인을 넘어서는 국가 전체의 정신이나 논리를 전제할 수밖에 없다. 이런 관점에서는 국민이 희생되어도 국가 전체에 대한 지식을 소유한 소수 집단에게 국가 운영을 맡겨야 한다는 전체주의가 ⓐ싹트게 된다. 그래서 그는 단편적 지식만 아는 다수가 자신이 아는 지식을 자유롭게 교환하면서 국가의 미래를 논의하는 것이 전체주의보다 낫다고 본다.

다음으로 그는 역사적 법칙이 미래를 확실히 예측하는 수단인 것 같지만 실제로 이러한 예측은 불가능하며 오히려 그 법칙이 독단이 되어 국민을 억압하게 된다고 역사적 법칙론을 비판한다. 예를 들어 공산주의는 유물론의 법칙에 따라 국가가 모순이 완전히 해결된 공산사회로 나아갈 것이라고 보았지만, 그것은 닫힌 사회로의 퇴행일 뿐이다. 포퍼는 인간의 역사를 독단적인 법칙에 따라 예언할 수 없으며, 자연의 진화처럼 사회도 시행착오와 오류 제거를 통해 변화한다고 본다.

마지막으로 유토피아주의는 불변적이고 절대적인 이상 사회에 대한 믿음을 뜻하는데, 이는 독단의 법칙에 의해 뒷받침된다. 미래에 실현될 최종 유토피아가 완전하면 할수록 현재의 세계는 더욱 극복해야 할 부정적 대상이 된다. 포퍼는 열린 사회에서는 유토피아처럼 궁극적인 최종 목적이 아니라 현재 문제를 점진적으로 해결하려는 합리적 과정을 통해 설정된 단기적 목적을 이루는 것이 더 중요하다고 본다. 미래가 어떨지는 누구도 알 수 없고, 그것을 주장하는 사람은 마법사일 뿐이라는 것이다. 이런 관점에서 그는 '누가 통치해야 하는가' 대신, ㉡'사악하거나 무능한 지배자들이 심한 해악을 끼치지 않도록 어떻게 정치 제도를 만들 것인가'를 질문해야 한다고 역설한다.

01

윗글에 따를 때, '과학 이론'에 대한 설명으로 적절하지 <u>않은</u> 것은?

① 반증 가능성의 정도가 각기 다를 수 있다.
② 오류 제거를 통해 점진적으로 발전할 수 있다.
③ 가치 있는 이론은 반증을 잘 견디는 성질이 있다.
④ 경험적 적용은 이론을 이상적으로 만드는 방안이다.
⑤ 이론에 논리적 모순이 없더라도 타당성이 없을 수 있다.

02

㉠에 대한 설명으로 적절하지 <u>않은</u> 것은?

① 비판과 검증을 허용하지 않는 가치이다.
② 열린 사회에서는 배척되어야 하는 가치이다.
③ 사회를 무오류의 상태로 바꾸려는 가치이다.
④ 미래가 어떻게 될지 확신할 수 있는 가치이다.
⑤ 다수결에 따를 때는 나타날 수 없는 가치이다.

03

㉡에 대한 답변으로 적절하지 <u>않은</u> 것은?

① 단편적인 지식을 가진 개인들의 의견을 모으게 하는 제도가 필요하다.
② 소수 집단이라 해도 자신의 의견을 자유롭게 개진하게 하는 제도가 필요하다.
③ 치열한 토론과 자유로운 의사 결정이 침해되지 않게 하는 제도가 필요하다.
④ 단기적 목적을 세워 문제를 합리적으로 해결하게 하는 제도가 필요하다.
⑤ 시행착오로 인한 희생이 있어도 이상적 미래를 구현하게 하는 제도가 필요하다.

04

ⓐ와 의미가 통하는 한자어로 가장 적절한 것은?

① 태동(胎動)　　　② 준동(蠢動)
③ 활동(活動)　　　④ 가동(可動)
⑤ 약동(躍動)

05

〈보기〉의 견해에 대해 칼 포퍼 가 제기할 만한 반론으로 가장 적절한 것은? [3점]

――― 보기 ―――

어떤 시각 장애인이 코끼리 다리를 만지고 "코끼리는 원기둥 모양이다."라는 가설을 세웠다고 하자. 이후 많은 시각 장애인이 똑같이 그렇게 하여 같은 결론을 내린다면, 그 가설은 반증이 소용없다는 것을 뜻하는 것이 아닌가? 오히려 "우리가 만진 것은 코끼리 전체가 아닌 일부분이 아닐까?"라고 생각의 틀 자체를 바꾸는 발상이 필요하다. 과학의 발전은 한 이론적 틀에서 다른 틀로 급격히 전환되는 과정을 거쳐야만 이루어진다. 정치 역시 마찬가지다. 당면한 문제에 대한 방안은 치열한 토론으로 마련할 수도 있지만, 그것으로는 작은 과제들만 겨우 해결할 수 있다. 현대 정치가 부딪친 문제들은 작은 과제들이 아닌 전반적인 사회 구조에 의해 생기며, 따라서 정치는 사회 구조가 혁명적 과정을 통해 변해야만 발전할 수 있다.

① 과학의 이론적 틀은 하나여서 결코 바뀌지 않으며, 모든 정치적 문제는 작은 문제부터 해결하는 것이 출발점이 되어야 한다.
② 많은 반증이 제시된다고 해서 과학의 이론적 틀이 무너지는 것은 아니며, 사회 구조가 급격히 바뀐다고 해서 정치가 발전하는 것도 아니다.
③ 이전의 과학적 틀에 따른 가설들이 새로운 가설로 바뀌는 과정은 급격하며, 정치적 문제를 해결하는 방안들도 혁명 후에는 급격하게 바뀔 것이다.
④ 과학의 이론적 틀이 바뀌어도 반증을 통한 검증은 여전히 필요하며, 혁명적 과정에서 나타날 수 있는 정치적 독단은 문제 해결을 오히려 저해할 수 있다.
⑤ 과학의 이론적 틀은 여럿이기 때문에 어떤 틀을 택하는지가 중요하며, 정치적 문제의 해결책도 여럿이기 때문에 어떤 해결책을 택하는지가 중요하다.

[06~10] 다음 글을 읽고 물음에 답하시오.

(가)
알록조개에 입맞추며 자랐나
눈이 바다처럼 푸를 뿐더러 까무스레한 네 얼굴
가시내야
나는 발을 얼구며
무쇠다리를 건너온 함경도 사내

바람소리도 호개*도 인전 무섭지 않다만
어두운 등불 밑 안개처럼 자욱한 시름을 달게 마시련다만
어디서 흥참한 기별이 뛰어들 것만 같애
두터운 벽도 이웃도 못 미더운 북간도 술막

온갖 방자의 말을 품고 왔다
눈포래를 뚫고 왔다
가시내야
너의 가슴 그늘진 숲속을 기어간 오솔길을 나는 ㉠헤매이자
술을 부어 남실남실 술을 따루어
가난한 이야기에 고히 잠거다오

네 두만강을 건너왔다는 석 달 전이면
단풍이 물들어 천리 천리 또 천리 산마다 불탔을 겐데
그래두 외로워서 슬퍼서 초마폭으로 얼굴을 가렸더냐
두 낮 두 밤을 두리미처럼 울어 울어
불술기* 구름 속을 달리는 양 유리창이 흐리더냐

차알삭 부서지는 파도소리에 취한 듯
때로 싸늘한 웃음이 소리 없이 새기는 보조개
가시내야
울 듯 울 듯 울지 않는 전라도 가시내야
두어 마디 너의 사투리로 때아닌 봄을 불러 줄게
손때 수집은 분홍 댕기 휘 휘 날리며
잠깐 너의 나라로 돌아가거라

이윽고 얼음길이 밝으면
나는 눈포래 휘감아치는 벌판에 우줄우줄 나설 게다
노래도 없이 사라질 게다
자욱도 없이 사라질 게다
　　　　　　　　　　　　　　– 이용악, 「전라도 가시내」

*호개: '승냥이'의 방언
*불술기: '기차'의 방언

(나)
조국(祖國)을 언제 떠났노,
파초(芭蕉)의 꿈은 가련하다.

남국(南國)을 향한 불타는 향수(鄕愁),
너의 넋은 수녀(修女)보다도 더욱 외롭구나.

소낙비를 그리는 너는 정열(情熱)의 여인(女人),
나는 샘물을 길어 네 발등에 붓는다.

이제 밤이 차다,
나는 또 너를 내 머리맡에 있게 하마.

나는 즐겨 너를 위해 종이 되리니,
네의 그 드리운 치마자락으로 우리의 겨울을 ㉡가리우자.
　　　　　　　　　　　　　　– 김동명, 「파초」

06

(가), (나)의 공통점으로 가장 적절한 것은?

① 대상을 의인화하여 동적인 이미지를 구현한다.
② 독백적 어조로 자신의 상황을 반성적으로 성찰한다.
③ 장면을 시간순으로 배열하여 서사적 맥락을 형성한다.
④ 반어의 수사적 표현으로 대상의 부정적 면모를 부각한다.
⑤ 대상의 과거 상황을 상상하여 대상의 현재 처지를 이해한다.

07

(가), (나)의 화자가 시적 대상에 대해 가지고 있는 태도로 가장 적절한 것은?

① (가), (나) : 관조적 태도
② (가), (나) : 공감적 태도
③ (가), (나) : 반성적 태도
④ (가) : 풍자적 태도, (나) : 숭배적 태도
⑤ (가) : 비관적 태도, (나) : 낙관적 태도

08

 가시내 에 대한 이해로 적절하지 <u>않은</u> 것은?

① 고향을 그리워하고 있다.

② 가을 무렵 두만강을 건넜다.

③ 봄이 오면 술막을 떠날 예정이다.

④ 자신의 처지에 냉소적이기도 하다.

⑤ 먼 길을 떠나 현재의 장소에 오게 되었다.

09

맥락에 따라 시어 불타는 을 읽은 내용으로 적절하지 <u>않은</u> 것은? [3점]

① '불타는'과 '정열(情熱)'은 모두 뜨거움의 의미를 갖는데 이는 '남국'의 특성이므로, '너'가 '남국'을 그리워하는 까닭을 알 수 있군.

② 뜨거움을 뜻하는 '불타는'이 '밤이 차다', '우리의 겨울'과 대립적이므로, '너'는 '밤'과 '겨울'에 저항하는 능동적인 존재임을 알 수 있군.

③ '향수(鄕愁)'를 '불타는' 것으로 설정한 데서 갈증이 연상되는데 '샘물'은 이를 해소해 줄 수 있으니, '너'가 '나'를 필요로 하는 까닭을 알 수 있군.

④ '불타는'은 '향수(鄕愁)'를 낮게 하기 위한 수단이 '소낙비'임을 암시하므로, '샘물'을 발등에 붓는 '나'의 행동이 '너'에 대한 배려를 뜻함을 알 수 있군.

⑤ '불타는'의 '불'은 '정열(情熱)'과 함께 상승적 이미지를 갖는데 이는 긍정적 가치로 볼 수 있으므로, '너'라는 시적 대상이 긍정적인 가치를 갖는 존재임을 알 수 있군.

10

㉠, ㉡에 대한 설명으로 가장 적절한 것은?

① ㉠의 행위 주체는 화자이지만, ㉡의 행위 주체는 청자이다.

② 화자와 청자의 심리적 거리는 ㉠의 행위로는 멀어지지만, ㉡의 행위로는 가까워진다.

③ ㉠, ㉡ 모두 청자에게 행위의 동참을 요구하고 있다.

④ ㉠, ㉡ 모두 불확실한 미래에 대한 걱정을 바탕으로 한다.

⑤ ㉠, ㉡ 모두 행위가 실현되면 현실의 고난에서 벗어날 수 있다는 믿음이 담겨 있다.

[11~15] 다음 글을 읽고 물음에 답하시오.

여기에는 여러 가지 이유가 있는 것이다. 그러나 ㉠이러한 사실도 그중의 중요한 원인들이 되었을 것이다. ―조선 사람은 외국인에게 대해서 아무것도 보여 준 것은 없으나, 다만 날만 새면 자릿속에서부터 담배를 피워 문다는 것, 아침부터 술집이 번창한다는 것, 부모를 쳐들어서 내가 네 애비니 네가 내 손자니 하며 농지거리로 세월을 보낸다는 것, 겨우 입을 떼어 놓은 어린애가 엇먹는 말부터 배운다는 것, 주먹 없는 입씨름에 밤을 새고 이튿날에는 대낮에야 일어난다는 것…… 그 대신에 과학지식이라고는 소댕 뚜껑이 무거워야 밥이 잘 무른다는 것조차 모른다는 것을, ㉡외국 사람에게 실물로 교육을 하였다는 것이다. 하기 때문에 그들이 조선에 오래 있다는 것은 그들이 우리를 경멸할 수 있는 사실을 골고루 보고 많이 안다는 의미밖에 아니 되는 것이다.

"담바구야 담바구야…… 노이구곤 오데기루네……."

입을 이상하게 뾰족이 내밀었다 오므렸다 하고, 젓가락으로 화롯전을 두들겨 가며 장단을 맞춰서 콧노래를 하다가 뚝 그치더니,

"얘가 제일 잘 해요. 우리는 온 지가 삼사 년밖에 아니 되었지만……."

하며 병병히 앉았는 화롯불 가져온 아이 를 가리킨다.

"응! 그래? 너는 얼마나 있었길래?"

말담도 별로 없이 조용히 앉았는 것이 어디로 보아도 건너온 지 얼마 안 되는 숫보기로만 생각하였던 것이, 조선 소리를 잘 한다니 조선애가 아닌가도 싶다.

"예서 아주 자라났답니다. 제 어머니가 조선 사람인데요."

하며 담바고타령을 하던 계집애가 이때까지 하고 싶던 이야기를 겨우 하게 되었다는 듯이 입이 재게 즉시 대답하고 나서,

"그렇지!"

하며 당자에게 얼굴을 들이댄다. 그 소리가 너무도 커닿기 때문에 조소하는 것같이 들리었다. 일인 애비와 조선인 에미를 가졌다는 계집애는 히스테리컬하게 얼굴

이 주홍빛이 되고 눈초리가 샐룩하여졌다. 어쩐지 조선 사람 어머니를 가진 것이 앞이 굽는다는 모양이다.

"정말 그래? 그럼 어머니는 어디 있기에?"

나는 호기심이 생겨서 물었다.

"대구에 있에요."

고개를 숙이고 앉았다가 간신히 쳐들면서 대답을 한다.

"그래 어째 여기 와서 있니? 소식은 듣니?"

왜 여기까지 와서 있느냐고 묻는 것은 우스운 수작이지만 나는 정색으로 이렇게 물었다.

그 계집애는 생글생글하며 나를 쳐다보더니,

"글쎄 그러지 않아두 누가 대구 가시는 이나 있으면 좀 부탁을 해서 알아보고 싶어두 그것도 안 되구……천생 언문으로 편지를 쓸 줄 알아야죠."

하며 이번에는 자기 신세를 조소하듯이 마음 놓고 커닿게 웃는다.

"그럼 아버지하군 지금 헤져서 사는 모양이구나?"

"그야 벌써 헤졌죠. 내가 열 살 적인가, 아홉 살 적에 장기(長崎)로 갔답니다."

"그래 그 후에는 소식은 있니?"

"한참 동안은 있었는데 지금은 어떻게 되었는지……? 하지만 이 설이나 쇠고 나건 찾아가 볼 테에요."

하며 흑흑 느끼듯이 또 한 번 어색하게 웃는다. 그 웃음은 어느 때든지 자기의 기이한 운명을 스스로 조소하면서도 하는 수 없다는 단념에서 나오는, 말하자면 큰일을 저지르고 하도 깃구멍이 막혀서 나오는 웃음 같았다.

"아무리 조선 사람이라두 길러낸 어머니가 정다울 테지? 너의 아버지란 사람이 어떤 사람인지는 모르겠다마는, 지금 찾아간대야 그리 반가워는 아니 할걸?"

조선 사람 어머니에게 길리어 자라면서도 조선말보다는 일본말을 하고, 조선옷보다는 일본옷을 입고, 딸자식으로 태어났으면서도 조선 사람인 어머니보다는 일본 사람인 아버지를 찾아가겠다는 것은, 부모에 대한 자식의 정리를 지나서 ⓒ어떠한 이해관계나 일종의 추세라는 타산이 앞을 서기 때문에 이별한 지가 벌써 칠팔 년이나 된다는 애비를 정처도 없이 찾아간다는 것이라고 생각할 제, 이 계집애의 팔자가 가엾은 것보다도 ⓔ그 에미가 한층 더 가엾다고 생각지 않을 수 없었다.

(중략)

젊은 사람들의 얼굴까지 시든 배춧잎 같고 주눅이 들어서 멀거니 앉았거나, 그렇지 않으면 빌붙는 듯한 천한 웃음이나 '헤에' 하고 싱겁게 웃는 그 표정을 보면 가엾기도 하고, 분이 치밀어 올라와서 소리라도 버럭 질렀

으면 시원할 것 같다.

┌ '이게 산다는 꼴인가? 모두 뒈져 버려라!'
(가) 찻간 안으로 들어오며 나는 혼자 속으로 외쳤다.
└ '무덤이다! 구더기가 끓는 무덤이다!'

나는 모자를 벗어서 앉았던 자리 위에 던지고 난로 앞으로 가서 몸을 녹이며 섰었다. 난로는 꽤 달았다. 뱀의 혀 같은 빨간 불길이 난로 문틈으로 날름날름 내다보인다. 찻간 안의 공기는 담배 연기와 석탄재의 먼지로 흐릿하면서도 쌀쌀하다. ⓜ우중충한 남폿불은 웅크리고 자는 사람들의 머리 위를 지키는 것 같으나 묵직하고도 고요한 압력으로 지그시 내리누르는 것 같다.

– 염상섭, 「만세전」

11

윗글의 서술 방식으로 가장 적절한 것은?

① 인과 관계가 약한 사건들을 병치하여 우연성을 강조하고 있다.

② 서술자는 이야기 속 이야기를 통해 인물의 과거를 소개하고 있다.

③ 상징적 소재를 통해 중심 갈등이 해소되는 과정을 서술하고 있다.

④ 인물의 내적 독백을 통해 인물들의 긍정적인 면모를 부각하고 있다.

⑤ 등장인물인 서술자가 다른 인물들을 관찰하며 논평하고 있다.

12

(가)에 드러난 태도로 가장 적절한 것은? [3점]

① 실의에 빠진 대상을 포용하면서도 절망적인 상황에 좌절하는 태도

② 어떤 기대도 더 이상 할 수 없는 대상을 일방적으로 저주하는 태도

③ 한심한 모습의 대상에 대한 안타까움과 분노를 같이 드러내는 태도

④ 큰 소리로 말하고 싶지만 대상이 잘 받아들이지 않을 것을 염려하는 태도

⑤ 무기력한 대상을 구원하려던 시도가 좌절되었을 때의 실망한 태도

13

화롯불 가져온 아이 에 대한 설명으로 적절하지 않은 것은?

① 조선에서 태어나고 자랐다.
② 자신이 혼혈인 것이 드러나는 것을 꺼린다.
③ 자신을 얕보는 동료에게 무례한 행위를 한다.
④ 어머니와 헤어진 상태이다.
⑤ 한글로 편지를 쓸 줄 모른다.

14

㉠~㉤의 문맥적 의미를 해석한 것으로 적절하지 않은 것은?

① ㉠: 조선인들이 일본인에게 천대를 받는 것은 조선인들에게 원인이 있다는 사실
② ㉡: 외국 사람에게 조선인들이 실제 물건들을 사용하여 교육하는 것
③ ㉢: 일본인 아버지에게 기대어 사는 것이 더 이롭다는 계산
④ ㉣: 그 어머니는 남편과 딸에게 모두 버림받았기 때문에 더 가엾다고 생각함
⑤ ㉤: 무덤 같은 찻간의 분위기를 더욱 무겁게 만드는 흐리고 침침한 램프 불빛

15

〈보기〉를 참조하여 윗글에 드러난 '나'의 생각을 비판한 것으로 가장 적절한 것은?

──── 보기 ────

「만세전」의 제목에 쓰인 '만세'는 3·1운동을 가리킨다. 이 작품은 3·1운동 직전인 1918년 12월 일본 동경에서 식민지 수도 서울로의 여행을 통해 일본에서 유학하던 주인공이 본 당시 식민지 조선의 상황을 그려내고 있다. 그 다음 해에 일어난 3·1운동은 일제강점기가 시작된 이후 펼쳐진 조선총독부의 억압적인 무단통치에 온 민족이 들고일어나 독립 만세를 외친 역사적 사건이다. 이 운동을 통해 우리 민족은 일제가 아니라 우리가 우리의 운명을 결정한다는 자주성을 높이 드러내었다.

① '나'는 무덤 같은 환경에 지배받았던 당시 조선인들의 삶을 그들이 자주적으로 선택한 삶이라 보고 있어.
② 일제 총독부의 무단통치가 낳은 폐해를 목격하면서도 '나'는 일본에 기대어야 한다는 생각을 벗어나지 못한 거야.
③ '나'는 구습에 젖은 당시 조선인들에게서도 희망을 발견하려는 자신이 우월하다는 생각에 갇혀 있어.
④ 당시 조선인들을 무덤 속 구더기로 보는 '나'의 관점으로는 조선에서 왜 자주적인 만세 운동이 일어났는지 이해할 수 없을 거야.
⑤ 시대에 뒤떨어졌다고 해서 조선인들을 경멸하는 것은 일본인들의 잘못이기에 '나'는 일본인들이 잘못을 깨달으면 상황이 나아질 것이라고만 보고 있어.

[16~19] 다음 글을 읽고 물음에 답하시오.

생물학에서 유전 물질 간의 전이는 DNA가 전사를 통해 RNA가 되며 이 RNA가 번역을 통해 단백질을 형성하는 과정을 거친다. 이 과정의 마지막 단계에서 형성된 단백질은 세포나 조직의 구조를 이루거나, 기능상 혹은 조절상 중요한 역할을 한다. 그 때문에 적절한 시점에 정상적으로 단백질이 발현되지 않으면 질병으로 이어지게 된다. 근본적인 유전 물질인 DNA의 변이가 질병의 원인일 경우 RNA와 단백질에도 문제가 생기게 되므로 유전자의 변이를 고칠 수 있다면 단백질 이상 발현이 생길 가능성이 현저히 줄어들 것이다. 이처럼 근본적인 원인이 되는 비정상 유전자를 고치는 것을 유전자 치료라고 하는데, 그중 현재 가장 발전한 것이 ㉠3세대 유전자 가위, 크리스퍼 시스템이다.
세균과 고세균에서만 발견되는 특이한 반복서열을 사용하였다고 하여 이름 붙여진 크리스퍼 시스템은 면역 반응을 이용하여 바이러스 유전체의 염기서열을 조작하는 유전자 치료 방법으로, 2012년 엠마뉴엘 샤펜티어 교수와 제니퍼 다우드나 교수 연구팀에 의해 제안되었다. 이 시스템은 기술적으로 비교적 다루기 쉽고 비용이 적게 든다는 장점이 있어 〈사이언스〉에서 가장 혁신적인 기술로 선정되기도 했다. 앞서 2000년대 초반 징크핑거 뉴클레아제가 1세대 유전자 가위로 등장했고 이후 2세

대 유전자 가위로 탈렌이 등장한 바 있었으나, 기술적으로 다루기 어렵고 비용이 많이 든다는 단점이 있었다.

자연계에는 세균의 후천성 면역 작동 기제의 한 종류로 크리스퍼 시스템이 존재한다. 1987년 일본에서 박테리아의 유전체 분석 과정 중에 특이하게 반복되는 서열이 발견되었다. 이 서열은 일정한 간격(스페이서)을 두고 반복되었는데, 당시로는 그것이 갖는 중요성이 충분히 인지되지 못했다. 2000년대 초반에 염기서열 분석 기술이 비약적으로 발전하자 저렴한 가격으로 더 빠르게 유전체 분석을 할 수 있게 되었고, 지난 10여 년 동안 잊혔던 반복서열이 주목받기에 이르렀다. 2002년에 세균과 고세균에서만 발견되던 이 반복서열은 크리스퍼(CRISPR)라고 명명되었다. 크리스퍼 근처에 자리잡고 있으면서 그 기능에 중요한 역할을 할 것이라고 예상되는 유전자도 발견되었으며, 이 유전자는 카스(Cas: CRISPR associated protein)라고 이름 붙여졌다.

이렇게 세균에서 구조적인 특징이 발견되자, 연구자들은 이 시스템의 기능 연구에 몰두하게 되었는데 2005년에 스페이서 서열이 세균을 숙주로 하는 바이러스의 유전체와 일부 동일하다는 여러 논문이 나왔다. 이 사실을 바탕으로 크리스퍼 시스템은 적응 면역과 관련 있을 가능성이 제시되었으며, 2007년 실험적으로 증명되어 〈사이언스〉에 발표되었다. 이 연구에서 크리스퍼 시스템은 다음과 같이 정리되었다. 우선 세균 내에서 크리스퍼의 반복서열을 인식하는 트랜스활성화RNA와, 스페이서 서열과 반복서열을 포함한 크리스퍼RNA를 만든다. 만약 이전에 감염된 적이 있는 바이러스의 유전체 서열 정보가 스페이서 서열에 포함되어 있다면, 다시 그 바이러스가 침입한 경우 이를 크리스퍼RNA가 인식하고, 이 반응에 맞춰 트랜스활성화RNA와 카스 단백질은 바이러스의 유전체를 공격해 절단한다. 또한 2012년에는 앞에서 언급한 엠마뉴엘 샤펜티어 교수와 제니퍼 다우드나 교수의 연구를 통해 세균 내에 따로 존재하는 트랜스활성화RNA와 크리스퍼RNA를 하나로 이어 만든 가이드RNA에 카스 단백질을 넣으면 세균의 크리스퍼 시스템의 모사가 가능하다는 사실이 밝혀지기도 했다. 또한 세균 내 스페이서 서열이 바이러스를 인식하는 것과 비슷하게 스페이서 서열 대신 우리가 원하는 표적의 서열을 넣으면 원하는 유전체를 자를 수 있다는 것도 증명되었다. 이듬해에는 인간을 포함한 고등생물에서도 이 크리스퍼 시스템이 사용될 수 있다는 것이 증명되기도 했다.

크리스퍼 시스템은 생명과학 분야에서 유전자 교정을 통해 동식물의 생산량과 안정성을 조절하는 데 기여할 수 있을 것으로 예상된다. 또한 유전자 드라이브, 곧 인간이 아닌 생물의 유전자를 변형시켜 유전자 구성을 바꾸는 과정을 통해 바이러스 매개체인 야생 모기 등을 멸종시키는 것도 가능할 것이다. 그리고 생명 윤리의 문제를 해결한다면 유전자 치료를 통해 유전질환을 치료하는 데에도 활용될 수 있을 것으로 기대된다. 하지만 크리스퍼 시스템은 아직까지는 기술적 정확성 면에서 한계가 있고 유전자 변이를 완벽히 통제하지 못하고 있다는 제약을 가지고 있다. 나아가 미래 생명 과학이 우생학적 편견 같은 잘못된 가치관과 만났을 때의 문제를 보여준 영화 〈가타카〉(1997)에서 알 수 있듯이 유전자 편집의 경계 기준이 단지 기술적인 차원에서뿐 아니라 생명 윤리의 차원에서 다루어질 필요도 있다는 점을 간과해서는 안 된다.

16

윗글의 서술 방식으로 가장 적절한 것은?

① 대상의 속성들을 나열한 후, 그것을 통일된 구조로 종합하고 있다.

② 대상을 정의한 후, 그와 관련된 사항들을 구체적으로 설명하고 있다.

③ 권위 있는 의견을 제시한 후, 대상이 그것에 부합함을 설득하고 있다.

④ 대상의 세부적인 요소를 분석한 후, 그 전체적인 외양을 묘사하고 있다.

⑤ 대상에 관한 다양한 사례를 제시한 후, 그것을 하나의 개념으로 요약하고 있다.

17

윗글에서 밝힌 사건의 순서를 바르게 파악한 것은?

─ 보기 ─

ⓐ 세균의 유전자에 존재하는 특정한 반복 염기서열을 크리스퍼로 명명

ⓑ 크리스퍼 시스템과 적응 면역의 관련 가능성을 실험적으로 증명

ⓒ 박테리아 유전체에서 일정한 스페이서를 둔 서열 발견

ⓓ 인간의 유전자에 크리스퍼 시스템을 사용할 수 있음을 확인

① ⓐ - ⓑ - ⓒ - ⓓ
② ⓐ - ⓒ - ⓓ - ⓑ
③ ⓒ - ⓐ - ⓓ - ⓑ
④ ⓒ - ⓐ - ⓑ - ⓓ
⑤ ⓓ - ⓐ - ⓑ - ⓒ

18

윗글에 따를 때, '크리스퍼 시스템'의 핵심적인 작동 기제는? [3점]

① 크리스퍼RNA와 트랜스활성화RNA의 결합
② 가이드RNA에 의한 스페이서 서열의 절단
③ 트랜스활성화RNA에 의한 크리스퍼RNA의 복제
④ 가이드RNA와 카스에 의한 표적 염기서열 절단
⑤ 트랜스활성화RNA와 크리스퍼RNA에 의한 표적 염기서열의 복제

19

㉠의 의의를 진술한 것으로 적절하지 않은 것은?

① 비용이 비교적 적게 드는 처리 방법이다.
② 고등생물을 대상으로 사용할 수 있다고 증명된 방법이다.
③ 생명 윤리 차원에서 우생학적 편견을 안고 있는 방법이다.
④ 식량 증산을 위한 산업적 활용의 가능성이 있는 방법이다.
⑤ 현재까지는 기술적으로 가장 발전한 유전자 치료 방법이다.

[20~23] 다음 글을 읽고 물음에 답하시오.

국어사전에 따르면, '구독'은 '책이나 신문, 잡지 따위를 구입하여 읽음'으로 풀이되어 있다. 몇 년 전까지만 해도 무엇인가 '구독'한다고 할 때에는 주로 이 뜻을 떠올렸다. 하지만 요즈음 사전에서는 '정기적으로 내는 기부금, 가입, 모금, (서비스) 사용'으로도 정의한다. 영어로는 서브스크립션(subscription)이라고 하는데, 여기에는 '이용'한다는 의미가 담겨 있다. 실제로 구독 서비스는 소유보다는 이용에 초점을 두고 있으며, 이 때문에 구독 경제가 소유에서 이용으로 경제 패러다임을 전환시켰다는 평가를 받기도 한다. ㉠

1913년 자동차 대량생산을 위해 '포드 시스템'이 도입된 이래, 지난 백여 년간 우리의 주된 소비 방식은 구매하고 소유하는 것이었다. 소비자들에게는 선택권이 많지 않았고 기업과 소비자 사이에서 이루어지는 거래는 단순했다. 기업은 소비자의 수요를 고려하여 싸고 질좋은 제품을 판매하고 소비자는 합당한 가격을 지불하고 구매하여 소유하는 것이 당연한 일이었다. 경제 성장으로 노동자들의 수입이 증가하고 가처분 소득이 늘면서 소유가 주는 의미는 각별해졌다. 큰 집, 고급 승용차, 고가의 보석, 그리고 더 많은 물건을 내 것으로 만들어 자신이 거둔 성공을 과시하는 것이 소비의 목적 중 하나가 되었다. 지금도 소유는 어느 정도 그런 의미를 내포한다. 하지만 소유는 소비의 유일한 목적이 아니다. ㉡

책을 예로 들면, 소장 자체를 목적으로 책을 사는 소비자들도 있지만, 대개는 책을 읽으면서 지식을 넓히고 정서적 풍요를 누리며 무료한 시간을 즐겁게 보내려고 한다. 이 때문에 굳이 비싼 비용과 긴 시간의 기다림과 추가적인 보관 공간의 부담 없이도 이용할 수 있는 전자책 구독 서비스가 활성화되는 바탕이 마련된다. 소유를 하지 않더라도 구독을 통해 책을 읽는 각자의 목적이 충족될뿐더러 새로운 서비스로 인해 책과 관련된 경험이 여전히 풍부하고 즐거울 수 있는 것이다. 구독 서비스는 이렇게 소비자의 다양한 소비 목적 달성과 그 과정에서 얻게 되는 경험에 주목하는 경제 모델이다. 판매자와 소비자의 관계에서도 판매는 판매자가 상품을 소비자에게 건네주고 소비자가 그에 맞는 비용을 지불함으로써 그 관계가 일단 완성되는 반면, 구독은 소비자가 비용을 지불한 이후에도 계약 기간 동안 그 관계가 지속된다. ㉢

오늘날 구독 경제가 하나의 주요한 경제 모델로서 확산된 데에는 판매자와 소비자가 직접 연결될 수 있게 한

기술적 발전의 기여가 크다. 판매에서는 판매자와 소비자 사이에 계층화된 영업소와 영업사원이 있다. 이 전통적인 유통 채널은 일방향성이라는 소통적 특성과 시간적 지연으로 인해 소비자의 욕구와 불만을 후속 판매에 반영하는 데 제약이 있다. 소유를 전제로 한 이러한 경제 모델은 미래에도 존재할 것이다. 하지만 모바일 기술이나 콜드 체인 기술 같은 발전된 기술로 인해 판매자와 소비자가 직접 연결될 수 있게 되었고, 구독 서비스의 등장을 통해 기업이나 판매자가 소비자와 쌍방향적으로 직접 소통하며 소비자의 요구에 따라 특화되거나 개별화된 상품을 신속하게 제공하는 것이 가능하게 되었다. 기술적 발전 외에도 1인 세대가 증가한 것이 주요 원인이 되기도 했으며, 이른바 가성비를 중시하는, 혹은 이와는 달리 가격과 관계없이 높은 만족감을 주는 상품을 중시하는 가치 소비 세대로서 밀레니얼 세대가 새로운 소비 주체로 등장하게 된 것도 구독 경제의 규모를 키우는 주요한 요인이 되었다고 평가된다. ㉣

구독 경제는 소비 주체가 충성 고객이 될 수 있는지 여부에 항상 촉각을 곤두세운다. 충성 고객을 많이 확보할수록 판매자는 발전할 수 있고 구독 경제 또한 성장한다. 그렇기에 판매자인 유통 회사들은 자신들의 정체성을 판매업에서 서비스업으로 변화시키는 혁신에 나선다. 구독 경제에서 충성 고객이 되는 소비자들은 흔히 '최우수 고객'으로 불린다. 그들에게는 여느 고객이 누리는 혜택에 더하여 배타적이고 고객 특화적인 추가 혜택이 주어지며 무료 혜택이 함께 부여되기도 한다. 그런 만큼 이러한 자격을 갖게 된 소비자는 구독료가 비싸더라도 구독 서비스에 충성한다. 판매자 또한 충성도 높은 소비자를 확보하기 위해 구독료에 비해 훨씬 비싼 구독 서비스를 제공하는 비용 지출을 감수할 수 있다. 그것은 소비자의 반복된 구독에 의해 생산되는 구독 정보를 구독 서비스의 비용 절감을 위한 평가 및 예측 정보로 활용할 수 있고 나아가 상품이나 서비스와 직접 관련이 없는 소비자 정보까지도 빅데이터로 활용하여 새로운 사업 진출에 중요한 판단 근거로 활용할 수 있기 때문이다. ㉤

20

윗글의 내용과 일치하지 않는 것은?

① 구독 서비스는 비용을 지불한 서비스의 계약 기간을 조건으로 한다.

② 구독 경제에서는 상품을 위한 비용 지불 이후에도 판매자와 소비자의 관계가 지속된다.

③ 모바일 기술 발전으로 판매자와 소비자가 직접 연결됨으로써 판매자는 특정 소비자에 특화 상품 및 서비스를 제공할 수 있게 된다.

④ 밀레니얼 세대의 가치 소비 경향은 구독 경제를 지탱하는 주요한 요인 중 하나이다.

⑤ 충성도 높은 소비자를 유지하기 위해 구독 서비스가 선택하는 일반적인 전략은 값싼 구독료를 유지하는 것이다.

21

윗글에 따를 때, 판매와 비교하여 구독 서비스가 갖는 특징으로 가장 적절한 것은?

① 상품의 독점적 사용
② 상품의 저렴한 가격
③ 상품의 높은 품질과 명성
④ 유통 채널의 직접성과 쌍방향성
⑤ 소비 수요를 고려한 상품 생산과 제공

22

윗글의 맥락을 고려하여 이해한 내용으로 적절하지 않은 것은?

① 미래에는 소유를 목적으로 한 소비는 사라질 것이다.

② 구독 경제는 오늘날 경제에서 규모를 키워가고 있다.

③ 구독 서비스의 활성화는 세대 구성의 변화와 밀접한 관련이 있다.

④ 구독 서비스에서는 소비자가 상품 생산에 직접적인 영향을 끼치기도 한다.

⑤ 소비자의 구독 정보는 해당 구독 서비스 외의 목적을 위해서도 활용될 수 있다.

23

윗글의 주요 내용을 구체화하기 위해 〈보기〉의 사례를 추가한다고 할 때, 가장 적절한 위치는? [3점]

보기

○○는 꽃 구독 서비스이다. 2주 단위로 그 시기에 가장 아름다운 꽃을 주제로 꽃다발이나 꽃바구니를 꾸며 제공한다. 가격대별로 여러 방식으로 제공되는 서비스가 있으며 여기에는 꽃꽂이 강좌 구독 같은 병행 서비스도 포함된다. 기존의 꽃 배달 서비스가 상품인 꽃을 일회적으로 판매하는 것인 데 반해, 꽃 구독 서비스는 꽃의 선별과 장식, 그리고 정보 제공 등을 서비스의 대상으로 삼아 자기 자신을 위해 주문하는 소비자에게 주기적으로 제공한다. 꽃 구독 서비스는 자주 꽃을 사서 직접 장식하기에는 시간과 노력의 부담이 있지만 집을 아름답고 생기 있게 꾸미고자 하는 젊은 가치 소비 세대에게 특히 호응을 얻고 있다.

① ㉠　　　　　② ㉡
③ ㉢　　　　　④ ㉣
⑤ ㉤

[24~27] 다음 글을 읽고 물음에 답하시오.

'가스라이팅'은 1944년 조지 쿠커가 감독한 영화 〈가스등(Gaslight)〉에서 유래한 용어이다. 이 영화에서 남편 그레고리는 계속 상황을 조작하여 아내 폴라의 판단과 기억력에 영향을 줌으로써 그녀가 왜곡된 현실 감각으로 자신을 미쳤다고 의심하도록 정신적으로 조종한다. 영화에서처럼 현실의 인간관계에서도 정서적 학대를 동반하는 심리적 지배나 억압의 사례들이 많이 발견되는데, 이에 착안하여 가스라이팅이라는 용어가 생겼다. 이 용어는 이제 널리 퍼져서, 반복적인 강요나 압박, 두려움에 의한 복종 같은 것들과 혼동되기도 한다. 하지만 이런 것들과 달리 가스라이팅은 지속적인 심리 조작으로 피해자가 자기 불신과 가해자에 대한 자발적 순종 또는 의존을 하게 만드는 심리적 억압 기제를 갖는다. 여기에 반드시 범죄적 의도나 폭력적 강제가 동반되는 것은 아니다.

흔히 가스라이팅은 불평등한 남녀 관계와 관련하여 많이 주목되지만, 개인과 집단의 관계, 더 나아가 사회 제도와의 관계에서도 구조적으로 발생한다. 이 때문에 가스라이팅은 사회적 불평등에 뿌리를 둔 사회학적 현상이라고 주장되기도 한다. ㉠집단 내 가스라이팅은 특히 억압적 질서와 과잉된 친밀함을 제도화하고 있는 집단에서 강한 권력관계에 의한 불평등한 위계질서를 바탕으로 나타나며, 편견과 차별을 강화하는 방향으로 심화된다. 이러한 집단 내에서 구성원들에게 친밀감이나 정서적인 일체감을 강요하는 것은 일상적이다. 이때 발생하는 정서적 억압은 집단 내에 있지 않을 때 자신을 미약하고 무의미한 존재일 뿐이라고 여기게 하고 집단 내에 있어야 자신이 보호받을 수 있다고 생각하게 만듦으로써 자발적 복종에 이르게 한다.

집단 내의 가스라이팅은 강한 권력 관계를 바탕으로 주로 서열상 말단이나 하위에 있는 사람들을 피해자로 만든다. 권력 관계는 집단 구성원들이 불평등을 받아들이는 정도인 '권력 거리(power distance)'를 만드는데, 권력 관계가 강할수록 서열의 경계가 뚜렷해지고 상급자와 하급자가 분리되는 가운데 권력 거리도 커지는 공고한 위계질서가 생기게 된다. 권력 거리가 커질수록 피지배적 지위에 있는 하급자가 권력을 가진 상급자에게 자신의 의견을 나타낸다거나 저항, 도전, 항거 따위를 하기는 어렵다. 그리고 집단의 권력 관계가 강해지면, 더 커지는 권력 거리를 은폐하기 위해 집단 내 친밀성은 더 강하게 요구된다. 하지만 더 커진 권력 거리로 인해 피해자가 가스라이터의 거짓된 친밀함을 자각할 가능성도 커진다. ㉡아이러니한 것은, 가해자와의 더 큰 권력 거리로 인해 피해자는 더 큰 무력감을 느끼게 되고 자신이 겪는 고통도 해결할 수 없기에 심지어 가스라이팅을 자신의 무지와 무능 때문에 받는 처벌처럼 받아들여 가해자에게 의존할 가능성도 더 커진다는 것이다. 권력을 가진 상급자는 이러한 조직 특성을 악용하여 하급자에 대한 가스라이팅을 일상화한다.

집단 내 가스라이팅은 상급자에 의해 저질러지는 위계에 의한 성폭력 즉 권력형 성범죄를 포함하여 조직 내 괴롭힘의 형태인 폭력, 갑질, 업무 과중, 따돌림 등의 다양한 형태로 표현된다. 그래서 가스라이팅을 자각하는 경우라 하더라도 피해자는 여전히 가해자에 의한 과다한 업무 부여나 업무 배제로 인해 압박감을 느끼고, 승진 배제나 징계 등으로 좌절감을 느끼며, 집단 내 따돌림으로 인해 고립감을 겪게 될 수 있다. 피해자의 동료들이 도움이 될 수도 있지만, 이들이 만약 피해자와 비슷한 처지에 있다면 서로에게 느끼는 연민과 공감의 감정에도 불구하고 가해자에게 저항하기란 쉽지 않다. 개인 간 가스라이팅에 비해 집단 내 가스라이팅은 훨씬 공공연하고, 피해자와 동료 모두가 가해자가 지닌 권력의 통제권 내에 있기 때문이다. 집단 내 가스라이팅이 그 집단의 조직 문화인 것처럼 치부될 수 있는 것은, 피해자의 동료들이 침묵으로 가스라이팅의 방관자가 되고 무력감으로 인해 피해자와 동료들 모두가 순응하게 됨으로써 집단에 속한 다수나 전체, 더 나아가 집단 자체가 가학적이든 자학적이든 가스라이팅에 참여하게 되기 때문이다.

집단 내 가스라이팅은 사회적이며 구조적인 사태이기 때문에, 한 개인의 용기나 저항으로 해결되기는 쉽지 않다. 가스라이터는 자기 주관이 약하고 의존적인 심리를 갖는 사람을 표적으로 삼는다. 가스라이팅을 당하지 않거나 거기서 벗어나기 위해서 집단의 구성원은 자신의 목소리를 낼 수 있어야 할 뿐 아니라 그 목소리를 키우기 위해 같은 처지의 구성원들과 연대해야 한다. 가스라이팅은 권력에 의해 지배받지 않으려는 자유의지를 가진 구성원에게는 작동하지 않기 때문이다.

24

윗글을 통해 답할 수 있는 질문으로 적절하지 않은 것은?

① 가스라이팅이라는 용어는 어디서 비롯되었는가?
② 개인적 차원의 가스라이팅이 일어나는 까닭은 무엇인가?
③ 가스라이팅이 일어나는 집단은 어떤 특징을 지니는가?
④ 집단 내 가스라이팅은 어떤 방식으로 이루어지는가?
⑤ 가스라이팅을 극복하기 위한 방법은 무엇인가?

25

윗글의 중심 내용을 뒷받침할 사례로 가장 적절한 것은? [3점]

① 조금만 실수를 해도 "내가 없어서 그래."라고 하면서 자신의 중요성을 강조하는 친구
② TV 토론에 나와 사회의 급격한 인구 감소 원인이 시민들이 자신의 삶만을 중시하는 이기적인 태도 때문이라고 주장하는 토론자
③ 전투에 앞서 부대원들에게 조국이 있어야 내가 있고 조국과 나는 한몸이라며 목숨을 내던져서라도 조국을 지켜야 한다고 연설하는 부대장
④ 학교의 유구한 전통과 진학 성과를 강조하면서 학생들에게 자랑스러운 학교의 구성원으로서 명문대에 합격해 줄 것을 믿는다고 매주 훈시하는 교장
⑤ 심판의 날이 다가왔다면서 신도들로 하여금 지옥에 떨어지지 않기 위해 모든 재산을 헌납하고 종교활동에만 몰두하도록 지속적으로 세뇌하는 신흥 종교의 교주

26

㉠에 대한 설명으로 적절하지 않은 것은?

① 자기 주관이 강한 사람이 주로 가스라이팅의 표적이 된다.
② 피해자는 자신의 무지와 무능력 때문에 가스라이팅을 당한다고 자책한다.
③ 강한 권력 관계로 인해 불평등한 위계질서가 뚜렷한 조직에서 주로 나타난다.
④ 가해자는 친밀함으로 위장된 권력 관계를 이용하여 하급자에 대한 가스라이팅을 시도한다.
⑤ 피해자의 동료들이 침묵의 방관자가 되거나, 심지어는 가스라이팅의 동조자가 되기도 한다.

27

㉡의 문맥적 의미에 대한 이해로 가장 적절한 것은?

① 친밀감이 커지면서 권력 거리도 커지는 것
② 가스라이팅이 지속될수록 가스라이팅의 정체가 드러나는 것
③ 가스라이팅의 고통에서 벗어나려고 가스라이터에게 더 의존하는 것
④ 문제 상황에 대한 인식이 분명해질수록 문제 해결의 의지가 커지는 것
⑤ 피해자와의 서열의 경계가 뚜렷해져서 가스라이팅을 하기가 더 어려워지는 것

[28~32] 다음 글을 읽고 물음에 답하시오.

(가)

㉠뎨 가는 뎌 각시 본 듯도 ㅎ뎌이고
텬샹(天上) 빅옥경(白玉京)을 엇디ㅎ야 니별(離別)ㅎ고
ㅎ 다 뎌 뎌믄 날의 눌을 보라 가시ᄂᆞ고
어와 네여이고 이내 스셜 드러 보오
내 얼굴 이 거동이 님 괴얌즉 ᄒᆞ가마ᄂᆞ
엇던디 날 보시고 네로다 녀기실식
나도 님을 미더 군ᄠᅳ디 젼혀 업서
ⓐ이릭야 교틱야 어ᄌᆞ러이 ᄒᆞ돗썬디
반기시ᄂᆞ 눗비치 녜와 엇디 다ᄅᆞ신고
누어 싱각ᄒᆞ고 니러 안자 혜여ᄒᆞ니
내 몸의 지은 죄 뫼ᄀᆞ티 빠혀시니
하ᄂᆞᆯ이라 원망ᄒᆞ며 사름이라 허믈ᄒᆞ랴
셜워 플텨 혜니 조믈(造物)의 타시로다
글란 싱각 마오 미친 일이 이셔이다
ⓑ님을 뫼셔 이셔 님의 일을 내 알거니
믈ᄀᆞ튼 얼굴이 편ᄒᆞ실 적 몃 날일고
츈한 고열(春寒苦熱)은 엇디ᄒᆞ야 디내시며
츄일 동텬(秋日冬天)은 뉘라셔 뫼셧ᄂᆞ고
죽조반(粥早飯) 죠셕(朝夕) 뫼 녜와 ᄀᆞ티 셰시ᄂᆞᆫ가
기나긴 밤의 줌은 엇디 자시ᄂᆞ고

– 정철, 「속미인곡」

(나)

어화 긔 뉘신고 염치(廉恥) 업산 닉옵노라
초경(初更)도 거읜듸 긔 엇지 와 겨신고
연년(年年)에 이러ᄒᆞ기 구차(苟且)ᄒᆞᆫ 줄 알건만ᄂᆞ
쇼 업슨 궁가(窮家)애 혜염 만하 왓삽노라
공ᄒᆞ나나 갑시나 주엄즉도 ᄒᆞ다마ᄂᆞ
다만 어제 밤의 거넨 집 져 사람이
목 불근 수기치(雉)을 옥지(玉脂) 읍(泣)게 ᄭᅮ어 닉 고
간 이근 삼해주(三亥酒)을 취(醉)토록 권(勸)ᄒᆞ거든
이러한 은혜(恩惠)을 어이 아니 갑흘넌고
내일(來日)로 주마 ᄒᆞ고 큰 언약(言約) ᄒᆞ야거든
ⓒ실약(失約)이 미편(未便)ᄒᆞ니 사셜이 어려왜라
실위(實爲) 그러ᄒᆞ면 혈마 어이할고

– 박인로, 「누항사」

(다)

형님 온다 형님 온다 분고개로 형님 온다
형님 마중 누가 갈까 형님 동생 내가 가지

㉡형님 형님 사촌 형님 시집살이 어떱뎁까
이애 이애 그 말 마라 시집살이 개집살이
앞밭에는 당추 심고 뒷밭에는 고추 심어
고추 당추 맵다 해도 시집살이 더 맵더라
둥글둥글 수박 식기(食器) 밥 담기도 어렵더라
도리도리 도리소반 수저 놓기 더 어렵더라
오 리(五里) 물을 길어다가 십 리(十里) 방아 찧어다가
아홉 솥에 불을 때고 열두 방에 자리 걷고
외나무다리 어렵대야 시아버니같이 어려우랴
ⓓ나뭇잎이 푸르대야 시어머니보다 더 푸르랴
시아버니 호랑새요 시어머니 꾸중새요
동세 하나 할림새요 시누 하나 뾰족새요
시아지비 뾰중새요 남편 하나 미련새요
ⓔ자식 하난 우는 새요 나 하나만 썩는 샐세

– 작자 미상, 「시집살이 노래」

28

(가), (나), (다)에 대한 설명으로 적절하지 않은 것은?

① (가), (나), (다) 모두 대화체를 통해 주제를 표현하고 있다.
② (가)와 (나)는 억울한 일을 당한 원통함의 정서가 공통된다.
③ (가)와 (다)는 여성 화자를 등장시켜 주제를 선명히 하고 있다.
④ (가)에 비해 (나)는 화자의 경제적 궁핍이 구체적으로 그려져 있다.
⑤ (가)에 비해 (다)는 화자가 일상에서 겪는 실제적인 어려움이 나타나 있다.

29

〈보기〉와 (가)를 비교한 내용으로 가장 적절한 것은?

─ 보기 ─

엇그제 님을 뫼셔 광한뎐(廣寒殿)의 올낫더니
그 더딕 엇디ᄒᆞ야 하계(下界)예 ᄂᆞ려오니
올 적의 비슨 머리 얼킈연 디 삼 년(三年)이라
연지분(臙脂粉) 잇닉마ᄂᆞ 눌 위ᄒᆞ야 고이 홀고
ᄆᆞ음의 미친 실음 텹텹(疊疊)이 빠혀 이셔
짓ᄂᆞ니 한숨이오 디ᄂᆞ니 눈믈이라

– 정철, 「사미인곡」

① (가)는 '님'과의 이별을, 〈보기〉는 '님'과의 재회를 그려낸다.

② (가)는 '님'에 대한 걱정을, 〈보기〉는 화자의 현재 처지를 나타낸다.

③ (가)는 슬픔과 자책의 감정을, 〈보기〉는 분노와 절망의 감정을 드러낸다.

④ (가)는 정중하고 우아한 태도를, 〈보기〉는 경박하고 소심한 태도를 보인다.

⑤ (가)는 고유어와 고사성어를, 〈보기〉는 한자어와 한시구를 주로 사용한다.

30

(나), (다)에 대해 비교하여 설명한 것으로 가장 적절한 것은?

① (나)는 낭만적인 분위기가, (다)는 고상한 취향이 나타나 있다.

② (나)는 시간의 역전을 통해, (다)는 공간의 배치를 통해 시상을 전개하였다.

③ (나)는 당시의 음식이 소재로 쓰였고, (다)는 가사노동의 양상이 반영되어 있다.

④ (나)는 상징적, 역설적인 표현을, (다)는 감각적, 직설적인 표현을 주로 사용하였다.

⑤ (나)는 대상을 풍자하기 위해, (다)는 주제를 드러내기 위해 서사적인 상황을 설정하였다.

31

㉠, ㉡의 기능에 대한 설명으로 가장 적절한 것은?

[3점]

① 화자의 내면적 욕망을 드러내는 기능을 한다.

② 상대의 생각과 태도를 비판하는 기능을 한다.

③ 상대와의 친밀한 관계를 깨뜨리는 기능을 한다.

④ 시적인 상황에 대해 자세히 묘사하는 기능을 한다.

⑤ 상대의 발화를 이끌어내어 주제가 드러나게 하는 기능을 한다.

32

ⓐ~ⓔ에 대한 이해로 적절하지 않은 것은?

① ⓐ: 자기의 행동에 대한 자부심과 만족감이 드러나 있다.

② ⓑ: 화자가 예전에 '님'을 모신 적이 있음이 나타나 있다.

③ ⓒ: 부탁을 들어주기 어렵다는 거절의 뜻을 완곡하게 전달하고 있다.

④ ⓓ: 화자를 힘들게 하는 시어머니에 대해 말하고 있다.

⑤ ⓔ: 자녀 양육과 시집살이로 인한 마음의 고통을 나타내고 있다.

[33~37] 다음 글을 읽고 물음에 답하시오.

(가)

초란이 말했다.

"듣자 하니 특재라는 자객이 사람 죽이는 것을 주머니 속에서 물건 꺼내듯 한다고 하옵니다. 그에게 많은 돈을 주어 밤에 들어가 길동을 해하게 하면, 상공이 아신다 하더라도 어찌할 수 없사오리니 부인은 다시 생각하소서."

부인과 좌랑이 눈물을 흘리며 말했다.

"이는 차마 못 할 바이나, 첫째는 나라를 위함이요, 둘째는 상공을 위함이요, 셋째는 가문을 보존하기 위함이라. 너의 계교대로 행하라."

초란이 크게 기뻐하며 다시 특재를 불러 이 말을 자세히 이르고 오늘 밤으로 급히 행하라 하니, 특재가 응낙하고 밤이 깊어지기만을 기다렸다.

한편, 길동은 그 원통한 일을 생각하면 잠시도 머물지 못할 일이지만 상공의 엄명이 중하므로 어찌할 길이 없어 밤마다 잠을 이루지 못했다. 그날 밤 촛불을 밝히고 「주역」을 보며 깊이 생각하다가 문득 들으니 까마귀가 세 번 울고 가는 것이었다. 길동이 괴이하게 여겨 혼자 말하기를,

"이 짐승은 본디 밤을 꺼리거늘 지금 울고 가니 심히 불길하도다."

하고, 잠깐 팔괘를 벌여 점을 쳐 보고는 크게 놀라 책상

을 물리고 둔갑법을 행하여 동정을 살피고 있었다. 사경 쯤 되자 한 사람이 비수를 들고 천천히 방문을 열고 들 어왔다. 길동이 급히 몸을 감추고 진언을 외우니, 홀연 한바탕 음산한 바람이 일어나며 집은 간데없고 ⓐ첩첩 산중(疊疊山中)에 풍경이 거룩했다. 특재가 크게 놀라 길동의 조화가 신기함을 알고 비수를 감추고 피하고자 하니, 갑자기 길이 끊어지고 층암절벽이 앞을 가리니 ⓑ 진퇴유곡(進退維谷)이었다. 사방으로 방황하고 있을 때 문득 피리 소리가 들렸다. 정신을 차려 살펴보니 한 소 년이 나귀를 타고 오며 피리 불기를 그치고 꾸짖었다.

"네 무슨 일로 나를 죽이려 하느냐? 죄 없는 사람을 해 하면 어찌 하늘의 재앙이 없으리오?"

소년이 진언을 외우니 홀연 한바탕 검은 구름이 일어나 며 큰비가 퍼붓듯이 쏟아지고 모래와 돌이 날렸다. 특 재가 정신을 수습하고 살펴보니 길동이었다. 비록 그 재주를 신기하게 여기나 '어찌 나를 대적하리오?' 하고 달려들며 큰소리로 말했다.

㉠"너는 죽어도 나를 원망하지 말라. 초란이가 무녀, 관 상녀와 함께 상공과 의논하고 너를 죽이려 한 것이니 어 찌 나를 원망하리오?"

특재가 칼을 들고 달려드니 길동이 분한 마음을 참지 못 해 요술로 특재의 칼을 빼앗아 들고 크게 꾸짖었다.

"네 재물을 탐하여 사람 죽이는 것을 좋아하니 너같이 무도한 놈을 죽여 후환을 없애리라."

길동이 한번 칼을 드니 특재의 머리가 방 가운데 떨어 졌다. 길동이 분한 마음을 이기지 못해 그날 밤 바로 관 상녀를 잡아 특재가 죽은 방에 들이밀고 꾸짖기를,

"네 나와 무슨 원수를 졌기에 초란과 더불어 나를 죽이 려 했느냐?"하고 칼로 베니, 어찌 가련하지 않으리오.

– 허균, 「홍길동전」

(나)

일귀 왈,

"적실히 그러하면 유심의 집을 함몰하여 후환이 없게 함이 옳을까 하노라."

한담이 옳다 하고, 그 날 삼경에 가만히 승상부에 나와 나졸 십여 명을 차출하여 유심의 집을 둘러싸고 화약 염 초를 갖추어 그 집 사방에 묻어 놓고 화심에 불붙여 일 시에 불을 놓으라고 약속을 정하니라.

이때에 장 부인이 유 주부를 이별하고 충렬을 데리고 한 숨으로 세월을 보내더니, 이날 밤 삼경에 홀연히 곤하 여 침석에 졸더니 어떠한 한 노인이 홍선(紅扇) 일 병을 가지고 와서 부인을 주며 왈,

"이날 밤 삼경에 대변이 있을 것이니 이 부채를 가졌다 가 화광이 일어나거든 부채를 흔들면서 후원 담장 밑에 은신하였다가 충렬만 데리고 인적이 그친 후에 남천(南 天)을 바라보고 가없이 도망하라. 만일 그렇지 아니하 면 옥황께서 주신 아들이 화광 중에 고혼이 되리라."하 고 문득 간데없거늘 놀라 깨어 보니 ⓒ남가일몽(南柯一 夢)이라.

충렬이 잠이 깊이 들어 있고 과연 홍선 한 자루 금침 위 에 놓였거늘 부채를 손에 들고 충렬을 깨워 앉히고 안절 부절하며 잠도 못 자던 차에, 삼경이 당하매 ⓓ일진광풍 (一陣狂風)이 일어나며 난데없는 천불이 사면으로 일어 나니 웅장한 고루거각이 일시에 무너지고 전후에 쌓인 세간 ⓔ추풍낙엽(秋風落葉) 되었도다. 부인이 창황 중에 충렬의 손을 잡고 홍선을 흔들면서 담장 밑에 은신하니, 화광이 충천하고 재만 땅에 가득하니 구산(丘山)같이 쌓 인 기물 화광에 소멸하였으니 어찌 아니 망극하랴.

사경이 당하매 인적이 고요하고 다만 중문 밖에 두 군사 가 지키거늘 문으로 못 가고 담장 밑에 배회하더니, 어 슴푸레한 달빛 속으로 두루 살펴보니 중중(重重)한 담장 안에 나갈 길이 없었다. 다만 물 가는 수챗구멍이 보이 거늘 충렬의 옷을 잡고 그 구멍에 머리를 넣고 복지(伏 地)하여 나올 제, ㉡겹겹이 싸인 담장 수채로 다 지나 중문 밖에 나서니 충렬이며 부인의 몸이 모진 돌에 긁히 어서 백옥 같은 몸에 유혈이 낭자하고 월색같이 고운 얼 굴 진흙빛이 되었으니, 불쌍하고 가련함은 천지도 슬퍼 하고 강산도 비감한다.

– 작자 미상, 「유충렬전」

33

(가), (나)를 비교하여 설명한 것으로 가장 적절한 것 은?

① (가)와 (나)는 모두 적대자 측이 주인공의 부모 상봉을 방해한다.

② (가)와 (나)는 모두 주인공 측이 위기에 빠졌을 때 구원 자가 나타난다.

③ (가)와 (나)는 모두 주인공 측과 적대자 측의 갈등이 심 각한 양상으로 나타난다.

④ (가)는 주인공의 내면적 고뇌, (나)는 주인공의 행동과 태도가 중점적으로 드러난다.

⑤ (가)는 적대자 측의 주인공 측에 대한 공격, (나)는 주 인공 측의 적대자 측에 대한 포용이 나타난다.

34

〈보기〉를 참조하여 (가), (나)의 사건에 대해 설명한 것으로 가장 적절한 것은? [3점]

> **보기**
>
> 영웅 소설은 영웅의 일대기 구조로 이루어진 소설들을 말한다. '고귀한 혈통—비정상적인 출생—비범한 능력—어릴 때 버려짐—구출 및 양육자의 도움—성장 후의 위기—승리와 성공'의 서사적 구조로 짜여 있다.

① 영웅이 애초에 고귀한 혈통으로 이 세상에 태어났다는 점을 강조하는 내용이다.
② 영웅이 당하는 고난의 동기가 비정상적인 출생에 있음을 보여주는 내용이다.
③ 비범한 능력의 영웅이 고난 중에 그 능력을 전혀 발휘하지 못하는 과정이다.
④ 영웅과 협력 관계를 맺고 있는 보조 인물들에 의해 도움을 받는 과정이다.
⑤ 최종의 성공에 이르기 위해 영웅이 역경에 처하여 고난을 겪는 과정이다.

35

㉠에 대해 이해한 것으로 적절하지 않은 것은?

① 길동이 특재의 재물 욕심을 꾸짖는 이유가 되었다.
② 특재는 자신에게 잘못이 없다는 이유를 댄 것이다.
③ 특재가 이전의 상황에 거짓을 덧붙여 말한 것이다.
④ 특재와 길동이 날카롭게 대립하는 중에 나온 말이다.
⑤ 이후에 길동이 하는 행동을 촉발하는 계기로 작용하였다.

36

㉡에 대한 설명으로 적절하지 않은 것은?

① 인물이 당하는 고난의 과정을 강조하여 그리고 있다.
② 사건 전개상 이후의 사건을 암시하는 복선이 들어 있다.

③ 인물과 사건에 대한 서술자의 직접적인 개입이 나타나 있다.
④ 평상시의 모습에 대조하여 인물의 현재 모습을 부각하고 있다.
⑤ 독자의 동정심을 유발하기 위해 감정을 자극하는 표현을 쓰고 있다.

37

ⓐ~ⓔ의 뜻풀이로 적절하지 않은 것은?

① ⓐ: 여러 산이 겹치고 겹친 산속
② ⓑ: 이러지도 저러지도 못하고 꼼짝할 수 없는 궁지
③ ⓒ: 꿈속에서 꿈 이야기를 하듯이 종잡을 수 없는 말
④ ⓓ: 한바탕 몰아치는 사나운 바람
⑤ ⓔ: 가을바람에 떨어지는 낙엽

[38~41] 다음 글을 읽고 물음에 답하시오.

장애가 오로지 의료나 복지의 문제로만 취급되는 것에 반대하면서, 이를 사회적 억압의 한 형태로 재공식화하는 작업은 1970년대 영국에서 시작되었다. 장애인과 장애 단체들은 여러 문제 중에서도 특히 거주 시설로의 수용, 노동 시장에서의 배제, 강요된 빈곤 등에 저항하기 위해 조직화하여 운동하였다. 이러한 ⓐ장애인 운동은 다시 장애에 대한 급진적이고 새로운 개념을 낳았다. 장애는 손상을 지닌 사람들을 고려하지 않고 사회 활동의 주류로부터 배제하는, 당대의 사회 조직에 의한 불이익이나 활동의 제한이라는 것이다. 이러한 재정의로 인해 장애인이 경험하는 활동의 제한과 수많은 불리함이 손상 자체에서 야기된 것보다는 손상을 지닌 사람들과 그렇지 않은 사람들 간의 사회적 관계의 결과로 간주되어 사회의 책임으로 돌려질 가능성이 열렸다. 의료적, 복지주의적 담론들 내의 장애 개념에 대해 ㉠반박할 수 있게 된 것이다.

장애가 사회 제도의 결과라는 ⓑ사회적 모델론의 개념은 장애학의 중심 사상이 되었다. 사회적 모델은 장애인 운동에 공감하는 장애 단체들을 불러 모으는 호각(號

角)이었다. 장애인들이 사회적 모델을 접했을 때 그 효과는 계시적이고 해방적이었으며, 그들이 겪는 대부분의 어려움이 사회적으로 초래된 것임을 인식할 수 있게 해 주었다. 주거, 교육, 고용, 교통, 문화·여가 활동, 보건·복지 서비스, 시민적·정치적 권리 등 사회생활의 모든 영역에서 장애를 만들어 내는 장벽들이 시야에 들어와 장애인 운동이 다면화되었다.

당대의 사회 구조와 관행에 의해 부과된 활동의 제한으로서 장애는 어떻게 발생했는가? 그 답은 산업 자본주의의 등장에 있다. 영국에서 18세기 말부터 임노동 관계가 점점 더 대규모 산업과 연결되면서, 손상을 지닌 사람들은 경제 활동으로부터 체계적으로 배제되기 시작했다. 공장의 장시간 노동에 표준화된 숙련도·속도·강도가 요구되는 상황에서 그들 중 다수는 노동력을 팔 수 없었다. 그들은 사회적으로 점점 더 의존적인 존재로 자리매김되고 일반화된 상품 생산 경제에서 배제되었다. 19세기 동안 대규모 산업이 소규모 매뉴팩처와 소상품 생산을 잠식함에 따라 그들의 의존성은 공고화되었다. 20세기에 장애인들이 경험했던 배제와 의존성은 자본주의의 초기에 손상을 지닌 사람들이 '비생산적'이고 의존적인 존재로 강등되었던 사실에서 기원을 찾을 수 있다.

사회적 모델론은 장애가 초역사적이고 어디에나 존재하는 사회 현상이 아니며, 특정한 역사적 시점의 사회적 관계들과 밀접히 관련되어 있음을 주장한다. 장애란 언제나 어떤 유형의 '제한된 활동'을 발생시킨다는 개념을 넘어서 공간적, 시간적, 경제적으로 의미가 다르게 자리매김된다. 이러한 의의에도 불구하고 사회적 모델론은 자본주의 경제 체제 내에서 일어나고 있는 현대의 변화된 양상들을 다룰 수 있도록 이론적 분석을 새롭게 할 필요성이 있다. 지구적 자본주의 또는 초자본주의로 특징지어지는 현재의 경제 제도들이 손상을 지닌 사람들의 사회적 위상을 어떻게 변화시키고 있는지를 검토해야 한다.

근래에 들어 사회적 모델론은 그 자신이 비판의 대상이 되었다. 코커는 사회적 모델이 견지하는 유물론에서는 인간의 행위 주체성이 누락되고, 담론은 사회 구조의 부수적 효과로 간주되기 때문에, 행위 주체성도 담론도 사회 변화를 위한 초점이 될 수 없다고 비판한다. 그보다 ㉡손상을 지닌 사람들에 관한 부정적인 사회 문화적 인식들이 장애를 구성하는 역할을 하고 있다는 것을 강조한다. 이러한 인식들은 혐오스러운 것으로 속성화된 신체적·행동적 차이를 지닌 사람들을 제약하고, 무력

하고 의존적인 상태에 위치시키며, 그들의 자존감과 정체성을 심각하게 훼손한다.

사회적 모델론자들은 손상을 지닌 삶에 대한 개인적 경험은 장애학의 관심사가 아니며, 지적이고 정치적인 에너지는 장애의 좀 더 넓은 사회적 원인들을 다루는 데 집중되어야 한다고 주장한다. 그러나 손상 자체에 주의를 기울여야 한다는 주장도 제기된다. 첫째, 사회적 모델이 손상을 '사적이고 개인적인 것'의 영역으로 격하한 것은, 공적·사회적인 것과 개인적·사적인 것을 분할한 것이라고 주장한다. 손상의 경험은 장애의 정치와 장애학 내에서 논의되고 공유되어야 한다는 것이다. 둘째, 장애와 손상 간의 구별이 본질주의적·이원론적 사고의 산물이라는 주장이다. 이러한 관점에서는 손상과 장애는 모두 담론적으로 구성된 사회적 범주이고, 그 중 손상은 생물학적 실재와 아무런 관련성을 갖지 않는 그 자체로 또 하나의 구성 개념이다. 셋째, 몸을 자체적 동력이 없는 물질적인 대상, 자아와 분리된 것으로 다룸으로써 손상을 생물학적 영역으로 격하해서는 안 된다는 주장이다. 손상에 대한 체험의 중요성을 강조하는 손상의 사회학, 몸의 사회학을 추구한다.

38

윗글에 대한 이해로 적절하지 않은 것은?

① 1970년대 이전에는 장애를 의료와 복지의 문제로 취급하였다.

② 사회적 모델론은 손상의 체험이 지닌 중요성이 간과되었다고 비판받았다.

③ 사회적 모델론은 인간의 행위 주체성이 누락되었다는 이유에서 비판받았다.

④ 사회적 모델론은 초기 자본주의가 장애에 끼친 영향을 다루지 못한 한계를 지닌다.

⑤ 지구적 자본주의 경제 제도에서 손상을 지닌 사람들의 사회적 위상에 대한 이론적 분석의 필요성이 제기된다.

39

〈보기〉의 관점에 대한 ㉠의 내용으로 적절하지 <u>않은</u> 것은?

> **보기**
>
> 의료적 모델의 관점은 장애를 손상과 동일한 것으로 본다. 그래서 손상을 치료하거나 개선하여 정상적인 기능을 회복하도록 하는 것을 과제로 삼는다. 장애는 개인적 문제로 간주되고, 장애인이 사회 제도에 적응할 수 있도록 하는 것이 목표가 된다. 지식과 기술을 지닌 전문가에게 권한과 영향력이 부여된다.

① 장애는 손상과 구분되는 개념이다.
② 장애는 사회 제도에 의한 제약이다.
③ 장애는 손상 자체로부터 야기된 것이다.
④ 장애는 사회적 관계로부터 나타난 결과이다.
⑤ 장애에 대한 해결책을 전문가에게만 맡길 일은 아니다.

40

〈보기〉를 ㉡과 관련지어 이해한 것으로 적절하지 <u>않은</u> 것은? [3점]

> **보기**
>
> 장애 보조 기술이나 보조 장치에는 장애를 두드러져 보이게 하는 것들이 많다. 시각 장애는 흰 지팡이를 사용할 때 더 드러난다. 발달장애 혹은 자폐가 있는 사람이 사진이나 그림, 스마트폰 앱을 이용한 '보완 대체 의사소통'을 쓴다면 장애는 더 드러날 것이다. 이처럼 기술이나 장치의 사용으로 숨겨져 있던 장애를 드러내고, 이를 통해 장애의 낙인 효과를 발생시키는 것을 '보조 기술 낙인'이라고 한다. 이 때문에 장애인들이 보조 기술 사용을 꺼리거나 아예 거부하기도 한다.

① 장애를 구성하는 데 사회 문화적 인식들이 역할을 하고 있다.
② 신체적 · 행동적 차이가 드러나기에 사회적 제약을 받을 수 있다.
③ 기술의 발달은 장애인을 사회적 의존 상태에서 벗어나게 한다.
④ 보조 기술 낙인은 장애에 대한 일종의 사회 문화적 인식이라 할 수 있다.
⑤ 보조 기술 낙인으로 인해 장애인의 자존감과 정체성이 훼손될 수 있다.

41

ⓐ와 ⓑ의 관계로 가장 적절한 것은?

① 서로 영향을 주고받는 상호 계기적 관계이다.
② 양쪽의 논리가 충돌하는 상호 모순적 관계이다.
③ 지향하는 목적이 상반되는 상호 대척적 관계이다.
④ 각각의 결점을 서로 채워주는 상호 보완적 관계이다.
⑤ 서로의 개념과 활동을 한정하는 상호 규정적 관계이다.

[42~45] 다음 글을 읽고 물음에 답하시오.

> 동굴 입구가 무너져 두 사람이 갇혔는데 산소가 모자란다. 당신이라면 어떻게 하겠는가? 가능한 방안은 1) 다른 사람을 희생시키거나, 2) 그냥 있거나, 3) 다른 사람을 위해 당신이 기꺼이 희생하는 것이다. 이 세 방안은 다른 윤리적 입장을 드러낸다. 2)는 피동적으로 운명에 맡기는 운명주의의 입장이지만, 사람들은 대개 적극적으로 1)이나 3)을 시도할 것이다. 이때 1)은 ㉠윤리적 이기주의로, 3)은 ㉡윤리적 이타주의로 부른다.
>
> 윤리적 이타주의는 타인의 이익을 위해 행동해야 한다는 입장이다. 몸으로 수류탄을 덮어 부하를 구한 경우가 전형적 사례이다. 이는 성인(聖人)의 경지라고 하겠지만, 가족을 위할 때나 익명으로 기부할 때처럼 평범한 이들도 이러한 행위를 할 수 있다. 그러나 윤리적 이타주의를 모두가 행할 수는 없으며, 설혹 타인을 위하려 해도 어려운 점이 있다. 무엇이 타인을 위한 행위가 되는지 모를 수 있고, 적절한 행위가 떠오른다고 해도 그것을 실제로 행할 능력이 없을 수도 있다. 실현성에서 윤리적 이타주의는 큰 난점이 있는 것이다.
>
> 반면에 윤리적 이기주의는 인간이 본능적인 이기심을 가진다는 사실과 부합한다. 인간은 무엇이 자신에게 이익이 될까 생각하고 실제로 그렇게 행동하기 때문이다.

이처럼 인간은 '오로지' 자기 이익을 위해서만 행동하도록 동기 부여된 존재이며 타인을 위한 동기를 갖지 않는다고 보는 것을 ⓒ심리적 이기주의라고 한다. 윤리적 이기주의자들은 자신의 입장이 심리적 이기주의를 기반으로 성립한다고 주장한다. 심리적 이기주의가 타당하다면 인간은 자기 이익을 위해 행동하는 것이 마땅하다는 윤리 규범도 성립한다는 것이다.

(가)
'이기심'이라는 용어에 대해 인간의 심리적 동기를 기준으로 살펴보면, 일반적으로 인간의 모든 심리적 동기는 여섯 유형으로 구분된다. 이는 1) 타인에게 해를 끼치는 악의적 동기, 2) 오로지 자신의 이익만 추구하는 이기적 동기, 3) 자신과 타인의 이익을 같이 고려하는 합리적 동기, 4) 타인의 이익만을 고려하는 이타적 동기, 5) 자신과 타인의 이익 대신 오로지 도덕적으로 옳은 것만을 고려하는 의무적 동기, 6) 마음의 유덕한 성품에서 저절로 우러나오는 유덕한 동기이다.

심리적 이기주의는 이 가운데 2)만 인정할 수밖에 없다. 그래서 일단 1)과 3)은 2)의 변형이며, 특히 3)에 대해서는 자신의 이익이 우선일 것으로 본다. 여기에 4), 5), 6)까지 불가능해야 심리적 이기주의가 타당하게 될 것인데, 5)와 6)에 대해서는 그 이면에 자기 이익이라는 동기가 반드시 숨어 있을 것이므로 2)와 같다고 보며, 4)에 대해서는 이에 따른 행위가 불가능하다고 본다. 그러나 4)에 따른 행위가 실제로 있다는 반박에 대해 또 다른 해명을 시도한다. 4)는 겉으로는 이타적일지 몰라도 속으로는 심리적 자기만족이라는 동기가 숨어 있기에 결국 2)가 된다는 것이다. 그러나 이에 대해 또 다른 반박이 가능하다. 그러한 해명은 타인을 속이거나 무시하여 정당한 몫 이상의 이익을 추구한다는 이기적이라는 말의 뜻을 '고상한 욕구 만족'이라는 뜻으로 슬쩍 대체하여 4)를 2)인 것처럼 보이게 한 궤변이라는 것이다. 이로 볼 때 심리적 이기주의를 기반으로 윤리적 이기주의가 성립한다는 주장은 근거가 빈약하게 된다. 그러나 윤리적 이타주의로 되돌아가도 인간의 모든 행위를 포괄할 수 없다면, 실현성 있는 윤리적 이기주의를 좀 더 가다듬을 필요가 있다.

'죄수의 딜레마'로 불리는 실험이 있다. 이는 공범 관계의 두 혐의자에게 범죄를 먼저 자백한 사람은 바로 석방하지만 남은 사람에게는 5년의 형량을 부과하며, 모두 자백하지 않으면 3년을 부과한다고 제안하는 사고 실험이다. 이때 두 사람 각각에게 가장 이익이 되는 것은 동료를 배신하고 먼저 자백하는 것인데, 이는 부도덕하다

는 비난을 받기 쉽겠지만 윤리적 이기주의의 입장에서는 타당한 것이 된다. 그러나 배신의 선택이 가장 나을까? 플러드와 드레서는 이 같은 유형의 실험을 반복하는 연구를 수행한 결과, 배신하지 않을 확률이 높아진다고 보고하였다. 이는 이기심이 맹목적으로 지금 당장 자신만 위하게끔 하는 경향 외에 무엇이 자신에게 장기적으로 더 이익이 될 것인지 고려하면서 타인과 협력하거나 상호부조를 하게끔 하는 합리적인 경향으로도 나타날 수 있음을 시사한다.

이에 따라 윤리적 이기주의는 좀 더 큰 안목의 합리적인 경향으로 이기심을 드러내야 한다는 규범을 마련할 수 있다. 이를 ⓔ'합리적인 윤리적 이기주의'라고 한다면, 이는 이기심을 긍정하는 윤리의 출발점이 될 것이다.

42

윗글에 대한 이해로 적절하지 않은 것은?

① 윤리 규범은 인간의 심리적 사실을 기반으로 성립한다.
② 인간은 이기심을 통하여 타인과 상호부조를 할 수 있다.
③ 이기심으로 인간의 모든 행위를 포괄하여 설명하기 어렵다.
④ 어떤 행위를 해야 타인의 이익이 될 것인지 모를 때가 있다.
⑤ 성인이 아닌 평범한 사람은 타인을 위한 행위를 할 수 없다.

43

〈보기〉의 관점에서 ㉠이 ㉡을 평가하는 말로 가장 적절한 것은? [3점]

보기

칸트는 윤리 규범이 성립하기 위하여 요구되는 원칙으로 '당위 가능 원칙'을 들었다. 이 원칙에서 '당위'는 마땅히 해야 할 것을 뜻하며, '가능'은 실천에 옮길 수 있다는 것을 뜻한다. 곧 마땅히 해야 할 것이라 해도 실천할 수 있어야 규범이 될 수 있다는 것이다.

① 이타적인 행위를 정확히 정의할 수 없다면 ⓒ은 규범으로 성립할 수 없다.

② 이타적인 행위가 아무리 옳다고 해도 실천할 수 없기에 ⓒ은 규범으로 성립할 수 없다.

③ 이기적인 행위에도 이타적인 동기가 개입될 수 있으므로 ⓒ은 규범으로 성립할 수 없다.

④ 이기적인 행위든 이타적인 행위든 모두 인간의 자연스러운 행위이기에 ⓒ처럼 규범으로 정할 필요가 없다.

⑤ 이타적인 행위는 이기적인 행위와 관계없이 인간이 당연히 행해야 할 덕목이므로 ⓒ처럼 규범으로 정할 필요가 없다.

44

〈보기〉는 (가)에 제시된 동기들의 사례를 든 것이다. 이에 대한 ⓒ의 해석으로 적절하지 <u>않은</u> 것은?

> **보기**
>
> ⓐ 악의적 동기: 재판에서 피고인을 곤경에 빠뜨리려고 거짓 증언을 함
> ⓑ 합리적 동기: 친구와 즐거운 시간을 보내려고 놀이 공원에 가고자 함
> ⓒ 이타적 동기: 연인과 헤어진 동료에게 위로차 식사를 대접하고자 함
> ⓓ 의무적 동기: 말기 암 환자에게 암에 걸린 사실을 알려 주고자 함
> ⓔ 유덕한 동기: 길거리에 쓰러진 할머니를 측은하게 여기는 마음으로 돕고자 함

① ⓐ: 피고인을 곤경에 빠뜨림으로써 얻는 유형무형의 이익이 반드시 있을 것이다.

② ⓑ: 자신의 즐거움이라는 이익을 보려 한 것이 우선일 것이며, 친구의 즐거움은 부수적일 것이다.

③ ⓒ: 동료에게 자신이 인간적임을 드러내는 만족감을 느끼려 했을 것이다.

④ ⓓ: 진실을 알려줌으로써 환자에게 죽음에 대비할 시간을 주려고 했을 것이다.

⑤ ⓔ: 할머니를 돕는 데 드는 노력과 시간보다 할머니를 외면함으로써 받을 도덕적 비난을 받지 않는 것이 더 낫다고 보았을 것이다.

45

ⓔ의 입장에서 〈보기〉의 '그'에게 할 수 있는 말로 가장 적절한 것은?

> **보기**
>
> 그는 고속도로로 차를 운전하며, 다른 사람들도 차를 운전한다. 그는 운전 중에 다른 운전자들을 의식하지 않고, 안전하게 교통 규칙을 지키면서도 목적지에 빠르게 도착하는 데에 관심을 쏟으면서 운전한다. 결국 그는 목적지에 빠르고 안전하게 도착한다.

① '그'를 포함한 모든 운전자들이 교통 규칙을 지키는 것이 더 이익이 된다고 믿었으니까 목적지에 빠르고 안전하게 도착하게 된 거야.

② 원래부터 목적지에 빠르고 안전하게 도착하게끔 예정된 운명이었으니까 '그'가 다른 운전자들을 의식하지 않아도 괜찮았던 거야.

③ '그'가 목적지에 빠르고 안전하게 도착하기만 하면 된다고 생각하면서 운전한 것이 의도치 않게 다른 운전자들에게도 이익이 된 거야.

④ 다른 운전자들을 의식하더라도 사정이 그다지 바뀌는 것은 없기에 '그'만 조심해서 안전하게 운전하는 것이 가장 큰 이익이야.

⑤ '그'는 다른 운전자들에게 폐가 될까 걱정해서 안전하게 운전했으니까 사고가 난 것보다 빠르게 목적지에 도착하는 이익을 거둔 거야.

[01~05] 밑줄 친 단어의 뜻으로 가장 적절한 것을 고르시오.

01

When I was a trainee doctor, one of my first patients was an old man with a persistent cough.

① fatal
② occasional
③ irregular
④ chronic
⑤ infectious

02

During the televised court case, the witness statements contradicted each other.

① agreed
② opposed
③ confirmed
④ duplicated
⑤ appreciated

03

As many as two billion people might not exist now if it hadn't been for the advent of agribusiness.

① emergence
② transformation
③ collapse
④ manipulation
⑤ supplement

04

Promotion in the first year is only given in exceptional circumstances.

① adverse
② suspicious
③ customary
④ profitable
⑤ unusual

05

When a nurse holds a bias toward her patients, she may provide substandard care.

① sophisticated
② considerate
③ temporary
④ conventional
⑤ insufficient

[06~07] 다음 대화의 빈칸에 들어갈 말로 가장 적절한 것을 고르시오.

06

A: Hey, Mom. Do you know where my favorite red shirt is?
B: Did you check the top drawer in your room?
A: Yes. But it wasn't there.
B: Take a look inside the dryer, then.
A: Oh, here it is. But it's still wet.
B: _____.

127

A: Oh, no! The school bus is going to be here any minute.

B: Well, you're just going to have to wear a different shirt then.

① You can buy a new shirt instead

② Then you can wear it right away

③ Just put it in the washing machine

④ I hope you find your favorite shirt soon

⑤ It's going to take at least twenty more minutes

07

A: Congratulations on getting the Medal of Honor, Sergeant Park.

B: I don't know if I deserve it, Commissioner.

A: Of course you do. What you did to save that young man's life was very brave.

B: _____.

A: That's very modest of you. It's people like you that make our department proud.

B: Thank you. I'm just glad the young man is doing well.

A: Thanks to you, our city's streets are a little safer and warmer.

B: I will cherish this moment forever.

① I've never been afraid of anything

② I've always considered myself to be a hero

③ I'm sure anyone else would have done the same

④ I'm not sure if you're the right person for this medal

⑤ I think arresting criminals should come before everything

[08~09] 밑줄 친 부분 중, 어법상 틀린 것을 고르시오.

08

The most common theory points to the fact that men are stronger than women, and that they have used their greater physical power to force women into submission. A more subtle version of this claim argues that their strength allows men to monopolise tasks that demand hard manual labour, such as ploughing and harvesting. This gives them control of food production, which in turn ① translate into political power. However, the statement that 'men are stronger than women' is true only on average, and only with regard to certain types of strength. Women are generally more resistant to hunger, disease and fatigue than men. There are also many women who can run faster and ② lift heavier weights than many men. Furthermore, and most problematically for this theory, women have, throughout history, ③ been excluded mainly from jobs that require little physical effort such as the priesthood, law and politics, while ④ engaging in hard manual labour in the fields, in crafts and in the household. If social power ⑤ were divided in direct relation to physical strength, women should have got far more of it. [3점]

09

Hugs play a role in physical intimacy and health. Researchers examined the interplay between exposure to illness, social support, and daily hugs. In the name of science (and possibly a hundred bucks), 404 healthy adults agreed to inhale nasal drops that exposed

① them to the common cold. First, the researchers drew blood samples to confirm ② that the volunteers were not immune. Then they surveyed the participants over fourteen consecutive days, ③ asked about hugs received. Finally, they exposed volunteers to the cold virus and ④ monitored symptoms, such as mucus production, in quarantine for five days. Those who got daily hugs ⑤ were 32 percent less likely to get sick. Hugs don't make you impervious to a cold, it turns out. But the huggers who did get sick didn't get as sick. They had less severe symptoms and got better faster.

[10~12] (A), (B), (C)의 각 네모 안에서 문맥에 맞는 낱말로 가장 적절한 것을 고르시오.

10

Are hybrid cars really environmentally friendly? It depends on how they're used. They're great for city drivers, when a hybrid can rely almost fully on its electric motor, which is quiet, doesn't create any emissions, will turn off completely when the car is stationary and, crucially, gives (A) poor / superb fuel economy. Drive out onto the highway, though, and the hybrid will have to fall back on its petrol engine because the electric motor simply doesn't have the power to drive the car at (B) higher / lower speeds, nor the energy to run for long distances. In such cases the hybrid will act just like a comparable conventional petrol-powered car, offering similar fuel economy and the same emissions. You should also take into account that the manufacturing of batteries for a hybrid car requires a lot of energy.

Then, after they have reached the end of their life—which may be after just a few years—more energy is required to decommission and recycle them. This and the development impact actually make hybrid cars (C) less / more environmentally friendly than the manufacturers would like you to believe.

	(A)	(B)	(C)
①	poor	lower	less
②	poor	lower	more
③	poor	higher	less
④	superb	higher	more
⑤	superb	higher	less

11

Given the diversity of American society, it has been impossible to insulate the schools from pressures that result from differences and tensions among groups. When people differ about basic values, sooner or later those (A) agreements / disagreements turn up in battles about how schools are organized or what the schools should teach. Sometimes these battles remove a terrible injustice, like racial segregation. Sometimes, however, interest groups (B) retain / politicize the curriculum and attempt to impose their views on teachers, school officials, and textbook publishers. Across the country, even now, interest groups are pressuring local school boards to remove myths and fables and other imaginative literature from children's readers and to inject the teaching of creationism in biology. When groups cross the line into extremism, advancing their own agenda without regard to reason or to others, they threaten public education itself, making it difficult to teach any issues honestly and making the entire curriculum (C) invulnerable / vulnerable to political campaigns.

	(A)	(B)	(C)
①	agreements	retain	invulnerable
②	agreements	politicize	vulnerable
③	disagreements	retain	invulnerable
④	disagreements	politicize	vulnerable
⑤	disagreements	retain	vulnerable

12

As the largest predatory fish on Earth, great white sharks are already impressive, armed with up to 300 sharp teeth and weighing up to 5,000 pounds. Now, new research adds more intrigue to the oceanic beasts, suggesting that the animals can change color—perhaps as a (A) camouflage / cluster strategy to sneak up on prey. In new experiments off South Africa, researchers dragged a seal decoy behind a boat to (B) dispel / entice several sharks to leap out of the water near a specially designed color board with white, gray, and black panels. The team photographed the sharks each time they jumped, repeating the experiment throughout the day. One shark, easily (C) concealable / identifiable because of a mark on its jaw, appeared as both dark gray and much lighter gray at different times of day. The scientists verified this using computer software to correct for variables such as weather, light levels, and camera settings.

	(A)	(B)	(C)
①	camouflage	dispel	identifiable
②	camouflage	entice	identifiable
③	camouflage	entice	concealable
④	cluster	entice	concealable
⑤	cluster	dispel	identifiable

[13~14] 밑줄 친 부분 중, 문맥상 낱말의 쓰임이 적절하지 않은 것을 고르시오.

13

Left to their own devices, most children won't hesitate to, say, lick a doorknob or wipe snot with their sleeve. But is there any truth to the idea that their ① distaste for getting dirty can be beneficial to their health? That theory dates to the 1800s, when European doctors realized that farmers suffered fewer allergies than city slickers. However, it didn't gain widespread attention until 1989, when British epidemiologist David Strachan discovered that youngsters with older siblings were less susceptible than other kids to hay fever and eczema. Strachan suggested that early childhood infections "transmitted by unhygienic contact" helped ② foster a robust immune system. His theory, called the hygiene hypothesis, provides a ③ convenient explanation for why allergies and asthma, as well as autoimmune disorders like multiple sclerosis and Crohn's disease, have increased 300 percent or more in the U.S. since the 1950s. Maybe Western societies have become too clean for their own good, and parents too ④ fearful of a little dirt. "Whatever it is that's happening in the modern world, it's causing the immune system to be ⑤ active when it doesn't need to be," says microbiologist Graham Rook of University College London.

[3점]

14

Age is much more than the number of birthdays you've ① <u>clocked</u>. Stress, sleep, and diet all influence how our organs cope with the wear and tear of everyday life. Factors like these might make you age faster or slower than people born on the same day. That means your biological age could be quite different from your chronological age-the number of years you've been alive. Your biological age is likely a better ② <u>reflection</u> of your physical health and even your own mortality than your chronological age. But calculating it isn't nearly as ③ <u>straightforward</u>. Scientists have spent the last decade developing tools called aging clocks that assess markers in your body to ④ <u>veil</u> your biological age. The big idea behind aging clocks is that they'll essentially indicate how much your organs have ⑤ <u>degraded</u>, and thus predict how many healthy years you have left.

15

Porcelain Tower에 관한 다음 글의 내용과 일치하는 것은?

In early 15th-century China, the Yongle Emperor of the Ming dynasty ordered the construction of a towering monument to honor his mother. The Porcelain Tower was a grand pagoda built in the city of Nanjing-the imperial capital at the time-as part of the grand Bao'en Buddhist Temple complex. The tower was constructed from white porcelain bricks, which would have glistened in the sunlight, and adorned with vibrant glazed designs of animals, lowers and landscapes in greens, yellows and browns. Historians studying the remnants suggest that the glazed porcelain bricks were made by highly skilled workers, but sadly the methods used to make them have been lost to history. Some of the largest bricks were more than 50 centimeters thick and weighed as much as 150 kilograms each, with the colored glazes staying bright for centuries. Nowadays, workers trying to replicate these porcelain slabs struggle to make anything larger than five centimeters thick and their colors fade after just a decade.

① Its bricks were all the same size.
② It stood in a temple of a rural area.
③ It was built to honor the Emperor's mother.
④ It was decorated with the shapes of the sun.
⑤ Its porcelain slabs have been successfully replicated today.

16

Nadine Gordimer에 관한 다음 글의 내용과 일치하는 것은?

The South African novelist Nadine Gordimer was awarded the Nobel Prize for Literature in 1991 not only for her excellent literary skills but also for her consistent and courageous criticism of apartheid, which was a system of strictly segregating the blacks from the whites in all spheres of life. Her attack on apartheid was not primarily a political gesture. As a novelist, she was more interested in the human aspect of apartheid and racism. She knew, for one thing, that she herself, as a white middle-class intellectual living in South Africa, benefited from the system. She also knew that the whites responsible for keeping up the racist system suffered in their own ways from it. Her novels and short stories, therefore, concentrate on the moral dilemmas imposed on the individuals by the social relations of South Africa. Although as an intellectual she is capable of making unambiguous political statements on delicate social issues, as a novelist she is more interested in the less clear aspects of humans living in a society based on inequality and injustice.

① Her novels neglected the ethical problems faced by the whites.
② Her fight against apartheid was mainly driven by political ambition.
③ Her growth as a writer was attributed to her middle-class black parents.
④ She was acknowledged for her strong stance against racial discrimination.
⑤ She was praised for her ability to avoid delicate issues on South African politics.

[17~23] 다음 글의 빈칸에 들어갈 말로 가장 적절한 것을 고르시오.

17

Imagine you jump into a river to save a drowning child. This would probably seem to most people a good thing to do. For Kant, however, it is only a good thing to do if you jumped into the river to save the drowning child because you knew it was your moral duty to do so. If you jumped into the river to save the child because you thought it might make you look good, would impress your friends and get you on television or even because you cared for the child, then, from a Kantian perspective, it is no longer

a moral act. For Kant, it is not essential that you actually save the drowning child. What counts is the will or intention to save them. Where the consequentialist, obviously, would be primarily focused on the outcome, Kant is concerned with choice and _____. [3점]

① repression
② decision
③ intuition
④ satisfaction
⑤ motivation

18

The ability to record information is one of the lines of demarcation between primitive and advanced societies. Basic counting and measurement of length and weight were among the oldest conceptual tools of early civilizations. By the third millennium B.C. the idea of recorded information had advanced significantly in the Indus Valley, Egypt, and Mesopotamia. Accuracy increased, as did the use of measurement in everyday life. The evolution of script in Mesopotamia provided a precise method of keeping track of production and business transactions. Written language enabled early civilizations to measure reality, record it, and retrieve it later. Together, measuring and recording _____ the creation of data. They are the earliest foundations of datafication.

① complicated
② reversed
③ imitated
④ hindered
⑤ facilitated

19

The news is not what it used to be. These days most consumers get most of their bulletins online. Since online publishing is cheap, a profusion of new sources have sprung up. Websites run by established newspapers compete with newer, online-only outlets and professional (or amateur) blogs, not to mention the mix of articles, digital chain-letters and comments curated by the algorithms of social-media sites such as Facebook and Twitter. Established media have struggled. Much of the advertising that used to pay journalists' salaries has gone to Facebook and Google, the two big technology firms that dominate the market for online advertising. Print circulation has collapsed. Local papers have been particularly hard hit, with many going bust. Social-media algorithms prioritise attention-grabbing clickbait over _____, which helps propel nonsense around the world. Collins, a dictionary-publisher, declared "fake news" its 2017 neologism of the year.

① subjective opinion

② racy headlines

③ boring truth

④ online etiquette

⑤ exaggerated ads

20

Since the 1990s, businesses and police have teamed up to pump classical music onto crime-ridden streets, parking lots, and malls. Why? Because there's evidence that a little bit of Bach may deter crime. In 2005, the London Underground started piping classical music at certain Tube stations, and within a year, robberies and vandalism were sliced by a third. Light-rail stations in Portland, Oregon—and other transit hubs like New York's Port Authority bus terminal—have also reported drops in vagrancy thanks to the crime-stopping powers of Baroque maestros like Vivaldi. The logic? For one, classical music can be calming. But more importantly, the people who loiter and vandalize—often teenagers—usually don't enjoy orchestral music. And if an environment's soundscape annoys you, then chances are you won't _____. Apparently, this works on animals too. At Gloucestershire Airport in Staverton, England, airport chiefs learned the best way to scare away birds was to drive a van blaring Tina Turner's biggest hits. [3점]

*vagrancy: 방랑, 부랑죄

① get emotionally stable

② want to loaf around there

③ be in the mood for classical music

④ commit a serious crime on the spot

⑤ pay attention to the music any more

21

African American psychologists Kenneth and Mamie Phipps Clark used sets of toy babies—some with white skin, some with brown—to understand how black children living under segregation in the 1940s developed their sense of self. Black kids presented with both options preferred the pale doll; some even cried when asked which looked like them. The Clarks took this as evidence that youths

_____ : They saw themselves as inferior because of their skin color. The tests impressed attorneys in the famous *Brown v. Board of Education* lawsuit, where Kenneth testified that segregation led to self-hatred. The Supreme Court's 1954 ruling on that case finally integrated schools and spurred a growing movement for civil rights.

① felt the need to free themselves to succeed
② were burdened with expectations from their elders
③ internalized the social values of their environment
④ learned how to avoid oppressive norms and conventions
⑤ had the desire to develop and realize their own potential

22

Astrology contends that which constellation the planets are in at the moment of your birth profoundly influences your future. A few thousand years ago, the idea developed that the motions of the planets determined the fates of kings, dynasties, and empires. Astrologers studied the motions of the planets and asked themselves what had happened the last time that, say, Venus was rising in the Constellation of the Goat; perhaps something similar would happen this time as well. It was a subtle and risky business. Astrologers came to be employed only by the State. In many countries it was a capital offense for anyone but the official astrologer to read the signs in the skies: a good way to overthrow a regime was to predict its downfall. Chinese court astrologers who made

inaccurate predictions were executed. Others simply doctored the records so that afterward _____. Astrology developed into a strange combination of observations, mathematics and careful record-keeping with fuzzy thinking and fraud. [3점]

① a more cautious position would be adopted
② they were in perfect conformity with events
③ people would pay close attention to the stars
④ descendants could learn from their ancestors
⑤ observations of the planets could be encouraged

23

Why don't teens talk to their parents? "Basically, they don't think their parents will understand," says a noted psychologist. "When they are constantly reprimanded or instructed, they may feel that a parent doesn't care how they feel. Silence for a teenager is a weapon. It's their way of saying, "You can't control me anymore." But that doesn't mean you need to spend the next few years in suspended animation. It does mean you have to establish an atmosphere of trust, understanding and flexibility. Here is how: _____ . If your daughter tells you her best friend said her new outfit was awful, refrain from saying, "Why should you care what Jennifer says?" Teenagers care very much what their peers think, and the wise parent accepts that as normal. Try instead, "That must have made you feel terrible. It hurts when people we care about say mean things."

① Resist the temptation to control and keep silent

② Acknowledge and legitimize a teenager's feelings

③ Encourage teens to accept criticism from others

④ Maintain family rituals as a way of staying in touch

⑤ Take adolescent mood swings and silences personally

④ Child Labor During the Industrial Revolution

⑤ Air Pollution: Why London Struggled to Breathe

[24~26] 다음 글의 제목으로 가장 적절한 것을 고르시오.

24

It wasn't unusual in Victorian London to see children digging through junkyards, looking for anything they could resell: scraps of metal, rags, bones—which could be used to make buttons and soap—and even dead cats, which they sold to furriers. But the most prized find? Coal dust. Brickmakers, who mixed it with clay to make blocks, paid a pretty penny for it. It's not that coal dust was scarce. In fact, because of open-hearth fires, ash was everywhere, and would have clogged the city's streets were it not for the dustmen who lugged it from dustbins to the city's outskirts. The scene resembled a regular Dickensian recycling operation: women, men, and children working thigh-deep in dust. Their bosses got filthy rich, but as London's dust supply outstripped demand, profits declined. By the late 19th century, prospects had already tarnished for these once "Golden Dustmen."

① When Victorians Got Rich on Dust

② A Foolproof Recipe for Brickmaking

③ How Bad Is Working in a Coal Mine?

25

The company formerly known as Facebook is so convinced that the metaverse is the future of the internet that last year it changed its name to Meta. Meta and its boss Mark Zuckerberg think that eventually many of us will work, play, and shop in the metaverse. Or at least our avatars will. While for many people this all sounds fanciful, a growing number of companies are buying up space in the metaverse so that they can set up shop there. These firms include the likes of Adidas, Burberry, Gucci, Tommy Hilfiger, Nike, Samsung, Louis Vuitton, and even banks HSBC and JP Morgan. The question for such businesses, though, is what location they pick. There are now some 50 or so different providers of worlds within the metaverse, with the most popular ones including The Sandbox, Decentraland, Voxels, and Somnium Space, plus Meta's own Horizon Worlds. Retailers and other investors are having to gamble on which of these will go on to become the dominant force in the metaverse, gaining the most visits from our avatars. And which other worlds may fade away into obscurity. Further, within the winning ecosystems, firms have to try to pick what will be the most popular areas.

① Setting up Shop in the Metaverse

② Opening Electronic Bank Branches

③ Building Virtual Eco-friendly Environments

④ Climbing the Social Ladder in the Metaverse

⑤ Dominating the Shopping Space with Avatars

26

A new study tests the common belief that the angrier people appear after a service failure, the more compensation they'll get—and shows that often the reverse is true. The effect of intense anger on service reps, the researchers found, varies according to a cultural trait known as *power distance*, or PD: a person's level of acceptance of power differences and hierarchy. Across four experiments involving simulated service interactions, participants with high PD—those who accepted power differences as natural or inevitable—gave more compensation to mildly angry customers than to intensely angry ones, while participants with low PD did just the opposite. Why? The high-PD subjects saw displays of intense anger as inappropriate and punished them, while the low-PD subjects saw the displays as threatening and rewarded them. But when the perception of threat was mitigated (participants were told that customers couldn't harm them), low-PD people, too, gave more compensation to mildly angry customers.

① Does Time Really Fly When You're Having Fun?
② Does the Squeaky Wheel Get the Most Oil?
③ Can a Rolling Stone Gather Any Moss?
④ Can Too Many Chefs Spoil the Broth?
⑤ Can a Stitch in Time Save Nine?

[27~28] 다음 글의 주제로 가장 적절한 것을 고르시오.

27

After the go-go 1990s and 2000s, the pace of economic integration stalled in the 2010s, as firms struggled with the aftershocks of a financial crisis, a populist revolt against open borders and President Donald Trump's trade war. The flow of goods and capital stagnated. Many bosses postponed big decisions on investing abroad: just-in-time gave way to wait-and-see. No one knew if globalisation faced a blip or extinction. Now the waiting is over, as the pandemic and war in Ukraine have triggered a once-in-a-generation reimagining of global capitalism in boardrooms and governments. Everywhere you look, supply chains are being transformed, from the $9 trillion in inventories, stockpiled as insurance against shortages and inflation, to the fight for workers as global firms shift from China into Vietnam. This new kind of globalisation prioritises doing business with people you can rely on, in countries your government is friendly with. It could descend into protectionism, big government and worsening inflation.

① the era of globalisation ushered in by new businesses
② the promotion of globalisation through cost efficiency
③ the switch to a security-first model of globalisation
④ the disruption of globalisation caused by war
⑤ the threat of globalisation to workers' rights

28

Members of the Lost Generation viewed the idea of the "American Dream" as a grand deception. This becomes a prominent theme in F. S. Fitzgerald's *The Great Gatsby* as the story's narrator Nick Carraway comes to realize that Gatsby's vast fortune had been paid for with great misery. To Fitzgerald, the traditional vision of the American Dream—that hard work led to success—had become corrupted. To the Lost Generation, "living the dream" was no longer about simply building a self-sufficient life, but about getting stunningly rich by any means necessary. The term "American Dream" refers to the belief that everyone has the right and freedom to seek prosperity and happiness, regardless of where or into what social class they were born. A key element of the American Dream is the assumption that through hard work, perseverance, and risk-taking, anyone can rise "from rags to riches," to attain their own version of success in becoming financially prosperous and socially upwardly mobile. Since the 1920s, the American Dream has been questioned and often criticized by researchers and social scientists as being a misplaced belief that contradicts reality in the modern United States.

① the repentance of self-reliance through hard work

② the fallacy of the great American Dream

③ the revision of the American Dream

④ the criticism of material success in America

⑤ the realization of the Lost Generation's ideals

[29~30] 다음 글의 요지로 가장 적절한 것을 고르시오.

29

Caitlin Mooney is 24 years old and passionate about technology that dates to the age of Sputnik. Mooney, a recent New Jersey Institute of Technology graduate in computer science, is a fan of technologies that were hot a half-century ago, including computer mainframes and software called COBOL that powers them. That stuff won't win any cool points in Silicon Valley, but it is essential technology at big banks, insurance companies, government agencies and other large institutions. During Mooney's job hunt, potential employers saw her expertise and wanted to talk about more senior positions than she was seeking. "They would get really excited," Mooney said. She's now trying to decide between multiple job offers. The resilience of decades-old computing technologies and the people who specialize in them shows that new technologies are often built on lots of old tech.

① Old technology can still be of great use.

② Keep up with the changing times in the tech world.

③ The best job is one that makes full use of your abilities.

④ Silicon Valley is always in the market for new technology.

⑤ The future of digital technology lies within academic institutions.

30

It's tempting to assume that past successes are a sign of good judgment, and in some cases they may be. The multigenerational success of some German midsize companies and the sheer longevity of Warren Buffett's investment performance are frequently cited examples. But success can have other parents. Luck, the characteristic that Napoleon famously required of his generals, is often the unacknowledged architect of success. Those in sports can attest to the importance of luck as well as skill. Grant Simmer, navigator and designer in four America's Cup yachting victories, has acknowledged the help of luck in the form of mistakes made by his competitors. Sometimes, what looks like sustained success may conceal trickery. Before the Enron scandal broke, in 2001, CEO Jeff Skilling was hailed as a highly successful leader. Toshiba's well-regarded boss, Hisao Tanaka, resigned in disgrace in 2015 after a $1.2 billion profit overstatement covering seven years was unearthed. [3점]

① A watched pot never boils.

② All that glitters is not gold.

③ Time and tide wait for no man.

④ Birds of a feather flock together.

⑤ Don't put all your eggs in one basket.

[31~32] 다음 글에서 전체 흐름과 관계 없는 문장을 고르시오.

31

For centuries, natives of the New Hebrides islands considered a head full of lice a sign of good health. "Observation over the centuries had taught them that people in good health usually had lice and sick people very often did not. The observation itself was accurate and sound," writes Darrell Huff in *How to Lie with Statistics*. ① But the correlation didn't mean lice are the key to good health-it's the other way around. ② Healthy people had lice because their body was just the right temperature, a perfect home for bugs. ③ Thus the proliferation of lice was a key determinant in promoting health in the human body. ④ But when people ran a high fever, their flesh became hot, sending the lice scattering. ⑤ Lice didn't cause good health-they preyed on it.

32

Cryptocurrencies have been around since 2009, and in all this time they have never come to play a major role in real-world transactions—El Salvador's much-hyped attempt to make bitcoin its national currency has become a disaster. ① Suppose, for example, that you use a digital payments app like Venmo, which has amply demonstrated its usefulness for real-world transactions. ② So how did cryptocurrencies come to be worth almost $3 trillion at their peak? ③ Why was nothing done to rein in "stablecoins," which were supposedly pegged to the U.S. dollar but were clearly subject to all the risks of unregulated banking, and are now experiencing a cascading series of collapses reminiscent of the wave of bank failures that helped make the Great Depression great? ④ My answer is that while the crypto industry has never managed to come up with products that are of much use in the real economy, it has been spectacularly successful at marketing itself, creating an image of being both cutting edge and respectable. ⑤ It has done so, in particular, by cultivating prominent people and institutions. [3점]

*cryptocurrency: 암호화폐

[33~34] 글의 흐름으로 보아, 주어진 문장이 들어가기에 가장 적절한 곳을 고르시오.

33

But newly analyzed fossils including wing bones, presented today in the journal *Royal Society Open Science*, have changed the story.

In ancient Flores, an island in eastern Indonesia, "hobbit"-size humans shared the landscape with an immense bird. (①) At more than five feet tall, the Ice Age stork *Leptoptilos robustus* would have towered over the three-foot-tall Homo floresiensis, who lived more than 60,000 years ago. (②) Paleontologists previously thought the big bird was a flightless species that had adapted to live in an isolated island ecosystem. (③) Despite the stork's size, its 12-foot wingspan likely would have allowed it to soar overhead. (④) This new realization prompted paleontologists to revise what they previously thought about the anatomy and behavior of *L. robustus*. (⑤) Rather than a hunter of small prey, the new study suggests the bird was probably a scavenger like other prehistoric, flying storks that are known to have relied on dead animals for their meals.

*paleontologist: 고생물학자

34

Lead ions—while still toxic in other ways—also helped produce nitric oxide, a free radical that killed bacteria before they could infect the eyes.

Egyptians famously rimmed their eyes with black makeup. The makeover wasn't just for humans—cows led into ritual slaughter also got the face paint, as shown in art from 2500 B.C.E. (①) Manuscripts from the era claimed that the eyeliner protected wearers from eye infections, but modern-day scientists were skeptical. (②) After all, the most common formula contained lead. (③) But in 2009, a team of chemists led by a researcher from the University of Pierre and Marie Curie in Paris analyzed samples scraped from tombs and found the ancients were onto something. (④) Further, some of the compounds in the eyeliner aren't native to Egypt, leading researchers to believe that the makeup wasn't just used because it was on hand—it was deliberately manufactured. (⑤) The study's authors dubbed the eyeliner the first large-scale chemical manufacturing process known to us.

35

다음 글의 내용을 한 문장으로 요약할 때, 빈칸 (A), (B)에 들어갈 말로 가장 적절한 것은?

Ancient Greek democracy allowed the public to participate directly in the affairs of government, choosing policies and making governing decisions. In this sense, the people were the state. In contrast, the Roman Empire laid out the concept of republicanism, which emphasized the separation of powers within a state and the representation of the public through elected officials. Thus, while Greece gives us the idea of popular sovereignty, it is from Rome that we derive the notion of legislative bodies like a senate. In their earliest forms, neither Greek democracy nor Roman republicanism would be defined as liberal democracies by today's standards. Both emphasized certain democratic elements but restricted them in fundamental ways. As political rights and institutions have expanded over the centuries, republicanism and democracy have become intertwined to produce the modern liberal democratic regime we know today.

↓

Although the forms of government in ancient Greece and Rome were _____(A)_____, together they provided the _____(B)_____ for modern democracy.

	(A)		(B)
①	primitive	......	deficiencies
②	interchangeable	......	inspiration
③	ideal	......	riddles
④	dissimilar	......	foundation
⑤	groundbreaking	......	groundwork

36

다음 글의 빈칸 (A), (B)에 들어갈 말로 가장 적절한 것은?

How we look at purpose is often connected to perceived importance. _____(A)_____, we say that the purpose of the bee is to pollinate the flower if we see the flower as the object of primary concern; but if we are,

say, beekeepers, we would be more likely to say that the purpose of the bee is to produce honey to feed the hive. Here purpose can be seen to be relative to a larger context-carrying seeds for flowers, or producing honey for the hive-and is connected with exploiting or using something for certain ends. _____(B)_____, in nature it is often not quite clear who is using who. Is the small bird that eats ticks from the hide of the rhinoceros using the rhino as a large all-you-can-eat buffet, or is the rhino using the bird as a means of ridding itself of annoying ticks? They both need each other. So purpose is relative, then, and relates to something's or someone's relative importance.

	(A)		(B)
①	For instance	......	Otherwise
②	In contrast	......	Moreover
③	For instance	......	Yet
④	In contrast	......	Thus
⑤	Furthermore	......	However

[37~38] 주어진 글 다음에 이어질 글의 순서로 가장 적절한 것을 고르시오.

37

The women's movement since the sixties has developed in a way that exactly mirrors traditional male attitudes. It is as if we have a pattern burned into our brains and we can't move outside it. I've been thinking recently about why on the whole the women's movement has not fulfilled its potential.

(A) In today's Japan there are very few women in public life, much fewer than anywhere in the West, and when they are, it's nearly always in cultural things. So, all the great explosion of energy has ended up with a very narrow section of the female population doing better than it did before.

(B) They have good jobs, usually in cultural things like television and radio, newspapers, and so on. This is also true in countries where women have an extremely bad time, like Japan.

(C) It burst on the scene with enormous energy all over Europe and in America. Yet the energy dissipated, and what has actually been achieved is this: that in all the European countries and America and Canada middle-class women who were probably young in the sixties and are now middle-aged have done rather well.

① (A) − (C) − (B)   ② (B) − (A) − (C)
③ (B) − (C) − (A)   ④ (C) − (A) − (B)
⑤ (C) − (B) − (A)

38

Ever more scholars see cultures as a kind of mental infection or parasite, with humans as its unwitting host. Organic parasites, such as viruses, live inside the body of their hosts.

(A) The human dies, but the idea spreads. According to this approach, cultures are not conspiracies made up by some people in order to take advantage of others.

Rather, cultures are mental parasites that emerge accidentally, and thereafter take advantage of all people infected by them.

(B) In just this fashion, cultural ideas live inside the minds of humans. They multiply and spread from one host to another, occasionally weakening the hosts and sometimes even killing them. A cultural idea can compel a human to dedicate his or her life to spreading that idea, even at the price of death.

(C) These parasites multiply and spread from one host to the other, feeding off their hosts, weakening them, and sometimes even killing them. As long as the hosts live long enough to pass along the parasite, it cares little about the conditions of its host.

[3점]

① (A) − (C) − (B)   ② (B) − (A) − (C)
③ (B) − (C) − (A)   ④ (C) − (A) − (B)
⑤ (C) − (B) − (A)

[39~40] 다음 글을 읽고, 물음에 답하시오.

To many Americans, Cinco de Mayo is a day for eating Mexican food and drinking liberally. But the real history is far more __

_____.

It started in the 1860s. France wanted to expand its empire into Mexico, and Napoleon III ordered his troops to head toward Mexico City to overthrow Mexico's democratically elected President Benito Juárez, while Abraham Lincoln was preoccupied with the Civil War. The hyperorganized French forces were widely expected to triumph, leading to a new Mexican monarchy that would side with the Confederacy.

But then, on May 5, 1862, the Mexican forces defeated the French in the Battle of Puebla. That surprise victory brought together Latinos who had come north during the gold rush, leading to spontaneous celebrations, says David E. Hayes-Bautista, author of *El Cinco de Mayo: An American Tradition*. (The first took place in Tuolumne County in California.) Soon they started a network of organizations to support the fight against slavery both in Mexico and the U.S.

But in the 1930s, though, as the Civil War became a more distant memory, Cinco de Mayo's significance as a civil rights holiday started to fall by the wayside. By the 1980s and 1990s the number of Hispanic consumers had risen dramatically, and marketers—especially within the spirits industry—seized the moment. They made the holiday ubiquitous by turning it into a general celebration of Mexican-American culture, and the parties rage on today.

39

윗글의 빈칸에 들어갈 말로 가장 적절한 것은? [3점]

① geographically driven
② politically charged
③ conspiracy ridden
④ culturally distorted
⑤ economically balanced

40

윗글의 제목으로 가장 적절한 것은?

① The Surprising Evolution of Cinco de Mayo
② The Political Significance of Mexican Cuisine
③ Revisiting the History of Mexican Immigration
④ All Against Slavery: Struggles of the Confederacy
⑤ The Restoration of Civil Rights Through Cinco de Mayo

[41~42] 다음 글을 읽고, 물음에 답하시오.

Have you ever looked at the nighttime horizon and gasped at the sight of a spectacularly large moonrise? Typically, if you glance up at the sky hours later, the moon will seem to have shrunk. Dubbed the moon illusion, this phenomenon has been witnessed for thousands of years, a visual trickery that takes place all in the mind. And, even after so long, scientists still disagree on what exactly is happening in our brains. To test it, you can snap a picture of the rising moon on the horizon and compare it to an image taken later that night. The size will remain consistent, even if your eyes deceive in the moment. (A)_____ , during a supermoon, when the date of the full moon coincides with the point closest to Earth in the lunar orbit and the moon appears roughly 7 percent bigger, the naked eye can barely see the increase—even if you convince yourself otherwise.

One common explanation for the illusion is that when the moon is near the horizon, trees or buildings juxtaposed against the sky fool your brain into perceiving the moon as closer to Earth, and therefore extra big. _____(B)_____ , astronauts in orbit also witness the moon illusion without foreground objects, so this doesn't quite solve the problem.

While other hypotheses abound, the moon illusion still holds some intrigue for scientists—and anyone who takes the time to sit back and savor this lunar mystery.

*juxtapose: 나란히 놓다

41

윗글의 제목으로 가장 적절한 것은?

① Traveling to the Moon Made Easy
② Lunar Eclipse During Supermoons
③ The Breathtaking View from Outer Space
④ The Optical Illusion of the Size of the Moon
⑤ The Shrinking Universe: A Cause for Worry?

42

윗글의 빈칸 (A), (B)에 들어갈 말로 가장 적절한 것은?

	(A)		(B)
①	Similarly	......	Moreover
②	For example	......	On one hand
③	Similarly	......	However
④	For example	......	Likewise
⑤	On the contrary	......	Therefore

[43~45] 다음 글을 읽고, 물음에 답하시오.

(A)

It was 1948, and Eleanor Abbott was bored. The retired schoolteacher was stuck in a San Diego hospital surrounded by young children who, like her, were suffering from polio. The kids were lonely and sad, and Abbott, with nothing else to do, decided that a cheerful board game could be the perfect antidote. So she supposedly grabbed a piece of butcher paper and started sketching plans.

(B)

While Milton Bradley kept that origin story under wraps for decades, the game's connection to the disease didn't stop there. It's possible that polio helped make *Candy Land* famous. In the early 1950s, a polio epidemic swept the country. The best way to stay healthy was to avoid people. Public swimming pools, playgrounds, and bowling alleys were shuttered. Moviegoers were encouraged to sit far from each other at the theater. Wary parents wouldn't even let their kids outside to play. Healthy or sick, everybody needed entertainment to help pass the time. That, coupled with the fact that postwar Americans had more money and leisure time than ever, provided ideal conditions for making a child's board game popular. Plus, it was about candy!

(C)

Today, polio has practically been eradicated from the globe. *Candy Land*, however, keeps on giving. It's sold more than 40 million copies and was inducted into the National Toy Hall of Fame in 2005. But Abbott kept a humble low profile for the rest of her life. According to Nicolas Ricketts of The Strong-a museum in Rochester, New York, devoted to the history and exploration of play-when Abbott received her first royalty check, she gave much of the money right back to the children she met in the ward. How sweet!

(D)

    The end result was perfect for young children. No counting. No reading. Players simply needed to grasp colors and follow instructions on the cards to travel around the board, stopping at various delicious-sounding locations along the way. She shared it with the children in the polio ward, and they loved it. One year later, Milton Bradley bought the game-and it became a surprise hit: *Candy Land*.

43

주어진 글 (A)에 이어질 내용을 순서에 맞게 배열한 것으로 가장 적절한 것은? [3점]

① (B) − (D) − (C)
② (C) − (B) − (D)
③ (C) − (D) − (B)
④ (D) − (B) − (C)
⑤ (D) − (C) − (B)

44

윗글의 제목으로 가장 적절한 것은?

① How to Play *Candy Land* with Kids
② The Bittersweet History of *Candy Land*
③ Using *Candy Land* as an Educational Tool
④ *Candy Land*: Boosting Children's Confidence
⑤ The Decline of the Popularity of *Candy Land*

45

윗글의 내용과 일치하지 <u>않는</u> 것은?

① *Candy Land* requires basic arithmetic skills.
② America was struck with an epidemic in the 1950s.
③ Eleanor Abbott made *Candy Land* while hospitalized.
④ Eleanor Abbott shared her first royalty check with others.
⑤ At first, Milton Bradley did not reveal the origin story of *Candy Land*.

[01~20] 각 문항의 답을 하나만 고르시오.

01

넓이가 $5\sqrt{2}$인 예각삼각형 ABC에 대하여 $\overline{AB}=3$, $\overline{AC}=5$일 때, 삼각형 ABC의 외접원의 반지름의 길이는? [3점]

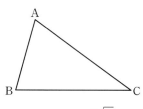

① $\dfrac{3\sqrt{3}}{2}$ ② $\dfrac{7\sqrt{3}}{4}$

③ $2\sqrt{3}$ ④ $\dfrac{9\sqrt{3}}{4}$

⑤ $\dfrac{5\sqrt{3}}{2}$

02

시각 $t=0$일 때 동시에 원점을 출발하여 수직선 위를 움직이는 두 점 P, Q의 시각 $t(t\geq0)$에서의 속도가 각각

$$v_P(t)=3t^2+2t-4, \quad v_Q(t)=6t^2-6t$$

이다. 출발한 후 두 점 P, Q가 처음으로 만나는 위치는? [3점]

① 1   ② 2

③ 3   ④ 4

⑤ 5

03

직선 $x=a$와 세 함수

$$f(x)=4^x, \; g(x)=2^x, \; h(x)=-\left(\frac{1}{2}\right)^{x-1}$$

의 그래프가 만나는 점을 각각 P, Q, R라 하자. $\overline{PQ}:\overline{QR}=8:3$일 때, 상수 a의 값은? [3점]

① 1   ② $\dfrac{3}{2}$

③ 2   ④ $\dfrac{5}{2}$

⑤ 3

04

자연수 $k(k\geq2)$에 대하여 집합

$A=\{(a,\,b)\,|\,a,\,b$는 자연수, $2\leq a\leq k$, $\log_a b\leq2\}$의 원소의 개수가 54일 때, 집합 A의 원소 $(a,\,b)$에 대하여 $a+b+k$의 최댓값은? [3점]

① 27   ② 29

③ 31   ④ 33

⑤ 35

05

사차함수 $f(x)$는 $x=1$에서 극값 2를 갖고, $f(x)$가 x^3으로 나누어떨어질 때,

$$\int_0^2 f(x-1)\,dx$$의 값은? [4점]

① $-\dfrac{12}{5}$ ② $-\dfrac{7}{5}$

③ $-\dfrac{2}{5}$ ④ $\dfrac{3}{5}$

⑤ $\dfrac{8}{5}$

06

두 정수 a, b에 대하여

$$a^2+b^2 \leq 13,\ \cos\frac{(a-b)\pi}{2}=0$$

을 만족시키는 모든 순서쌍 $(a,\,b)$의 개수는? [4점]

① 16 ② 20

③ 24 ④ 28

⑤ 32

07

최고차항의 계수가 1인 삼차함수 $f(x)$는 $x=1$과 $x=-1$에서 극한값을 갖는다.

$\{x\,|\,f(x)\leq 9x+9\}=(-\infty,\,a]$를 만족시키는 양수 a의 최솟값은? [4점]

① 1 ② 2

③ 3 ④ 4

⑤ 5

08

원 $x^2+y^2=r^2$ 위의 점 $(a,\,b)$에 대하여 $\log_r|ab|$의 최댓값을 $f(r)$라 할 때, $f(64)$의 값은? (단, r는 1보다 큰 실수이고, $ab\neq 0$이다.) [4점]

① $\dfrac{7}{6}$ ② $\dfrac{4}{3}$

③ $\dfrac{3}{2}$ ④ $\dfrac{5}{3}$

⑤ $\dfrac{11}{6}$

09

집합 $A = \{1, 2, 3, 4, 5\}$에서 A로의 함수 중에서 다음 조건을 만족시키는 함수 $f(x)$의 개수는? [4점]

(가) $\log f(x)$는 일대일함수가 <u>아니다.</u>

(나) $\log \{f(1) + f(2) + f(3)\}$
$= 2\log 2 + \log 3$

(다) $\log f(4) + \log f(5) \leq 1$

① 134   ② 140

③ 146   ④ 152

⑤ 158

10

함수 $f(x) = \begin{cases} (x+2)^2 & (x \leq 0) \\ -(x-2)^2 + 8 & (x > 0) \end{cases}$

이 있다. 실수 $m(m < 4)$에 대하여 곡선 $y = f(x)$와 직선 $y = mx + 4$로 둘러싸인 부분의 넓이를 $h(m)$이라 할 때, $h(-2) + h(1)$의 값은? [4점]

① 75   ② 78

③ 81   ④ 84

⑤ 87

11

수열 $\{a_n\}$의 일반항이 $a_n = \dfrac{\sqrt{9n^2 - 3n - 2} + 6n - 1}{\sqrt{3n+1} + \sqrt{3n-2}}$

일 때, $\sum\limits_{n=1}^{16} a_n$의 값은? [4점]

① 110   ② 114

③ 118   ④ 122

⑤ 126

12

좌표평면에서 점 $(18, -1)$을 지나는 원 C가 곡선 $y = x^2 - 1$과 만나도록 하는 원 C의 반지름의 길이의 최솟값은? [4점]

① $\dfrac{\sqrt{17}}{2}$ ② $\sqrt{17}$

③ $\dfrac{3\sqrt{17}}{2}$ ④ $2\sqrt{17}$

⑤ $\dfrac{5\sqrt{17}}{2}$

13

좌표평면 위의 점 (a, b)에서 곡선 $y=x^2$에 그은 두 접선이 서로 수직이고 $a^2+b^2\leq\dfrac{37}{16}$일 때, $a+b$의 최댓값을 p, 최솟값을 q라 하자. pq의 값은? [4점]

① $-\dfrac{33}{16}$ ② $-\dfrac{35}{16}$

③ $-\dfrac{37}{16}$ ④ $-\dfrac{39}{16}$

⑤ $-\dfrac{41}{16}$

14

두 다항함수 $f(x)$, $g(x)$에 대하여
$$f(1)=2, g(1)=0, f'(1)=3, g'(1)=2$$
일 때, $\displaystyle\lim_{x\to\infty}\sum_{k=1}^{4}\left\{xf\left(1+\dfrac{3^k}{x}\right)g\left(1+\dfrac{3^k}{x}\right)\right\}$의 값은?

[4점]

① 400 ② 440

③ 480 ④ 520

⑤ 560

15

좌표평면에서 정삼각형 ABC에 내접하는 반지름의 길이가 1인 원 S가 있다. 실수 $t(0\leq t\leq1)$에 대하여 삼각형 ABC 위의 점 P와 원 S의 거리가 t인 점 P의 개수를 $f(t)$라 하자. 함수 $f(t)$가 $t=k$에서 불연속인 k의 개수를 a, $\displaystyle\lim_{t\to1-}f(t)=b$라 할 때, $a+b$의 값은? (여기서, 점 P와 원 S의 거리는 점 P와 원 S 위의 점 X에 대하여 선분 PX의 길이의 최솟값이다.) [4점]

① 6 ② 7

③ 8 ④ 9

⑤ 10

16

좌표평면에 네 점 $A(0, 0)$, $B(1, 0)$, $C(1, 1)$, $D(0, 1)$이 있다. 자연수 n에 대하여 집합 X_n은 다음 조건을 만족시키는 모든 점 (a, b)를 원소로 하는 집합이다.

(가) 점 (a, b)는 정사각형 $ABCD$의 내부에 있다.

(나) 정사각형 $ABCD$의 변 위를 움직이는 점 P와 점 (a, b) 사이의 거리의 최솟값은 $\frac{1}{2^n}$이다.

(다) $a = \frac{1}{2^k}$이고 $b = \frac{1}{2^m}$인 자연수 k, m이 존재한다.

집합 X_n의 원소의 개수를 a_n이라 할 때, $\sum_{n=1}^{10} a_n$의 값은? [4점]

① 100   ② 120

③ 140   ④ 160

⑤ 180

17

두 자연수 a, b에 대하여 함수

$f(x) = \sin(a\pi x) + 2b \, (0 \le x \le 1)$

이 있다. 집합 $\{x \,|\, \log_2 f(x)$는 정수$\}$의 원소의 개수가 8이 되도록 하는 서로 다른 모든 a의 값의 합은?

[5점]

① 12   ② 15

③ 18   ④ 21

⑤ 24

18

함수 $f(x) = \begin{cases} 1+x & (-1 \le x < 0) \\ 1-x & (0 \le x \le 1) \\ 0 & (|x| > 1) \end{cases}$

에 대하여 함수 $g(x)$를

$$g(x) = \int_{-1}^{x} f(t)\{2x - f(t)\}dt$$

라 할 때, 함수 $g(x)$의 최솟값은? [5점]

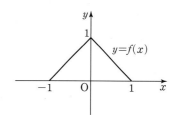

① $-\frac{1}{4}$ ② $-\frac{1}{3}$

③ $-\frac{5}{12}$ ④ $-\frac{1}{2}$

⑤ $-\frac{7}{12}$

19

최고차항의 계수가 양수인 다항함수 $f(x)$와 함수 $y=f(x)$의 그래프를 y축에 대하여 대칭이동한 그래프를 나타내는 함수 $g(x)$가 다음 조건을 만족시킨다.

(가) $\lim\limits_{x \to 1} \dfrac{f(x)}{x-1}$의 값이 존재한다.

(나) $\lim\limits_{x \to 3} \dfrac{f(x)}{(x-3)g(x)}=k$ (k는 0이 아닌 상수)

(다) $\lim\limits_{x \to -3+} \dfrac{1}{g(x)}=\infty$

$f(x)$의 차수의 최솟값이 m이다. $f(x)$의 차수가 최소일 때, $m+k$의 값은? [5점]

① $\dfrac{10}{3}$

② $\dfrac{43}{12}$

③ $\dfrac{23}{6}$

④ $\dfrac{49}{12}$

⑤ $\dfrac{13}{3}$

20

곡선 $y=x^3-x^2$ 위의 제1사분면에 있는 점 A에서의 접선의 기울기가 8이다. 점 $(0, 2)$를 중심으로 하는 원 S가 있다. 두 점

$B(0, 4)$와 원 S 위의 점 X에 대하여 두 직선 OA와 BX가 이루는 예각의 크기를 θ라

할 때, $\overline{BX}\sin\theta$의 최댓값이 $\dfrac{6\sqrt{5}}{5}$가 되도록

하는 원 S의 반지름의 길이는? (단, O는 원점이다.) [5점]

① $\dfrac{3\sqrt{5}}{4}$

② $\dfrac{4\sqrt{5}}{5}$

③ $\dfrac{17\sqrt{5}}{20}$

④ $\dfrac{9\sqrt{5}}{10}$

⑤ $\dfrac{19\sqrt{5}}{20}$

[21~25] 각 문항의 답을 답안지에 기재하시오.

21

수열 $\{a_n\}$이 모든 자연수 n에 대하여

$$\sum_{k=1}^{n} \frac{a_k}{2k-1}=2^n$$

을 만족시킬 때, a_1+a_5의 값을 구하시오. [3점]

22

실수 a, b, c가

$\log\dfrac{ab}{2}=(\log a)(\log b)$,

$\log\dfrac{bc}{2}=(\log b)(\log c)$,

$\log(ca)=(\log c)(\log a)$,

를 만족시킬 때, $a+b+c$의 값을 구하시오. (단, a, b, c는 모두 10보다 크다.) [4점]

23

최고차항의 계수가 1인 이차함수 $f(x)$에 대하여 함수 $g(x)$를 $g(x) = \begin{cases} -x^2+2x+2 & (x<1) \\ f(x) & (x \geq 1) \end{cases}$

이라 하자. 함수 $g(x)$가 $x=1$에서 연속이고 실수 전체의 집합에서 증가하도록 하는 모든 함수 $f(x)$에 대하여 $f(3)$의 최솟값을 구하시오. [4점]

24

모든 실수 x에 대하여 부등식
$$(a\sin^2 x - 4)\cos x + 4 \geq 0$$
을 만족시키는 실수 a의 최댓값과 최솟값의 합을 구하시오. [4점]

25

세 집합 A, B, C는

$A = \left\{ (2+2\cos\theta, 2+2\sin\theta) \,\middle|\, -\frac{\pi}{3} \leq \theta \leq \frac{\pi}{3} \right\}$,

$B = \left\{ (-2+2\cos\theta, 2+2\sin\theta) \,\middle|\, \frac{2\pi}{3} \leq \theta \leq \frac{4\pi}{3} \right\}$,

$C = \{ (a, b) \,|\, -3 \leq a \leq 3, \, b = 2 \pm \sqrt{3} \}$

이다. 좌표평면에서 집합 $A \cup B \cup C$의 모든 원소가 나타내는 도형을 X라 하고, 도형 X와 곡선 $y = -\sqrt{3}x^2 + 2$가 만나는 점의 y좌표를 c라 하자. 집합 X로 둘러싸인 부분의 넓이를 α, 곡선 $y = -\sqrt{3}x^2 + 2$와 직선 $y = c$로 둘러싸인 부분의 넓이를 β라 하자.

$\alpha - \beta = \dfrac{p\pi + q\sqrt{3}}{3}$일 때, $p+q$의 값을 구하시오.

(단, p, q는 정수이다.) [5점]

There is nothing like a dream to create the future.
미래를 창조하기 위해서 꿈만 한 것은 없다.

– 빅토르 위고(Victor Hugo)

2026

KOREAN NATIONAL POLICE UNIVERSITY

경찰대학 기출문제

국어·영어·수학

3 개년 총정리

2025 ~ 2023

빠른 정답 찾기

2025학년도

국어영역

01 ③	02 ②	03 ④	04 ⑤	05 ⑤
06 ①	07 ③	08 ⑤	09 ③	10 ①
11 ④	12 ⑤	13 ⑤	14 ②	15 ①
16 ①	17 ②	18 ④	19 ⑤	20 ②
21 ④	22 ④	23 ⑤	24 ④	25 ②
26 ③	27 ⑤	28 ③	29 ③	30 ②
31 ③	32 ①	33 ①	34 ③	35 ⑤
36 ③	37 ④	38 ③	39 ④	40 ④
41 ⑤	42 ①	43 ④	44 ①	45 ②

영어영역

01 ①	02 ②	03 ③	04 ③	05 ①
06 ②	07 ④	08 ①	09 ④	10 ④
11 ③	12 ②	13 ⑤	14 ②	15 ④
16 ⑤	17 ②	18 ①	19 ①	20 ③
21 ④	22 ②	23 ①	24 ①	25 ③
26 ③	27 ⑤	28 ①	29 ④	30 ④
31 ⑤	32 ③	33 ⑤	34 ④	35 ⑤
36 ③	37 ①	38 ②	39 ⑤	40 ⑤
41 ③	42 ④	43 ③	44 ⑤	45 ⑤

수학영역

01 ②	02 ①	03 ②	04 ①	05 ⑤
06 ①	07 ④	08 ④	09 ③	10 ②
11 ③	12 ④	13 ②	14 ④	15 ⑤
16 ④	17 ⑤	18 ③	19 ④	20 ②
21 34	22 64	23 74	24 4	25 115

2024학년도

국어영역

01 ②	02 ⑤	03 ④	04 ①	05 ③
06 ①	07 ②	08 ⑤	09 ②	10 ③
11 ①	12 ②	13 ⑤	14 ②	15 ④
16 ④	17 ④	18 ⑤	19 ⑤	20 ②
21 ④	22 ⑤	23 ③	24 ④	25 ③
26 ③	27 ④	28 ①	29 ⑤	30 ②
31 ①	32 ①	33 ②	34 ⑤	35 ④
36 ②	37 ④	38 ⑤	39 ③	40 ③
41 ④	42 ③	43 ①	44 ①	45 ③

영어영역

01 ②	02 ①	03 ②	04 ①	05 ⑤
06 ③	07 ⑤	08 ①	09 ②	10 ④
11 ③	12 ③	13 ③	14 ④	15 ④
16 ⑤	17 ④	18 ②	19 ⑤	20 ⑤
21 ①	22 ③	23 ①	24 ②	25 ⑤
26 ②	27 ④	28 ④	29 ④	30 ③
31 ④	32 ②	33 ④	34 ③	35 ③
36 ③	37 ⑤	38 ④	39 ①	40 ①
41 ⑤	42 ①	43 ④	44 ②	45 ⑤

수학영역

01 ②	02 ⑤	03 ⑤	04 ②	05 ③
06 ①	07 ①	08 ④	09 ①	10 ②
11 ①	12 ④	13 ③	14 ④	15 ②
16 ③	17 ③	18 ②	19 ①	20 ⑤
21 4	22 31	23 9	24 118	25 78

2023학년도

국어영역

01 ④	02 ⑤	03 ⑤	04 ①	05 ④
06 ⑤	07 ②	08 ③	09 ②	10 ①
11 ⑤	12 ③	13 ③	14 ②	15 ④
16 ②	17 ④	18 ④	19 ③	20 ⑤
21 ④	22 ①	23 ④	24 ②	25 ⑤
26 ①	27 ③	28 ②	29 ②	30 ③
31 ⑤	32 ①	33 ③	34 ⑤	35 ①
36 ②	37 ③	38 ④	39 ③	40 ③
41 ①	42 ⑤	43 ②	44 ④	45 ①

영어영역

01 ④	02 ②	03 ①	04 ⑤	05 ⑤
06 ⑤	07 ③	08 ①	09 ③	10 ⑤
11 ④	12 ②	13 ①	14 ④	15 ③
16 ④	17 ⑤	18 ⑤	19 ③	20 ②
21 ③	22 ②	23 ②	24 ①	25 ①
26 ②	27 ②	28 ②	29 ①	30 ②
31 ③	32 ①	33 ③	34 ④	35 ④
36 ③	37 ⑤	38 ⑤	39 ②	40 ①
41 ④	42 ③	43 ④	44 ②	45 ①

수학영역

01 ①	02 ④	03 ③	04 ⑤	05 ①
06 ③	07 ④	08 ⑤	09 ⑤	10 ③
11 ②	12 ④	13 ②	14 ③	15 ③
16 ①	17 ①	18 ②	19 ④	20 ②
21 146	22 250	23 7	24 14	25 34

국어영역

01 독서 – 과학

핵심
주제 글의 중심 내용 파악하기

정답 ③

정답 해설

5문단에서 눈에 보이지 않는 구조와 기능 이상이 쌓이고 쌓여서 실제로 큰 문제가 될 정도이면 그 문제는 신체 기능 변화로 관찰되며, 움직이는 능력과 같은 신체 기능의 차이만으로도 그 사람의 노화 축적 정도를 어느 정도 알아낼 수 있다고 서술하고 있다. 그러므로 눈에 보이지 않는 몸의 이상이 누적되어 큰 문제가 발생하면 신체 기능의 변화로는 관찰할 수 없다는 ③의 설명은 적절하지 않다.

오답 해설

① 2문단에서 우리 몸에 쌓인 노화의 누적 정도를 측정하는 표준화된 방법으로 생물학적 나이가 활용된다고 서술하고 있다.
② 5문단에서 생물학적 나이는 인터뷰를 통해 계산한 노쇠 지수나 분자생물학적인 방법으로 측정된 생물학적 나이에 필적하는 정확도를 보인다고 하였으므로, 사람마다 나타나는 신체 기능의 차이, 즉 생물학적 나이는 분자생물학적인 측정 방법을 통해서 파악할 수 있다.
④ 3문단에서 개인의 노쇠 지수를 숫자 나이가 같은 동년배의 평균과 비교해 그 사람이 노화가 더 축적되었는지, 덜 진행되었는지를 꽤 정확히 알 수 있다고 서술하고 있다.
⑤ 5문단에서 '움직임과 관련된 신체 기능'이 상당히 간단하면서도 정확한 노화 평가 방법이며, 이러한 기능적 항목을 조합해 계산한 생물학적 나이는 인터뷰를 통해 계산한 노쇠 지수에 필적하는 정확도를 보인다고 서술하고 있다.

02 독서 – 과학

핵심
주제 글의 서술 방식 이해하기

정답 ②

정답 해설

제시문은 노화와 연관성이 있는 인체의 이상 소견 개수와 노쇠 지수 그래프 등의 근거 자료를 제시하여 노화란 개념의 특성을 분석하고 있다.

오답 해설

① 제시문은 노화의 종류를 구분하고 있지 않고, 이를 설명하기 위한 사례도 제시되어 있지 않다.
③ 제시문의 마지막 문장에서 '그렇다면 잘 나이가 드는 것은 어떤 상태를 의미하는 것일까?'라고 질문 방식을 통해 노화의 개념을 추론하도록 유도하고 있으나, 노화란 개념의 정확성에 의문을 드러내고 있는 것은 아니다.
④ 제시문은 근거 자료를 통해 노화란 개념의 특성을 분석하고 있으나, 각각의 특성 항목을 열거하여 통시적으로 설명하고 있지는 않다.
⑤ 제시문의 핵심 개념은 노화로 이와 상반되는 개념이나 양상은 제시되어 있지 않으며, 따라서 두 대상의 공통점도 도출되어 있지 않다.

03 독서 – 과학

핵심
주제 특정 용어의 개념 이해하기

정답 ④

정답 해설

4문단에서 노화와 연관성이 있는 이상 소견의 개수는 나이에 따라 증가하고, 노쇠 지수도 마찬가지로 인구 집단에서 나이를 추종한다고 서술하고 있다. 그러므로 30개 항목을 측정한 사람들의 나이별 이상 소견 개수는 시간의 영향에 따른 노쇠 지수의 증가와 유사한 패턴을 드러낸다고 볼 수 있다.

오답 해설

① 노쇠 지수는 정상은 0, 이상은 1로 계산하여 나온 총점수를 구성 항목의 개수로 나눈 값이라고 하였으므로, 30개의 측정 항목 가운데 정상이 24, 이상이 6이면 노쇠 지수는 $\frac{6}{30}=0.2$'이다.
② 제시문에서 노쇠 지수를 구하기 위해 진찰이나 면담을 통해 30가지 이상의 항목을 측정한다고 하였으므로, 여러 질병과 관련된 변수를 많이 고려할수록 노쇠 지수의 신뢰도가 높아진다고 추론할 수 있다.
③ 노쇠 지수는 정상은 0, 이상은 1로 계산하여 나온 총점수를 구성 항목의 개수로 나눈 값이므로, 100개 항목을 측정할 때의 노쇠 지수는 이상 항목의 개수를 구성 항목의 개수로 나눈 값이라 할 수 있다.
⑤ 개인의 노쇠 지수를 숫자 나이가 같은 동년배의 평균과 비교해 그 값이 더 높으면 노화가 더 진행된 것으로 볼 수 있다.

04 독서 – 과학

 핵심주제 : 글의 세부 내용 이해하기

정답 ⑤

정답 해설

6문단의 마지막 문장에서 필자는 노인의 몸에 이르기 전부터 노화 속도를 늦추는 노력을 통해 질병과 노쇠로 인한 돌봄 요구 기간을 줄일 수 있도록 미리 대비할 필요가 있다고 주장하고 있다. 그러므로 돌봄 요구 기간을 앞당겨 지속 가능성을 유지해야 한다는 ⑤의 설명은 적절하지 않다.

05 독서 – 과학

 핵심주제 : 부적절한 내용 찾기

정답 ⑤

정답 해설

1문단에서 생물학 연구에서는 유전자 또는 환경을 조절하거나 생물학적 기전을 조작하는 방법으로 노화의 속도가 달라질 수 있음을 확인하였다고 하였는데, 이것이 4문단에서 인체의 이상 소견 개수를 대규모 인구 집단에서 평균으로 나타낼 때, 생활 습관이나 유전자의 차이를 제외한 이유이다. 그러므로 개인의 생활 습관이나 유전자를 포함할 때, 나이와 노쇠 지수의 관계를 나타낸 각 개인별 그래프는 개인마다 다른 곡선을 형성할 것이라고 예측할 수 있다.

오답 해설

① [그림1]에서처럼 노화와 연관성이 있는 이상 소견의 개수는 나이에 따라 증가하고, [그림2]와 같이 노쇠 지수도 마찬가지로 인구 집단에서 나이를 추종하므로 이상 소견 개수가 많아질수록 노쇠 지수가 커지는 추세가 지속될 것이라고 예측할 수 있다.

② [그림2]와 같이 노쇠 지수는 대략 60대 초반 이후부터 곡선의 모양이 급격히 증가하는 데, 이는 이때부터 누군가의 돌봄을 필요로 하는 시간이 계속해서 늘어나는 것을 의미한다. 따라서 건강수명을 늘려 돌봄 시간을 줄이게 되면 노쇠 지수의 기울기가 이전보다 완만하게 나타날 수 있음을 예측할 수 있다.

③ [그림 2]의 그래프에서 완만하게 증가하던 노쇠 지수는 60대 초반까지는 아주 천천히 오르다가 그 이후가 되면 곡선의 모양이 급격히 증가되는 양상을 확인할 수 있다.

④ 3문단에서 측정한 항목 개수가 같다면 사람들의 평균 점수는 나이가 많아질수록 지수적으로 올라가고, 노쇠 지수도 결과적으로 전체 인구 집단에서 나이에 비례한다고 하였다. 또한 4문단에서 [그림1]의 이상 소견의 개수와 [그림2]와 노쇠 지수 모두 인구 집단에서 나이를 추종한다고 하였으므로, 측정한 기능적 항목 개수가 같을 때 이상 소견 개수나 노쇠 지수는 나이가 많아질수록 그 값이 커진다고 볼 수 있다. 즉, 나이대별로 같은 값을 나타내지 않는 것이다.

06 현대 시

 핵심주제 : 작품의 내용 이해하기

정답 ①

정답 해설

(가)는 도심지의 황량한 가을 풍경을 보여주는 시각적 심상을 나열하면서 애수와 고독에 젖은 화자의 시상을 형성하고 있다. (나)는 '규정할 수 없는 물결', '고매한 정신', '곧은 소리', '나타와 안정'과 같은 추상적 관념을 반복하면서 부조리한 현실에 타협하지 않는 화자의 의지적 시상을 형성하고 있다.

오답 해설

② (가)는 황량하고 쓸쓸한 도시의 정적인 장면을 묘사하면서 가을 분위기를 조성하고 있고, (나)는 절벽에서 떨어지는 폭포의 역동성을 표현하고 있다.

③ (가), (나) 모두 자연물이 주는 정감을 주제로 형상화 하고 있지는 않다.

④ (가), (나) 모두 상황의 반전을 통한 작품 속 사건의 의미가 드러나 있지는 않다.

⑤ (가)는 황량한 도시의 비유적 묘사를 통해 고독한 화자의 추상적 감성을 드러내고 있고, (나)는 구체적인 자연 현상의 비유적 묘사를 통해 화자의 추상적 심성을 투영하고 있다.

✅ 핵심노트

(가) 김광균, 「추일서정」
- 갈래 : 자유시, 서정시
- 성격 : 회화적, 감각적, 주지적
- 제재 : 가을의 풍경
- 주제 : 가을 풍경에서 느끼는 애수와 고독
- 특징
  - 1930년대 모더니즘 시의 특성을 잘 보여줌
  - 선경후정의 구성으로 시상을 전개함
  - 감각적 이미지를 활용하여 황량한 가을 분위기를 표현함
  - 원근법, 소멸과 조락의 이미지, 도시적 감수성을 드러내는 서구적 이미지를 사용함

(나) 김수영, 「폭포」
- 갈래 : 자유시, 서정시
- 성격 : 주지적, 관념적, 상징적, 참여적
- 제재 : 폭포
- 주제 : 부조리한 현실에 타협하지 않는 의지적 삶의 태도
- 특징
  - '폭포는 ~ 떨어진다'는 동일한 문장의 반복을 통해 점층적으로 시상을 전개함
  - 폭포의 역동적 심상과 청각적 심상이 두드러짐
  - 감각적이고 비유적인 표현을 통해 대상의 이미지를 선명하게 드러냄
  - 시인의 지적 인식과 정신을 자연물에 효과적으로 투영함

07 현대 시

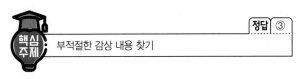
핵심주제 부적절한 감상 내용 찾기 정답 ③

정답 해설

(가)에서 화자는 쓸쓸하고 황량한 가을 풍경으로 인해 애수와 고독의 정서를 느끼고 있다. 즉, 화자가 '추일'에 반발하여 '서정'의 정서를 갖게 된 것이 아니라, '추일'에 동화되어 '서정'의 정서를 갖게 된 것이다.

오답 해설

① 화자는 시각적, 공감각적 이미지를 통해 도시의 가을 분위기를 조성함으로써 '추일'을 경험하고 있다.
② 화자는 쓸쓸하고 황량한 모습의 '추일'을 통해 애수와 고독의 심리적 상황을 표현하고 있다.
④ 황량한 생각에서 벗어나고 싶은 화자의 '서정'이 허공에 돌팔매를 던지는 행위를 통해 겉으로 드러나고 있다.
⑤ 허공에 돌팔매를 던졌으나 고독한 반원을 긋고 잠기어 감으로써 '추일서정'은 결국 애수와 고독에서 벗어나지 못한 화자의 심리적 상태로 그려진다.

08 현대 시

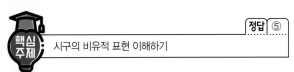
핵심주제 시구의 비유적 표현 이해하기 정답 ⑤

정답 해설

〈보기〉의 '흔들리는 종소리의 동그라미 속으로'는 '종소리'라는 청각적 심상을 '동그라미'라는 시각적 심상에 비유한 공감각적 이미지이다. 마찬가지로 ⑤의 '자욱한 풀벌레 소리 발길로 차며'도 '풀벌레 소리'라는 청각적 심상을 '자욱한'이란 시각적 심상에 비유한 공감각적 이미지이다.

오답 해설

① '낙엽'이라는 시각적 심상을 '지폐'라고 하는 시각적 심상에 비유하고 있으므로, 공감각적 이미지가 아니다.
② 급행열차의 '증기'라는 시각적 심상을 '담배 연기'라는 시각적 심상에 비유하고 있으므로, 공감각적 이미지가 아니다.
③ '지붕'이라는 시각적 심상을 '이빨'이라고 하는 시각적 심상에 비유하고 있으므로, 공감각적 이미지가 아니다.
④ '구름'이라는 시각적 심상을 '셀로판지'라고 하는 시각적 심상에 비유하고 있으므로, 공감각적 이미지가 아니다.

09 현대 시

핵심주제 작품 속 대상 이해하기 정답 ③

정답 해설

(A)는 '밤'이라는 부정적 현실과 암울한 시대 상황 속에서 자유와 정의를 향한 양심의 '곧은 소리'를 내며 떨어지는 '폭포'의 모습을 형상화한 것이다. 따라서 (나)의 '폭포'는 정의로운 양심의 소리라는 폭포의 본질이 밤이 되면 떨어지는 폭포의 현상에 있지 않음을 보여주고 있다.

10 현대 시

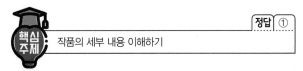
핵심주제 작품의 세부 내용 이해하기 정답 ①

정답 해설

㉠은 황량한 생각에서 벗어나기 위해 허공에 돌을 던졌으나 다시 반원을 긋고 고독에 잠기게 되는 '돌팔매'의 핵심적 속성을 드러내고 있고, ㉡은 어떠한 두려움이나 망설임이 없이 자유와 정의를 갈구하는 '폭포'란 대상의 핵심적인 속성을 드러내고 있다.

오답 해설

② ㉠은 떨어지는 돌의 하강 이미지를 통해 고독에서 벗어나지 못한 화자의 심리적 상태를 나타내고 있고, ㉡은 떨어지는 폭포의 하강 이미지를 통해 화자의 결연한 자유 의지를 나타내고 있다.
③ ㉠은 고독에서 벗어날 수 없는 화자의 소극적 의지를 표현하고 있지만, ㉡은 부정적 현실과 타협하지 않겠다는 화자의 단호한 의지를 표현하고 있다.
④ ㉠과 ㉡ 모두 문제를 해결하는 계기를 마련하고 있지는 않다.
⑤ ㉠은 황량한 생각에서 벗어나고자 허공에 돌을 던졌으나 다시 반원을 긋고 떨어지므로 사건의 전후가 상반된 의미를 보이지만, ㉡은 부정한 현실과 타협하지 않겠다는 화자의 결연한 의지가 일관되게 반영되고 있다.

11 현대 소설

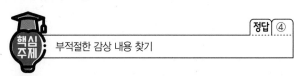
핵심주제 부적절한 감상 내용 찾기 정답 ④

정답 해설

'나'는 '건우'가 쓴 「섬 얘기」란 제목의 글을 읽고 글 밑바닥에 깔린 '건우'의 날카롭고 냉랭한 심사 때문에 마치 '나'가 무슨 고발이라도 당한 것 같은 기분이 든 것이지, 실제로 '건우'가 '나'를 고발하려는 의도로 글을 쓴 것은 아니다.

오답 해설

① '건우'는 「섬 얘기」란 제목의 글을 통해 선조 때부터 '조마이섬'에 발을 붙이고 살아오던 사람들과는 무관하게 소유자가 도깨비처럼 뒤바뀌는 것을 안타깝게 생각했다.

② '윤춘삼'은 선조로부터 물려받은 땅을 별안간 왜놈들에게 빼앗긴 것을 개탄하는 '건우 할아버지'의 생각에 동조하며 이글거리는 증오의 눈빛으로 분노했다.

③ '건우 할아버지'는 왜놈들에 이어 '조마이섬'의 소유자로 둔갑한 국회 의원, 하천 부지의 매립 허가를 받은 유력자 등 부당한 권력의 횡포에 대해 '쥑일 놈들'이라며 비판했다.

⑤ 선조 때부터 둑을 만들고 물과 싸워 가며 살아온 '조마이섬 사람들'은 그 땅을 빼앗으려는 외부 '유력자'들의 행위로 인해 그 땅의 소유자임을 인정받지 못한 채 억울하게 살아왔다.

 핵심노트

김정한, 「모래톱 이야기」
- **갈래** : 단편 소설, 농촌 소설
- **성격** : 사실적, 저항적, 현실 고발적
- **시점** : 1인칭 관찰자 시점
- **배경** : 시간 - 일제 강점기~1960년대, 공간 - 낙동강 하류 조마이섬
- **주제** : 부당한 권력에 맞서 삶의 터전을 지키려는 섬사람들의 시련과 저항 의지
- **특징**
  - 구체적인 지역의 비참한 실상을 사실적으로 묘사함
  - 사투리를 사용하여 현장감, 사실감, 토속성을 부여함
  - 당대 현실의 문제를 사실적으로 다루고 현실을 정확하게 그려냄
  - 지식인으로 설정된 1인칭 서술자의 관찰을 통해 사건을 전달함으로써 객관성과 사실성을 확보함

12 현대 소설

 작품의 서술 방식 이해하기 **정답** ⑤

✏️ **정답 해설**

해당 작품은 '건우'란 소년이 쓴 글과 인물들 간의 대화를 통해 '조마이 섬'의 소유권을 둘러싼 아픈 역사를 묘사하고 있다. 즉, 공간적 배경을 상세하게 묘사하여 장소의 외적 특징을 구체화하고 있지는 않다.

📎 **오답 해설**

① 윤춘삼 씨와 건우 할아버지의 대화 내용을 통해 '조마이 섬'의 소유권을 둘러싼 과거의 사건이 드러나고 있다.

② '와 빤히 보능기요? 내 안주 술 안 취했음데이. 염려 마아소.'와 같이 경상도 지역 방언을 사용하여 이야기에 현장감을 부여하고 있다.

③ '조마이 섬' 사람들이 처한 현재 상황을 그 땅의 소유권을 빼앗기게 된 과거의 사건들과 연결지어 보여주고 있다.

④ '을사보호조약', '조선토지사업', '한일신협약' 등의 역사적 사건을 직접적으로 언급하여 이야기의 사실성을 부각하고 있다.

13 현대 소설

작품의 세부 내용 이해하기 **정답** ⑤

✏️ **정답 해설**

ⓒ은 윤춘삼 씨의 '꺽꺽한 목소리'를 통해 건우가 외부 유력자에게 삶

의 터전을 빼앗긴 것에 대한 ⓔ의 '저주하듯 한 감정'이 외적으로 발현되고 있는 것이다.

📎 **오답 해설**

① ⓛ은 부당한 권력에 적개심을 품은 윤춘삼 씨의 외양을 묘사한 것이지만, ⓙ은 「섬 얘기」란 글에 담긴 건우의 심정을 묘사한 것이다.

② ⓙ과 ⓔ 모두 자신들의 의사와 상관없이 땅을 빼앗긴 것에 대한 원한과 분노의 정서가 공통적으로 드러나 있다.

③ ⓙ과 ⓔ 모두 인물의 심리를 서술하여 부당한 권력에 맞서 삶의 터전을 지키려는 섬사람들의 저항 의지라는 주제를 부각하고 있다.

④ ⓛ은 외양 묘사를 통해, ⓒ은 심리 묘사를 통해 부당한 권력에 대한 분노와 비판의 정서를 동일하게 담고 있다.

14 현대 소설

 작품의 세부 내용 이해하기 **정답** ②

✏️ **정답 해설**

(A)는 '건우'의 글 속에 적혀 있는 섬의 내력에 초점을 두고 내용을 정리하고 있고, (B)는 '나'가 머릿속에 떠오르는 '을사보호조약'이라는 과거의 사건에 초점을 두고 내용을 정리하고 있다.

📎 **오답 해설**

① (A)는 '건우'가 직접적으로 겪은 경험의 기록을, (B)는 '나'가 간접적으로 경험한 사실의 기억을 전달하고 있다.

③ (A)에서는 '일제 때', '해방 후', (B)에서는 '1905년 – 을사년', '정미년'처럼 (A)와 (B) 모두 시대적 배경을 구체적으로 명시하여 이야기의 사실성을 높이고 있다.

④ (A)는 '소유자가 도깨비처럼 뒤바뀌고 있다'처럼 비유적 표현을 활용하여 독자의 정서적 공감을 유도하고 있지만, (B)는 비유적 표현을 사용함이 없이 '나'의 머릿속에 떠오르는 과거의 역사적 사건을 열거하고 있다.

⑤ (B)는 역사적 사건의 내용을 시간적 순서에 따라 인과적으로 서술하고 있지만, (A)는 특정한 사건들을 인과 관계없이 소개하듯 서술하고 있다.

15 현대 소설

 부적절한 감상 내용 고르기 **정답** ①

✏️ **정답 해설**

'내가 건우란 소년에 대해서 관심을 더욱 가지게 된 것'은 '나'가 관찰자로서 '조마이섬'에서 발생한 사건들을 전달하려는 서술자의 역할을 하고 있는 것이다. 즉, 주인공의 위치에서 이야기를 이끌어가는 서술자로서의 '나'가 아니다.

16 독서 – 사회

글의 설명 방식 이해하기

정답 ①

정답 해설

제시문은 '집단 기억'이란 개념을 정의한 후, 집단 기억의 형성, 전승, 변화 등 집단 기억에 영향을 미치는 여러 요소들에 대해 설명하고 있다.

오답 해설

② · ③ 제시문은 '집단 기억'이라는 단일 개념을 제시하고 있으며, 그 인과 관계를 분석하거나 장단점을 비교하고 있지는 않다.

④ 제시문은 '집단 기억'에 영향을 미치는 여러 요소들에 대해 설명하고 있으나, 역사적 변천 과정이나 의의 및 한계점 등을 밝히고 있지는 않다.

⑤ 제시문은 '집단 기억'의 개념적 특성 및 영향에 대해 설명하고 있으나 문제점과 해결 방안을 제시하고 있지는 않다.

17 독서 – 사회

부적절한 내용 고르기

정답 ②

정답 해설

제시문은 '집단 기억'이란 개념의 의미를 제시한 후, 집단 기억의 형성, 전승, 영향 등에 대해 설명하고 있으나, 집단 기억이 어떻게 나뉘는지 그 종류를 구분하고 있지는 않다.

오답 해설

① 2문단에서 '알박스가 제안한 집단 기억은 사회적으로 형성된 집단 차원의 기억을 말한다.'며 집단 기억의 의미에 대해 서술하고 있다.

③ 2문단에서 '집단 기억은 구성원들이 상징적 기호를 공유하고 사회적 상호작용에 참여하여 의미를 획득할 때 형성된다.'며 집단 기억의 형성에 대해 서술하고 있다.

④ 3문단에서 '집단 기억의 전승에는 공간과 시간 그리고 사회 집단과의 연관 등이 관여한다.'며 집단 기억의 전승에 대해 서술하고 있다.

⑤ 4문단에서 '집단 기억은 구성원들이 소속 집단에 대한 귀속감을 갖고 공동체 집단의 정체성을 형성하는 데 기여한다.'며 집단 기억의 영향에 대해 서술하고 있다.

18 독서 – 사회

글의 세부 내용 이해하기

정답 ④

정답 해설

사회 집단의 권력 구조가 집단 기억의 형성 및 전승 과정에 직접적인 영향을 미칠 때, 집단 기억이 권력을 가진 이에 의해 자신에게 유리한 방향으로 왜곡될 수 있으므로 신뢰성에 대한 평가가 필요하다.

오답 해설

① 사회 집단의 권력 구조가 집단 기억의 형성 및 전승 과정에 직접적인 영향을 미치기도 한다고 하였으므로, 집단 기억의 안정성이 사회 집단의 권력관계와 독립적으로 유지되는 것은 아니다.

② 집단 기억이 형성되는 것을 권력자와 달리 집단 구성원들이 원치 않는지의 여부는 (A)를 통해 알 수 없다.

③ 집단 기억이 권력관계에 영향을 받는 것은 사실이나, 이를 공유하는 것을 금지해야 하는지의 여부는 (A)를 통해 알 수 없다.

⑤ 권력자와 집단 구성원 간에 일방적 권력관계가 형성되는 경우, 그 사회의 집단 기억이 권력을 가진 이에게 유리하도록 왜곡되는 것이지 형성되지 않는 것은 아니다.

19 독서 – 사회

글의 세부 내용 이해하기

정답 ⑤

정답 해설

〈보기〉에서 아스만은 기억이 사회적 상황에 따라 집단의 관념 속에 존재한다고 하더라도 그 관념이 물질적이고 상징적인 문화적 형식으로 보존되고 전승될 때 신념과 인식으로 기능할 수 있다고 하였다. 그러므로 집단 기억이 말을 통해 전달되며 개인의 의식 속에서 공유된다면 시간의 흐름에 따라 달라지거나 잊혀질 수 있다고 추론할 수 있다.

20 독서 – 사회

부적절한 내용 고르기

정답 ②

정답 해설

〈보기〉에서 독일인들은 아우슈비츠란 상징적 기호를 통해 유태인을 대량 학살한 가해자로서 기억되는 반면, 유태인들은 대량 학살의 피해자로서 아우슈비츠를 방문해 죽은 이들을 추모하고 민족 절멸의 위기를 기억한다. 따라서 아우슈비츠라는 상징적 기호는 독일인들과 유태인들의 집단 기억 속에서 서로 다른 의미를 갖는다.

오답 해설

① 공간과 시간에서 형성된 집단 기억은 사회적 상호작용 속에서 상징적 기호를 통해 지속적으로 공유되고 소통된다는 제시문의 내용에 근거해 볼 때, 유태인의 집단 기억에서 아우슈비츠는 제2차 세계대전이라는 전쟁과 대량학살이라는 반인도적 행위를 상징하는 기호로서 공유된다.

③ 집단 기억은 구성원들이 소속 집단에 대한 귀속감을 갖고 공동체 집단의 정체성을 형성하는 데 기여한다는 제시문의 내용에 근거해 볼 때, 유태인이 아우슈비츠에 관한 집단 기억을 전승하는 것은 그들의 공동체 의식 형성에 영향을 미친다고 볼 수 있다.

④ 제시문에 서술된 바와 같이 권력을 가진 이가 자신에게 불리한 기억을 배제하고 억압하는 것을 사회 집단의 권력 구조가 집단 기억에 직접적인 영향을 미치는 것으로 이해할 때, 일부 독일인이 나

치와 관련된 건물을 없애려 한 것은 불리한 집단 기억을 제거하기 위한 행동으로 볼 수 있다.

⑤ 문제적인 사건이 발생하면 사회 집단 구성원들은 그 사건에 대한 기억을 교섭하고, 이 과정에서 기억들 간의 경합이 발생한다는 제시문의 내용에 근거해 볼 때, 독일인들은 전쟁에 대한 집단 기억을 형성하면서 가해자로서 기억과 피해자로서 기억이 경합하는 혼란을 경험했다고 볼 수 있다.

21 독서 - 법률

핵심주제: 부적절한 내용 고르기

정답 ④

정답 해설

5문단에 따르면 애리조나 주 대법원은 미란다가 조사 과정에서 권리 고지를 받았고 변호인을 요구하지 않았으며 변호인의 도움받을 권리를 거절당한 사실도 없다는 이유로 그에 대한 유죄 판결을 다시금 확인했다고 서술하고 있다. 따라서 애리조나 주 대법원이 재판 과정에서 피고인의 권리 보호가 충분히 이루어지지 않았다는 변호인의 이의제기를 수용한 것은 아니다.

오답 해설

① 2문단에서 어네스트 미란다는 어린 시절을 불우한 환경에서 여러 범죄를 저지르며 처벌을 받은 이력이 있는 20대의 히스패닉계 청년이라고 소개하고 있다.

② 2문단에서 경찰관은 미란다에게 신분 확인을 요청한 후 경찰서에 나와 진술해 줄 수 있는지를 물었고, 그는 순순히 동의하며 경찰과 동행했다고 서술하고 있다.

③ 3문단에서 미란다를 신문하면서 경찰관은 일정한 양식의 서류를 내밀었고, 미란다는 거기에 진술 내용을 자세히 적고 자신의 이름과 사인을 했다고 서술하고 있다.

⑤ 8문단에서 연방대법원은 '미란다 원칙'을 채택하고 헌법적 근거를 찾음에 있어 수정헌법 제6조가 아닌 수정헌법 제5조를 선택했다고 서술하고 있다.

22 독서 - 법률

핵심주제: 글의 세부 내용 이해하기

정답 ④

정답 해설

연방대법원 상고심에서 미란다를 변호한 존 플린은 피고인이 피의자 단계에서부터 정당한 권리를 주장할 수 있기 위해서는 수정헌법 제5조의 권리를 확대하여 당사자 지위를 갖출 수 있게 해야 한다고 변론했고, 이에 연방대법원은 상고 허가심에서 '미란다 원칙'을 채택하고 헌법적 근거를 찾음에 있어 수정헌법 제6조가 아닌 수정헌법 제5조를 선택했다. 따라서 '미란다 사건'을 다룬 연방대법원 재판의 핵심적인 쟁점은 '피의자는 당사자로서 법적 권리를 보장받았는가'임을 알 수 있다.

23 독서 - 법률

핵심주제: 부적합한 내용 고르기

정답 ⑤

정답 해설

연방대법원은 상고 허가심에서 '미란다 원칙'을 채택하고 헌법적 근거를 찾음에 있어 수정헌법 제6조가 아닌 수정헌법 제5조를 선택했다. 이 사실을 통해 연방대법원은 미란다 사건에 대해 경찰이 적정절차 조항을 지켜 피의자를 조사하지 않았고, 피의자가 변호인의 조력을 받을 수 있다는 고지를 경찰로부터 받지 못했다고 판단함을 알 수 있다. 즉, 피의자가 변호인의 조력을 거부한 것 때문이 아니라, 피의자가 변호인의 조력을 받을 수 있다는 고지를 받지 못한 것 때문에 진술의 임의성을 인정받기 어려운 것이다.

오답 해설

① 국선 변호인 무어는 애리조나 주 마리코파 구법원에서 증인으로 나선 경찰관에게 미란다를 조사할 때 진술의 임의성을 확인하기 위한 고지를 하지 않았다는 증언을 이끌어내고 이의를 제기했다. 이 사실을 통해 그는 미란다 사건에서 피의자가 자의에 따라 진술할 수 있다는 사실을 미리 알려주지 않았기에 진술의 임의성이 침해되었다고 판단하고 있음을 알 수 있다.

② 애리조나 주 마리코파 구법원 재판의 검사는 최후 변론을 통해 경찰관의 훌륭한 자질에 비추어볼 때 그들이 피고인의 권리를 빼앗은 적이 없고 피고에게 그러한 권리를 고지하는 것이 불필요했다고 주장했다. 이 사실을 통해 그는 미란다 사건에서 경찰관은 강요하지 않았고 피의자는 자의로 진술했으므로 진술의 임의성이 침해되지 않았다고 판단하고 있음을 알 수 있다.

③ 애리조나 주 대법원은 미란다가 조사 과정에서 권리 고지를 받았고 변호인을 요구하지 않았으며 변호인의 도움받을 권리를 거절당한 사실도 없다는 이유로 그에 대한 유죄 판결을 다시금 확인했다. 이 사실을 통해 대법원은 미란다 사건에서 피고인이 변호인의 조력을 요구하지 않았고 진술서에 기록된 피의자 권리를 확인한 후 서명했으므로 진술의 임의성이 있다고 판단하고 있음을 알 수 있다.

④ 존 플린 변호사는 연방대법원 상고심에서 미란다가 조사를 받으면서 자백을 받기 전에 묵비권과 변호인 선임권, 변호인과 상의할 권리를 고지받지 않았음을 지적했다. 이 사실을 통해 존 플린 변호사는 경찰이 피의자를 조사하기 전 피의자 권리를 고지했어야 하지만 그렇게 하지 않았으므로 진술의 임의성을 침해했다고 판단하고 있음을 알 수 있다.

24 독서 - 법률

핵심주제: 글의 맥락 이해하기

정답 ④

정답 해설

연방대법원 상고 허가심 이전까지 법원은 시민의 권리 보장을 위해 수정헌법 제6조의 보호 아래 재판 전 변호인 선임권을 부여해 왔으며 형편이 안 되는 피고인을 위해 국선 변호인을 두게 하였다. 그런

데 연방대법원 상고 허가심에서 수정헌법 제5조에 근거해 '미란다 원칙'을 채택하고 피의자 단계에서부터 정당한 권리를 보장받을 수 있도록 하였다. 따라서 '이때가 역사적인 순간이었다'라는 의미는 글의 맥락상 ④의 '피의자가 보장받아야 할 법적 권리가 처음으로 법원에서 공론화된 순간이었다.'가 가장 적절하다.

25 독서 - 법률

 핵심 주제
글의 세부 내용 이해하기
정답 ②

✏️ 정답 해설

'미란다 원칙'에 구속된 사람은 반드시 신문 전에 묵비권이 있음과 진술한 내용이 법정에서 불리하게 쓰일 수 있다는 사실을 분명하게 고지해야 한다고 8문단에 서술되어 있다. 그러나 〈보기〉에서 밝힌 것처럼 수사 실무 차원에서는 피의자의 묵비권보다 자백이 의외로 높은 비율을 차지하는 데, 이는 많은 피의자들이 자신의 진술이 가져올 법적 판단의 결과나 파장을 잘 알지 못하기 때문이다.

26 독서 - 심리

 핵심 주제
글의 주제 파악하기
정답 ③

✏️ 정답 해설

제시문은 에크먼과 월리 프리센의 '미표정' 연구를 통해 사람들이 거짓말을 할 때 표정 속에 나타나는 자연스럽지 않은 비대칭이나 감정 기반 근육 운동의 부재, 표정의 시점 등을 확인함으로써 꾸며낸 표정을 식별할 수 있다고 서술하고 있다. 그러므로 ③의 '거짓말은 어떻게 가려낼 수 있는가'가 제시문의 주제로 가장 적절하다.

27 독서 - 심리

 핵심 주제
부적절한 내용 파악하기
정답 ⑤

✏️ 정답 해설

6문단에서 에크먼은 거짓말을 할 때 나타나는 여러 단서들을 살피면서, 순간적인 느낌에 관한 거짓말은 감정 숨기기와 표정 꾸미기 중 하나로 이루어지며 그 중 표정을 꾸미는 것이 더 쉽다고 말했다. 그러므로 감정을 숨기는 것이 꾸며낸 표정을 보이는 것보다 쉽다고 이해하는 것은 적절하지 않다.

✏️ 오답 해설

① 2문단에서 메리는 더 이상 우울증에 시달리고 있지 않다고 주말 외박을 신청했으나, 나중에 거짓말을 한 것으로 밝혀졌다. 그러므로 말은 생각과 일치하지 않을 때가 있다고 이해하는 것은 적절하다.
② 4문단에서 미표정은 의도적인 은폐일 때나, 또는 자신이 어떤 감정을 느끼는지 알지 못할 때, 즉 감정이 억압된 상태일 때 발생할

수 있다고 하였다. 그러므로 사람은 내면의 모든 감정을 자각하지는 못한다고 이해하는 것은 적절하다.
③ 2문단에서 메리는 거짓말을 할 때 자주 웃었고 긍정적으로 말했으며 쾌활하게 보였기 때문에 그녀를 담당했던 담당 의사도 실제로 그녀를 믿었다고 하였다. 그러므로 꾸며낸 표정은 의도적으로 감정을 숨길 수 있다고 이해하는 것은 적절하다.
④ 6문단에서 대부분의 사회적 상황에서 불쾌한 느낌을 은폐하고 긍정적으로 행동하는 것이 요구된다는 점에서 웃음은 가장 흔히 사용되는 가면이라고 설명하고 있다. 즉, 사람들이 불쾌한 감정을 숨기려고 할 때 웃음으로 표정을 꾸미는 것처럼, 이와 반대로 숨기려 하지 않는 한 감정은 표정을 통해 드러난다고 이해하는 것은 적절하다.

28 독서 - 심리

 핵심 주제
글의 세부 내용 추론하기
정답 ③

✏️ 정답 해설

5문단에서 만약 미표정을 확인할 수 있다면, 누군가의 억압된 감정도 알 수 있겠거니와 그가 일부러 숨긴 감정과 이를 통해 은폐하려 했던 진실에도 한 걸음 더 다가갈 수 있을 것이라고 하였다. 그러므로 미표정에 대해 더 깊이 알게 되면 현실의 문제에서 실용적인 도움을 얻을 수 있다고 추론하는 것은 적절하다.

✏️ 오답 해설

① 5문단에서 에크먼은 미표정을 분간하기 위한 반복적 학습과 그 판단의 적절성에 대한 즉각적인 피드백, 그리고 시각적으로 대조하는 훈련을 통해 표정 속에 감추어진 감정을 탐지하는 방법을 익힐 수 있다고 판단했다. 그러므로 정밀한 기계 장치를 사용하지 않으면 미표정을 분간할 수 없다고 추론하는 것은 적절하지 않다.
② 5문단에서 미표정을 확인할 수 있다면, 그가 일부러 숨긴 감정과 이를 통해 은폐하려 했던 진실에 다가갈 수 있을 것이라고 하였으나, 그 사람이 그런 감정을 갖게 된 이유와 배경까지 알 수 있다고 추론하는 것은 적절하지 않다.
④ 4문단에서 미표정은 의도적인 은폐일 때나 또는 자신이 어떤 감정을 느끼는지 알지 못할 때 발생할 수 있으며, 어떤 미표정이 이 둘 중 하나를 가리키는지는 구분이 안 된다고 하였다. 그러므로 어떤 사람이 보인 미표정을 다른 사람에게서 발견한다고 해서 그들이 같은 생각을 하고 있다고 추론하는 것은 적절하지 않다.
⑤ 5문단에서 대화 중 대개 다음 순간 상대방이 무슨 말을 할지에 대한 생각으로 종종 주의를 빼앗겨서 미표정을 놓치기도 한다고 하였다. 그러므로 대화 중 상대방의 말이 진실인지 알려면, 매 순간 주의를 집중하여 그 다음에 어떤 말을 할지 예측해야 한다고 추론하는 것은 적절하지 않다.

29 독서 - 심리

 핵심 주제
외적 준거를 통한 논리적 관계 파악하기
정답 ②

정답 해설

제시문에 따르면 표정 속에 나타나는 자연스럽지 않은 비대칭이나 감정 기반 근육 운동의 부재, 표정의 시점 등을 확인함으로써 꾸며 낸 표정을 식별할 수 있고, 이를 통해 거짓말을 판단할 수 있다고 말하고 있다. 이에 추가하여 〈보기〉는 설명 속에 존재하는 모순이나 즉각적인 반응이 요구될 때 나타나는 망설임 또한 거짓일 가능성을 알려주는 가장 명백하고 유익한 단서가 된다며 거짓의 판명을 위해 추가적인 정보들을 더 검토할 것을 주문하고 있다. 그러므로 〈보기〉는 윗글에 대한 보완적 관점에서 거짓말을 판단할 수 있게 하는 또 다른 단서를 추가하는 논리적 관계에 있다고 볼 수 있다.

30 독서 - 심리

단어의 의미 관계 파악하기

정답 ②

정답 해설

'표정'은 '마음속에 품은 감정이나 정서 따위의 심리 상태가 겉으로 드러남'을 뜻하고, '미표정'은 '사람들의 진짜 느낌을 비언어적으로 누설하는 아주 잠깐 동안의 얼굴 움직임'을 뜻하므로 '미표정'이 '표정'의 개념에 포함되는 상하 관계이다. 마찬가지로 '생물'은 '생명을 가지고 스스로 생활 현상을 유지하여 나가는 물체'를 뜻하고, '미생물'은 '눈으로는 볼 수 없는 아주 작은 생물'을 뜻하므로 '미생물'이 '생물'에 포함되는 상하 관계이다.

오답 해설

① '개척'은 '거친 땅을 일구어 논이나 밭과 같이 쓸모 있는 땅으로 만듦'을 뜻하고, '미개척'은 '아직 개척하지 못하거나 아니함'을 뜻하므로 서로 반의어 관계이다.
③ '결정'은 '행동이나 태도를 분명하게 정함'을 뜻하고, '미결정'은 '아직 결정하지 아니함'을 뜻하므로 서로 반의어 관계이다.
④ '소년'은 '아직 완전히 성숙하지 아니한 어린 사내아이'를 뜻하고, '미소년'은 '용모가 아름다운 소년'을 뜻하므로 어떤 의미 있는 관계가 아니다.
⑤ '완성'은 '완전히 다 이룸'을 뜻하고, '미완성'은 '아직 덜 됨'을 뜻하므로 서로 반의어 관계이다.

31 갈래 복합

전체적인 작품 내용 파악하기

정답 ③

정답 해설

(나)는 가을밤 귀뚜라미에 감정이입을 하여 임을 그리워하는 화자의 심사를 표출하고 있고, (다)는 사공 없는 빈 배와 짝 잃은 갈매기를 통해 화자의 외로운 심사를 표출하고 있다.

오답 해설

① (가)는 규방에서 늙어 가는 자신의 처지에 대한 한탄과 남편에 대한 원망의 감정을 드러내고 있고, (나)는 임에 대한 그리움을 귀뚜라미에 감정이입하여 표출하고 있으나 감정을 격하게 드러내고

있지는 않다.
② (가)는 과거의 젊은 시절 모습을 회상하고 있으나 과거를 후회하고 있지는 않으며, (다)는 화자의 외로운 심사를 묘사하고 있으나 임과의 만남을 기대하고 있지는 않다.
④ (나)는 임에 대한 그리움을 표현하고 있고, (다)는 쓸쓸하고 외로운 화자의 심정을 나타내고 있다. 즉, (나)와 (다) 모두 현재 상황에 대한 만족감을 드러내고 있지 않다.
⑤ (가)에는 자신을 찾지 않는 임에 대한 원망이 나타나 있지만, (나)와 (다)에서는 임과 이별하는 상황이나 원망의 태도가 보이지 않는다.

☑ 핵심노트

(가) 허난설헌, 「규원가」
• 갈래 : 규방 가사, 내방 가사
• 성격 : 원망적, 한탄적, 체념적
• 제재 : 규방 부인의 삶
• 주제 : 규방 부인의 외로움과 한(恨)
• 특징
 – 현존하는 가장 오래된 내방 가사
 – 대구법, 설의법, 의인법 등 다양한 표현기법이 사용됨
 – 고시를 인용하여 세련된 분위기를 형성함
 – 감정이입과 객관적 상관물을 통해 화자의 정서를 표현함

(나) 박효관, 「임 그리워 하는 꿈이」
• 갈래 : 평시조, 서정시
• 성격 : 연정가, 애상적
• 제재 : 귀뚜라미
• 주제 : 임에 대한 간절한 사랑
• 특징
 – 추상적인 감정인 연정을 구체적 제재를 통해 형상화 함
 – 자연물에 시적 화자의 감정을 이입하여 정서를 표현함

(다) 조헌, 「연못에 비 뿌리고」
• 갈래 : 평시조, 서정시
• 성격 : 전원적, 애상적
• 제재 : 연못 주변의 봄 정치
• 주제 : 봄의 정치와 외로운 심정
• 특징
 – 객관적 상관물을 통해 화자의 정서를 간접적으로 드러냄
 – 비 내리는 전원의 풍경을 묘사하여 쓸쓸하고 외로운 심정을 묘사함

32 갈래 복합

부적절한 내용 고르기

정답 ①

정답 해설

화자는 '원근을 모르거니 소식이야 더욱 알랴'라며 임에 대한 소식을 알 수 없어 답답한 심정을 토로하고 있다.

오답 해설

② 화자는 '차라리 잠을 들어 꿈에나 보려 하니'라며 꿈에서라도 임을 만나고 싶은 소망을 드러내고 있다.
③ 화자는 서러운 마음에 '녹기금 빗겨 안아 벽련화 한 곡조'를 연주하고 있다.
④ 화자의 부모는 '공후 배필은 못 바라도 군자호구 원하더니'라며 화자가 높은 벼슬아치는 아니더라도 좋은 배필을 만나기를 원했다.

⑤ 화자는 '설빈 화안 어디 가고 면목가증 되었구나'라며 세월이 흘러 변해버린 자신의 용모를 안타까워하고 있다.

33 갈래 복합

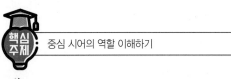

중심 시어의 역할 이해하기

 정답 해설

(나)는 임을 그리워하는 화자의 마음을 '귀뚜라미'에 감정이입하여 간접적으로 드러내고 있고, (다)는 화자의 쓸쓸하고 외로운 심정을 '빈 배'라는 객관적 상관물을 통해 간접적으로 드러내고 있다.

34 갈래 복합

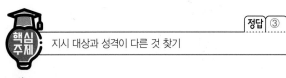

지시 대상과 성격이 다른 것 찾기

 정답 해설

㉠의 '연못에 비 뿌리고 버드나무에 안개 끼었는데'는 비 내리는 전원 풍경의 묘사를 통해 쓸쓸하고 외로운 화자의 심경을 드러내는 역할을 한다. 그러나 '삼춘 화류 호시절의 경물이 시름없다'는 꽃이 피고 버들잎 돋아나는 좋은 시절에 아름다운 경치를 보아도 아무런 생각이 없다는 뜻으로, 화자의 현 상황과 대조되는 풍경의 묘사를 통해 화자의 서글픈 심정을 더욱 심화하고 있다. 그러므로 화자가 처한 문제 상황을 드러내는 역할의 성격이 ㉠과 다르다.

오답 해설

① '겨울밤 차고 찬 제 자취눈 섞어 치니'는 겨울밤 차고 찬 때 자국눈(겨우 발자국이 날 만큼 적게 내린 눈)이 섞어 내린다는 뜻으로, 눈 내리는 추운 겨울밤의 묘사를 통해 화자의 외로운 처지를 표현하고 있다.
② '여름날 길고 길 제 궂은비는 무슨 일인고'는 여름날 길고 긴 때 궂은비는 무슨 일인가라는 뜻으로, 궂은비 내래는 여름날의 묘사를 통해 화자의 답답하고 지루한 마음을 표현하고 있다.
④ '가을 달 방에 들고 실솔이 상에 울 제'는 가을 달이 방에 비치고 귀뚜라미가 침상에서 울 때라는 뜻으로, 화자의 외로움을 귀뚜라미에 감정이입하여 표출하고 있다.
⑤ '죽림 푸른 곳에 새소리 더욱 섧다'는 대나무 숲 푸른 곳에서 들려오는 새소리가 더욱 서럽다는 뜻으로, 돌아오지 않는 임을 기다리는 화자의 서러운 마음을 새소리에 담아 표출하고 있다.

35 갈래 복합

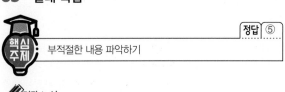

부적절한 내용 파악하기

정답 해설

'아마도 이 임의 탓으로 살 동 말 동 하여라'는 아마도 이 임의 탓으로 살 듯 말 듯 하다는 뜻으로, 돌아오지 않는 임을 기다리는 화자의 기

구한 운명을 표현하고 있다. 이는 〈보기〉에서 설명한 화자가 남성 위주의 사회에서 억압받으며 살아가면서도 자신의 처지나 상황을 직접적으로 말하지 못하는 안타까운 심정을 드러낸 것이다. 그러므로 남편이 자신을 찾지 않는 현실을 적극적으로 비판하는 화자의 태도를 엿볼 수 있다는 ⑤의 설명은 적절하지 않다.

오답 해설

① '당시의 마음 쓰기 살얼음 디디는 듯'은 그때 마음 쓰기가 살얼음 디디듯 조심스러웠다는 뜻으로, 시집 온 후 남편을 모시며 조심스럽게 살았던 화자의 삶을 엿볼 수 있다.
② '내 얼굴을 내 보거니 어느 임이 날 사랑할까'는 내 얼굴을 내 보니 어느 임이 나를 사랑하겠냐는 뜻으로, 남편이 자신을 찾지 않는 것을 자신의 용모 탓으로 돌리는 화자의 모습을 드러내고 있다.
③ '삼삼오오 야유원의 새 사람이 났단 말인가'는 삼삼오오 어울려 다니는 기생집에 새 기생이 나타났다는 뜻으로, 기생집을 드나드는 남편의 행실이 바르지 못하다고 여기는 화자의 생각을 엿볼 수 있다.
④ '간장이 구곡되어 굽이굽이 끊쳤어라'는 마음속이 뒤틀리어 굽이굽이 끊어졌다는 뜻으로, 봉건적 규범 속에 살아가는 화자의 깊은 한이 드러나 있다.

36 독서 – 과학

부적절한 내용 고르기

정답 해설

3문단에서 텍스트는 언어에 따라 의미나 문법 규칙이 전부 다르다는 문제가 있기 때문에 텍스트 데이터를 다룰 때 구조화가 되지 않는 것이 가장 어려운 점이라고 설명하고 있다. 그러므로 텍스트 데이터는 언어 규칙에 일정한 패턴이 있어서 정보를 구조화하는 데 용이하다는 ③의 설명은 적절하지 않다.

오답 해설

① 5문단에서 데이터 마이닝은 많은 양의 데이터에서 인간이 찾을 수 없는 패턴까지 추출해 스마트 데이터를 찾아내는 것이라고 서술하고 있다. 그러므로 데이터 마이닝은 데이터에서 가치를 추출하고 결과를 분석하는 기술의 종류라고 이해할 수 있다.
② 2문단에서 과거에는 데이터 마이닝이 대부분 정형 데이터 위주였다면, 지금은 비정형 데이터의 비중이 월등히 높다고 설명하고 있다. 그러므로 형태가 구조화된 데이터보다 형태가 일정하지 않은 데이터가 점점 많아지고 있다고 이해할 수 있다.
④ 4문단에서 사용자가 특정한 목적으로 처리하지 않은 상태에 있는 것을 원시 데이터라고 정의하고 있다. 그러므로 원시 데이터는 다양한 데이터가 특정한 목적에 맞게 처리되지 않은 상태의 것을 의미한다고 이해할 수 있다.
⑤ 2문단에서 빅데이터 활용에는 데이터 마이닝이 필수적이며, 이는 빅데이터 안에서 체계적이고 자동적인 규칙이나 패턴을 찾아내는 작업으로, 통계학에서 쓰이는 다양한 기법을 활용한다고 서술하고 있다. 그러므로 빅데이터를 실제로 활용하기 위해서는 많은 양의 데이터에서 목적에 맞는 규칙이나 패턴을 찾아내는 과정을 거쳐야 한다고 이해할 수 있다.

37 독서 – 과학

정답 ④

지시 대상 이해하기

정답 해설

㉠의 '원시 데이터'는 사용자가 특정한 목적으로 처리하지 않은 상태에 있는 데이터이고, ㉡의 '스마트 데이터'는 데이터마이닝을 통해 정제 및 가공 처리된 데이터를 말한다. 그러므로 ㉡은 ㉠과 달리 수십억 개 이상의 콘텐츠를 데이터 마이닝을 통해 처리한 결과를 저장한다는 ④의 설명은 적절하다.

오답 해설

① 효율적인 정보와 지식을 활용하기 위해 패턴을 추출한 결과를 축적한 것은 ㉡의 '스마트 데이터'이다.
② 유튜브와 틱톡 등 동영상 기반 서비스에서 생성된 영상 자료를 그대로 보관한 것은 ㉠의 '원시 데이터'이다.
③ 인공지능 서비스로 생성되는 데이터를 가공 처리한 정보를 기본 형식으로 이루어진 것은 ㉡의 '스마트 데이터'이다.
⑤ 영상, 음악, 이미지 등 다양한 형태로 존재하는 빅데이터를 원재료 상태로 구성한 것은 ㉠의 '원시 데이터'이다.

38 독서 – 과학

정답 ③

글의 세부 내용 이해하기

정답 해설

환자가 병원에서 검사를 받을 때 컴퓨터에 입력되는 수치 정보는 구조화된 정형 데이터이고, 검사 기기에서 생성된 생체 정보, 유전자 정보, 질병 정보, 영상 정보 등은 형태와 구조가 정형화 되지 않은 비정형 데이터이다. 그러므로 (다)는 데이터 환경의 변화로 정형 데이터를 비롯해 비정형 데이터까지 생성되는 예를 들어 설명한 것이라고 볼 수 있다.

오답 해설

① (가)는 데이터가 생성되는 속도의 변화 양상이 아니라, 데이터 양의 변화 양상을 분석한 것이다.
② (나)는 빅데이터의 종류를 분류한 것이 아니라, 데이터 수집의 원천 매체와 데이터 흐름의 연속성에 대해 설명하고 있다.
④ (가)와 (나) 모두 빅데이터를 사용해 체계적인 규칙과 방법을 적용한 분석과는 관련이 없다.
⑤ (다)는 데이터 처리 방식이 발전함에 따라 빅데이터의 양이 증가된 상황을 구체화하고 있으나, (나)는 각 매체에서 이루어지는 데이터 수집과 관련된 설명으로 빅데이터 양의 증가와는 관련이 없다.

39 독서 – 과학

정답 ④

부적절한 내용 고르기

정답 해설

〈보기〉에서 인공지능이 예측한 데이터는 갑작스러운 사고나 기후 변화로 인한 변수는 아직 완벽히 반영되는 것 같지는 않았지만, 그래도 빅데이터 분석의 정확도가 워낙 높아져 생산과 재고로 인한 손실은 크게 줄었다고 설명하고 있다. 그러므로 스마트 데이터의 변수에 따른 손실 규모가 과거에 비해 점점 커지는 이유를 상세히 설명할 필요가 있겠다고 생각하는 것은 적절하지 않다.

오답 해설

① 〈보기〉는 인공지능이 예측한 데이터는 오차 없이 정확했고 빅데이터 분석의 정확도가 워낙 높아져 생산과 재고로 인한 손실이 크게 줄었다며, 빅데이터가 인간의 실생활에 미치는 영향을 사례를 들어 보여주고 있다.
② 〈보기〉는 식재료 주문, 택시 호출, 주변 식당 정보 알림 등 개인에게 제공되는 스마트 데이터가 어떤 도움이 되는지를 일상적 경험을 토대로 제시하고 있다.
③ 〈보기〉는 인공지능이 예측한 데이터는 갑작스러운 사고나 기후 변화로 인한 변수는 아직 완벽히 반영되는 것 같지는 않다며, 불확실하거나 예측 불가능한 상황에 대비하는 빅데이터의 한계에 대해 언급하고 있다.
⑤ 〈보기〉는 택시를 부르려고 음성 인식 스피커에 말을 걸자 음성 인식 스피커가 사람의 마음을 읽어 '택시를 호출할까요?'라고 묻는 상황을 재현하며, 예측 데이터를 활용한 음성 인식 스피커가 인간의 마음을 어디까지 읽어낼 수 있는지를 구체적으로 보여주고 있다.

40 독서 – 과학

정답 ④

문맥상 단어의 의미 파악하기

정답 해설

ⓐ의 '처리하다'는 ④의 알코올로 '처리하다'와 마찬가지로 '일정한 결과를 얻기 위하여 화학적 또는 물리적 작용을 일으키다.'라는 의미로 사용되었다.

오답 해설

①·②·③·⑤의 '처리하다'는 모두 '사무나 사건 따위를 절차에 따라 정리하여 치르거나 마무리를 짓다.'라는 의미로 사용되었다.

⑤ (A)에서 '천자'와 '신하들' 모두 반란을 막아낼 인물로 '평국'을 거론하며 그녀의 능력을 인정하고 있다.

41 고전 소설

정답 ⑤

작품의 중심 내용 이해하기

정답 해설

적들이 함성을 지르며 보국을 천여 겹이나 에워싸자, 평국이 보국의 위급함을 보고 재빨리 말을 몰고 적진을 헤치고 들어가 보국을 구해낸 후, 적장 오십여 명과 군사 천여 명을 한칼로 쓸어버리고 본진으로 돌아왔다. 그러므로 평국이 위기에 빠진 보국을 구하러 적진으로 가서 활약하고 돌아오면서 상황이 일단락되었다고 이해하는 것은 적절하다.

오답 해설

① 반란이 일어나기 전에 평국은 장원 급제하고 대원수가 되어 난을 평정한 적이 있다.
② 명령을 어기는 자가 있으면, 세워 두고 벨 것이라는 평국의 호령에 모든 장수와 군졸들이 두려워했다.
③ 보국은 중군장으로 평국의 부하가 된 것에 불만을 가졌지만, 여공의 재촉으로 바삐 갑주를 갖추고 진중에 나아가 평국 앞에 엎드렸다.
④ 보국은 평국의 명령에 순종해 말에 올라 삼척장검을 들고 적진으로 뛰어들었다.

✅ 핵심노트

작자 미상, 「홍계월전」
• 갈래 : 여성 영웅 소설, 군담 소설
• 성격 : 전기적, 우연적, 비현실적
• 시점 : 전지적 작가 시점
• 배경 : 명나라 서달의 난 시기
• 제재 : 홍계월의 영웅적 활약
• 주제 : 홍계월의 영웅적 행정과 활약
　　　　남성 중심 사회에 대한 비판
• 특징
　– 영웅 소설의 서사 구조를 지님
　– 남성보다 우월한 능력을 지닌 여성이 영웅으로 등장함
　– 신분을 감추기 위한 남장 모티프가 사용됨
　– 여성의 봉건적 역할을 거부하는 근대적 가치관이 드러남

42 고전 소설

정답 ①

작품의 세부 내용 파악하기

정답 해설

(A)에서 '천자'와 '신하들'은 반란이 일어나자 좌승상 '평국'을 불러 이를 해결하고자 하였다.

오답 해설

② (A)에서 '천자'는 '신하들'의 견해에 따라 급히 '평국'을 불렀다.
③ (A)에서 '천자'와 '신하들'은 반란이 일어난 상황을 인식하고 이에 대한 해결책을 논의했다.
④ (A)에서 최종 의사결정 권한은 '천자'에게 있다.

43 고전 소설

정답 ④

작품의 세부 내용 파악하기

정답 해설

(B)는 '구월 갑자일'에 행군하기 시작하여 '십일월 오일'에 천속산을 지나 영경루에 다다르기까지 '평국'과 그녀의 군사들이 반란군을 평정하기 위해 떠나는 여정을 요약적으로 서술하여 이야기를 전개하고 있다.

44 고전 소설

정답 ①

부적절한 감상 내용 고르기

정답 해설

'평국'은 '천자'의 부름에 비록 어리석으나 힘을 다해 성은을 만분의 일이나마 갚고자 하니 폐하는 근심하지 말라며, 반란을 진압하기 위한 원수의 직분을 감사히 수락한다. 그러므로 주인공은 자신이 여자라 전쟁에서 원수의 직분을 수행하기에는 능력이 부족하다고 여기고 있지 않음을 알 수 있다.

오답 해설

② '평국'은 적진으로 들어가 위기에 빠진 '보국'을 구해내고 적장 오십여 명과 군사 천여 명을 한칼로 쓸어버리고 본진으로 돌아온다. 그러므로 수많은 적군을 한칼에 쓸어버리는 모습에서 주인공이 비범한 능력을 가지고 있다고 볼 수 있다.
③ 사관이 와서 천자가 부르는 명령을 전하자, '평국'은 곧바로 여자 옷을 벗고 조복으로 갈아입은 뒤 전쟁에 나선다. 그러므로 주인공이 나라의 위기 상황에서 아내로서의 역할보다 신하로서의 책무를 더 우선시하고 있음을 알 수 있다.
④ 규중에 머물러 있는 여자인지라 차마 불러낼 수 없다는 '천자'의 말에, '신하들'이 '평국'이 비록 아녀자로 집 안에 있으나 조야에 이름이 있고 작록을 거두지 않았으니 아녀자라고 거리낄게 없다고 답하고 있다. 그러므로 주인공이 여자라는 이유로 결혼 후 사회적 활동을 제약받긴 하지만 그 능력에 대해서는 인정을 받고 있다고 볼 수 있다.
⑤ "제가 외람되게 폐하를 속이고 높은 관직에 올라 영화롭게 지내기가 황공했는데, 저의 죄를 용서하시고 이처럼 사랑하시니, 제가 비록 어리석으나 힘을 다해 성은을 만분의 일이나마 갚고자 합니다."라는 '평국'의 말을 볼 때, 주인공은 더 높은 관직을 얻고 싶어서가 아니라 자신의 잘못을 용서해 준 천자의 성은에 보답하기 위해 전쟁에 나서기로 했음을 알 수 있다.

45 고전 소설

상황에 적절한 속담 찾기 정답 ②

정답 해설

결혼 후 '보국'은 '평국'을 소홀히 대하고 괄시하였으나, 전쟁이 일어나자 '보국'은 대원수가 된 '평국'의 부하로써 부름을 받는 처지가 된다. 그러므로 이러한 상황에 어울리는 속담은 '남의 눈에 눈물 내면 제 눈에는 피가 난다.'이다.

> 남의 눈에 눈물 내면 제 눈에는 피가 난다. → 남에게 모질고 악한 짓을 하면 반드시 저는 그보다 더한 고통을 당하게 된다는 말이다.

오답 해설

① 개미 구멍이 둑을 무너뜨린다. → 작은 결점이라 하여 등한히 하면 그것이 점점 더 커져서 나중에는 큰 결함을 가져오게 됨을 비유적으로 이르는 말이다.
③ 낮말은 새가 듣고 밤말은 쥐가 듣는다. → 아무도 안 듣는 데서라도 말조심해야 한다는 말이다.
④ 사공이 많으면 배가 산으로 간다. → 여러 사람이 저마다 제 주장대로 배를 몰려고 하면 결국에는 배가 물로 못 가고 산으로 올라간다는 뜻으로, 주관하는 사람 없이 여러 사람이 자기주장만 내세우면 일이 제대로 되기 어려움을 비유적으로 이르는 말이다.
⑤ 산이 커야 골이 깊다. → 산이 높고 커야 골짜기가 깊다는 뜻으로, 품은 뜻이 높고 커야 품은 포부나 생각도 크고 깊음을 비유적으로 이르는 말이다.

영어영역

01 유사 어휘 고르기

sacred : 신성한, 성스러운 = holy : 신성한, 경건한 정답 ①

정답 해설

'sacred'는 '신성한, 성스러운'의 뜻으로, 'holy(신성한, 경건한)'와 그 의미가 가장 유사하다.

오답 해설

② 기이한
③ 요구가 많은
④ 실용적인
⑤ 흔하지 않은

핵심 어휘

• violate : 어기다, 위반하다
• profession : 직업, 전문직
• sacred : 신성한, 성스러운
• holy : 신성한, 경건한
• weird : 기이한, 기괴한
• demanding : 요구가 많은, 부담이 큰
• uncommon : 굉장한, 흔하지 않은

해석

그는 직업에서 가장 신성한 규칙 중의 하나를 위반했다.

02 유사 어휘 고르기

assess : 평가하다, 사정하다 = evaluate : 평가하다, 감정하다 정답 ②

정답 해설

'assess'는 '평가하다, 사정하다'의 뜻으로, 'evaluate(평가하다, 감정하다)'와 그 의미가 가장 유사하다.

오답 해설

① 개선하다
③ 극대화하다
④ 협상하다
⑤ 과대평가하다

핵심 어휘

• assess : 평가하다, 사정하다
• belongings : 재산, 소유물
• evaluate : 평가하다, 감정하다
• negotiate : 협상하다, 성사시키다
• overestimate : 과대평가하다

그들에게 당신의 재산 가치를 평가하는 방법에 대한 정보를 보내달라고 요청하세요.

03 유사 어휘 고르기

정답 ③

despair : 절망, 자포자기 = hopelessness : 절망, 가망 없음

정답 해설
'despair'는 '절망, 자포자기'의 뜻으로, 'hopelessness(절망, 가망 없음)'와 그 의미가 가장 유사하다.

오답 해설
① 분노
② 후회
④ 동정
⑤ 만족

핵심 어휘
- despair : 절망, 자포자기
- miner : 광부
- be : forced : to : ~하도록 강요당하다
- regret : 후회, 유감
- hopelessness : 절망, 가망 없음
- sympathy : 동정, 공감
- contentment : 만족, 안도감

해석
광부들이 강제로 일해야 하는 상황에서 그녀는 절망에 휩싸였다.

04 유사 어휘 고르기

정답 ③

obvious : 분명한, 확실한 = evident : 분명한, 눈에 띄는

정답 해설
'obvious'는 '분명한, 확실한'의 뜻으로, 'evident(분명한, 눈에 띄는)'와 그 의미가 가장 유사하다.

오답 해설
① 추상적인
② 보이지 않는
④ 풍부한
⑤ 다루기 힘든

핵심 어휘
- tire : track : 타이어 자국
- obvious : 분명한, 확실한
- abstract : 추상적인, 관념적인
- invisible : 보이지 않는, 무형의

- evident : 분명한, 눈에 띄는
- plentiful : 많은, 풍부한
- unruly : 다루기 힘든, 제멋대로 구는

해석
눈 속에 새로 생긴 타이어 자국은 누군가 최근에 이 시골길을 운전했다는 확실한 증거였다.

05 유사 어휘 고르기

정답 ①

valid : 유효한, 타당한 = reasonable : 타당한, 합당한

정답 해설
'valid'는 '유효한, 타당한'의 뜻으로, 'reasonable(타당한, 합당한)'과 그 의미가 가장 유사하다.

오답 해설
② 부적절한
③ 다수의
④ 귀중한
⑤ 믿을 수 없는

핵심 어휘
- valid : 유효한, 타당한
- delay : 지연, 지체
- delivering : 배달, 배송
- reasonable : 타당한, 합당한
- unsound : 부적절한, 건전하지 못한
- multiple : 많은, 다수의
- invaluable : 매우 유용한, 귀중한
- incredible : 믿을 수 없는, 믿기 힘든

해석
그 회사는 고객에게 제품 배송이 늦은 타당한 이유를 제시했다.

06 빈칸 추론하기

정답 ②

배우기에 너무 늦지 않았다.

정답 해설
새로운 취미를 배워볼 생각을 해 본 적이 있냐는 A의 물음에 B가 새로운 것을 시작하기에는 너무 나이가 든 거 같다고 망설이고 있다. 그러자 A가 전 연령대의 사람들이 새로운 것을 배우는 것을 보았다며 B를 독려하고 있다. 그러므로 빈칸에 들어갈 말로는 ②의 'it's never too late to learn(배우기에 너무 늦지 않았어)'이 가장 적절하다.

오답 해설
① 연습이 완벽을 만든다
③ 백지장도 맞들면 낫다

④ 결코 겉모습만 보고 판단하지 마라
⑤ 학문에 왕도는 없다

핵심 어휘

• **pick** : up : 알게 되다, 익히게 되다
• **plenty** : of : 많은, 풍부한
• **inspire** : 고무하다, 영감을 주다
• **encouragement** : 격려, 고무
• **give** : it : a : shot : 한번 시도해 봐, 한번 해 봐
• **royal** : road : 왕도, 지름길

해석

A: 새로운 취미를 배워볼 생각을 해본 적이 있니?
B: 모르겠어. 새로운 것을 시작하기에는 너무 나이가 든 거 같아.
A: 전혀! 항상 해보고 싶었던 것이 뭐야?
B: 음, 나는 항상 피아노를 배우고 싶었어.
A: 좋은 생각이네! 성인 초보자를 위한 자료가 많이 있어. 온라인 수업으로 시작하거나 현지 수업에서 찾을 수 있지.
B: 네 말이 맞는 거 같아. 생각해볼게.
A: 전 연령대의 사람들이 새로운 것을 배우는 것을 봤어. 그건 매우 고무적이야. 명심해. 배우기에 너무 늦지 않았어.
B: 격려해 줘서 고마워! 한 번 해볼게!

07 빈칸 추론하기

 핵심주제 | 주말 취미 활동 | 정답 ④

정답 해설

주말 계획에 대해 이야기하던 중에 B가 하이킹 외에 다른 계획도 있냐고 물었고, A가 기다려온 신작 스릴러를 읽으려고 한다고 답하였다. 그러므로 빈칸에 들어갈 말로는 ④의 'Let me know how the book turns out(책의 결과가 어떻게 되었는지 알려줘)'이 가장 적절하다.

오답 해설

① 밖에서 더 자주 놀자
② 하이킹은 내가 가장 좋아하는 활동이야
③ 산에서 만나자
⑤ 내일 다른 계획을 세워볼게

핵심 어휘

• **be** : up : to : ~하고 있다
• **chill** : 느긋한 시간을 보내다
• **It's** : been : a : while. : 오랜만이야, 간만이야
• **awesome** : 굉장한, 기막히게 좋은
• **clear** : one's : head : 머리를 식히다
• **catch** : up : on : ~을 따라잡다, 만회하다
• **turn** : out : (일·진행·결과가 특정 방식으로) 되다[되어 가다]

해석

A: 이번 주말에 뭐 할 거니?
B: 아마 집에서 그냥 쉬고 있을 걸. 너는?

A: 하이킹을 갈까 생각 중이야. 오랜만에.
B: 어디로 갈 건데?
A: 산에서 기막히게 멋진 경치를 볼 수 있는 좋은 곳을 찾았어.
B: 멋지다! 혼자 가니?
A: 응, 머리 식힐 시간이 필요해.
B: 이해해. 하이킹 외에 다른 계획도 있니?
A: 책을 좀 읽을까 해. 기다려온 신작 스릴러가 있어.
B: 완벽한 주말이 되겠구나! 책의 결과가 어떻게 되었는지 알려줘.
A: 알았어.

08 어법상 틀린 것 고르기

 핵심주제 | 주어와 동사의 시제 일치 | 정답 ①

정답 해설

settling down → settled down

settling down은 앞의 my grandparents를 주어로 하는 본동사이므로, 분사가 아닌 동사의 형태로 써야 한다. 앞 문장에서 조동사 'would'가 과거 시제이므로 시제의 흐름상 settling down은 settled down으로 고쳐 써야 옳다.

핵심 어휘

• **summer** : break : 여름방학
• **worship** : room : 예배실
• **stone** : idol : 석상
• **throne** : 왕좌, 왕위
• **prayer** : beads : 묵주, 염주
• **chant** : 찬송하다, 기도문을 읊조리다
• **in** : a : whisper : 속삭이며, 귓속말로
• **meditation** : session : 명상 시간
• **communion** : 영적 교감[교섭]
• **a** : higher : power : (전지전능한) 하느님, 신
• **a** : body : of : evidence : 일련의 증거
• **aging-related** : 노화와 관련된
• **cognitive** : decline : 인지력 감퇴
• **enhance** : 높이다, 향상시키다
• **cope** : with : ~에 대처[대항]하다
• **millennia** : 천년 간의, 천년 왕국의
• **quest** : 탐구, 탐색
• **enlightenment** : 깨달음, 교화, 계몽
• **in** : parallel : with : ~와 병행하여
• **awareness** : 인식, 의식
• **relief** : 완화, 경감

해석

인도에서 성장한 나는 여름 방학에 콜카타에 있는 조부모님 댁을 방문하곤 했다. 매일 오후 할머니는 가족 예배실을 마주본 채 바닥 매트에 앉아 있었는데, 그곳에는 작은 나무 왕좌에 앉아 있는 힌두교 신들의 석상들이 있었다. 30분 동안 할머니는 가만히 앉아 눈을 감고 손가락으로 묵주를 굴리며 크리슈나의 이름을 속삭이듯 찬송했다. 이러한 명상의 시간이 할머니가 신과 교감하는 데 도움이 되었는지 객관적으로 알 수는 없지만, 일련의 과학적 증거에 따르면 할머니는 여러 방식으로 명상을 통해 도움을 받았으리라 생각된

2025학년도

다. 이러한 습관은 할머니가 스트레스를 관리하는 효과적인 방법이었을 것이다. 또한 노화와 관련된 인지력 감퇴를 늦추는 데도 도움이 되었을 것이다. 통증에 대처하는 능력도 역시 향상되었을 것이다. 현 순간에 주의를 집중하는 운동으로 가장 폭넓게 정의되는 명상은 영적 깨달음을 추구하는 데 뿌리를 둔 전 세계의 종교적 전통에 의해 수천 년 동안 어떤 형태로든 수행되어 왔다. 오늘날 명상의 인기는 정신 건강과 스트레스 완화의 중요성에 대한 인식과 함께 높아지고 있다.

09 어법상 틀린 것 고르기

정답 ④

make(사역동사)의 수동태 : be made + to 부정사

정답 해설

take → to take

make(사역동사) + 목적어 + 동사원형 구문이 수동태가 되면 be made + to 부정사가 된다. 그러므로 'are made take'는 'are made to take'가 되어야 하므로 'take'를 'to take'로 고쳐 써야 옳다.

핵심 어휘

- aggression : 공격, 공격성
- not : one : 하나가 아닌, 별개의
- aggressive : 공격적인
- equally : 동일하게, 마찬가지로
- biologically : 생물학적으로
- obvious : 분명한, 명백한
- burst : 폭발, 터뜨림
- psychologist : 심리학자
- construct : 형성하다, 구성하다
- temperamentally : 기질적으로, 성질상
- prone : to : ~을 잘 하는, ~의 경향이 있는
- extent : 정도, 크기
- proportion : 부분, 비율
- anger : management : 분노 조절

해석

분노는 분명히 공격성과 관련이 있지만 그것들은 별개이며 동일하지 않다. 화를 내지 않고 공격적인 것이 가능하며 마찬가지로 공격적이지 않고 화를 내는 것도 가능하다. 그러나 이 두 가지(분노의 감정과 공격적인 행동)는 연결되어 있으며 분명한 존재 가치가 있는 생물학적 기초에 기반을 두고 있다. 분노는 항상 에너지 폭발을 훨씬 더 많이 초래하며, 생물학적인 기반을 두고 있음에도 불구하고 일부 심리학자들은 대개 사회적으로 형성된 것으로 보고 있다. 즉, 어떤 사람들은 다른 사람들보다 기질적으로 화를 더 잘 낼 수도 있지만, 이를 표현하는 정도는 아마도 사회적으로 결정된다는 것이다. 예를 들어, 우리 문화에서 사내아이들이 여자아이들보다 더 공개적으로 분노를 표현해도 무방하며, 여자들보다 남자들이 훨씬 더 많은 비율로 분노 조절 학습을 받도록 하고 있다. 이것은 생물학적 차이가 아니라 학습에 의한 차이이다.

10 문맥에 맞는 낱말 고르기

정답 ④

(A) contrast : 대조 / (B) maintain : 유지하다 / (C) diverse : 다양한

정답 해설

(A) contrast / (B) maintain / (C) diverse

(A) 앞 문장에서는 인종과 집단의 차이를 없애는 용광로라는 개념에 대해 설명하고 있고, 뒤의 문장에서는 삶에 즐거움을 주는 다양성이란 상반된 개념에 대해 설명하고 있다. 그러므로 빈칸에 들어갈 말로는 'contrast(대조)'가 적절하다.

(B) 다양한 집단이 모여 사는 미국은 그 집단이 자신의 문화유산을 보존거나 아니면 새로운 문화에 동화되는 것을 선택할 수 있다고 설명하고 있다. 그러므로 빈칸에 들어갈 말로는 'maintain(유지하다)'이 적절하다.

(C) 미국은 여러 문화가 혼합된 다문화적인 공통 문화가 존재한다고 설명하고 있다. 그러므로 빈칸에 들어갈 말로는 'diverse(다양한)'가 적절하다.

핵심 어휘

- decade : 10년
- cultural : pluralism : 문화적 다원성, 문화 다원주의
- recognize : 알아보다, 인정하다
- in : contrast : to : ~와 대조적으로, ~와 달리
- melting : pot : 용광로, 도가니
- erase : 지우다, 없애다
- ethnic : 민족의, 종족의
- spice : of : life : 삶의 즐거움, 흥미
- shelter : 피난처, 안식처
- maintain : 지탱하다, 유지하다
- reform : 개혁하다, 개선하다
- heritage : 유산
- assimilate : 동화되다, 흡수하다
- as : is : often : the : case : 흔히 있는 일이지만
- norm : 표준, 규범, 기준
- unique : 독특한, 고유의
- subsidiary : 부수적인, 부차적인
- immigrant : 이민자
- slave : and : free : 노예와 해방
- descendant : 자손, 후손
- blending : 혼합, 혼성
- diverse : 다양한, 가지각색의
- paradoxical : 역설적인, 모순적인
- multicultural : 다문화의, 여러 문화가 공존하는

해석

최근 수십 년 간의 정치적, 사회적 변화의 결과로 문화 다원주의는 이제 일반적으로 이 사회의 조직 원리로 인정되고 있다. 인종과 집단의 차이를 없애겠다고 약속했던 용광로 개념과 (A) 대조적으로, 이제 아이들은 다양성이 삶의 즐거움이란 것을 안다. 그들은 미국이 다양한 집단에게 안식처를 제공하고 문화유산을 (B) 유지하거나 동화할 수 있도록 해주었으며, 흔히 있는 일이지만 둘 다 할 수도 있다는 것을 안다. 선택은 국가가 아닌 그들의 몫이다. 그들은 문화 다원주의가 자유 사회의 규범 중 하나이며, 집단 간의 차이는 해결해

야 할 문제가 아니라 국가적 자원이라는 것을 안다. 실제로 미국의 독특한 특징은 그것의 공통 문화가 부차적인 문화의 상호작용에 의해 형성되었다는 것이다. 이민자, 아메리칸 인디언, 아프리카인(노예와 해방), 그리고 그 후손들에 의해 시간이 흘러 영향을 받은 문화이다. 미국의 음악, 예술, 문학, 언어, 음식, 의복, 스포츠, 휴일, 관습은 모두 한 국가에서 (C) 다양한 문화가 혼합된 효과를 보여준다. 모순처럼 보일 수도 있지만, 미국에는 다문화적인 공통 문화가 존재한다.

11 문맥에 맞는 낱말 고르기

정답 ③

(A) reverses : 뒤집다 / (B) exercising : 행사하는 / (C) inseparability : 불가분성

정답 해설

(A) reverses / (B) exercising / (C) inseparability
(A) "지식은 권력이다"라는 문구가 지식과 권력의 관계를 나타내는 통속적인 표현인데, Foucault는 "권력은 지식이다"라는 문구를 통해 권력을 부여하는 것은 지식이 아니라고 주장하고 있다. 그러므로 빈칸에 들어갈 말로는 'reverses(뒤집다)'가 적절하다.
(B) Foucault의 분석에 따르면 "권력은 지식이다"라고 말해야만 할 정도로 지식은 이미 큰 권력을 부여받았다고 서술하고 있다. 즉, 지식은 권력을 수행하기 위한 구체적인 수단이 되므로, 빈칸에 들어갈 말로는 'exercising(행사하는)'이 적절하다.
(C) 지식은 결코 권력과 분리된 것이 아니라 권력을 행사하기 위한 구체적인 수단이며, 이 둘의 관계는 권력/지식이라는 용어로 표현될 정도로 철저하게 결합되어 있다고 서술하고 있다. 그러므로 빈칸에 들어갈 말로는 'inseparability(불가분성)'가 적절하다.

핵심 어휘

- **interrelationship** : 연관성, 상호관계
- **phrase** : 구절, 관용구
- **genealogical** : 족보의, 계보의
- **confirm** : 확인하다, 확신하다
- **reverse** : 뒤바꾸다, 뒤집다
- **contend** : 주장하다, 다투다
- **acquisition** : 습득, 획득
- **invest** : with : ~을 부여하다
- **analysis** : 분석
- **embody** : 상징하다, 포함하다
- **brute** : 야만적인, 비인간적인
- **coercion** : 강제, 강압
- **potent** : 센, 강한, 강력한
- **translate** : into : ~으로 번역하다
- **reflection** : 반사, 반영
- **inseparability** : 불리할 수 없음, 불가분성
- **separability** : 나눌 수 있음, 분리성
- **thoroughgoing** : 철저한, 철두철미한
- **conjoin** : 결합하다, 묶다

해석

지식과 권력 사이의 상호관계에 대한 통속적 이해는 흔히 "지식은 권력이다"라는 문구를 통해 표현된다. Foucault는 계보학 연구에서 이 표현의 논리를 (A) 뒤집는다. 그는 사람에게 권력을 부여하는 것은 지식의 습득이 아니라

고 주장한다. 대신에 "권력은 지식이다"라고 말해야만 할 정도로 지식은 이미 항상 큰 권력을 부여받았다. 따라서 Foucault의 분석에 따르면, 지식은 결코 권력과 분리된 것이 아니라 권력을 (B) 행사하기 위한 구체적인 수단이다. 이렇듯이 권력은 단순히 한 개인이나 사회 구조 안에서 구현되고 비인간적인 강제나 처벌로 표현되는 것이 아니다. 권력은 "지식"의 체계로 성공적으로 번역되고 그에 따라 명백한 진실의 베일 하에 반성에서 벗어날 때 가장 강력한 형태로 나타난다. Foucault에 따르면 권력과 지식의 (C) 불가분성은 너무나 철저해서 그는 종종 이 둘을 권력/지식이라는 용어로 묶는다.

12 문맥상 부적절한 낱말 고르기

정답 ②

broadens(넓히다) ⇔ narrows(좁히다) / diminishes(축소하다)

정답 해설

broadens → narrows 또는 diminishes
제시문은 기업 간의 경쟁이 제품과 서비스에 혁신을 가져다준다는 일반적인 생각과 달리, 장기적인 관점에서 보면 개방성과 연결성이 순수한 경쟁 메커니즘보다 혁신에 더 가치가 있다는 내용이다. 그러므로 표준 교과서처럼 개인과 조직의 규모에서 혁신을 분석하는 것은 우리의 관점을 좁게 한다고 볼 수 있다. 따라서 ②의 'broadens(넓히다)'는 'narrows(좁히다)' 또는 'diminishes(축소하다)'로 고쳐 써야 옳다.

핵심 어휘

- **long-zoom** : perspective : 장기적인 관점
- **broaden** : 넓히다, 확장하다
- **overstate** : 과장하다, 허풍 떨다
- **proprietary** : 독점의, 전매의
- **survival** : of : the : fittest : 적자생존
- **connectivity** : 연결(성)
- **purely** : 순전히, 전적으로
- **recognition** : 인정, 인식
- **intrinsically** : 본질적으로
- **emerge** : 나타나다, 출현하다
- **embrace** : 받아들이다, 수용하다
- **nurture** : 양육하다, 육성하다

해석

모든 경제 교과서는 경쟁 기업 간의 경쟁이 제품과 서비스의 혁신으로 이어진다고 말한다. 하지만 장기적 관점에서 혁신을 살펴보면, 경쟁은 우리가 일반적으로 생각하는 것보다 좋은 아이디어의 역사에서 그다지 중심적인 역할을 하지 못하는 것으로 나타났다. 표준 교과서처럼 개인과 조직의 규모에서 혁신을 분석하면 우리의 관점은 넓어진다(→ 좁아진다). 그것은 독점적 연구와 "적자생존"이란 경쟁의 역할을 과장하는 혁신의 그림을 만들어낸다. 장기적인 접근에서 보면 개방성과 연결성이 결국 순수한 경쟁 메커니즘보다 혁신에 더 가치가 있음을 알 수 있다. 이러한 혁신의 패턴은 부분적으로 좋은 아이디어가 역사적으로 나타나는 이유를 이해하는 것이 본질적으로 중요하기 때문에, 그리고 부분적으로 이러한 패턴을 수용함으로써 학교든, 정부든, 사회 운동이든 간에 좋은 아이디어를 더 잘 육성할 수 있는 환경을 구축할 수 있기 때문에 인정받을 만하다. 창의성을 가능하게 하는 많은 관련 환경에 마음을 열면 더 창의적으로 생각할 수 있다.

13 문맥상 부적절한 낱말 고르기

 정답 ⑤

disadvantage(단점) ⟺ advantage(장점)

정답 해설

disadvantage → advantage

Edgar Allan Poe가 창시한 현대 단편 소설의 스토리텔링 방식은 작가가 가장 친밀하고 극단적인 방식으로 신비로운 인간의 마음을 탐구할 수 있도록 한다는 것이다. 즉, 이것은 단점이 아닌 장점에 해당하므로, ⑤의 'disadvantage(단점)'는 'advantage(장점)'로 고쳐 써야 옳다.

핵심 어휘

- **lengthy** : 너무 긴, 장황한
- **fable** : 우화, 꾸며낸 이야기
- **realistic** : 현실적인, 사실적인
- **concentrate** : on : ~에 집중하다
- **have** : to : do : with : ~와 관계가 있다
- **abnormal** : 비정상적인
- **involving** : 관련된, 연루된
- **murder** : 살인, 살해
- **narrate** : 이야기 하다, 서술하다
- **disturbing** : 충격적인, 불안감을 주는
- **vivid** : 생생한, 활발한
- **aggressor** : 공격자, 침략자
- **give** : account : of : ~을 설명하다, 이야기 하다
- **disadvantage** : 약점, 단점
- **intimate** : 친한, 친밀한
- **extreme** : 극도의, 심각한

해석

장황한 소개가 필요 없는 미국의 위대한 작가 Edgar Allan Poe는 현대 단편 소설을 창시한 작가 중 한 명이다. 현대 단편 소설은 이야기를 현대의 사실적인 배경 위에 설정할 뿐만 아니라 그 형식이 하나의 극적인 사건에 집중한다는 점에서 이전의 이야기나 우화의 형식과는 다르다. Poe의 경우, 이 단일 사건은 전형적으로 죽음과 살인에 연루된 비정상적인 행위와 매우 자주 관련이 있다. Poe의 혁신은 살인자 자신의 관점에서 그러한 충격적인 사건을 서술하는 것이었으므로, Poe의 단편 소설을 읽는 독자는 그가 어떻게 범행을 저질렀는지 상세히 설명하기 위해 세심한 주의를 기울이는 공격자의 생생한 목소리를 들어야만 했다. 이러한 스토리텔링 방식의 단점(→ 장점)은 작가가 가장 친밀하고 극단적인 방식으로 신비로운 것 즉, 인간의 마음을 탐구할 수 있도록 한다는 것이다.

14 내용과 불일치 문장 고르기

 정답 ②

Virgil의 문학에 대한 비평

정답 해설

글의 서두에서 Virgil의 거장다운 시는 그에게 가장 위대한 라틴어 시인이라는 유산을 남겼고, 중세와 르네상스 시대에 걸쳐 그의 명성

이 더욱 높아갔다고 서술되어 있다. 그러므로 르네상스 시대 동안 그의 명성이 쇠퇴했다는 ②의 설명은 제시문의 내용과 일치하지 않는다.

오답 해설

① 라틴어로 된 그의 능숙한 시들은 그를 유명한 시인으로 만들었다.
→ Virgil의 거장다운 시는 그에게 가장 위대한 라틴어 시인이라는 유산을 남김
③ 그는 다양한 언어로 된 시에 영향을 미쳤다. → 이탈리아어로 단테, 영어로 밀턴, Aeneid를 중세 로망스 Le Roman d'Eneas로 재작업한 무명의 프랑스 시인을 포함하여 언어별로 시인들에게 영감을 줌
④ 그의 시는 인간의 감정을 명확하게 표현했다. → 르네상스 시대의 작가들 사이에서 Virgil은 인간의 감정을 생생하게 묘사한 것으로 평가받음
⑤ 그의 시는 현대 비평가들로부터 Homer의 시보다 좋게 평가받지 못했다. → 대부분의 현대 학자들은 Vigril의 시가 Homer의 시에 비하면 무색할 정도라고 생각함

핵심 어휘

- **masterful** : 거장다운, 훌륭한
- **poetry** : 시, 시가, 운문
- **legacy** : 유산
- **printing** : press : 인쇄기
- **transmit** : 전송하다, 전달하다
- **scribe** : (인쇄술이 발명되기 전의) 필경사
- **scarce** : 부족한, 드문
- **literate** : 글을 쓰고 읽을 수 있는, 문학상의
- **significant** : 의미심장한, 중요한
- **anonymous** : 익명의, 무명의
- **rework** : 고치다, 다시 하다
- **pagan** : 이교도, 비기독교도
- **prophet** : 선지자, 예언자
- **prediction** : 예측, 예견
- **appreciate** : 인정하다, 평가하다
- **vivid** : 생생한, 활발한
- **portrayal** : 묘사, 형용
- **predecessor** : 전임자, 선임자
- **epic** : 서사시, 서사문학
- **contemporary** : 동시대의, 현대의
- **hold** : that : ~라 생각[주장]하다
- **pale** : in : comparison : to : ~앞에서 무색해지다, ~에 비해 못하다
- **reputation** : 명성, 평판
- **decline** : 쇠퇴, 하락

해석

Virgil의 거장다운 시는 그에게 가장 위대한 라틴어 시인이라는 유산을 남겼다. 중세와 르네상스 시대에 걸쳐, 그의 명성은 더욱 높아갔다. 인쇄기가 발명되기 전, 필경사들의 손으로 전달되는 고전 텍스트가 부족했던 시기에 Virgil의 시는 문학 계층이 이용했고, 그들 중에서도 그는 고대의 가장 중요한 작가로 여겨졌다. 그는 이탈리아어로 단테, 영어로 밀턴, Aeneid를 중세 로망스 Le Roman d'Eneas로 재작업한 무명의 프랑스 시인을 포함하여 언어별로 시인들에게 영감을 주었다. 기독교 문화 시대에, Virgil은 작품의 여러 대사가 그리스도의 도래를 예언하는 것으로 해석되어 이교도 예언자로 여겨졌다. 르네상스 시대의 작가들 사이에서 Virgil은 인간의 감정을 생생하게 묘사한 것으로 평가받았다. 반면 현대 비평가들은 그리 호의적이지 않았다. Virgil의 시

는 특히 트로이 전쟁을 묘사한 Homer의 서사시인 일리아드와 오디세이 등, 그리스 전임자들의 시와 연관지어 자주 평가된다. 대부분의 현대 학자들은 Vigril의 시가 Homer의 시에 비하면 무색할 정도라고 생각한다.

15 내용과 일치하는 문장 고르기

 핵심주제 | Alice의 일기 | 정답 ④

📝 정답 해설

제시문에 따르면 Alice는 몸이 너무 약해서 글을 쓸 수조차 없었고, 그녀의 절친한 친구인 Loring이 Alice를 위해 그녀의 말을 글로 적었다고 서술되어 있다. 그러므로 그녀는 자신의 생각을 받아 적은 글을 남겼다는 ④의 설명은 제시문의 내용과 일치한다.

📝 오답 해설

① 그녀는 케임브리지의 하층민 가정 출신이다. → 그녀의 가족은 매사추세츠 주 케임브리지에서 유명한 존경받는 가정임

② 그녀는 식구 중 맏이였다. → 그녀는 두 오빠를 둔 막내딸임

③ 그녀의 오빠들은 명성을 얻지 못했다. → 그녀의 오빠들인 Henry James는 소설가로, William James는 철학자로 중요한 인물들이며 공적인 경력에서 점점 더 성공을 거두고 있음

⑤ 그녀의 일기장은 다른 여성들에 대한 연민으로 가득했다. → 그녀의 일기는 다른 여성들에 대한 연민이 아니라 자기 연민으로 채워져 있음

📦 핵심 어휘

- **be** : classified : as : ~로서 분류되다
- **figure** : 인물
- **mental** : breakdown : 신경쇠약, 정신분열
- **numerous** : 많은, 다수의
- **in** : the : meantime : 그 동안에, 그 사이에
- **public** : career : 공인으로서의 경력
- **journal** : 저널, 일기
- **appreciate** : 이해하다, 인식하다
- **self-pity** : 자기 연민
- **uniquely** : 특별히, 독특하게
- **feminine** : 여성
- **reputation** : 명성, 평판
- **dictate** : 받아쓰게 하다, 구술하다

📋 해석

Alice James는 항상 유명인의 여동생 또는 동생으로 분류된다. 그녀의 두 오빠들인 소설가 Henry James와 철학자 William James는 그들의 분야에서 중요한 인물들이다. 그녀의 가족은 본래 매사추세츠 주 케임브리지에서 유명하고 존경받는 가정이었다. 하지만 막내딸인 Alice는 16살에 첫 정신분열을 일으킨 이후로 문제가 있었다. 그녀는 또한 많은 건강 문제를 겪었다. 그 사이에 오빠들은 공적인 경력에서 점점 더 성공을 거두고 있었다. Alice James는 마흔네 살의 나이에 세상을 떠났지만, 그녀는 인생의 마지막 3년 동안 자신의 생각에 대한 가장 흥미로운 기록을 남겼다. 그러나 그녀는 몸이 너무 약해서 글을 쓸 수조차 없었다. 그녀의 절친한 친구인 K. P. Loring은 Alice를 위해 그녀의 말을 글로 적었다. Loring은 또한 Alice의 오빠들과 자신을 위해 그녀의 일기를 인쇄했다. 그녀의 일기를 읽는 데 있어 어려움은 분노, 자기 연민, 그리고 물론 필자가 느끼는 고통의 혼합을 이해하는 것이었다. 또한 당시 여

성들은 남성 의사들이 연구하고 치료해야 할 "사례" 또는 "문제"로 간주되는 경우가 많았기 때문에 그녀의 일기는 독특한 여성적 경험이었다는 점도 기억해야 한다.

16 내용과 일치하는 문장 고르기

 핵심주제 | 분석철학자 Morris Cohen | 정답 ⑤

📝 정답 해설

제시문의 마지막 문장에서 Nagel은 1960년대 록펠러 대학에서의 1년을 제외하고, 컬럼비아 대학에서 과학 철학을 가르치고 글을 쓰며 철학에 대한 논리학의 중심적 역할을 설명하는 데 경력을 보냈다고 서술되어 있다. 그러므로 Nagel이 컬럼비아 대학에서 경력의 대부분을 보냈다는 ⑤의 설명은 제시문의 내용과 일치한다.

📝 오답 해설

① Cohen은 체코슬로바키아에서 태어났다. → Cohen은 러시아에서 태어남

② Cohen은 1941년까지 뉴욕 시립 대학에서 가르쳤다. → 1912년부터 1938년까지는 시립 대학에서, 1938년부터 1941년까지는 시카고 대학교에서 가르침

③ Cohen은 오직 논리학에 대한 주목으로 유명했다. → 논리학과 과학 철학에 대한 주목으로 유명함

④ Nagel은 1931년에 하버드 대학에서 박사 학위를 받았다. → Nagel은 1931년에 컬럼비아 대학에서 박사 학위를 받음

📦 핵심 어휘

- **transition** : 이행, 전환
- **analytic** : philosophy : 분석철학
- **mediate** : 영향을 주다, 가능하게 하다
- **committed** : 헌신적인, 열정적인
- **naturalist** : 자연주의자, 동식물 연구가
- **with** : the : exception : of : ~은 제외하고
- **centrality** : 중심적 역할[위치]

📋 해석

미국의 분석철학으로의 전환은 몇몇 중요한 인물, 기관, 사건들에 의해 가능하게 되었다. 그 중 한 명은 Morris Cohen(1880~1947)이었다. 러시아에서 태어난 그는 뉴욕 시립 대학에서 교육을 받았다. 1905년 하버드에서 박사 학위를 받은 그는 1912년부터 1938년까지 시립 대학에서, 그리고 1938년부터 1941년까지 시카고 대학교에서 가르쳤다. 논리학과 과학 철학에 대한 주목으로 유명해진 그는 철학에서 지식을 얻을 수 있는 비과학적 방법을 인정하지 않는 헌신적인 자연주의자였다. 그의 제자 중 한 명은 체코슬로바키아 태생의 Ernest Nagel이며, 시립 대학에서 학사 학위를 받은 후 1931년 컬럼비아 대학에서 박사 학위를 받았다. 1960년대 록펠러 대학에서의 1년을 제외하고, 그는 컬럼비아 대학에서 과학 철학을 가르치고 글을 쓰며 철학에 대한 논리학의 중심적 역할을 설명하는 데 경력을 보냈다.

2025학년도

17 빈칸 추론하기

<table><tr><td>정답</td><td>②</td></tr></table>

언론 보도의 신뢰성

정답 해설

제시문에서 남북전쟁에 대한 상반된 보도를 접했던 Osborne은 역사 기록이 반드시 믿을 만한 사실이 아닐 수도 있음을 경험했고, 그의 아들이 신뢰할 수 없는 역사를 공부하는데 시간을 낭비할 수도 있다고 염려하고 있다. 그러므로 빈칸에 들어갈 말은 ②의 'reliability(신뢰성)'이다.

오답 해설

① 연속성
③ 재발견
④ 간결함
⑤ 예측 가능성

핵심 어휘

- **in** : terms : of : ~면에서
- **enthusiastic** : 열렬한, 열광적인
- **contradictory** : 모순된, 상반된
- **contemporary** : history : 현대사
- **at** : best : 기껏, 잘해야
- **contingent** : 부수적인, 일시적인
- **warrant** : 정당[타당]하게 만들다
- **anxiety** : 불안, 걱정
- **unreliable** : 믿을 수 없는, 신뢰할 수 없는
- **factual** : 사실에 기반을 둔, 사실을 담은
- **yield** : 산출하다, 생산하다
- **continuity** : 지속성, 연속성
- **reliability** : 신뢰성, 신빙성
- **rediscovery** : 재발견
- **conciseness** : 간결, 간략
- **predictability** : 예언[예보]할 수 있음, 예측 가능성

해석

교육 측면에서, 역사가 항상 언론의 호평을 받는 것은 아니다. 1656년 아들에게 조언을 건넨 Francis Osborne은 그 주제에 대해 결코 열정적이지 않았다. 자신의 시대(현대사)에 남북전쟁에 대한 상반된 보도를 접한 그의 경험으로 인해 최근 일이 아닌 사건에 대한 기록의 신뢰성에 그는 의문을 품었다. 그는 이러한 역사 기록은 "거짓, 잘해야 일시적인 믿음"을 제시할 가능성이 높았기 때문에 진지한 연구가 거의 불필요하다고 여겼다. 아들이 신뢰할 수 없는 역사를 공부하는데 시간을 낭비할 수도 있다는 Osborne의 불안감은 역사를 이상적으로 과거에 대한 확실한 '사실적' 지식을 산출하는 특정 종류로 이해하고 있음을 의미한다. 지금 Osborne의 시대에 이미 이 모델이 도전을 받고 있었지만, 우리 시대까지 어느 정도 지속되어 왔다.

18 빈칸 추론하기

<table><tr><td>정답</td><td>①</td></tr></table>

AI를 똑똑하게 만드는 선생님

정답 해설

인간이 어릴 때부터의 학습을 통해 고양이와 개를 구별할 수 있는 것처럼 인공지능도 무엇을 잘 하려면 학습이 필요하며, 또한 AI가 비약적으로 발전한 것도 AI가 필요로 하는 학습을 제공하는 엄청난 양의 데이터가 있기 때문이라고 서술하고 있다. 그러므로 빈칸에는 ①의 'be taught(학습하다)'가 들어갈 말로 가장 적절하다.

오답 해설

② 스스로를 능가하다
③ 스스로 생각하다
④ 규칙에 의해 지배되다
⑤ 모든 가능성을 계산하다

핵심 어휘

- **genetically** : 유전적으로, 유전상으로
- **prime** : 대비시키다, 준비시키다
- **categorize** : 분류하다, 범주에 넣다
- **artificial** : minds : 인공지능
- **breakthrough** : 돌파구, 비약적 발전
- **incredible** : 믿을 수 없는, 엄청난, 대단한
- **massive** : 방대한, 엄청나게 큰
- **self-tracking** : 자기 추적의
- **online** : footprint : 온라인 발자국
- **be** : akin : to : ~과 같은, ~과 흡사한
- **huge** : 거대한, 엄청난

해석

모든 지능은 학습해야 한다. 유전적으로 사물을 분류할 준비가 되어 있는 인간의 뇌도 고양이와 개를 구별할 수 있기까지 어릴 때 열두 가지의 예시를 봐야 한다. 심지어 인공지능의 경우는 더욱 그렇다. 가장 잘 프로그래밍 된 컴퓨터도 체스 게임을 잘 하려면 적어도 천 번은 실행해야 한다. AI의 비약적 발전의 일부는 AI가 필요로 하는 학습을 제공하는 우리 세계에 대한 엄청난 양의 수집 데이터에 있다. 방대한 데이터베이스, 자가 추적, 웹 쿠키, 온라인 발자국, 테라바이트의 저장 공간, 수십 년에 걸친 검색 결과, 그리고 전 디지털 세계가 AI를 똑똑하게 만드는 선생님이 되었다. Andrew Ng는 그것을 이렇게 설명한다. "AI는 로켓 우주선을 만드는 것과 비슷합니다. 거대한 엔진과 많은 연료가 필요합니다. 로켓 엔진이 학습 알고리즘인 반면 연료는 이러한 알고리즘에 공급할 수 있는 엄청난 양의 데이터입니다."

19 빈칸 추론하기

<table><tr><td>정답</td><td>①</td></tr></table>

어원의 중요성과 영향력

정답 해설

상습 도박꾼인 샌드위치 백작에서 유래된 샌드위치란 단어는 한 번 들으면 잊어버리는 사람이 거의 없다며, 어원과 의미 사이의 두 번

째 작용에 대해 설명하고 있다. 그러므로 빈칸에 들어갈 말로는 ①의 'prefer memorable or logical origins for words(기억에 남거나 논리적인 어원의 단어들을 선호하다)'이다.

오답해설

② 어원의 의미에 거의 주의를 기울이지 않다
③ 단어의 원래 의미를 중요하지 않게 여기다
④ 어원의 상반된 과정을 알지 못하다
⑤ 단어의 사용과 의미 사이의 연관성을 싫어하다

핵심 어휘

- etymology : 어원, 어원학
- derive : from : ~에서 유래하다, 파생하다
- considerable : 상당한, 많은
- implication : 영향[결과]
- erosion : 부식, 침식
- make : sense : 의미가 통하다, 이해가 되다
- earl : 백작
- compulsive : 강박적인, 상습적인
- bout : 한바탕, 한차례
- sustain : oneself : 자신의 생명[생활]을 유지하다
- association : 연계, 연관

해석

어원학은 단어의 뿌리 또는 기원을 연구하는 학문으로, '참'이라는 뜻의 그리스어 어원 etymos에서 유래했다. 어원의 중요성과 영향력은 상당하다. 일반적으로 말하면, 두 가지 상반된 과정이 어원과 의미 사이의 관계에서 작용하고 있다. 첫 번째는 어원과의 연결이 점진적으로 침식되는 것이다. 즉, 단어는 어원의 의미에서 꾸준히 멀어지는 경향이 있다. 이와 반대로 연결을 되살리고 단어가 과거의 단어들과 '의미가 통하기'를 바란다. 사람들은 기억에 남거나 논리적인 어원의 단어들을 선호하며, 심지어 단어가 존재하지 않는다면 창조하기도 한다. 어떤 단어는 실제로 이러한 뚜렷한 기원을 가지고 있다. 샌드위치가 24시간 동안 게임 테이블을 떠나지 않기 위해 토스트 조각 사이에 차가운 소고기 조각을 곁들여 자신을 지탱했던 상습 도박꾼인 샌드위치 백작에서 유래했다는 사실을 (한 번 들으면) 잊어버리는 사람은 거의 없다. 이렇게 샌드위치는 1762년에 처음 기록되어 탄생했다.

20 빈칸 추론하기

 정교한 무의식적 분석 능력 | 정답 ③

정답 해설

제시문에 따르면 체스 선수들의 게임 분석은 반사적으로 이루어지며, 한 눈에 체스판을 검토하고 그 배열을 완벽히 기억하는 등의 세분화 과정이 거의 무의식적으로 일어난다고 설명하고 있다. 그러므로 빈칸에 들어갈 말은 ③의 'occur entirely outside conscious awareness(완전히 의식 밖에서 일어난다)'이다.

오답해설

① 마스터의 의식이 작동할 때만 일어난다
② 의미 있는 인식을 의식적으로 전개한다
④ 신중한 분석과 반복을 통해 성공한다

⑤ 다중 감각 정보가 서로 결합될 수 있음을 입증한다

핵심 어휘

- intuition : 직관, 직감
- parsing : 어구의 해부, 구문 분석
- reflex : 반사 작용(운동)
- glance : 힐끗 봄, 일견
- grand : master : 최고 수준의 체스 선수
- configuration : 배열, 환경 설정
- chunk : 덩어리, 상당히 많은 양
- segmenting : process : 세분화 과정
- take : into : account : ~을 고려하다, 계산에 넣다
- piece : (체스·장기) 말, 알
- sophisticated : 세련된, 정교한
- consciousness : 의식, 생각
- unfold : 펴다, 펼치다
- repetition : 반복, 되풀이
- multisensory : 여러 감각의, 다중 감각의

해석

체스 선수들 사이에서 보드 게임 분석이 반사적으로 이루어진다는 것이 우리 생각이다. 실제 연구에 따르면 최고 수준의 체스 선수는 체스판을 의미 있는 덩어리로 자동 분석하기 때문에 한 눈에 체스판을 검토하고 그 배열을 완벽히 기억한다. 또한 최근의 실험은 이러한 세분화 과정이 정말 무의식적이라는 사실을 보여준다. 즉, 간이 경기를 20밀리초 동안 반짝 보여주고 마스크 사이에 끼워 넣어 보이지 않게 해도 여전히 체스 마스터의 결정에 영향을 미칠 수 있다. 이 실험은 전문적인 체스 선수들에게만 적용되며, 왕이 장군인지 멍군인지를 결정하는 것과 같은 의미 있는 문제를 해결하는 경우에만 해당된다. 이는 시각 체계가 말들(루크 또는 나이트)의 신원과 위치를 고려하여 이 정보를 의미 있는 덩어리("장군을 받은 블랙 킹")와 빠르게 결합시키는 것을 의미한다. 이러한 정교한 작업은 완전히 의식 밖에서 일어난다.

21 빈칸 추론하기

산업혁명이 가져온 지배적인 주거지 형태의 변화 | 정답 ④

정답 해설

유럽에서 일어난 산업 혁명으로 인해 잠재적인 대규모 산업 노동자들이 도시로 이주하면서 2만 명 이상의 도시가 폭증하고 그 지역이 대부분 도시화되고 고도로 산업화되었다고 설명하고 있다. 그러므로 빈칸에 들어갈 말은 ④의 'the dominant form of human settlement(인간 정착지의 지배적인 형태)'이다.

오답해설

① 일부 국가의 지리적 특징
② 제조업 시스템
③ 사회 정의와 평등의 개념
⑤ 노동 계급의 정의

핵심 어휘

- agricultural : 농업의
- transform : 변형시키다, 완전히 바꿔 놓다

- **gender** : 성, 성별
- **kinship** : 친족
- **composition** : 구성, 구조
- **rural** : 시골의, 농촌의
- **urban** : 도시의
- **overturn** : 뒤집다, 전복하다
- **migration** : 이주, 이동
- **emerging** : 신흥의, 최근에 생겨난
- **bourgeoisie** : 중산층, 부르주아
- **scope** : 범위, 영역
- **demographic** : 인구학의
- **underline** : 밑줄을 긋다, 강조하다
- **estimate** : 평가하다, 추정하다
- **geopolitical** : 지정학의, 지정학적인
- **predominantly** : 대개, 대부분
- **urbanized** : 도시화된
- **geographical** : 지리학적인, 지리학상의
- **dominant** : 우세한, 지배적인

해석

18세기와 19세기 동안 유럽에서 일어난 산업(및 관련 농업) 혁명은 일의 성격을 변화시켰을 뿐만 아니라 사회 조직, 성별 및 친족 관계, 그리고 인간 정착지의 지배적인 형태도 극적으로 변화시켰다. 특히 농촌 지역에서 신흥 제조업 중산층 공장이 위치한 도시로 잠재적 산업 노동자들이 대규모로 이주하면서 농촌과 도시의 구성과 연결 관계가 완전히 뒤집혔다. 이 시기에 발생한 인구 변화의 범위는 19세기 초에는 인구가 2만 명 이상인 영국 도시가 15개에 불과했지만, 19세기 말에는 185개에 달했다는 연구 결과를 통해 강조된다. 실제로 1800년 당시 유럽 인구의 2.2%만이 10만 명 이상의 도시에 살고 있었으며, 오늘날 그 지정학적 공간이 대부분 도시화되고 고도로 산업화된 것으로 추정되었다.

22 빈칸 추론하기

 핵심 주제 낙관적인 태도와 비관적인 태도가 미치는 영향

정답 ②

정답 해설

(A) 심장병 환자들과 암 환자들의 정서적 고통과 통증 완화, 임산부들의 더 나은 출산결과, 관상동맥 우회 수술 환자의 수술 후 합병증 경감 등을 예로 들어 낙관주의가 미치는 영향에 대해 설명하고 있다. 그러므로 빈칸에 들어갈 말로는 'For instance' 또는 'For example' 등이 적절하다.

(B) 앞에서 낙관적인 태도를 지닌 사람들의 긍정적 영향에 대해 설명한 것과 반대로, 비관적인 태도를 가진 사람들의 부정적 영향에 대해 설명하고 있다. 그러므로 'On the other hand(반면에)'가 빈칸에 들어갈 말로 가장 적절하다.

핵심 어휘

- **proverbial** : 속담에도 나오는, 유명한
- **resilient** : 회복력 있는, 탄력 있는
- **disorder** : 장애, 이상
- **investigator** : 수사관, 조사관
- **emotional** : distress : 정신적[정서적] 고통

- **pregnant** : 임신한
- **infant** : 유아, 젖먹이
- **birth** : outcome : 출산결과
- **coronary** : artery : bypass : surgery : 관상동맥 우회 수술
- **postoperative** : complication : 수술 후 합병증
- **depression** : 우울증, 우울함

해석

당신은 속담에 나오는 유리잔을 반이 가득 찬 것으로 보는 사람인가, 아니면 반이 비어 있는 것으로 보는 사람인가? 유리잔을 반이 가득 찬 것으로 보는 사람들은 더 낙관적인 태도를 지닌 사람들로 신체장애와 관련된 스트레스를 포함한 스트레스의 영향에 대해 다른 사람들보다 더 회복력이 좋다. (A) 예를 들면, 조사원들은 낙관주의를 심장병과 암 환자들의 정서적 고통 수준을 낮추고 암 환자들의 보고된 통증 수준을 낮추는 것과 결부시킨다. 임산부의 낙관주의는 심지어 더 나은 출산결과, 예를 들면 유아의 출생 당시 체중이 더 높게 측정될 것으로 예측한다. 관상동맥 우회 수술 환자의 낙관주의는 또한 심각한 수술 후 합병증을 줄이는 것과도 관련이 있다. (B) 반면에, 비관적인 태도를 가진 사람들은 우울증과 사회적 불안의 형태로 더 큰 정서적 고통을 보고하는 경향이 있다.

23 글의 제목 유추하기

 핵심 주제 스마트한 새로운 종류의 우주선

정답 ①

정답 해설

제시문은 전자두뇌와 이온 추진 엔진을 탑재했다며, 이달 말 발사 예정인 차세대 우주선인 딥 스페이스 1호의 성능에 대해 소개하고 있다. 그러므로 제시문의 제목으로는 ①의 'A Smart New Kind of Spacecraft(스마트한 새로운 종류의 우주선)'가 가장 적절하다.

오답 해설

② 무인 로켓의 발사
③ DS1의 위험한 기술 실패
④ 컴퓨터 엔진 시스템의 성능
⑤ 더 큰 소행성으로 항해하는 새로운 임무

핵심 어휘

- **daring** : 대담한, 위험한
- **publicized** : 알려진, 공개된
- **asteroid** : 소행성
- **orbit** : 궤도를 돌다, 공전하다
- **destination** : 목적지, 도착지
- **incidental** : 부수적인, 부차적인
- **launch** : 진수하다, 발사하다
- **unmanned** : 무인의
- **independent-minded** : 자립심[독립심]이 강한
- **liken** : 비기다, 비유하다
- **stuff** : 것, 물건, 대상
- **propulsion** : 추진, 추진력
- **forerunner** : 선구자, 선인
- **prime** : assignment : 주된 임무
- **validate** : 인증하다, 승인하다

- **a : host : of** : 많은, 다수의
- **high-profile** : 세간의 이목을 끄는, 눈에 띄는

해석

NASA가 계획한 가장 대담한 심우주 임무 중 하나가 가장 비공개된 임무 중 하나로 밝혀졌다. 목표물은 지구에서 수백만 킬로미터 떨어진 태양 주위를 공전하는 1992KD이라 명명된 대형 소행성이다. 하지만 이 목적지는 이번 여행을 떠날 우주선의 성능에 거의 부수적인 것이다. NASA가 발사한 수많은 무인 우주선과 거의 다르지 않아 보이지만, 이 우주선은 2001년 영화 '스페이스 오디세이'의 독자적인 컴퓨터인 HAL에 비유된 전자두뇌에 의해 항해되며, 오랫동안 기술적 환상의 대상이었던 이온 추진 엔진이라는 시스템의 힘으로 우주를 항해하게 될 것이다. 모든 것이 계획대로 진행된다면, 이달 말 발사 예정인 딥 스페이스 1호는 차세대 우주선의 선구자가 될 것이다. 비행 계획자들은 이 우주선이 목표 소행성의 구성 요소와 표면 구조 등 흥미로운 관측을 할 수 있기를 희망하지만, DS1의 주요 임무는 NASA가 항상 너무 위험해서 세간의 이목을 끄는 임무를 수행하기가 어렵다고 생각했던 다수의 신기술을 검증하는 것이다.

24 글의 제목 유추하기

 정답 ①
소는 우리의 새로운 반려동물이 될 수 있다

정답 해설

제시문에 따르면 개가 사람에게 귀여움을 받는 능력을 갖고 있는 것처럼 소도 똑같은 능력이 있다고 설명하고 있다. 그러므로 제시문의 제목으로는 ①의 'Cattle Can Be Our New Pets(소는 우리의 새로운 반려동물이 될 수 있다)'가 가장 적절하다.

오답 해설

② 감정 변화를 표현하는 반려동물
③ 야생 동물을 길들이는 방법
④ 소를 집에 안전하게 몰고 가는 방법
⑤ 다윈의 동물 행동 발견

핵심 어휘

- **evolve** : 발달하다, 진화하다
- **a : suite : of** : 한 벌의, 한 묶음의
- **sensory** : 감각의
- **adaptation** : 각색, 적응
- **detect** : 감지하다, 탐지하다
- **predator** : 포식자, 포식 동물
- **herd** : 떼, 무리
- **discern** : 알아차리다, 식별[구별]하다
- **endear** : 사랑[귀염]받게 하다
- **apparent** : 분명한, 명백한
- **bull** : 황소
- **horned** : 뿔이 있는, 뿔 모양의
- **belly** : 배, 복부
- **rub** : 비비다, 문지르다
- **domesticate** : 길들이다, 사육하다

해석

소는 민감한 생물이다. 소는 먼 거리에서 포식자를 감지하기 위해 감각적으로 적응하도록 진화해 왔다. 소는 적어도 개나 고양이만큼 후각과 청각이 예민하다. 사람들은 코끼리가 절대 잊어버리지 않는다고 말하지만 소도 마찬가지이다. 소는 그들이 아는 사람들뿐만 아니라 무리 동료의 사진도 인식할 수 있다. 찰스 다윈은 인간과 동물 모두 감정 표현에 유사점을 가지고 있다고 주장했다. 물론 우리는 쾌락과 두려움과 같은 기본적인 감정을 구별할 수 있다. 하지만 개가 귀여움을 받는 것은 사람들과 함께 있고 싶은 간절한 눈빛과 전체적인 기쁨의 의지, 즉 우리가 사랑이란 형태로 받아들이는 그들의 명백한 능력 때문이다. 소가 당신을 좋아한다는 것을 어떻게 알 수 있을까? 개와 함께 하는 것과 똑같다. 나의 황소 Ricky Bobby는 내 옆에서 행복하게 누워 뿔 달린 머리를 내 무릎 위에 올려놓는다. 그는 내가 쓰다듬는 것을 좋아하고 심지어 배를 문지르기 위해 몸을 굴리기도 한다.

25 글의 제목 유추하기

 정답 ③
스스로를 돌볼 수 없는 사람들을 위해 여기 경찰이 왔다!

정답 해설

글의 서두에서 자신을 제대로 돌볼 수 없거나 돌보지 못할 사람들을 보살펴 줄 것을 경찰이 요청받는 것은 당연한 일이라고 서술하고 있다. 또한 마지막 문장에서 경찰의 지원이 자신을 제대로 돌볼 수 없는 사람들을 위한 유일한 선택인 경우가 많다고 서술하고 있다. 그러므로 제시문의 제목으로는 ③의 'Police Are Here for Those Who Cannot Care for Themselves!(스스로를 돌볼 수 없는 사람들을 위해 여기 경찰이 왔다!)'가 가장 적절하다.

오답 해설

① 경찰은 항상 잠재적인 문제를 주시한다
② 경찰의 핵심 목표: 강력 범죄 예방
④ 다양한 종류의 갈등 해결을 담당하는 사람은 누구인가?
⑤ 경찰 업무의 중추인 순찰하기

핵심 어휘

- **property** : 재산, 부동산
- **inevitable** : 불가피한, 당연한
- **assistance** : 도움, 원조
- **temporary** : 일시적인, 임시의
- **shelter** : 피난처, 쉼터
- **transportation** : 수송, 운송
- **referral** : 소개, 추천
- **underfunded** : 자금 부족을 겪는, 재정이 부족한
- **fortunate** : 다행인, 운 좋은
- **turn : a : cold : shoulder : to** : ~에게 냉대하다
- **conflict** : 갈등, 충돌
- **patrol** : 순찰을 돌다
- **backbone** : 중추, 근간

해석

경찰은 생명과 재산을 보호하고 질서를 유지한다는 목표 때문에, 그리고 온갖 날씨에도 24시간 근무를 위해 개방해야 하기 때문에 자신을 제대로 돌볼 수 없거나 돌보지 못할 사람들을 보살펴 줄 것을 경찰이 요청받는 것은 당연

한 일이다. 이에는 어린 아이들, 노인, 정신질환자, 노숙자 등이 포함된다. 이 사람들에 대한 경찰의 지원은 오직 여기까지이다. 물론 경찰이 다른 사람의 자녀를 키우거나 정신질환자를 치료하거나 이 나라의 모든 노숙자를 위한 집을 지을 수는 없다. 그러나 경찰은 도움이 필요한 사람들을 위해 임시 쉼터와 교통편을 제공하거나 마련할 수도 있고 보통 그렇게 한다. 또한 사람들이 이용할 수 있는 프로그램과 서비스를 활용하도록 추천하고 정보를 제공한다. 경제가 어려울 때, 사회 프로그램 재정이 부족할 때, 많은 시민이 불우한 사람들에게 냉담한 태도를 보일 때, 경찰의 지원이 자신을 제대로 돌볼 수 없는 사람들을 위한 유일한 선택인 경우가 많다.

26 글의 제목 유추하기

정답 ②

엘리자베스 시대의 무대와 언어 혁신

정답 해설

엘리자베스 시대의 무대는 원초적이었기 때문에 셰익스피어가 오로지 개인화된 언어 매체만을 사용하는 특별한 캐릭터를 창조한 것처럼, 이러한 부족함을 보완하기 위해 완전히 새로운 언어 매체가 창조되었다고 설명하고 있다. 그러므로 제시문의 제목으로는 ②의 'The Elizabethan Stage and Its Linguistic Innovation(엘리자베스 시대의 무대와 언어 혁신)'이 가장 적절하다.

오답 해설

① 엘리자베스 시대의 극장 기술의 발전
③ 셰익스피어의 원시 무대의 효과적 활용
④ 영국의 종교 드라마의 쇠퇴
⑤ 중세 도덕극의 부흥

핵심 어휘

- **morally** : 도덕적으로, 도의적으로
- **enlightening** : 계몽적인, 교화적인
- **respectively** : 각자, 각각
- **miracle : play** : 기적극(그리스도 · 성도 · 순교자의 사적 · 기적을 다룬 중세의 연극)
- **morality : play** : 도덕극(15~16세기에 유행하던 도덕적 교훈을 가르치는 것을 목적으로 한 연극)
- **playhouse** : 극장
- **catalyst** : 촉매, 기폭제
- **efflorescence** : 전성기, 개화
- **accuracy** : 정확성, 정확도
- **primitive** : 원시적인, 원초적인
- **inadequacy** : 불충분함, 부족함
- **linguistic** : 언어의, 언어학의
- **bare** : 벌거벗은, 맨
- **properties** : 속성, 특성
- **theatrical** : 연극의, 공연의
- **illusion** : 환상, 환각
- **diversity** : 다양성, 포괄성
- **exclusively** : 배타적으로, 오로지
- **philosophize** : 철학적인 이야기를 하다, 철학적으로 사색하다
- **agonize** : 고민하다, 고뇌하다

해석

비록 종교적이고 도덕적으로 계몽적인 연극들(각각 기적극과 도덕극이라고 불림)의 오랜 전통이 있었지만, 영국 최초의 공공 극장은 1576년에야 지어졌다. 이것은 Gamini Salgado가 '영국이 보여준 연극적 글쓰기의 가장 위대한 전성기'라고 불렀던 촉매제임을 증명했다. 지금은 전체를 정확하게 재구성하기는 어렵지만 엘리자베스 시대의 무대 상태는 대개 원초적이었다. 이러한 부족함을 보완하기 위해 완전히 새로운 언어 매체가 창조되었다. 연극적 환상을 쌓기 위해 최소한의 속성과 효과를 지닌 맨 무대에서, 위대한 극작가인 셰익스피어는 오로지 개인화된 언어 매체, 즉 그들의 창조물이 철학적으로 사색하고, 고뇌하고, 웃고, 고통 받고, 죽을 수 있는 단어의 세계를 통해서만 특별한 다양한 경험과 캐릭터를 창조했다.

27 글의 주장 이해하기

정답 ⑤

심리적 강점 개발하기

정답 해설

제시문은 자신의 삶을 스스로 통제할 수 있는 심리적 강점을 신체 능력을 개발하는 것처럼 훈련을 통해 단련시킬 것을 주문하고 있다. 그러므로 ⑤의 '자신을 연약하다고 생각하지 말고 정신적으로 강해져라.'가 필자가 주장하는 내용으로 가장 적절하다.

오답 해설

① 항상 현실적인 계획이 있어야 한다고 생각하지 마라.
② 성공하는 데 도움이 되는 조건들을 파악하라.
③ 보다 큰 꿈 중 하나를 선택하고 실현해 보라.
④ 달성 가능한 목표를 설정하고 각각의 작은 발전 단계를 즐겨라.

핵심 어휘

- **stuck** : 움직일 수 없는, 꼼짝 못하는
- **anhedonic** : 쾌락을 추구하지 않는, 불쾌감의
- **myth** : 근거 없는 믿음
- **absolutely** : 전적으로, 틀림없이
- **fall : apart** : 허물어지다, 무너지다
- **paralyzed** : 마비된, 쓸모없게 된
- **rid : oneself : of** : ~에서 벗어나다, 버리다
- **put : up : with** : 참다, 견디다
- **assert** : 주장하다, 확고히 하다
- **attainable** : 이룰 수 있는, 달성할 수 있는
- **fragile** : 부서지기 쉬운, 연약한

해석

당신을 꼼짝 못하게 하는 모든 불쾌한 선택의 이면에는 규칙을 거스르면 자신(또는 삶)이 무너질 것이라는 믿음이 있다. 이것은 터무니없는 믿음이다! 그것은 당신을 완전히 마비시킬 수 있다! 그것에서 벗어날 수 있는 유일한 방법은 심리적 강점을 시험해 보는 것이다. 자신의 삶에서 문제들을 참아 내는 것을 멈추고 변화를 향한 몇 걸음을 내딛기 전까지는 자신이 얼마나 강한지 깨닫는 사람은 거의 없다. 그것은 쉽지 않을 것이다. 몇 번은 쓰러질 수도 있지만 무너지지는 않는다. 오히려 삶을 통제할 수 있는 자신의 능력을 확고히 할수록 더욱 강해질 것이다. 심리적 강점을 개발하는 것은 신체 능력을 개발하는 것과 같다. 운동을 많이 할수록 더욱 강해진다.

28 글의 주제 이해하기

정답 ①

연주자의 개성을 반영한 재즈의 특성

정답 해설

제시문에 따르면 재즈에서는 연주자가 창작, 연주, 듣기의 세 가지 예술 활동을 동시에 모두 결합시킬 필요가 있으며, 재즈에서 음악 창작의 모든 행위는 연주가 창작하는 것처럼 개인적이라고 설명하고 있다. 그러므로 ①의 '연주자의 개성을 반영한 재즈의 특성'이 제시문의 주제로 가장 적절하다.

오답 해설

② 훌륭한 공연을 위해 재즈를 작곡하는 방법
③ 재즈와 서양 음악의 유사점
④ 현대 재즈계의 유명 인사들
⑤ 전통 음악이 재즈에 미친 영향

핵심 어휘

• clear-cut : 명백한, 또렷한
• encompass : 포함하다, 에워싸다
• idiom : 관용구, 언어, 표현 양식
• comprise : 구성되다, 이루어지다
• instantaneously : 순간적으로, 즉석으로
• contribution : 기여, 공헌, 이바지
• be : consistent : with : ~와 일관되다, 일치하다
• trait : 특성, 특징
• individuality : 개성, 특성
• celebrated : figures : 유명 인사들
• scene : 계, 분야

해석

모든 재즈를 포괄할 수 있는 명확한 범주는 없다. 각 연주자의 표현 양식은 그 자체로 하나의 스타일이며, 그렇지 않았다면 그 음악은 재즈가 아니었을 것이다. 재즈는 거의 모든 다른 음악과 마찬가지로 창작, 연주, 듣기의 세 가지 예술 활동으로 구성된다. 전통적인 서유럽 음악에서, 이 세 가지 활동은 항상 동일인이 수행하는 것은 아니지만 흔히 자주 수행한다. 그러나 재즈에서는 연주자가 이 세 가지를 동시에 모두 결합시킬 필요가 있다. 음악 창작은 재즈 공연의 활동적인 부분이며 창작에 대한 연주자의 이해, 즉 잘 듣는 능력에 의해서만 얻을 수 있는 이해에 달려 있다. 동료 연주자로부터 듣는 것에 즉각적으로 반응해야 하며, 자신의 참여는 전개되는 주제와 분위기에 일치해야 한다. 따라서 재즈에서 음악 창작의 모든 행위는 연주자가 창작하는 것처럼 개인적이다.

29 전체 흐름과 관계없는 문장 고르기

정답 ④

컴퓨터 보조 교육의 활용

정답 해설

제시문은 대학 교육을 받기를 원하지만 낮에는 일을 해야 하고 밤에는 근처에 야간 대학이 없는 학생들에게 원격 학습이 좋은 대안이 될

수 있다고 설명하고 있다. 그러므로 원격 학습이 일을 계속 미루거나 마감 시간을 지키지 못하는 학생들에게 좋은 선택이 될 수 없다는 ④의 설명은 글의 전체 흐름과 어울리지 않는다.

핵심 어휘

• computer-aided : 컴퓨터 지원에 의한, 컴퓨터 보조의
• instruction : 교수, 교육, 지도
• distance : learning : 원격 학습
• enroll : 등록하다, 입학하다
• entire : 전체의, 전부의
• stick : to : deadline : 마감 시간을 준수하다

해석

컴퓨터 보조 교육은 대학 수준의 교육 과정 자체를 변화시키고 있다. 점점 더 많은 학생들이 대학 교육을 원하지만, 낮에는 일을 하고 야간 교육을 제공하는 대학이 근처에 없을 수도 있다. 이 문제에 대한 해결책이 원격 학습인데, 이는 학생들이 실제로 대학에 출석하지 않고도 대학 과정에 등록할 수 있음을 뜻한다. ① 대학에서 제공되는 수강 과정은 학생들이 언제든지 이용 가능한 시간에 개인 컴퓨터로 시청할 수 있도록 녹화되어 제공된다. ② 따라서 컴퓨터 기술이 학생들에게 수강 과정을 제공하기 때문에 시간이나 공간에 구애받지 않고 수강 과정을 제공받을 수 있다. ③ 몇몇 대학에서는 현재 이 기술을 통해 학생들에게 전체 학위 프로그램을 제공하고 있다. ④ 따라서 원격 학습은 일을 계속 미루거나 마감 시간을 지키지 못하는 학생들에게는 좋은 선택이 될 수 없다. ⑤ 학생들은 실제로 대학에 다니지 않고도 대학에서 학위를 취득할 수 있다.

30 전체 흐름과 관계없는 문장 고르기

정답 ④

데카르트의 이원론 고찰

정답 해설

제시문은 데카르트의 이원론적 개념인 정신적 대상과 물질적 대상의 구성 요소들과 그 둘의 상호관계에 대해 서술하고 있다. 그런데 ④는 비판적인 검토 없이 당연하게 여겨지는 독서의 중요성에 대해 서술하고 있으므로, 글의 전체 흐름과 어울리지 않는다.

핵심 어휘

• common : knowledge : 주지의 사실, 상식
• Cartesian : Dualist : 데카르트적 이원론
• consciousness : 의식, 자각
• clockwork : 시계 장치
• faculty : 능력, 기능
• introspection : 내성, 자기 성찰
• perceive : 감지하다, 인지하다
• take : for : granted : 당연한 일로 여기다, 대수롭지 않게 여기다
• independent : 독립적인, 독자적인
• causally : 원인이 되어, 인과적으로
• causal : interaction : 인과적 상호작용
• as : it : were : 말하자면, 이를테면
• glue : 아교, 접착제

해석

데카르트가 데카르트적 이원론자였다는 것은 상식이다. (아마도 상식에 지나지 않을 것이다!) ① 모두가 알다시피, 그는 정신적 대상과 동물과 인간의 몸을 포함한 물질적 대상이라는 두 가지 세계가 존재한다고 주장했다. ② 정신적 대상은 '의식의 상태'(예: 고통, 시각적 경험, 신념과 욕망, 두려움과 기쁨)이며, 물질적 대상은 다소 복잡한 '시계 장치'의 일부이다. ③ '내면 세계' 항목은 '자기 성찰'이라는 특별한 기능의 훈련을 통해 이해되며, '외부 세계'의 대상은 오감에 의해 인식된다. ④ 대부분의 '상식' 항목과 마찬가지로, 독서의 중요성은 비판적인 검토 없이 당연하게 여겨지는 경우가 많다. ⑤ 정신 상태와 신체 상태는 논리적으로 독립적이지만 인과적으로 상호 연관되어 있다. 말하자면, 인과적 상호작용은 각 개인의 몸에 정신을 결합하는 접착제와 같다.

31 주어진 문장의 위치 찾기

AI가 가져올 변화와 혁신

정답 ⑤

정답 해설

주어진 문장이 역접의 접속사 'But'으로 시작하므로 앞 문장은 주어진 문장과 상반되는 내용이 와야 한다. 제시문의 ①~④까지는 인류의 역사를 통틀어 나타난 기술적 변화가 우리 사회의 구조를 근본적으로 변화시킨 경우는 없었다고 설명하고 있다. 그러나 ⑤번의 마지막 문장에서는 AI가 가져올 변화의 핵심과 방식에 대해 설명하고 있다. 그러므로 주어진 문장은 ⑤에 들어가는 것이 가장 적절하다.

핵심 어휘

• humanity : 인류, 인간성
• preexisting : 기존의, 이전부터의
• framework : 뼈대, 틀, 체제
• recognizable : 인식할 수 있는, 분간할 수 있는
• rifle : 소총
• musket : 머스킷총, 장총
• conventional : 전통적인, 종래의
• unaltered : 바뀌지 않은, 변경되지 않은
• encounter : 마주치다, 접하다
• prevailing : 우세한, 지배적인
• transformation : 변화, 변신, 탈바꿈
• philosophical : 철학의, 철학과 관련된

해석

하지만 AI는 인간 경험의 모든 영역을 변화시킬 것이라고 장담한다.

인류는 역사를 통틀어 기술적 변화를 경험해 왔다. 그러나 기술이 우리 사회의 사회적, 정치적 구조를 근본적으로 변화시킨 경우는 극히 드물다. (①) 우리가 사회 세계를 명령하는 기존의 틀이 적응하고 새로운 기술을 흡수하여 인식 가능한 범주 내에서 진화하고 혁신하는 경우가 더욱 많다. (②) 자동차는 사회 구조에 전면적인 변화를 강요하지 않고 말을 대체했다. (③) 소총이 머스킷총을 대체했지만, 기존 군사 활동의 일반적인 패러다임은 크게 변하지 않았다. (④) 우리가 세상을 설명하고 명령하는 기존 방식에 도전하는 기술을 접한 경우는 극히 드물다. (⑤) 그리고 그 변화의 핵심은 궁극적으로 철학적 수준에서 발생하여 인간이 현실을 이해하는 방식과 그 안에서 우리의

역할을 변화시킬 것이다.

32 주어진 문장의 위치 찾기

물고기자리와 관련된 신화적 유래

정답 ③

정답 해설

사랑과 욕망의 신인 아프로디테와 에로스가 끔직한 괴물 타이폰과 마주했을 때 피난처를 찾아 물고기로 변신하여 유프라테스 강으로 뛰어들었고, 이것이 물고기자리가 지금의 별자리 형태로 포착된 순간이다. 그러므로 주어진 문장은 ③에 들어가는 것이 글의 흐름상 가장 적절하다.

핵심 어휘

• refuge : 피난처, 도피처
• leap : into : ~에 뛰어들다
• constellation : 별자리, 성좌
• Pisces : 물고기자리, 쌍어궁
• lust : 성욕, 욕망
• world-crushing : 세상을 뒤흔드는
• alternative : 대체 가능한, 대안이 되는

해석

피난처를 찾아 물고기로 변신한 두 사람은 안전을 위해 함께 묶여 유프라테스 강으로 뛰어들었다.

물고기자리는 주로 밧줄로 함께 묶인 물고기 한 쌍으로 상상된다. 이 이미지는 기원전 2천 년의 고대 이집트와 이후 바빌로니아 문헌에 기록되어 있다. 이 두 물고기가 왜 함께 묶여 있었는지 초기 자료에는 기록이 없지만, 이후의 그리스 로마 신화에는 일부 설명이 있다. (①) 신들이 끔찍한 괴물 타이폰을 마주쳤을 때, 아프로디테와 에로스는 전투에서 멀리 떨어져 있었다고 한다. (②) 사랑과 욕망의 신이었기 때문에 이 둘은 세상을 뒤흔드는 위협에 직면했을 때 할 수 있는 일이 거의 없었다. (③) 이것이 별자리의 형태로 포착된 순간이다. (④) 또 다른 버전에서는 물고기자리의 두 마리 물고기가 그들의 등에 업혀 도망친 신들을 구출하고 있다. (⑤) 그들을 도와준 보답으로 물고기들이 밤하늘에 자리 잡게 되었다.

33 주어진 문장의 위치 찾기

철학 교육의 부흥 계기

정답 ⑤

정답 해설

주어진 문장의 'this enterprise(이 계획)'은 전쟁에서 패한 후 정신적 회복을 위해 제도종교의 전통적 가치를 계몽된 세계관으로 대체하는 것을 목표로 한 제3공화국의 교육 개혁을 의미하므로, 주어진 문장은 글의 흐름상 ⑤에 들어가는 것이 가장 적절하다.

핵심 어휘

• principal : 주된, 주요한
• vehicle : 수단, 매개체

- enterprise : (대규모의) 기획, 계획
- dedicate : 바치다, 전념하다
- humanism : 인문주의, 인본주의
- acute : 예리한, 날카로운
- abundant : 많은, 풍부한
- intense : 강렬한, 열정적인
- flowering : 개화기, 전성기
- in : the : wake : of : ~에 뒤이어, ~을 뒤따라
- demoralize : 사기를 꺾다, 의기소침하게 만들다
- humiliate : 굴욕감을 주다, 창피를 주다
- siege : 포위, 포위 작전
- terrify : 겁을 주다, 무섭게 하다
- bourgeoisie : 중산층, 자본가 계급, 부르주아
- anarchy : 무정부 상태
- radical : 급진적인
- the : Commune : 코뮌(프랑스의 최소 행정 구역)
- restoration : 복원, 부활, 회복
- rejection : 거절, 거부
- institutional : religion : 제도종교

해석

이 계획의 주요 수단은 교육 개혁이었으며 특히 과학, 이성, 인문주의의 이상에 전념하는 대학 시스템을 구축하는 것이었다.

제1차 세계대전이 끝난 직후에 쓴 글에서, 프랑스 철학계의 한 예리한 관찰자는 "지난 30년 동안 우리 사이에서 철학 연구가 그 어느 때보다 풍부하고 진지하며 열정적이었다"고 판단했다. (①) 이러한 전성기는 Franco–Prussian 전쟁에서 사기가 꺾인 패배에 뒤이어 제3공화국에 의해 설립된 새로운 교육 시스템에 철학이 역할을 했기 때문이다. (②) 프랑스는 Sedan에서 나폴레옹 3세가 포로로 붙잡히는 굴욕을 당했고 장기간의 포위로 파리는 폐허가 되었다. (③) 그들은 또한 대부분의 부르주아가 코뮌의 급진적 사회주의 하에서 73일간의 무정부 상태를 겪은 것에 두려움을 느꼈다. (④) 정신적 회복을 위한 새로운 공화국의 노력의 대부분은 제도종교의 전통적 가치를 거부한 데서 비롯되었으며, 이는 계몽된 세계관으로 대체하는 것을 목표로 했다. (⑤) Albert Thibaudet는 제3공화국을 "교수 공화국"이라 칭하면서 이 개혁의 중요성을 강조했다.

34 글의 배열순서 정하기

 정답 ④

주장과 설득의 관계 이해하기

정답 해설

글 (C)에서 'The remark(이 발언)'은 주어진 문장의 "농부들이 더 많은 가뭄을 ~ 더 많은 도로가 필요합니다."를 가리키므로, 주어진 글 다음에 글 (C)가 와야 한다. 또한 글 (B)가 모든 주장이 설득을 시도하는 것은 아니라며 역접의 접속사 'But(그러나)'을 사용하여 글 (A)와 상반된 내용을 진술하고 있다. 그러므로 글 (A) 다음에 글 (B)가 와야 한다. 따라서 주어진 글 다음에 이어질 글의 순서로는 ④의 (C)-(A)-(B)가 가장 적절하다.

핵심 어휘

- national : forest : 국유림
- drought : 가뭄
- persuade : 설득시키다, 납득시키다
- distinct : 서로 다른, 별개의
- enterprise : (대규모의) 계획, 활동
- bother : 신경 쓰다, 애를 쓰다
- notoriously : 악명 높게
- undisturbed : 방해받지 않는, 흔들리지 않는
- statement : 성명, 진술, 서술
- portray : 그리다, 묘사하다
- in : a : bad : light : 나쁘게, 부정적으로

해석

"농부들이 더 많은 가뭄을 필요로 하는 것처럼 국유림에는 더 많은 도로가 필요합니다." 누군가가 더 많은 도로가 국유림에 해로울 것이라고 청중을 설득하기 위해 이렇게 말하는 것을 들었다.

(C) 그러나 이 발언은 주장이 아니라, 숲 속 도로 건설을 부정적으로 묘사한 진술일 뿐이다. 일부 작가들은 주장을 누군가에게 어떤 것을 설득하려는 시도로 정의한다. 이것은 옳지 않다.

(A) 주장은 결론을 입증하거나 뒷받침하려고 시도한다. 누군가를 설득하려고 할 때는 그들을 자신의 관점으로 끌어들이려고 노력한다. 설득하는 것과 주장하는 것은 논리적으로 서로 다른 활동이다. 사실, 누군가에게 어떤 것을 설득하고 싶을 때는 주장을 이용할 수도 있다.

(B) 하지만 모든 주장이 설득을 시도하는 것은 아니며, 설득하려는 많은 시도에는 주장이 포함되지 않는다. 사실 주장을 하는 것이 사람들을 설득하는 가장 효과적이지 못한 방법 중 하나이며, 응당 그것이 주장에 신경 쓰는 광고주가 거의 없는 이유이기도 하다. 사람들은 가장 약한 주장에 설득되기도 하고, 때로는 꽤 그럴듯한 주장에도 흔들리지 않는 걸로 유명하다.

35 글의 배열순서 정하기

 정답 ⑤

기술 개발의 세 가지 조건

정답 해설

주어진 글에서 일반적으로 기술을 개발하려면 이론 학습, 신중한 연습, 올바른 태도 채택이라는 세 가지 조건이 필요하다고 설명하고 있고, 이 설명에 따라 글 (C)에서는 이론 학습, 글 (B)에서는 신중한 연습, 글 (A)에서는 올바른 태도에 대해 차례대로 서술하고 있다. 그러므로 주어진 글 다음에 이어질 글의 순서로는 ⑤의 (C)-(B)-(A)가 가장 적절하다.

핵심 어휘

- cognitive : 인식의, 인지의
- deliberate : 신중한, 계획적인
- adopt : 채택하다, 차용하다
- attitude : 자세, 태도
- sustainable : 지속 가능한, 지탱할 수 있는
- translate : 번역하다, 바꾸다, 옮기다
- possess : 소유하다, 보유하다

해석

좋은 비판적 사고는 인지 기술이다. 일반적으로 기술을 개발하려면 이론 학습, 신중한 연습, 올바른 태도 채택이라는 세 가지 조건이 필요하다.

(C) 이론상 우리가 기술을 보유하기 위해 알아야만 하는 것은 다시 말해 규칙과 사실이다. 예를 들어, 농구공을 차는 것은 허용되지 않는다는 사례처럼, 경기 규칙을 알지 못하면 훌륭한 농구 선수가 될 수 없다. 마찬가지로 비판적으로 생각하려면 어느 정도의 논리를 알아야 한다.

(B) 그러나 이론을 아는 것과 적용할 수 있는 것과는 다르다. 이론적으로는 자전거를 탈 때 자전거의 균형을 맞춰야 한다는 사실을 알고 있을 수 있지만, 그것이 실제로 자전거를 탈 수 있다는 의미는 아니다. 이론적 지식을 실제 능력으로 변환해야 하기 때문에 바로 이 지점에서 연습이 필요하다.

(A) 그러나 여러분의 태도가 연습이 효과적이고 지속 가능한지에 대한 큰 차이를 만든다. 피아노 치는 것을 싫어한다면 연습을 강요하는 것은 장기적으로 생산적이지 않다.

36 글의 배열순서 정하기

 정답 ③

이미지를 활용한 문제 해결

정답 해설

주어진 글에 따르면 이미지를 사용하면 언어 추리를 사용하여 쉽게 해결할 수 없는 문제를 해결하는 데 도움을 준다고 하였고 글 (B)에서 'For example'로 시작하며 하나의 예를 들어 설명하고 있다. 다음으로 글 (C)에서 미국 지도를 이미지화 하여 가상의 여행을 시험해본 후, 글 (A)에서 이에 대한 해결책을 찾는다. 그러므로 주어진 글 다음에 이어질 글의 순서로는 ③의 (B)-(C)-(A)가 가장 적절하다.

핵심 어휘

• in : regard : to : ~에 관해서
• imagery : 형상화, 이미지
• verbal : reasoning : 언어 추리
• salesperson : 판매원
• route : 경로, 노선
• virtual : 가상의
• retrace : 되짚어 가다, 되돌아가다
• path : 길, 방향

해석

문제 해결과 관련하여, 이미지는 언어 추리를 사용하여 쉽게 해결할 수 없는 문제를 해결하는 데 도움을 줄 수 있다.

(B) 예를 들어, 뉴욕시에 거주하는 한 영업사원은 워싱턴 DC, 버팔로, 시카고의 세 도시를 운전해야만 한다. 그 순서대로 도시를 이동한 후 뉴욕으로 돌아갈 계획이라면, 그녀는 최단 경로로 이동한 것이 아닐 수도 있다.

(C) 따라서 그녀는 미국 지도를 이미지화하고 마음속으로 여러 번 가상 여행을 할 수 있다. 워싱턴을 방문한 후 버팔로로 이동한 다음 버팔로를 방문한 후 시카고로 갔다가 뉴욕으로 돌아온다면 자신의 길을 일부 되돌아가게 될 거라는 사실을 깨닫게 된다.

(A) 그 때 그녀는 워싱턴으로 운전한 후 시카고로 갔다가 뉴욕으로 돌아오기 전에 버팔로로 가면 운행 시간을 많이 절약할 수 있다는 사실을 알게 된다.

37 한 문장으로 요약하기

 정답 ①

실험을 통한 직관에 반하는 규칙 검증

정답 해설

(A) fewer(더 적은) / (B) intuition(직관)
제시문에 따르면 브레인스토밍 시험에서 얼굴을 마주 대하고 작업한 사람들이 생산성이 더 높을 것으로 기대했지만, 독립적으로 작업한 팀이 얼굴을 마주 대하고 작업한 팀보다 거의 두 배나 많은 아이디어를 냈다고 서술하고 있다. 즉, 브레인스토밍에서 직접 접촉하는 집단의 구성원들이 서로 물리적으로 따로 일하는 집단의 구성원들보다 (A) 적은 아이디어를 만들어냈고, 이는 우리의 (B) 직관에 반하는 것이라고 한 문장으로 요약할 수 있다.

오답 해설

② 더 적은 … 이익
③ 더 많은 … 결론
④ 더 많은 … 직관
⑤ 더 똑똑한 … 이익

핵심 어휘

• obey : 따르다, 순종하다
• counterintuitive : 직관에 반하는
• independently : 독립적으로, 자주적으로
• come : to : light : 알려지다, 밝혀지다
• brainstorming : 브레인스토밍(창조적 집단 사고)
• thought-provoking : 진지하게 생각을 하게 하는, 시사하는 바가 많은
• emerge : 생겨나다, 나타나다
• pool : 모으다, 공유[공용]하다, 생각을 서로 내놓다
• intuition : 직관, 직감

해석

정말 현명해지려면 온라인 그룹은 하나의 최종 규칙과 다소 직관에 반하는 규칙을 따라야 한다. 구성원들은 서로 너무 많이 접촉할 수 없다. 최선은 구성원들이 독립적으로 생각하고 일할 수 있어야 한다. 이 규칙은 1958년 사회 과학자들이 다양한 브레인스토밍 기술을 시험하면서 밝혀졌다. 그들은 시사하는 바가 큰 질문을 던졌다. 사람이 양손에 엄지손가락이 하나씩 더 생기면 어떤 이점과 문제점이 나타날까? 그런 다음 두 유형의 브레인스토밍 그룹이 답변을 제시했다. 한 그룹에서는 구성원들이 얼굴을 마주 대하고 작업했고, 다른 그룹에서는 구성원들이 각자 독립적으로 작업한 다음 마지막에 답변을 모았다. 얼굴을 마주 대하고 작업한 사람들이 생산성이 더 높을 것으로 기대했지만, 그렇지 않았다. 독립적으로 작업한 구성원들이 있는 팀이 거의 두 배나 많은 아이디어를 냈다. 전통적인 브레인스토밍은 혼자 생각하고 나서 결과를 모으는 것만큼 그리 효과적이지 않았다.

⬇

브레인스토밍에서 직접 접촉하는 집단의 구성원들이 서로 물리적으로 따로 일하는 집단의 구성원들보다 (A) 적은 아이디어를 만들어내며, 이는 우리의 (B) 직관에 반하는 것이다.

38 한 문장으로 요약하기

핵심주제 | 정답 ② |

컴퓨터가 제 성능을 발휘하지 못하는 이유

정답 해설

(A) excel(뛰어나다) / (B) limitations(한계)

제시문에 따르면 컴퓨터가 처음 등장했을 때에는 오류투성이였지만, 지금의 컴퓨터는 체스나 의학 진단과 같은 분야에서 그 성능이 (A) 뛰어나다. 그럼에도 불구하고 지금의 컴퓨터가 인간 활동의 상당 부분을 수행하는 데 어려움을 겪는 것은 컴퓨터 자체의 기술적 (B) 한계라기보다는 그것을 프로그래밍하는 프로그래머의 방식이 시대에 뒤떨어졌기 때문이라고 필자는 주장하고 있다.

오답 해설

① 실패하다 … 문제
③ 작동하지 않다 … 문제
④ 성공하다 … 발전
⑤ 응시하다 … 한계

핵심 어휘

• blunder : 큰 실수
• tiny : 아주 작은
• outlandish : 이상한, 기이한
• maddening : 미치게 만드는, 터무니없는
• babysit : 아이를 봐 주다
• instruction-sets : 명령어 세트
• attribute : 속성, 특성
• deficiency : 결핍, 부족
• limitation : 제약, 한계
• significant : 중요한, 상당한
• diagnosis : 진단, 분석
• outdated : 구식의, 낡은
• inherent : 본래의, 내재적인
• malfunction : 제대로 작동하지 않다
• stare : 빤히 쳐다보다, 응시하다

해석

컴퓨터가 처음 등장한 직후, 컴퓨터의 실수는 농담의 대상이 되었다. 프로그래밍의 사소한 오류로 인해 고객의 은행 계좌가 사라지거나, 이상한 금액의 청구서가 발송되거나, 똑같은 실수를 반복하는 순환 루프에 컴퓨터가 갇혀 있었다. 이러한 터무니없는 상식의 부재로 인해 대부분의 사용자는 기계가 결코 지능화될 수 없다는 결론을 내렸다. 물론 지금의 컴퓨터는 더 나은 성능을 발휘한다. 일부 프로그램은 체스에서 사람들을 이길 수 있다. 다른 프로그램은 심장마비를 진단할 수 있다. 하지만 아직 침대를 만들거나 책을 읽거나 아이를 봐 줄 수 있는 기계는 없다. 대부분의 사람들이 할 수 있는 일들을 컴퓨터가 할 수 없는 이유는 무엇일까? 컴퓨터는 더 많은 메모리, 속도 또는 복잡함이 필요할까? 컴퓨터는 잘못된 명령어 세트를 사용하는가? 아니면 기계에는 인간의 뇌만이 가질 수 있는 마법 같은 속성이 없는 것일까? 나는 이러한 모든 한계는 오늘날 기계의 결함에는 책임이 없으며, 대신 프로그래머가 그것들을 프로그래밍하기 위해 선택한 시대에 뒤떨어진 방식에서 비롯되었다고 주장한다.

↓

초기 컴퓨터들은 상당한 오류가 있었지만, 현대의 기계는 체스나 의학 진단과 같은 작업에는 (A) 뛰어나나, 내재적인 기술적 (B) 한계보다는 시대에 뒤떨어진 프로그래밍으로 인해 기본적인 인간 활동에 어려움을 겪고 있다.

[39-40]

핵심 어휘

• catastrophic : 대변동의, 큰 재앙의
• eruption : 폭발, 분화
• entomb : 파묻다, 뒤덮다
• resident : 거주자, 주민
• volcanic : ash : 화산재
• doom : 죽음, 파멸, 비운
• frontier : 최선단, 미개척지
• simultaneously : 동시에, 일제히
• wreck : 망가뜨리다, 파괴하다
• timeline : 연대표, 시각표
• collapse : 붕괴되다, 무너지다
• reveal : 드러내다, 밝히다
• archaeological : 고고학적인, 고고학상의
• seismic : 지진의
• accompany : 동반하다, 수반하다
• violent : 격렬한, 극심한
• historical : account : 역사적 기록
• investigate : 수사하다, 조사하다
• excavation : 발굴
• archaeoseismology : 고고지진학
• seismicity : 지진 활동도
• speculate : 추측하다, 짐작하다
• insula : (고대 로마의) 집단 주택
• chaste : 순결한, 순수한
• encompass : 포함하다, 에워싸다
• evidently : 분명히, 눈에 띄게
• interrupt : 중단시키다, 가로막다
• trigger : 촉발시키다, 작동시키다

해석

폼페이는 서기 79년에 베수비오산의 재앙적인 분화로 파괴되었고, 주민들은 화산재에 겹겹이 파묻혔다. 하지만 고대 로마 도시의 파멸에 대한 이야기는 더 많은 것이 있다. 「지구과학의 최전선」이란 잡지에 발표된 연구에 따르면 폼페이가 대규모 지진에 의해 동시에 파괴되었다는 증거가 있다. 이 발견은 도시 붕괴의 새로운 타임라인을 확립하고 연구에 대한 새로운 접근 방식이 잘 연구된 고고학 유적지로부터 추가적인 비밀을 (a) 밝혀낼 수 있음을 보여준다. 연구자들은 항상 지진 활동이 도시 파괴의 원인이었다는 생각을 가지고 있었다. 고대 작가 Pliny the Younger는 베수비오 화산 폭발이 격렬한 흔들림을 동반했다고 보고했다. 그러나 지금까지 이 역사적 기록을 (b) 뒷받침할 증거는 발견되지 않았다. 이탈리아의 Domenico Sparice가 이끄는 연구팀은 이 기록의 (c) 공백을 조사하기로 결정했다. Sparice 박사는 지금까지 폼페이 발굴에는 지진이 고대 건축물에 미치는 영향을 다루는 고고지진학 분야의 전문가가 포함되지 않았다고 말했다. 그는 이 분야 (d) 전문가들의 공헌이 이번 발견의 핵심이라고 말했다. Sparice 박사는 "지진의 영향은 과거 학

자들에 의해 추측되었지만, 우리 연구 이전에는 실질적인 증거가 보고되지 않았다"며 이번 발견이 "매우 흥미로웠다"고 덧붙였다. 연구팀은 '순결한 연인의 집'에 초점을 맞췄다. 이 지역은 화가들이 화산 폭발로 인해 중단된 것이 분명한 (e) 색칠되지 않은 빵가게와 집을 포함한 여러 건물들로 에워싸여 있다. 발굴과 신중한 분석 끝에, 연구진은 지진으로 인해 그 집의 벽이 무너졌다는 결론을 내렸다.

39 글의 제목 유추하기

 베수비오산의 분화가 폼페이의 유일한 살인자가 아니었다 정답 ⑤

정답 해설

제시문에 따르면 고대 로마 도시인 폼페이가 베수비오산의 화산 폭발로 파괴되었다는 기존의 사실 외에 동시에 대규모 지진에 의해 파괴되었다는 여러 증거들이 새로운 발굴과 분석으로 밝혀졌다고 설명하고 있다. 그러므로 ⑤의 'The Eruption of Mt. Vesuvius Wasn't Pompeii's Only Killer(베수비오산의 분화가 폼페이의 유일한 살인자가 아니었다)'가 제시문의 제목으로 가장 적절하다.

오답 해설

① 누가 화산재로 뒤덮인 폼페이를 발견하였는가
② 폼페이의 풍경에 영향을 미친 베수비오산
③ 지진으로 촉발된 베수비오산의 분화
④ 폼페이의 고고학적 발견에 의한 지진 연대표

40 문맥상 부적절한 낱말 고르기

 colored(채색된) ⇔ uncolored(채색되지 않은) 정답 ⑤

정답 해설

colored → uncolored

연구팀이 초점을 맞춘 '순결한 연인의 집'이 있는 지역의 빵가게와 집은 화가들이 화산 폭발로 인해 색칠 작업을 중단한 것이 분명하다고 하였으므로, (e)의 'colored(색칠된)'는 'uncolored(색칠되지 않은)'로 고쳐 써야 옳다.

[41~42]

핵심 어휘

• **personality** : 성격, 개성, 인성
• **obvious** : 분명한, 명확한
• **uniqueness** : 독특함, 고유성
• **remainder** : 나머지
• **built** : in : 내장된, 내재된
• **theorised** : 이론을 제시하다[세우다]
• **in** : a : vacuum : 진공 상태에서, 외부와 단절된 상태에서
• **id** : 이드(인간의 원시적·본능적 요소가 존재하는 무의식 부분)
• **ego** : 에고, 자아
• **superego** : 초자아

• **actualise** : 현실로 만들다, 실현하다
• **in** : isolation : 홀로, 따로

해석

성격은 일상생활에서 분명한 인간 상태의 한 부분이다. 우리 각자는 독특하며 이러한 독특함을 강조하는 것이 성격에 대한 연구인 반면, 심리학의 나머지 상당 부분은 사람들 간의 유사성을 강조한다. 성격의 일부는 내재되어 있는 것처럼 보이고 다른 부분은 학습된 것처럼 보인다. 물론 성격은 환경적 필요성이나 또는 신념, 가치관, 견해 및 판단을 통해서 문화에 의해 영향을 받는다.

성격을 어떤 식으로 바라보거나 이론화하든 간에, 그것이 외부와 단절된 상태로 존재하지 않는다는 것은 분명하다. 사람은 이드, 자아와 초자아, 혹은 현실의 자아, 또는 일련의 학습된 사회적 행동, 혹은 일련의 특징으로 구성될 수 있다. 이 중 어느 것이든 맥락 혹은 일련의 상황이나 경험 내에서 발생할 수 있으며, 이 두 가지 모두 동일하지는 않다. 따라서 일반적으로 또는 특히 누군가의 성격을 바라보는 가장 좋은 방법은 상호작용의 시각을 통해서이다. 사람들은 각기 타인에게 영향을 미치는 환경 없이는 존재할 수 없다. 따라서 특정 환경에 존재하는 성격을 이해하는 것이 가장 좋다. 성격은 홀로 존재할 수 없다.

41 글의 제목 유추하기

 성격 이해: 독특함, 문화, 맥락 정답 ③

정답 해설

제시문은 성격을 이해함에 있어 성격을 인간의 독특함, 문화에 의한 영향, 상호작용의 맥락에서 설명하고 있다. 그러므로 ③의 'Understanding Personality: Uniqueness, Culture, and Context(성격 이해: 독특함, 문화, 맥락)'가 제시문의 제목으로 가장 적절하다.

오답 해설

① 나이가 들면서 성격은 어떻게 발달하는가?
② 성격과 사회적 행동의 성별 차이
④ 성격, 사회적 행동을 결정하는 한 가지 요인
⑤ 성격과 특징의 유사점은 무엇인가?

42 빈칸 추론하기

 성격 이해: 독특함, 문화, 맥락 정답 ④

정답 해설

제시문의 마지막 부분에 사람들은 각기 타인에게 영향을 미치는 환경 없이는 존재할 수 없으므로 특정 환경에 존재하는 성격을 이해하는 것이 가장 좋다고 하였다. 따라서 성격을 바라보는 가장 좋은 방법은 상호작용의 시각을 통해서이다. 그러므로 빈칸에 들어갈 말은 ④의 'interaction(상호작용)'이 가장 적절하다.

오답 해설

① 감정

② 창의성
③ 유용성
⑤ 생산성

[43-45]

핵심 어휘

- **lean** : 기대다, 의지하다
- **graffiti** : (공공장소에 하는) 낙서
- **senior** : class : president : 수석 반장
- **What's** : up? 요즘 어때?, 잘 지냈어?
- **confident** : 자신감 있는, 확신하는
- **scared** : 겁먹은, 무서워하는
- **nervous** : 불안한, 걱정스러운
- **grab** : a : coffee : 커피 한 잔 마시다
- **acoustic** : (악기나 공연이) 전자 장치를 쓰지 않는

해석

(A)

Sophia는 North High의 벽돌 벽에 기대어 손가락으로 낙서를 따라갔다. 마지막 종이 울렸고, 학생들은 빠르게 자리를 떠나고 있었다. 그녀는 주위를 둘러보았지만 언니 Sara를 찾을 수 없었다. 한숨을 쉬며, (a) 그녀는 집으로 걸어가기 시작했다. 다음 주에는 학교 장기자랑이 있었고, 그녀는 노래 부르기를 신청했다. 그녀는 노래 부르는 걸 좋아했지만 많은 청중 앞에서 노래를 불러본 적이 없었다.

(C)

Sophia는 걸으면서 생각에 잠겼고 수석 반장인 Janet이 바로 앞에 있을 때까지 눈치 채지 못했다. Janet과 Sara는 서로 아는 사이였지만, Sophia는 그녀와 대화를 나눈 적이 없었다. "안녕, Sophia," Janet이 활짝 웃으며 말했다. "안녕, Janet. 잘 지냈어?" (c) 그녀는 깜짝 놀라며 대답했다. "장기자랑에 신청했다고 들었어," Janet이 말했다. "무슨 노래를 부를 거야?" Sophia는 걱정스러웠다. "아직 잘 모르겠어," (d) 그녀가 말했다. "아직 고심 중이야." Janet은 다시 미소를 지었다. "커피 한 잔 마시며 얘기해 볼래?"

(D)

그들은 동네 카페로 걸어가 학교와 음악에 대해 이야기했다. Janet은 대화하기에 편했고, Sophia는 (e) 그녀에게 더 편안함을 느꼈다. "어떤 종류의 음악을 좋아해?" Janet이 물었다. "나는 클래식 록을 좋아해," Sophia가 말했다. "그래서 어쿠스틱 버전의 클래식 록을 해볼까 생각 중이야." Janet의 눈이 번뜩였다. "딱 좋은데. 나는 기타를 조금 연주하는데, 같이 연주할래?"

(B)

Sophia의 눈이 휘둥그레졌다. "정말? 대단한데!" 그들은 다음 한 시간 동안 계획하고 연습했다. 마침내 작별 인사를 했을 때, Sophia는 Janet이 많은 도움을 주었기 때문에 자신감이 더욱 생겼다. 그녀가 집으로 걸어갈 때, 석양이 마을을 황금빛으로 물들였다. 그녀는 예상 밖의 순간에 새로운 친구들이 모든 것을 더 좋게 만들 수 있다는 것을 깨달았다. 장기자랑은 더 이상 두려워할 대상이 아니라 (b) 그녀가 빛날 수 있는 기회였다.

43 글의 배열순서 정하기

 정답 ③

핵심주제 Sophia와 Janet의 학교 장기자랑 대회 준비하기

정답 해설

글 (C)의 마지막 부분에서 Janet이 커피 한 잔 마시며 얘기해 보자고 Sophia에게 제안했고, 글 (D)의 첫 부분에서 둘이 동네 카페에서 학교와 음악에 대해 이야기하는 장면이 묘사되어 있다. 그러므로 글 (C) 다음에 글 (D)가 와야 한다. 또한 글 (D)의 마지막 부분에서 Janet이 기타 연주를 같이 하자고 Sophia에게 제안했고, 글 (B)에서 둘이 한 시간 동안 계획하고 연습하는 장면이 묘사되어 있다. 그러므로 글 (D) 다음에 글 (B)가 와야 한다. 따라서 전체적인 글의 흐름상 주어진 글 (A) 다음에 (C)-(D)-(B) 순으로 글이 이어져야 한다.

44 지칭 대상과 다른 것 고르기

 정답 ⑤

핵심주제 Sophia와 Janet의 학교 장기자랑 대회 준비하기

정답 해설

(a), (b), (c), (d)는 모두 Sophia를 가리키지만, (e)는 Sophia가 대화하기에 편안함을 느낀 Janet을 가리킨다.

45 내용과 불일치 문장 고르기

 정답 ⑤

핵심주제 Sophia와 Janet의 학교 장기자랑 대회 준비하기

정답 해설

글 (D)에서 Sophia가 어쿠스틱 버전의 클래식 록을 해보려고 한다는 말에, Janet이 자기가 기타를 조금 연주할 줄 안다면 함께 연주할 것을 제안했다. 그러므로 Sophia가 Janet에게 기타 치는 법을 가르쳤다는 ⑤의 설명은 윗글의 내용과 일치하지 않는다.

오답 해설

① Sophia는 학교 장기자랑에 노래 부르기를 신청했다. → 글 (A)에 Sophia가 학교 장기자랑에 노래 부르기를 신청했으나, 많은 사람 앞에서 노래를 불러본 적이 없다고 서술됨

② Sophia는 Janet과 함께 연습한 후 더 자신감을 느꼈다. → 글 (B)에 Sophia가 Janet이 많은 도움을 주었기 때문에 자신감이 더욱 생겼다고 서술됨

③ Sophia의 언니와 Janet은 서로 아는 사이였다. → 글 (C)에 Janet과 Sara(Sophia의 언니)는 서로 아는 사이였지만, Sophia는 그녀와 대화를 나눈 적이 없었다고 서술됨

④ Sophia는 클래식 록 노래를 부르려고 생각하고 있었다. → 글 (D)에 Sophia가 클래식 록을 좋아하므로 어쿠스틱 버전의 클래식 록을 불러볼까 생각 중이라고 서술됨

수학영역

01 지수

정답 ②

지수의 계산

$(2^{\sqrt{3}+1})^{2\sqrt{3}-2}$
$=2^{(\sqrt{3}+1)(2\sqrt{3}-2)}$
$=2^{6-2\sqrt{3}+2\sqrt{3}-2}$
$=2^4=16$
$=16$

02 삼각함수

정답 ①

삼각함수 그래프

함수 $f(x)=a\sin(bx)+a$에서 $\sin bx$의 범위는
$-1\le\sin bx\le1$이므로 $\sin bx=1$일 때 함수 $f(x)$의 최댓값 $2a$,
$\sin bx=-1$일 때 함수 $f(x)$의 최솟값 0을 갖는다. 또한 주기가
$\dfrac{2\pi}{b}(\because b>0)$이므로 이를 b의 값에 따라 구분하여 그래프로 나타
내면 다음과 같다.

(i) $b=1$인 경우
$f(x)=a\sin x+a$이고 주기가 2π이다.

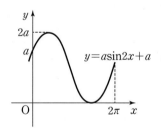

$0\le x\le2\pi$에서 위의 그래프와 직선 $y=2$는 서로 다른 네 점에서 만
나지 않는다.

(ii) $b=2$인 경우
$f(x)=a\sin2x+a$이고 주기가 π이다.

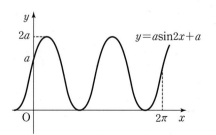

$0\le x\le2\pi$에서 위의 그래프와 직선 $y=2$는 서로 다른 네 점에서 만
나기 위해서는 $a\ne2$, $0<2<2a$를 만족해야 한다.
따라서 a의 최솟값은 3이므로 $ab=6$

(iii) $b=3$인 경우
$f(x)=a\sin3x+a$이고 주기가 $\dfrac{2}{3}\pi$이다.

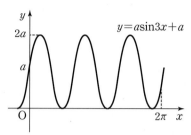

$0\le x\le2\pi$에서 위의 그래프와 직선 $y=2$는 서로 다른 네 점에서 만
나지 않는다.

(iv) $b=4$인 경우
$f(x)=a\sin4x+a$이고 주기가 $\dfrac{1}{2}\pi$이다.

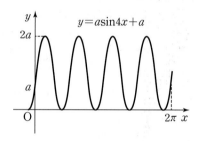

$0\le x\le2\pi$에서 위의 그래프와 직선 $y=2$는 서로 다른 네 점에서 만
나기 위해서는 $2a=2$, $a=1$을 만족해야 한다.
따라서 a의 최솟값은 1이므로 $ab=4$

(v) $b\ge5$인 경우
$0\le x\le2\pi$에서 함수 $f(x)$와 직선 $y=2$는 서로 다른 네 점에서 만나
지 않는다.

$\therefore ab$의 최솟값은 4이다.

☑ 핵심노트

삼각함수의 주기

$y=a\sin(bx+c)+d$, $y=a\cos(bx+c)+d$의 경우,
주기 $t=\dfrac{2\pi}{b}$이다.
$y=a\tan(bx+c)+d$의 경우,
주기 $t=\dfrac{\pi}{b}$이다.

03

다항함수의 나눗셈 나머지 정리

정답 ②

자연수 n에 대하여 다항식 $(x+1)^n$을 $x(x-1)$로 나누었을 때 몫을 $Q(x)$, 나머지를 $R_n(x)=ax+b$(단, a, b는 상수이다)이라 하면,

$(x+1)^n=x(x-1)Q(x)+R_n(x)$
$=x(x-1)Q(x)+ax+b$

$x=0$을 대입하면, $b=1$

$x=1$을 대입하면, $2^n=a+b$이므로 $a=2^n-1$

따라서 $R_n(x)=ax+b=(2^n-1)x+1$이므로

$R_n(2)=(2^n-1)\times2+1=2^{n+1}-1$

$\therefore \sum_{n=1}^{8}R_n(2)=\sum_{n=1}^{8}(2^{n+1}-1)=\dfrac{4(2^8-1)}{2-1}-8=1012$

04 로그

로그의 계산

정답 ①

$-\log_{\sqrt{2}}m+\log_{\frac{1}{2}}(4n+6)^{-1}=-\log_2 m^2+\log_2(4n+6)$

$=\log_2\dfrac{(4n+6)}{m^2}$

이때, $\log_2\dfrac{(4n+6)}{m^2}=k$(단, k는 자연수)라고 하면

$\dfrac{(4n+6)}{m^2}=2^k$, $\dfrac{(4n+6)}{2^k}=m^2$이므로

$\therefore \dfrac{2n+3}{2^{k-1}}=m^2$

$2n+3$은 홀수이고, $k=1$인 경우 $2^{k-1}=1$

$k\geq2$인 경우 2^{k-1}은 짝수이므로 $k=1$이 되어야 한다.

따라서 $2n+3=m^2$이 성립하는 순서쌍 (m, n)은 $(3, 3)$, $(5, 11)$, $(7, 23)$, $(9, 39)$이므로 모든 순서쌍 (m, n)의 개수는 4개이다.

05 수열

수열의 계산

정답 ⑤

$1^3-2^3+3^3-4^3+\cdots+19^3=$

$(1^3-2^3+3^3-4^3+\cdots+19^3)-2(2^3+4^3+\cdots+18^3)$

$=\sum_{k=1}^{19}k^3-\sum_{k=1}^{9}2(2k)^3=\sum_{k=1}^{19}k^3-16\sum_{k=1}^{9}k^3$

$=\left(\dfrac{19\times20}{2}\right)^2-16\left(\dfrac{9\times10}{2}\right)^2=190^2-2^2\times90^2$

$=190^2-180^2=(190+180)(190-180)=3700$

06 함수의 연속

함수의 연속성 판단

정답 ①

함수 $f(x)$는 $x=0$, 3에서 불연속이고 함수 $g(x)$는 연속함수인 삼차함수이다.

따라서 $(g\circ f)(x)$가 실수 전체의 집합에서 연속이 되려면 $x=0$, 3에서 모두 연속이어야 한다.

(i) $x=0$일 때

$(g\circ f)(0)=g(f(0))=g(0)=5$

$\lim_{x\to0}(g\circ f)(x)=\lim_{x\to0}g(f(x))=\lim_{x\to0}g(1)$

따라서 $g(0)=g(1)=5$

(ii) $x=3$일 때

$(g\circ f)(3)=g(f(3))=g(0)=5$

$\lim_{x\to0}(g\circ f)(x)=\lim_{x\to0}g(f(x))=\lim_{x\to0}g(-2)$

따라서 $g(0)=g(-2)=5$

$g(0)=g(1)=g(-2)=5$를 만족하는 최고차항의 계수가 1인 삼차함수 $g(x)$는 $g(x)=x(x-1)(x+2)+5$이므로

$\therefore g(6)=6\times5\times8+5=245$

✅ 핵심노트

함수의 연속성

어떤 함수 $f(x)$가 $x=t$에서 연속일 때

$\lim_{x\to t}f(x)=f(t)$이다. 또한, 이때

$\lim_{x\to t}f(x)=\lim_{x\to t}\dfrac{h(x)}{g(x)}$이고 $g(t)=0$이면

$h(t)=0$이다.

07 미분법

핵심주제 미분의 활용   정답 ④

점 P의 시각 $t(t \geq 0)$에서의 위치 x가 $x = t^4 - 4t^3 + 2kt$이므로
점 P의 속도를 v라 하면, v의 값은 x를 미분한 값인
$v = 4t^3 - 12t^2 + 2k$이다.
점 P가 원점을 출발한 후 운동 방향을 두 번 바꾸기 위해서는 속도
$v = 0$이 되는 지점이 두 개 있어야 하므로 방정식
$4t^3 - 12t^2 + 2k = 0$은 서로 다른 두 실근을 가져야 한다.
따라서 $k = -2t^3 + 6t^2$이므로 $y = k$, $y = -2t^3 + 6t^2$는
$t > 0$에서 서로 다른 두 점에서 만나야 한다.
$y = -2t^3 + 6t^2$를 미분한 값은 $y' = -6t(t-2)$이므로 이를 그래프
로 나타내면 다음과 같다.

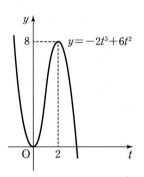

따라서 $0 < k < 8$을 만족하는 정수 k의 개수는 7개이다.

08 삼각함수

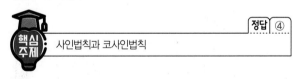

핵심주제 사인법칙과 코사인법칙   정답 ④

삼각형 ABC에서 $\angle A = \dfrac{\pi}{3}$을 이용하면 사인법칙에 따라
$\dfrac{\overline{BC}}{\sin \dfrac{\pi}{3}} = \dfrac{\overline{BC}}{\dfrac{\sqrt{3}}{2}} = 8$이므로
$\therefore \overline{BC} = 4\sqrt{3}$
넓이가 $4\sqrt{3}$임을 이용하면
$\triangle ABC = \dfrac{1}{2} \times \overline{CA} \times \overline{AB} \times \sin \dfrac{\pi}{3} = 4\sqrt{3}$이므로
$\therefore \overline{CA} \times \overline{AB} = 16$
코사인법칙에 따라
$48 = \overline{AB}^2 + \overline{CA}^2 - 2 \times \overline{AB} \times \overline{CA} \times \cos \dfrac{\pi}{3}$
$= (\overline{AB} + \overline{CA})^2 - 3 \times \overline{AB} \times \overline{CA}$
$= (\overline{AB} + \overline{CA})^2 - 3 \times 16$
$(\overline{AB} + \overline{CA})^2 = 96$, $\therefore \overline{AB} + \overline{CA} = 4\sqrt{6}$
따라서 $\overline{AB} + \overline{BC} + \overline{CA} = 4\sqrt{3} + 4\sqrt{6} = 4(\sqrt{3} + \sqrt{6})$

☑ 핵심노트

사인법칙

삼각형 ABC에서 $\overline{AB} = c$, $\overline{BC} = a$, $\overline{CA} = b$라 할 때 다음이 성립한다.

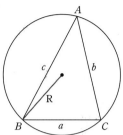

$\triangle ABC$에 대하여, 외접원 O의 반지름이 R일 때 다음이 성립한다.

$\dfrac{a}{\sin A} = \dfrac{b}{\sin B} = \dfrac{c}{\sin C} = 2R$

코사인법칙

삼각형 ABC에서 $\overline{AB} = c$, $\overline{BC} = a$, $\overline{CA} = b$라 할 때 다음이 성립한다.
㉠ $a^2 = b^2 + c^2 - 2bc \cos A$
㉡ $b^2 = c^2 + a^2 - 2ca \cos B$
㉢ $c^2 = a^2 + b^2 - 2ab \cos C$

09 다항함수

핵심주제 합성함수의 추론   정답 ③

집합 $\{x | f(f(x)) = f(x), x는 실수\}$에서 $f(x) = x$
방정식 $f(x) = x$의 실근의 개수에 따라 경우가 달라진다.

(i) $f(x) = x$의 실근의 개수가 0인 경우

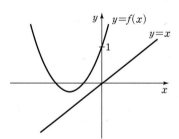

이는 집합 $\{x | f(f(x)) = f(x), x는 실수\}$의 원소의 개수가 2인 조
건을 만족하지 않는다.

(ii) $f(x) = x$의 실근의 개수가 1인 경우

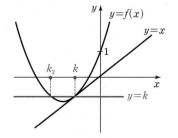

위 그래프에서 $f(x)=x$의 접점의 좌표를 (k,k)라 하면 직선 $y=k$는 함수 $y=f(x)$와 (k,k), (k_2,k)의 두 점에서 만나므로 집합 $\{x|f(f(x))=f(x), x는 실수\}$의 원소의 개수가 2인 조건을 만족한다.

$f(x)=x$의 실근의 개수가 1인 조건을 만족하기 위해서는 방정식 $x=x^2+ax+1$는 중근을 가져야 하므로

$x^2+(a-1)x+1=0$의 판별식을 D라 하면 $D=0$

$D=(a-1)^2-4=a^2-2a-3=(a-3)(a+1)=0$

$\therefore a=3$ (단, a는 양수)

(iii) $f(x)=x$의 실근의 개수가 2인 경우

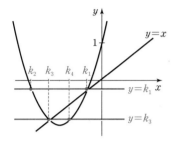

위 그래프에서 $f(x)=x$의 접점의 좌표를 각각 (k_1,k_1), (k_3,k_3)이라 하면 직선 $y=k_1$은 함수 $y=f(x)$와 (k_1,k_1), (k_2,k_2)의 두 점에서 만나고, 직선 $y=k_3$은 함수 $y=f(x)$와 (k_3,k_3), (k_4,k_4)의 두 점에서 만나므로 집합 $\{x|f(f(x))=f(x), x는 실수\}$의 원소의 개수가 2인 조건을 만족하지 않는다.

따라서 $(i),(ii),(iii)$에 따라 $a=3$

10 삼각함수

 핵심 주제 | 삼각함수의 활용 | 정답 ②

직선 $y=x$와 곡선 $y=x^2+2x\sin\theta-\cos^2\theta$의 두 식이 만나는 점을 구하면

$x=x^2+2x\sin\theta-\cos^2\theta$,

$0=x^2+(2\sin\theta-1)x-\cos^2\theta$

이때, 서로 다른 두 실근을 α,β라 하면,

$\alpha+\beta=1-2\sin\theta$, $\alpha\beta=-\cos^2\theta$

두 식이 만나는 두 점 사이의 거리를 구하면

$\sqrt{(\alpha-\beta)^2+(\alpha-\beta)^2}=\sqrt{2\{(\alpha+\beta)^2-4\alpha\beta\}}$

$=\sqrt{2\{(1-2\sin\theta)^2-4(-\cos^2\theta)\}}$

$=\sqrt{2(1-4\sin\theta+4\sin^2\theta+4\cos^2\theta)}$

$=\sqrt{2(1-4\sin\theta+4)}$

$=\sqrt{2(5-4\sin\theta)}$

이때, 실수 θ에 대하여 $-1\leq\sin\theta\leq1$이고 $\sin\theta=-1$일 때 $\sqrt{2(5-4\sin\theta)}$은 최댓값을 가지므로 $\sqrt{2(5+4)}=3\sqrt{2}$이다.

11 수열

 핵심 주제 | 수열의 활용 | 정답 ③

등차수열 $\{a_n\}$은 첫째항과 공차가 정수이므로 $\{a_n\}$의 모든 항은 정수이다.

따라서 $b_n=n^2\sin(\pi a_n)+n\cos(\pi a_n)+1$에서

$\sin(\pi a_n)=0$이고,

$\cos(\pi a_n)$은 a_n이 홀수이면 -1, 짝수이면 1이므로

$b_n=\begin{cases}-n+1 & (n은 홀수) \\ n+1 & (n은 짝수)\end{cases}$

$\sum\limits_{n=1}^{7}b_n=3$이므로 수열 $\{a_n\}$은 첫째항과 공차가 모두 홀수일 때

$\sum\limits_{n=1}^{7}b_n=0+3-2+5-4+7-6=3$을 만족한다.

따라서 b_{49}는 홀수, b_{48}, b_{50}은 짝수이므로

$b_{48}+b_{49}+b_{50}=49-48+51=52$

12 수열

 핵심 주제 | 수열의 합 | 정답 ④

$S_n=2a_n-pn$에서

$S_1=a_1=2a_1-p$이므로 $a_1=p$

$S_{n+1}=2a_{n+1}-p(n+1)$, $S_n=2a_n-pn$이므로

$S_n-S_{n-1}=2(a_n-a_{n-1})-pn+p(n-1)(n\geq2)$,

$a_n=2a_n-2a_{n-1}-1(n\geq2)$

$\therefore a_n=2a_{n-1}+p(n\geq2)$

이때 $S_1=a_1$이므로

$\therefore a_n=p(2^n-1)(n\geq1)$

$\sum\limits_{k=1}^{6}\dfrac{p+a_k}{a_ka_{k+1}}=\sum\limits_{k=1}^{6}\dfrac{p+a_k}{a_k(2a_k+p)}$

$=\sum\limits_{k=1}^{6}\left(\dfrac{1}{a_k}-\dfrac{1}{2a_k+p}\right)$

$=\sum\limits_{k=1}^{6}\left(\dfrac{1}{a_k}-\dfrac{1}{a_{k+1}}\right)$

$=\left(\dfrac{1}{a_1}-\dfrac{1}{a_2}\right)+\left(\dfrac{1}{a_2}-\dfrac{1}{a_3}\right)+\cdots+\left(\dfrac{1}{a_6}-\dfrac{1}{a_7}\right)$

$=\dfrac{1}{a_1}-\dfrac{1}{a_7}$

$=\dfrac{1}{p}-\dfrac{1}{127p}=\dfrac{126}{127p}=3$

$\therefore p=\dfrac{42}{127}$

13 정적분과 넓이

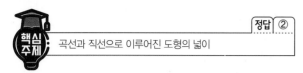
정답 ②
핵심주제 곡선과 직선으로 이루어진 도형의 넓이

함수 $f(x)$와 역함수 $g(x)$의 교점은 함수 $f(x)$와 직선 $y=x$의 교점과 같으므로
$x^3+6x^2+13+8=x$, $x^3+6x^2+12x+8=0$,
$(x+2)^3=0$이므로 함수 $f(x)$와 직선 $y=x$는 $x=-2$에서 만난다.
따라서 이를 그래프로 나타내면 다음과 같다.

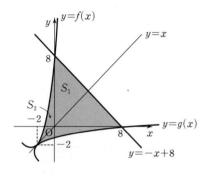

x축, y축, 직선 $y=-x+8$로 둘러싸인 넓이를 S_1
함수 $f(x)$, y축, 직선 $y=x$로 둘러싸인 넓이를 S_2라고 하면,
$S_1=\dfrac{1}{2}\times 8\times 8=32$
$2S_2=2\displaystyle\int_{-2}^{0}(x^3+6x^2+13x+8-x)dx$
$=2\times\left[\dfrac{1}{4}x^4+2x^3+6x^2+8x\right]_{-2}^{0}$
$=-2(4-16+24-16)=8$
$\therefore S_1+2S_2=32+8=40$

14 지수함수

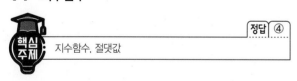
정답 ④
핵심주제 지수함수, 절댓값

자연수 n에 대한 함수를 $f(x)=y=|2^{|x-n|}-2n|$ 이라고 하면
$f(2n-x)=|2^{|n-x|}-2n|$이므로 이는 $f(x)$와 같다.
따라서 함수 $f(x)=y=|2^{|x-n|}-2n|$는 $x=n$에 대하여 대칭이다.
$x=0$일 때 $f(0)=2^n-2n$,
$x=n$일 때 $f(n)=2n-1$이므로
이를 그래프로 나타내면 다음과 같다.

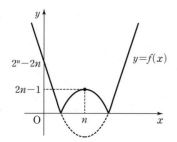

함수 $f(x)=y=|2^{|x-n|}-2n|$는 n의 값의 범위에 따라 그래프의 개형이 달라짐으로 이를 구간을 나누어 판단한다.

(1) $f(n)$과 $f(0)$의 비교
 (ㄱ) $n\leq 3$일 때 $f(n)>f(0)$
 (ㄴ) $n\geq 4$일 때 $f(n)<f(0)$

(2) 직선 $y=15$와 $f(n)$, $f(0)$의 비교
 (ㄱ) $n\leq 4$일 때 직선 $y=15$는 $f(n)$, $f(0)$보다 큰값을 가진다.
 (ㄴ) $5\leq n\leq 7$일 때 직선 $y=15$는 $f(n)$, $f(0)$사이의 값을 가진다.
 (ㄷ) $n=8$일 때 직선 $y=15$는 $f(n)$와 동일한 값을 가진다.
 (ㄹ) $n\geq 9$일 때 직선 $y=15$는 $f(n)$보다 작은 값을 가진다.

(i) $n=1,2$일 때

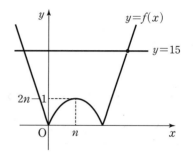

제1사분면에서 만나는 점 1개

(ii) $n=3$일 때

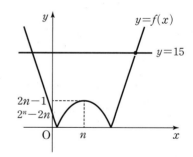

제1사분면에서 만나는 점 1개

(iii) $n=4$일 때

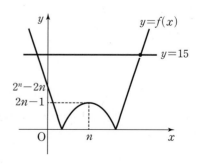

제1사분면에서 만나는 점 1개

(iv) $5\leq n\leq 7$일 때

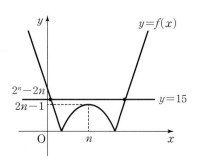

제1사분면에서 만나는 점 2개

(v) $n=8$일 때

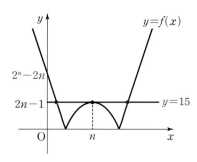

제1사분면에서 만나는 점 3개

(vi) $n \geq 9$일 때

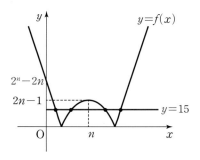

제1사분면에서 만나는 점 4개

$\therefore \sum_{n=1}^{20} a_n = 1 \times 4 + 3 \times 3 \times 1 + 4 \times 12 = 61$

15 정적분

정답 ⑤

정적분, 사잇값정리

(i) 주어진 조건 정리

삼차함수 $f(x) = ax^3 + bx^2 + cx + d$에 (가), (나)의 조건을 대입하면

(가) $\int_{-1}^{1} f(x)dx = \int_{-1}^{1} (ax^3 + bx^2 + cx + d)dx$

$= 2\int_{0}^{1}(bx^2+d)dx = 2\left[\dfrac{b}{3}x^3+dx\right]_0^1$

$= \dfrac{2b}{3} + 2d = 0$

$\therefore d = -\dfrac{b}{3}$

(나) $\int_{-1}^{1} xf(x)dx = \int_{-1}^{1}(ax^4 + bx^3 + cx^2 + dx)dx$

$= 2\int_{0}^{1}(ax^4+cx^2)dx = 2\left[\dfrac{a}{5}x^5+\dfrac{c}{3}x^3\right]_0^1$

$= \dfrac{2a}{5} + \dfrac{2c}{3} = 0$

$\therefore c = -\dfrac{3}{5}a$

(ii) ㄱ, ㄴ, ㄷ 판단

ㄱ. $abcd = ab\left(-\dfrac{3}{5}a\right)\left(-\dfrac{b}{3}\right) = \dfrac{1}{5}a^2b^2,\ \dfrac{1}{5}a^2b^2 \geq 0$

ㄴ. 방정식 $f(x)$의 열린구간 $(-1, 0)$에서

$f(-1) = -a + b - c + d = -\dfrac{2}{5}a + \dfrac{2}{3}b$

$f(0) = d = -\dfrac{b}{3}$

$ab < 0$일 때

$f(-1)f(0) = \left(-\dfrac{2}{5}a + \dfrac{2}{3}b\right)\left(-\dfrac{b}{3}\right) = \dfrac{2}{15}ab - \dfrac{2}{9}b^2 < 0$

따라서 $f(-1),\ f(0)$의 부호가 서로 다르고, 함수 $f(x)$는 닫힌구간 $[0, 1]$에서 연속임으로 방정식 $f(x)=0$은 열린구간 $(-1, 0)$에서 적어도 한 개의 실근을 갖는다.

ㄷ. 방정식 $f(x)$의 열린구간 $(0, 1)$에서

$f(0) = d = -\dfrac{b}{3}$

$f(1) = a + b + c + d = \dfrac{2}{5}a + \dfrac{2}{3}b$

$ab > 0$일 때

$f(0)f(1) = \left(-\dfrac{b}{3}\right)\left(\dfrac{2}{5}a + \dfrac{2}{3}b\right) = -\dfrac{2}{15}ab - \dfrac{2}{9}b^2 < 0$

방정식 $f(x)=0$은 열린구간 $(0, 1)$에서 적어도 한 개의 실근을 갖는다.

또한 함수 $f(x)$의 세 근을 각각 $\alpha,\ \beta,\ \gamma$라고 하면

$\alpha + \beta + \gamma = -\dfrac{b}{a} < 0,\ \alpha\beta\gamma = -\dfrac{d}{a} = \dfrac{b}{3a} > 0$

이때, $\alpha > 0$이라 하면 $\beta + \gamma < 0$, $\beta\gamma > 0$이므로 β, γ가 모두 0보다 작거나 허근일 경우에만 위 식을 만족할 수 있다.

따라서 방정식 $f(x)=0$은 열린구간 $(0, 1)$에서 오직 한 개의 실근을 갖는다.

✓ 핵심노트

사잇값정리

함수 $f(x)$가 닫힌구간 $[a,\ b]$에서 연속이고 $f(a) \neq f(b)$일 때, $f(a)$와 $f(b)$ 사이의 임의의 실수 k에 대하여 $f(c)=k$인 c가 열린구간 $(a,\ b)$ 사이에 적어도 하나 존재한다.

2025학년도

16 정적분

정적분의 활용

정답 ④

함수 $f(x)=x^3-x^2-2x$와 직선 $y=kx$는 서로 다른 세 점에서 만나므로

$x^3-x^2-2x=kx$, $x^3-x^2-(2+k)x=0$

$x\{x^2-x-(2+k)\}=0$

이때, 원점 이외의 두 그래프의 교점의 x좌표를 각각 α, β라 하면 $\alpha+\beta=1$, $\alpha\beta=-k-2$이다.

$S_2-S_1=18$을 $S_1-S_2=-18$로 정리하면

$$\int_{\alpha}^{\beta}x(x-\alpha)(x-\beta)dx$$

$$=\int_{\alpha}^{\beta}\{(x-\alpha)+\alpha\}(x-\alpha)(x-\beta)dx$$

$$=\int_{\alpha}^{\beta}(x-\alpha)^2(x-\beta)dx+\alpha\int_{\alpha}^{\beta}(x-\alpha)(x-\beta)dx$$

$$=-\frac{(\beta-\alpha)^4}{12}-\frac{\alpha(\beta-\alpha)^3}{6}=-\frac{(\beta-\alpha)^3(\beta+\alpha)}{12}$$

$$=-\frac{(\beta-\alpha)^3}{12}=-18$$

$\therefore \beta-\alpha=6$

따라서 $(\beta-\alpha)^2=(\alpha+\beta)^2-4\alpha\beta=1+4k+8=36$

$4k=27$, $k=\dfrac{27}{4}$

17 미분과 적분

정적분과 미분 활용

정답 ⑤

함수 $g(x)=|x(x-2)|\int_b^x f(t)dt$에서 $|x(x-2)|$는 0, 2에서 미분 불가능하다. 따라서 함수 $g(x)$가 실수 전체의 집합에서 미분가능하기 위해서는 $\int_b^0 f(t)dt=0$,

$\int_b^2 f(t)dt=0$의 값을 만족해야 한다.

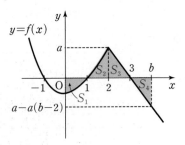

위 그래프에서 $S_1=\left|\int_0^1(x^2-1)dx\right|$이므로

$S_1=\left|\left[\dfrac{1}{3}x^3-x\right]_0^1\right|=\dfrac{2}{3}$

$S_1=S_2$이므로 $\dfrac{1}{2}\times a\times1=\dfrac{2}{3}$

$\therefore a=\dfrac{4}{3}$

또한 $S_2=S_3=S_4$이므로

$\therefore b=4$

따라서 $a+b$의 최댓값은 $\dfrac{4}{3}+4=\dfrac{16}{3}$

 핵심노트

정적분과 미분의 관계

함수 $f(x)$가 닫힌구간 $[a, b]$에서 연속일 때,

$\dfrac{d}{dx}\int_a^x f(t)dt=f(x)$ (단, $a<x<b$)

18 함수의 극한

함수의 극한, 함수의 연속

정답 ③

(i) 함수 $h(x)$ 해석

함수 $h(x)=\dfrac{f(x)}{g(x)}$ $(x\neq2)$에서 분모는 0이 될 수 없으므로 $g(x)$는 $(x-2)$를 인수로 가진다. 또한 $h(x)$는 실수 전체의 합에서 연속임으로 $f(x)$도 $(x-2)$을 인수로 가진다.

(ii) 조건 (가) 해석

$\lim\limits_{x\to\infty}h(x)=3$이므로 $f(x)$, $g(x)$의 최고차항의 계수를 각각 $3a$, a로 정의할 수 있다.

또한 $\lim\limits_{x\to1}\dfrac{1}{h(x)}=\lim\limits_{x\to1}\dfrac{g(x)}{f(x)}=\infty$이므로 이 조건을 만족하기 위해서는 함수 $f(x)$가 $(x-1)^2$를 인수로 가질 때 함수 $g(x)$는 $(x-1)$을 인수로 가지거나, 함수 $f(x)$가 $(x-1)$을 인수로 가질 때 함수 $g(x)$는 $(x-1)$을 인수로 가지지 못한다.

(i), (ii)를 이용하면

(1) $\lim\limits_{x\to2}\dfrac{f(x)}{g(x)}=\lim\limits_{x\to2}\dfrac{3a(x-2)(x-1)^2}{a(x-2)(x-1)(x-b)}=3$,

(2) $\lim\limits_{x\to2}\dfrac{f(x)}{g(x)}=\lim\limits_{x\to2}\dfrac{3a(x-2)(x-1)(x-b)}{a(x-2)(x-b)(x-c)}=3$,

(3) $\lim\limits_{x\to2}\dfrac{f(x)}{g(x)}=\lim\limits_{x\to2}\dfrac{3a(x-2)(x-1)^2}{a(x-2)(x^2+cx+d)}=3$

을 가정할 수 있다.

먼저, $\lim\limits_{x\to2}\dfrac{3a(x-2)(x-1)^2}{a(x-2)(x-1)(x-b)}=3$를 계산하면

$\dfrac{1}{2-b}=1$, $b=1$이므로 $\lim\limits_{x\to1}\dfrac{1}{h(x)}=\lim\limits_{x\to1}\dfrac{g(x)}{f(x)}=\infty$의 조건을 만족하지 못한다.

또한, $\lim\limits_{x\to2}\dfrac{3a(x-2)(x-1)(x-b)}{a(x-2)(x-b)(x-c)}=3$을 계산하면

$\dfrac{1}{2-c}=1$, $c=1$이므로 $\lim\limits_{x\to1}\dfrac{1}{h(x)}=\lim\limits_{x\to1}\dfrac{g(x)}{f(x)}=\infty$의 조건을 만족하지 못한다.

마지막으로, $\lim\limits_{x\to2}\dfrac{3a(x-2)(x-1)^2}{a(x-2)(x^2+cx+d)}=3$을 계산하면

$\dfrac{1}{4+2c+d}=1$, $d=-2c-3$

이때, 조건 (나)에서 방정식 $h(x)=12$가 오직 하나의 실근을 가지므로, $\dfrac{3(x-1)^2}{(x^2+cx-2c-3)}=12$,

$3x^2+2(2c+1)x-8c-13=0$에서 중근을 가져야 한다.

판별식을 D라고 하면, $D=0$이므로

$D/4=(2c+1)^2-3\times(-8c-13)=c^2+7c+10=0$

$\therefore c=-2$ 또는 $c=-5$

함수 $h(x)=\dfrac{f(x)}{g(x)}=\dfrac{3(x-1)^2}{x^2+cx-2c-3}(x\neq2)$ 가 실수 전체의
집합에서 연속이기 위해서는
$x^2+cx-2c-3$ 의 판별식을 D' 라고 하면 $D'<0$ 인 조건을
만족해야 한다.
$D'=c^2-4(-2c-3)=c^2+8c+12<0$
$\therefore -6<c<-2$
따라서 $c=-5$ 이므로, $d=7$ 이고 $h(0)=\dfrac{3}{7}$ 이다.

19 삼차함수

 핵심 주제 삼차함수의 절댓값과 미분가능성   정답 ④

조건 (가)에서 $g(0)=f(0)=1$ 이므로
함수 $g(x)=|f(x)|-f'(x)$ 의 x 에 0 을 대입하면,
$g(0)=|f(0)|-f'(0)$, $1=1-f(0)$
$\therefore f'(0)=0$
또한, 조건 (다)에 따라 함수 $g(x)$ 가 $x=k$ 에서 미분불가능한 실수
k 의 개수가 3개이므로 함수 $|f(x)|$ 가 $x=k$ 에서 미분불가능한 실
수 k 의 개수도 3개이다.
마지막으로, 조건 (나)에서 방정식 $|f(x)|=3$ 의 서로 다른 실근의
개수는 3개이므로 이를 모두 만족하는 함수 $f(x)$ 의 그래프는 다음
과 같다.

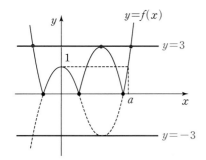

그래프 $y=f(x)$ 와 $y=1$ 이 만나는 점 중 $(0,1)$ 의 값이 아닌 점의 x
의 값을 a 라 하면
$f(x)=x^2(x-a)+1$ $f'(x)=3x^2-2ax$,
이때, $f'(0)=0$ 을 만족하는 x 는 0 또는 $\dfrac{2}{3}a$
따라서 $f\left(\dfrac{2}{3}a\right)=\left(\dfrac{2}{3}a\right)^2\left(\dfrac{2}{3}a-a\right)+1=3$ 이므로 $a=3$ 이다.
$f(x)=x^2(x-3)+1, f'(x)=3x^2-6x$
$\therefore g(1)=4$

20 도함수

 핵심 주제 접선의 방정식   정답 ②

함수 $f(x)=(x+1)^2(x-1)^2=x^4-2x^2+1$ 이고,
함수 $y=f'(t)(x-t)+f(t)$ 는 $(t,f(t))$ 에서의 접선을 의미한다.

이때, $-1\leq x\leq1$ 의 범위에서 $f(x)\leq f'(t)(x-t)+f(t)$ 를 만족하
기 위해서는 $(t,f(t))$ 에서의 접선의 아래에 함수 $f(x)$ 가 그려져야
하므로 이를 그래프로 나타내면 다음과 같다.

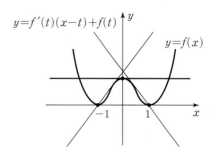

직선 $y=f'(t)(x-t)+f(t)$ 는
$y=(4t^3-4t)(x-t)+t^4-2t^2+1$ 이고 t 는 $(1,0)$ 을 지나면서
$y=f(x)$ 에 접할 때 최댓값을 가지므로
$3t^4-4t^3-2t^2+4t-1=0$, $(t-1)^2(t+1)(3t-1)=0$
$\therefore t=\dfrac{1}{3}$

21 수열

 핵심 주제 수열의 귀납법   정답 34

$a_5=1$ 이므로 이를 (가)에 대입하면
$a_5=a_4+1$ 또는 $a_5=\dfrac{a_4}{2}$
따라서 $a_4=0$ 또는 $a_4=2$
이때, 수열 $\{a_n\}$ 은 모든 항이 자연수이므로
$\therefore a_4=2$
이를 다시 (가)에 대입하면
$a_4=a_3+1$ 이므로 $a_3=1$ 또는
$a_4=\dfrac{a_3}{2}$ 이므로 $a_3=4$
(i) $a_3=1$ 인 경우
수열 $\{a_n\}$ 은 모든 항이 자연수이므로
$a_3=\dfrac{a_2}{2}$, $a_2=2$ 이고
따라서 $a_1=1$ 또는 $a_1=4$
(ii) $a_3=4$ 인 경우
$a_3=a_2+1$ 이므로 $a_2=3$ 또는
$a_3=\dfrac{a_2}{2}$ 이므로 $a_2=8$
이를 다시 (가)에 대입하면

$(i)a_2=3$ 인 경우
$a_2=a_1+1$ 이므로 $a_1=2$
이 경우 a_n 은 홀수가 아니므로 불가능하다.
또는 $a_2=\dfrac{a_1}{2}$, $a_1=6$
$(ii)a_2=8$ 인 경우
$a_2=a_1+1$ 이므로 $a_1=7$ 또는
$a_2=\dfrac{a_1}{2}$ 이므로 $a_1=16$
따라서 모든 a_1 의 값의 합은 $1+4+6+7+16=34$

22 지수함수, 로그함수

정답 64

지수함수와 로그함수의 활용

부등식 $x \leq \log_2(x+n)$은 $2^x \leq x+n$, $2^x - n \leq x$

이때, $n=1$부터 차례대로 대입하면

$n=1$일 때, $2^x - 1 \leq x$, $\therefore x=1$

$n=2$일 때, $2^x - 2 \leq x$, $\therefore x=1, 2$

$n=3$일 때, $2^x - 3 \leq x$, $\therefore x=1, 2$

$\cdots$

$n=5$일 때, $2^x - 5 \leq x$, $\therefore x=1, 2, 3$

$n=6$일 때, $2^x - 6 \leq x$, $\therefore x=1, 2, 3$

$\cdots$

$n=12$일 때, $2^x - 12 \leq x$, $\therefore x=1, 2, 3, 4$

$\cdots$

$n=20$일 때, $2^x - 20 \leq x$, $\therefore x=1, 2, 3, 4$

이를 정리하면

$n=1$일 때, $f(n)$의 값은 1개

$2 \leq n \leq 4$일 때, $f(n)$의 값은 2개

$5 \leq n \leq 11$일 때, $f(n)$의 값은 3개

$12 \leq n \leq 20$일 때, $f(n)$의 값은 4개

$\therefore \sum_{n=1}^{20} f(n) = 1 + 2 \times 3 + 3 \times 7 + 4 \times 9 = 64$

23 함수의 극값

정답 74

함수의 극값 활용

$f(x-g(y)) = (x+4y^2-1)^3 - 3$에서 $x-g(y)=0$이라 하면

$f(0) = (x+4y^2-1)^3 - 3 = 5$, $f(0) = (x+4y^2-1)^3 = 8$이므로

$x+4y^2-1 = 2$

또한, $x-g(y)=0$, $x=g(y)$ 이므로

$g(y) + 4y^2 - 1 = 2$, $g(y) = -4y^2 + 3$

$\therefore g(x) = -4x^2 + 3$

한편, $g(y)=0$이라 하면 $g(y) = -4y^2 + 3 = 0$, $4y^2 = 3$

또한 $f(x-g(y)) = (x+4y^2-1)^3 - 3$에서

$f(x) = (x+3-1)^3 - 3$,

$\therefore f(x) = (x+2)^3 - 3$

$h(x) = f(x) - g(x) = x^3 + 10x^2 + 12x + 2$

$h'(x) = 3x^2 + 20x + 12$, $h'(x) = (3x+2)(x+6)$

따라서 함수 $h(x)$는 $x=-6$에서 극댓값을 가지므로

$\therefore h(-6) = 74$

24 적분법

정답 4

도함수의 활용

조건 (가)에서 $(f'(x)+2)(f'(x)-2) = x(x-4)$는

$\{f'(x)-2\}^2 = x(x-4)$, $f'(x)^2 = (x-2)^2$

$\therefore f'(x) = x-2$ 또는 $f'(x) = -x+2$

조건 (나)에서 $f(0) < f(4)$이므로 함수 $f(x)$는 실수 전체의 집합에서 증가하는 그래프가 되어야 한다.

따라서

$f'(x) = \begin{cases} -x+2 & (x<2) \\ x-2 & (x \geq 2) \end{cases}$ 이므로

$f(x) = \begin{cases} -\dfrac{1}{2}x^2 + 2x + C_1 & (x<2) \\ \dfrac{1}{2}x^2 - 2x + C_2 & (x \geq 2) \end{cases}$

이때, $f(2)=1$이므로 $C_1 = -1$, $C_2 = 3$

$\therefore f(x) = \begin{cases} -\dfrac{1}{2}x^2 + 2x - 1 & (x<2) \\ \dfrac{1}{2}x^2 - 2x + 3 & (x \geq 2) \end{cases}$

$\displaystyle \int_0^4 f(x)dx = \int_0^2 f(x)dx + \int_2^4 f(x)dx$

$\displaystyle = \int_0^2 \left(-\frac{1}{2}x^2 + 2x - 1 \right)dx + \int_2^4 \left(\frac{1}{2}x^2 - 2x + 3 \right)dx$

$\displaystyle = \left[-\frac{1}{6}x^3 + x^2 - x \right]_0^2 + \left[\frac{1}{6}x^3 - x^2 + 3x \right]_2^4$

$= \left(-\dfrac{8}{6} + 4 - 2 \right) + \left(\dfrac{64}{4} - 16 + 12 \right) - \left(\dfrac{8}{6} - 4 + 6 \right)$

$= 4$

$\therefore 4$

25 수열

정답 115

수열의 합

$a_n = f\left(\dfrac{1}{n} \right) + f\left(\dfrac{2}{n} \right) + f\left(\dfrac{3}{n} \right) + \cdots + f\left(\dfrac{n-1}{n} \right) + f\left(\dfrac{n}{n} \right)$

에서 $\dfrac{1}{n} = x$라 하면

$f\left(\dfrac{1}{n} \right) + f\left(\dfrac{2}{n} \right) + f\left(\dfrac{3}{n} \right) + \cdots + f\left(\dfrac{n-1}{n} \right) + f\left(\dfrac{n}{n} \right)$

$= f(x) + f(2x) + f(3x) + \cdots + f(1-x) + f(1)$이고

함수 $f(x) = \dfrac{2^x}{2^x + \sqrt{2}}$이므로

$f(1-x) = \dfrac{2^{1-x}}{2^{1-x} + \sqrt{2}} = \dfrac{\sqrt{2}}{2^x + \sqrt{2}}$이다.

따라서 $f(x) + f(1-x) = 1$이므로 a_n의 값은

$a_n = \dfrac{1}{2}(n-1) + f(1) = \dfrac{1}{2}(n-1) + \dfrac{2}{2+\sqrt{2}}$

$= \dfrac{1}{2}(n-1) + 2 - \sqrt{2}$

$\displaystyle \sum_{n=1}^{20} a_n = \dfrac{1}{2} \times \dfrac{19 \times 20}{2} + 40 - 20\sqrt{2} = 135 - 20\sqrt{2}$

$\therefore p+q = 115$

✔ 핵심노트

수열의 합

$\displaystyle \sum_{k=1}^{n} k = \frac{n(n+1)}{2}$, $\displaystyle \sum_{k=1}^{n} k^2 = \frac{n(n+1)(2n+1)}{6}$

$\displaystyle \sum_{k=1}^{n} k^3 = \left(\frac{n(n+1)}{2} \right)^2$

2024 정답 및 해설

국어영역

01 독서 - 과학

정답 ②

핵심주제 글의 중심 내용 파악하기

정답 해설

글의 서두에 19세기 초반부터 의학을 실험실에 접목하려는 실험실 의학이 체계적으로 시도되기 시작했다고 그 중심 내용을 밝히고 있다. 그리고 이후의 단락에서 19세기 초반부터 19세기 후반에 이르기까지 실험실 의학의 정립 과정을 상세히 소개하고 있다. 그러므로 '19세기 실험실 의학의 정립 과정'이 제시문의 중심 내용으로 가장 적절하다.

오답 해설

① 자연발생설 → 파스퇴르-푸셰 논쟁의 실험 주제

자연발생설은 1850년대 후반 '파스퇴르-푸셰 논쟁'의 실험 대상으로 소개된 주제일 뿐 제시문의 중심 내용은 아니다.

③ 파스퇴르와 푸셰의 논쟁 → 실험 방법의 중요성 재확인

자연발생 여부를 두고 벌어진 1850년대 파스퇴르와 푸셰의 논쟁은 실험 방법의 중요성을 재확인한 실험실 의학의 정립 과정 중하나이다.

④ 생물학의 성과와 한계 → 역사적 사건

19세기 중반 파스퇴르와 푸셰의 논쟁, 1860~70년대의 미생물 연구의 진척과 질병세균설 옹호 등의 생물학적 성과는 실험실 의학의 정립 과정을 설명하기 위한 역사적 사건으로 제시된 것일 뿐 제시문의 중심 내용은 아니다.

⑤ 파스퇴르의 미생물 연구 → 파스퇴르의 업적

1860년 이후 파스퇴르의 미생물 연구는 질병세균설의 옹호와 더불어 여러 백신을 개발하는 데 성공한 파스퇴르의 업적으로 소개된 내용일 뿐 제시문의 중심 내용은 아니다.

02 독서 - 과학

정답 ⑤

핵심주제 내용과 일치하지 않는 것 고르기

정답 해설

첫 번째 문단에서 19세기 초반부터 의학을 실험실에 접목하려는 실험실 의학이 체계적으로 시도되기 시작했다고 서술되어 있다. 그러므로 실험실 의학의 중요성은 과학적 실험 방법이 마련된 20세기에 들어와서 비로소 인정되기 시작했다는 설명은 제시문의 내용과 일치하지 않는다.

오답 해설

① 파스퇴르-푸셰 논쟁 → 생물의 자연발생 여부에 관한 실험

네 번째 문단에서 1850년대 후반부터 자연발생 여부를 두고 벌어진 '파스퇴르-푸셰 논쟁'은 실험 방법의 중요성이 다시금 확인된 사건이었다고 서술되어 있다. 그러므로 실험을 통해서 파스퇴르와 푸셰가 생물의 자연발생 여부에 관해 논쟁했다는 설명은 적절하다.

② 19세기 초반 과학자들 → 생물의 발생 : 화학적 과정

세 번째 문단에서 영양분이 공급되는 환경에서 생물들이 일종의 화학적 과정을 통해 만들어졌다는 해석이 1830년대 당시 과학자들의 일반적인 견해였다고 서술하고 있다. 그러므로 19세기 초반까지 과학자들이 대체로 생물의 발생을 화학적 과정으로 이해했다는 설명은 적절하다.

③ 발효 → 효모: 생물학적 과정

네 번째 문단에서 그 이전까지는 발효를 효모가 반응속도만 높이며 그 스스로는 변하지 않는 촉매 역할을 하는 일종의 화학적 반응으로 이해해 왔으나, 파스퇴르는 실험을 통해 발효가 포도나 밀가루 반죽의 당분을 먹고 살아가는 효모 때문에 일어나는 생물학적 과정임을 보여주었다고 서술하고 있다. 그러므로 효모가 발효 과정에서 촉매 작용만 하지는 않는다는 것을 파스퇴르가 실험을 통해 확인했다는 설명은 적절하다.

④ 파스퇴르 → 푸셰의 관찰: 실험기구의 오염 결과

다섯 번째 문단에서 파스퇴르는 자연발생이 일어났다는 푸셰의 관찰은 외부 미생물에 의해 실험기구가 오염된 결과라고 주장하였다. 그러므로 파스퇴르는 푸셰가 실험기구를 철저히 관리하지 않아 부정확한 실험 결과를 얻었다고 생각했다는 설명은 적절하다.

03 독서 - 과학

정답 ④

핵심주제 진술 의도 파악하기

정답 해설

과학적인 진리들은 현재는 최선의 답이지만, 사실 그것들을 대체할 더 나은 무언가를 찾을 때까지만 임시적으로 유용한 차선의 답이라는 것이다. 파스퇴르의 실험을 통해 미생물에 의한 생물학적 과정임이 밝혀지기 전까지는 영양분이 공급되는 환경에서 일종의 화학적 과정을 통해 만들어졌다는 것이 당시에는 ㉠의 질문에 대한 최선의 답이었다. 그러므로 ㉠의 질문에 최선의 답을 모른다면 차선의 답이라도 구해야 함을 의미한다.

04 독서 – 과학

글의 세부 내용 이해하기　　　　　　정답 ①

정답 해설

제시문에서 고온의 가열에도 죽지 않는 균이 존재함을 알고 있는 오늘날의 관점에서 보면, 미생물을 발견한 푸셰의 실험 결과가 틀렸다고 하기는 어렵다고 서술하고 있다. 그러므로 "고온의 가열에도 죽지 않는 균이 존재한다."는 설명은 당시의 일반적인 견해에 해당되지 않음을 알 수 있다.

오답 해설

② 발효 : 화학적 과정 → 당시의 일반적 견해

제시문에서 이전까지는 발효를 효모가 반응속도만 높이면 그 스스로는 변하지 않는 촉매 역할을 하는 일종의 화학적 반응으로 이해해 왔다고 설명하고 있다. 그러므로 발효가 효모에 의해 일어나는 화학적 과정이라는 사실은 당시의 일반적 견해에 해당한다.

③ 생물 : 자연발생 → 당시의 일반적 견해

제시문에서 썩은 고기나 고여 있는 물에서 단순한 생물이 생겨나는 것처럼 보인다는 '자연발생설'은 당시의 해묵은 논쟁이었다고 서술하고 있다. 그러므로 단순한 생물은 자연발생 과정으로 생겨날 수 있다는 사실은 당시의 일반적인 견해에 해당한다.

④ 외부적 관찰 : 생물의 발생 과정 확인 → 당시의 일반적 견해

제시문에서 파스퇴르는 자연발생이 일어났다는 푸셰의 관찰은 외부 미생물에 의해 실험기구가 오염된 결과로 보았다고 서술하고 있다. 그러므로 외부적 관찰을 통해 생물의 발생 과정을 확인할 수 있다는 사실은 당시의 일반적 견해에 해당한다.

⑤ 구더기 : 화학적 변화의 결과 → 당시의 일반적 견해

제시문에서 방치된 고기 조각에서 생긴 구더기는 영양분이 공급되는 환경에서 일종의 화학적 과정을 통해 만들어졌다는 것이 당시의 일반적인 견해에 따른 해석이었다고 서술하고 있다. 그러므로 방치된 고기 조각에서 생긴 구더기가 화학적 변화의 결과라는 사실은 당시의 일반적인 견해에 해당된다.

05 독서 – 과학

글의 세부 내용 이해하기　　　　　　정답 ③

정답 해설

파스퇴르가 독성이 약해진 닭콜레라 유발 미생물을 닭에게 주사하여 면역 여부를 확인한 것은 파스퇴르가 발효나 미생물 발생 실험에서 동물의 병을 일으키는 원인이 미생물과 관련이 있을 거라는 사실을 이미 알고 있었기 때문이라고 추측할 수 있다.

06 현대 소설

서술상 특징 찾기　　　　　　정답 ①

정답 해설

전지적 작가 시점은 작가가 등장인물의 행동과 태도는 물론 그의 내면세계까지도 분석·설명하여 이야기를 이끌어가는 방식으로, 해당 작품은 이야기의 전모를 알고 있는 전지적 서술을 통해 인물의 행위와 심리가 밀도 있게 드러나고 있다.

✓ 핵심노트

이청춘, 「잔인한 도시」
- 갈래 : 현대 소설, 단편 소설
- 성격 : 비판적
- 시점 : 전지적 작가 시점
- 배경 : 시간 – 1970~1980년대, 공간 – 도시의 교소도 근처 공원
- 주제 : 폭력과 억압에서 벗어난 자유로운 세계 추구
- 특징
  - 알레고리 수법을 이용해 형상화
  - 인간 상주의 따뜻한 고향으로 귀환하려는 한 죄수의 방생 이야기를 담음
  - 인간의 꿈과 그 구제의 가능성을 상징적인 수법으로 그려냄
  - 진정한 자유를 추구하려는 인간에 대한 희망적 주제 의식을 보여줌
  - 고향과 도시의 대비, 인물의 대비를 통해 주제 의식을 형상화함

07 현대 소설

서사적 기능 이해하기　　　　　　정답 ②

정답 해설

(가)를 통해 사내가 교도소에 복역하며 자유가 억압됐던 상황과 출소 후 자유의 몸이 된 상황의 변화가 대비되어 새 장수에 의해 조작된 구속과 해방이라는 새로운 사건의 계기가 형성되는 서사적 기능을 이해할 수 있다.

오답 해설

① 시간적 배경 제시: 사건의 개연성 부각 → X

(가)에서는 시간적 변화의 흐름은 나타나 있지 않으며, 실제로 일어날 법한 일에 대한 개연성을 부각하고 있지도 않다.

③ 일상의 변화 묘사: 사건의 반전 → X

(가)에서는 교도소에서의 출소라는 특별한 변화가 묘사되어 있으며, 사건의 반전이 아니라 사건의 시작점을 형성하고 있다.

④ 인물의 감정 변화: 위기감 고조 → X

(가)에서는 교도소에서 막 출소한 사내의 조심스러운 감정을 느낄 수 있으나, 사건의 위기감이 고조되고 있지는 않다.

⑤ 공간적 배경의 변화: 사건 해결의 실마리 → X

(가)에서는 교도소에서 공원으로 공간적 배경의 변화가 감지되나, 사건 해결의 실마리를 제공하고 있지는 않다.

08 현대 소설

작품 속 대상 이해하기　　　　　　정답 ⑤

정답 해설

'녀석'과 함께 고향으로 향하는 '사내'가 재회할 것으로 기대하는 대상

은 '사내'의 아들이다. 그러므로 '녀석'은 '사내'가 재회의 기대를 이루어 반가워하는 대상은 아니다.

📝오답해설

① 녀석 → 연민의 대상
"가엾게도 작은 것이 날개를 너무 상했으니까"라는 말에서 '녀석'은 '사내'의 연민을 부르는 대상임을 알 수 있다.

② 녀석 → 특별한 대상
'사내'가 한사코 주머니 속에 깊이 아껴 뒀던 노역의 품삯으로 '녀석'을 데려온 것을 보면 '녀석'은 '사내'에게서 특별한 의미를 부여받은 대상임을 알 수 있다.

③ 녀석 → 느낄 수 있는 대상
'사내'가 발가락을 몇 차례 꼼지락거리는 '녀석'의 발짓을 느끼고 있으므로, '녀석'은 '사내'가 몸의 감각을 통해 느낄 수 있는 대상이다.

④ 녀석 → 위로를 주는 대상
'녀석'의 발짓을 느끼고 있던 사내의 얼굴에 만족스런 웃음기가 번지고 있는 데서, 또한 "녀석도 아마 잘했다고 할 거야."라고 말한 부분에서 '녀석'은 '사내'로 하여금 마음의 위로를 얻게 하는 대상임을 알 수 있다.

09 현대 소설

정답 ②
작품의 세부 내용 이해하기

📝정답해설

ⓒ은 사내 곁을 지나가는 사람들의 말소리가 시끄러워 그들의 말소리가 사라질 때까지 기다린 것이지, 지향하는 가치관이 상반된 이들의 간섭으로 자신의 여정이 방해받고 있는 장면을 연출한 것은 아니다.

📝오답해설

① ㉠ → 자신이 바라는 어떤 것을 마주함
㉠은 교도소에서 출소한 사내의 발길이 문득 머무른 곳이 새장의 새를 사서 제 보금자리로 날려 보내게 해 주는 방생의 집인 것을 사내가 확인하고 반가움에 안도한 것이다.

③ ㉢ → 의구심을 떨쳐내려는 모습
㉢은 새를 방생하느라 모아둔 돈을 다 써버린 사내가 볼품없는 모양새를 하고 빈손으로 아들을 만나러 가는 것에 대해 혹시 아들 녀석이 못 마땅하게 여기지 않을까 하는 의구심을 떨쳐내려는 모습을 표현하고 있다.

④ ㉣ → 자신만의 생각에 몰입
㉣은 사내가 직접 아들을 찾기 위해 남쪽으로 길을 나선 것에 대해 자신의 선택이 옳았다는 생각에 몰입해 가는 정황을 드러내고 있다.

⑤ ㉤ → 시간의 변화로 대상의 속성 약화
㉤은 날이 저물고 어두워지는 시간의 변화로, 남쪽으로 가는 사내의 길이 차츰 윤곽이 흐려지고 있음을 표현한 것이다.

10 현대 소설

정답 ③
부적절한 감상 내용 찾기

📝정답해설

'사내'가 자기 판단이 '잘한 일'이라고 말하는 장면에서 도시에 대적한 투쟁의 성공에 대한 확신과 의구심의 혼재는 '새'의 상태에서 비롯된 것이 아니라, 대적의 상대가 현대 사회의 강력한 구조적 문제의 거점인 '도시'인 까닭이다. 따라서 '사내'는 그 싸움의 승패를 섣불리 확신하기가 어렵다.

📝오답해설

① '교도소 길목'에서 '방생의 집' → 자유로운 삶에 대한 염원
'교도소 길목'에서 '방생의 집'으로 향하는 '사내'의 심정은 억압된 처지에서 벗어나 자유로운 삶에 대한 염원을 새의 방생을 통해 기원하려는 선한 의지와 연결되어 있다.

② '도시의 추위를 견디지 못한다' → '새'의 처지
그 '새'가 도시의 추위를 견디지 못하리라고 '사내'가 짐작한 이유는 방생에 쓰일 새들의 날개에 상처를 입혀 멀리 날지 못하게 한 후, 방생된 새들을 다시 수거하여 재사용하는 '방생의 집' 주인의 잔인한 이면을 보았기 때문이다.

④ '겨울에도 대숲이 푸른 곳' → '새'의 상처를 치유할 수 있는 곳
'사내'와 '새'가 북쪽의 '잔인한 도시'를 떠나 함께 가는 곳은 남쪽에 위치해 있어 '겨울에도 대숲이 푸른 곳'으로, '새'가 겨울을 나고 상처를 치유하기에 적합한 환경이다.

⑤ '영혼의 빛줄기' → '사내'의 새로운 삶에 대한 염원
'사내'의 남행 길을 비추는 '한 줄기 햇볕'이 사내의 가슴속을 끝없이 비춰주는 '영혼의 빛줄기'와 같다고 한 것은, '잔인한 도시'를 떠나 진정한 자유를 추구하는 새로운 삶에 대한 '사내'의 염원을 엿볼 수 있다.

11 현대 시

정답 ①
작품의 내용 이해하기

📝정답해설

(가)가 단정적 진술을 사용하여 '문'이라는 사물의 고정관념에 대한 비판의식을 표현하는 반면, (나)는 화자가 유리에 입김을 불고 닦는 행동을 감각적으로 묘사함으로써 어린 자식을 잃은 화자의 슬픔과 그리움을 직접적으로 표현하고 있다.

📝오답해설

② (나) → 화자의 모순된 감정
(가)에서는 화자가 현실과 환상을 함께 경험하고 있지 않으며, (나)에서는 화자가 유리창을 닦으면서 아이의 부재에서 오는 '외로움'과 입김으로나마 아이를 느낄 수 있는 '황홀함'의 모순된 감정을 드러내고 있다.

③ (가) → 고정관념에 대한 비판과 저항
(가)에서는 '문'이 지닌 고정관념에 대한 화자의 비판과 저항 의식을 드러내고 있으나, (나)는 그렇지 않다.

④ (가) → 대상에 대한 통념을 비판

(가)는 문이 열려 있지만 열려 있지 않다는 표현 등을 통해 '문'이 지닌 일반적인 속성을 부정함으로써 '문'에 대한 기존 통념을 비판하고 있으나, (나)는 그렇지 않다.

⑤ (가) → 유사한 통사 구조의 반복

(가)에서는 작품 전반에 걸쳐 유사한 통사 구조의 반복과 병치를 통해 시적 의미를 강조하고 리듬감을 형성하고 있으나, (나)는 그렇지 않다.

☑ 핵심노트

(가) 오규원, 「문」
• 갈래 : 자유시, 서정시, 운문시
• 성격 : 비판적, 성찰적, 저항적, 역설적
• 제재 : 문
• 주제 : 문에 대한 일반적인 인식 비틀기
• 특징
 – 동일 구절의 반복으로 문이 있는 일상적인 상황 제시
 – 대비되는 시어를 활용해 주제 의식 강조
 – 통사 구조의 반복으로 운율감의 시적 의미 강조
 – 대상에 대한 통념을 부정하여 새로운 인식 부여

(나) 정지용, 「유리창 1」
• 갈래 : 자유시, 서정시
• 성격 : 감각적, 회화적, 상징적
• 제재 : 어린 자식의 죽음
• 주제 : 죽은 자식에 대한 그리움
• 특징
 – 감각적인 이미지를 사용하여 화자의 정서를 드러냄
 – 애절한 슬픔을 드러내지 않고 절제하여 표현
 – 모순적인 표현으로 시의 함축성을 높임

12 현대 시

 핵심주제
부적절한 감상 내용 고르기
정답 ②

✏ 정답 해설

(가)는 일상생활에서 접하는 '문'에 대한 통념을 비틀어 '문'에 대한 새로운 인식을 제시하고 있으나, 하루하루 살아가는 과정에서 깨닫게 된 삶의 무상함을 표현하고 있지는 않다.

◆ 오답 해설

① 대상의 확대 → 시인의 인식 확장

대상이 '우리 집'에서 '어느 집'으로 확대되어 가면서 '문'에 대한 통념에서 벗어난 시인의 새로운 인식도 확장되고 있다.

③ '문', '담', '벽' → 다양한 소통 관계

각각의 개인이 각각의 '집'이라 생각한다면 '문'이나 '담', '벽' 등은 사람들 사이의 다양한 소통 관계를 뜻한다. '문'은 '소통의 연결'을 의미하는 반면, '담'과 '벽'은 '소통의 단절'을 의미하는 것이 통념인데, 연결의 속성을 가진 '문'이 단절의 속성을 가진 '담'이나 '벽'이 되기도 하고, 심지어 '담'이나 '벽'보다 더 든든한 단절의 속성을 가지기도 한다.

④ 대상의 의미 → 새로운 접근

일상에서는 쉽게 놓칠 수 있는 '문'의 여러 특징들을 성찰을 통해 발견함으로써, '소통과 연결'이라는 '문'의 원래 의미와 다른 새로운 접근을 시도하고 있다.

⑤ 단정적 언급 회피 → 독자들의 자각

'문'과 관련한 다양한 상황들을 제시하면서 화자가 그것의 의미들에 대한 단정적 언급을 회피한 것은 독자들의 자각을 통해 당연하다고 생각되는 통념을 비틀어 새로운 시각으로 세상을 바라볼 수 있게 유도하기 위한 것이다.

13 현대 시

 핵심주제
작품의 주제와 유사한 진술 찾기
정답 ⑤

✏ 정답 해설

(가)의 주제는 '문에 대한 일반적인 인식 비틀기'이다. 즉, 일상적인 '문'에 대한 기존 통념을 비틀어 '문'에 대한 새로운 시각을 제시하고 있다. ⑤에서 '웃음'은 일반적으로 선의라고 하는 긍정적 시각이 통념인데, '웃음'이 어색함일 수도 있고 위선일 수도 있다고 하며 '웃음'의 부정적 시각을 제시하고 있다. 그러므로 ⑤는 '웃음'에 대한 일반적인 인식 비틀기로, (가)의 주제와 가장 유사한 발상을 보여 주는 진술이다.

14 현대 시

 핵심주제
작품의 내용 이해하기
정답 ②

✏ 정답 해설

'길들은 양 언 날개'는 사라지는 입김이 새처럼 날개를 파닥거리는 듯하게 보이는 모양으로, 화자가 시적 대상인 죽은 자식의 환영을 불러내었음을 보여준다. 즉, '길들은 양 언 날개'는 시적 대상이 화자를 불러낸 것이 아니라, 화자가 시적 대상을 불러낸 것이다.

◆ 오답 해설

① '차고 슬픈 것' → 화자의 내면 심리 투영

'차고 슬픈 것'은 화자가 유리창에 입김으로 만들어낸 죽은 자식의 환영으로, 자식을 잃은 슬픔과 안타까움이라는 화자의 내면 심리가 투영되어 있다.

③ '반짝' → 슬픔의 승화 함축

'물먹은 별'은 화자가 눈물이 가득 고인 눈으로 별을 바라보는 것으로, 쉼표 다음에 나오는 '반짝'이 이러한 슬픔의 승화를 함축하여 표현하고 있다.

④ '고운 폐혈관이 찢어진 채' → 작품의 창작 배경

'고운 폐혈관이 찢어진 채'는 아이가 죽은 이유로 짐작되며, 이것이 시인이 작품을 창작하게 된 배경임을 암시하고 있다.

⑤ '날아갔구나!' → 화자의 현실 자각

'날아갔구나!'는 어린 자식이 산새처럼 훌쩍 떠나 버린 것에 대한 현실을 화자가 새삼 자각하게 되었음을 드러내고 있다.

15 현대 시

 지시 대상 이해하기 　정답 ④

정답 해설

(가)에서 화자는 ㉠(문)을 열리기도 하고 닫히기도 하며, 연결하기도 하고 단절되기도 하는 가변적 속성을 지닌 것으로 인식한다. 또한 (나)에서 화자는 ㉡(유리)을 죽은 자식을 단절하는 동시에 만남을 매개하는 가변적 속성을 지닌 것으로 인식한다.

오답 해설

① ㉡ → 외부와의 소통

　(나)에서 화자는 ㉡(유리)을 통해 죽은 아이와 소통하고 있으나, (가)에서는 화자가 ㉠(문)을 통해 외부와 소통하고 있지는 않다.

② ㉠ → 탐구적 태도

　(가)에서 화자는 ㉠(문)이 지닌 여러 아이러니한 속성에 대해 탐구적인 태도를 취하고 있으나, (나)에서 화자는 ㉡(유리)을 죽은 아이와 소통하는 매개체로 보고 있다.

③ ㉡ → 실체에 대한 절망

　(나)에서 화자는 ㉡(유리) 넘어 산새처럼 날아간 죽은 아이를 더이상 만날 수 없음에 절망하고 있으나, (가)에서 화자는 탐구를 통해 ㉠(문)에 대한 새로운 인식을 부여하고 있다.

⑤ ㉡ → 관계 형성의 중요성

　(나)에서 화자는 ㉡(유리)을 통해 죽은 자식과 단절하기도 하고 소통하기도 한다는 점에서 ㉡(유리)과의 관계 형성은 중요한 과제이나, (가)에서 ㉠(문)은 화자에게 탐구의 대상이지 관계 형성의 대상은 아니다.

16 독서 – 철학

 부합하는 내용 고르기 　정답 ④

정답 해설

첫 번째 문단에서 인간 삶의 공간은 수행의 진전 여하에 따라 확장되거나 축소될 수 있고 다른 형태로 변경될 수도 있다고 하였다. 그러므로 공간을 고정된 사물로 보는 것은 인간과 공간의 관계에 대한 논의의 전제로 적절하지 않다고 볼 수 있다.

오답 해설

① 인간과 공간의 일체감 → 공간의 유일한 기준(X)

　두 번째 문단에서 인간은 공간에 버려진 듯이 느낄 수도 있고 공간에서 안도감을 느낄 수도 있으며, 공간과 일체감을 느끼기도 하고 공간을 낯설게 여기기도 한다고 하였다. 그러므로 인간과 공간의 일체감이 공간의 의미를 규정하는 유일한 기준은 아니다.

② 던져진 자리에 머무르는 행위 → 실패한 존재의 기획

　세 번째 문단에서 존재의 기획을 성공적으로 수행하지 못할 경우, 인간은 던져진 상태에서 벗어나지 못하는 것이라고 하였다. 따라서 던져진 자리에 머무르는 행위는 실패한 존재의 기획이므로, 존재의 기획을 위한 주요 전략은 아니다.

③ 공간과의 일체감 → 인간이 공간과 맺는 관계의 변화 양상 중 하나임

　인간이 어떤 곳에 묶여 있다고 느끼는 공간과의 일체감은 인간이 처한 공간에서 공간과 맺는 관계의 변화 양상 중 하나이므로, 그것이 인간과 공간의 관계에 대한 올바른 이해를 방해하는 것은 아니다.

⑤ 인간이 특정한 공간에 부여한 의미 → 가변적

　두 번째 문단에서 "공간은 인간 존재의 지향에 따라 의미를 얻는다."는 것은 인간이 특정한 공간에 부여한 의미가 상황이나 조건에 따라 달라질 수 있다는 것을 의미한다. 그러므로 인간이 특정한 공간에 부여한 의미에는 상황이나 조건의 변화에 따라 움직이는 가변의 자질이 있다고 보아야 한다.

17 독서 – 철학

 적절한 논지 전개 방식 고르기 　정답 ③

정답 해설

제시문은 장소에 대한 개념적 이해를 바탕으로 논리적 맥락을 형성해 가고 있으며, 이를 추가적으로 지원하기 위해 하이데거의 견해를 사례로 들어 설명하고 있다. 즉, 용어의 개념적 이해를 바탕으로 논의의 논리적 맥락을 형성하고 있는 것이다.

오답 해설

① 기존 논의의 한계 지적 → X

　제시문은 장소의 개념적 이해를 바탕으로 하며, 기존 논의의 한계를 지적하거나 새로운 논점을 제시하고 있지는 않다.

② 다양한 해석의 가능성 → X

　앞에서 설명한 장소에 대한 논리적 맥락을 추가적으로 지원하기 위해 다른 학자의 견해를 제시하고 있을 뿐, 해석의 가능성을 다양화 하고 있지는 않다.

④ 개념이 잘못 적용된 사례를 바로잡는 과정 → X

　제시문은 장소의 개념적 이해에 대한 맥락을 형성하고 있을 뿐, 개념이 잘못 적용된 사례를 제시하거나 이를 바로잡는 과정은 나타나 있지 않다.

⑤ 난해한 표현을 대체할 일상적 표현의 제안 → X

　제시문은 난해한 표현을 사용하여 장소에 대한 개념적 이해를 설명하고 있지 않으며 그리고 이를 대체하기 위해 일상적 표현을 사용한 것도 아니다.

18 독서 – 철학

 적절한 추론 고르기 　정답 ⑤

정답 해설

인간은 사물들 중의 하나가 아니라 주변 세계와 관계를 맺는 주체로, 그저 세상에 던져져 주어진 자리에 머무른 채 살지 않는 지향성의 존재이다. 반면에 사물은 그릇 속의 존재처럼 공간 속에 머무르는 객체이다. 그런 의미에서 인간의 존재 방식과 사물의 존재 방식은 공간과 연관될 때 ㉠(지향성)의 자질이 나타나는지의 여부에 따라 다르다고 볼 수 있다.

오답 해설

① 인간이 사물과 관계 맺는 방식 → 지향성 배제 불가능

인간은 어떤 필요에 따라 사물들을 이용하거나 대상에 대해 어떤 감각이나 느낌을 가지고 상호 작용한다. 그러므로 인간이 사물과 관계를 맺는 방식은 ㉠(지향성)을 배제하면 불가능하다.

② 인간 → 지향성의 존재

인간은 사물들 중의 하나가 아니라 주변 세계와 관계를 맺는 주체이며, 그저 세상에 던져져 주어진 자리에 머무른 채 살지 않는 지향성의 존재이다. 그러므로 인간을 고정불변의 사물로 규정할 수 없다.

③ 지향성의 방향 결정 → 인간이 상호 작용하며 어떤 일을 처리해 나갈 때

인간이 필요에 따라 사물을 이용할 때 이미 ㉠(지향성)의 방향이 결정된 것이 아니라, 어떤 감각이나 느낌을 가지고 상호 작용을 하며 어떤 일을 처리해 나갈 때 ㉠(지향성)의 방향이 결정된다고 볼 수 있다.

④ 지향성 → 인간과 사물을 구별하는 속성

인간의 존재 방식과 사물의 존재 방식은 공간과 연관될 때 ㉠(지향성)의 자질이 나타나는지의 여부에 따라 다르므로, ㉠(지향성)은 인간과 사물을 구별하는 속성이라고 볼 수 있다.

19 독서 – 철학

핵심 주제: 지시 대상 이해하기

정답 ⑤

정답 해설

(나)에서 우리가 장소에 내린 뿌리는 애착으로 구성된 것이며, 이 애착이 포괄하고 있는 친밀감은 단지 장소에 대해 세부적인 것까지 알고 있는 것만이 아니라 그 장소에 대한 깊은 배려와 관심이라고 하였다. 그러므로 ㉡(한 장소에 뿌리를 내린다는 것)은 인간이 과거 경험을 통해 미래의 장소에 대해 세부적인 것까지 알게 되는 행위 이상의 것이다.

오답 해설

① ㉡ → 입지를 확고히 할 수 있는 행위

(나)에서 '한 장소에 뿌리를 내린다는 것'은 사물의 질서 속에서 자신의 입장을 확고하게 하는 것이라고 설명하고 있다. 그러므로 ㉡은 인간이 세계에서 입지를 확고하게 할 수 있는 행위라고 할 수 있다.

② ㉡ → 친밀감을 가지려는 행위

(나)에서 '한 장소에 뿌리를 내린다는 것'은 특정한 어딘가에 의미 있는 심리적 애착을 가지는 것이라고 설명하고 있다. 그러므로 ㉡은 인간이 장소에 대해 친밀감을 가지려는 적극적인 행위라고 볼 수 있다.

③ ㉡ → 삶의 환경을 마련하는 행위

(나)에서 애착을 가지는 장소들은 그 속에 우리의 복잡다단한 경험이 있으며 복잡한 애정과 반응을 불러일으키는 환경이라고 설명하고 있다. 그러므로 ㉡은 인간이 복잡다단한 삶을 이어갈 환경을 마련하는 행위라고 볼 수 있다.

④ ㉡ → 보호 영역을 확보하는 행위

(나)에서 '한 장소에 뿌리를 내린다는 것'은 세상을 내다보는 안전지대를 가지는 것이라고 설명하고 있다. 그러므로 ㉡은 인간이 세

계를 경험할 때 자신을 보호해 줄 영역을 확보하는 행위라고 볼 수 있다.

20 독서 – 철학

핵심 주제: 부적절한 내용 고르기

정답 ②

정답 해설

(나)에서 장소를 무리하게 인간의 의지에 복종시키려 하지 않으면서 건물을 세우거나 농사를 지음으로써 장소를 돌보는 것은 온당한 자세라고 하였다. 그러므로 인간이 집을 짓고 특정한 공간을 점유하는 인간과 공간의 관계는 공간을 인간 자신의 의지에 복종시키는 부당한 행위라고 볼 수 없다.

오답 해설

① 집: 공동체적 의미 → 인간과 공간과의 관계

집은 인간에게 필요한 수행의 영역이 인간 삶의 공간에 상응하는 것으로, 집을 단순한 건축물이 아니라 공동체적 의미를 지닌 것으로 간주하는 것은 인간이 공간과 일체감을 느끼는 관계로 볼 수 있다.

③ 공간 → 가변적 양태

정착을 통해 집의 가치가 물리적 차원에서 개인적·심리적 가치를 지닌 곳으로 변환될 수 있는 것은 인간이 공간과 맺는 다양한 관계의 변화 양상 중 하나이며, 따라서 공간이 일정한 양태로 환원되지 않는 가변적 양태라는 점을 방증한다.

④ 집: 심리적 터전 → 심리적 애착

집이 구성원들을 어우러지게 하는 심리적 터전이라고 보는 것은 특정한 장소에 심리적 애착과 깊은 유대를 가지는 것이 인간의 중요한 욕구이며, 우리가 집이라는 장소에 내린 뿌리는 바로 이 애착으로 구성되어 있기 때문이다.

⑤ 집 → 안전지대

한 장소에 뿌리를 내린다는 것은 세상을 내다보는 안전지대를 가지는 것이며, 사물의 질서 속에서 자신의 입장을 확고하게 파악하는 것이다. 그러므로 가족들이 집에 함께 머무는 것은 결속을 강화하고 외부 세계의 위협에 맞설 수 있는 계기가 된다고 볼 수 있다.

21 독서 – 사회

핵심 주제: 부적절한 질문 고르기

정답 ④

정답 해설

제시문은 경제 문제의 분석에 적용하기 위한 게임이론의 핵심 개념과 전략적 행동에 대해 서술하고 있으나, 게임이론의 발전 과정에 대해 서술하고 있지는 않다. 그러므로 "게임이론이 만들어져 지금까지 발전해 온 과정은 어떠한가?"라는 질문은 제시문을 통해 알 수 없는 부적절한 질문 내용이다.

오답 해설

① 게임이론의 핵심 개념 → 최적 대응과 내쉬균형

게임이론의 핵심 개념은 '최적 대응'과 '내쉬균형'이라고 세 번째

문단에 제시되어 있으므로, "게임이론에서 핵심을 이루는 것은 무엇일까?"라는 질문은 적절한 질문 내용이다.

② 게임이론의 전략적 행동 → 우월전략, 우월전략균형, 내쉬균형

우월전략, 우월전략균형, 내쉬균형 등 게임이론의 전략적 행동에 대해 세 번째 문단에서 소개하고 있다. 그러므로 "게임이론의 연구 대상인 전략적 행동은 무엇일까?"라는 질문은 적절한 질문 내용이다.

③ 죄수의 딜레마 게임 → 게임이론 적용

게임이론에서 자주 인용되는 게임은 죄수의 딜레마 게임이라고 두 번째 문단에 제시되어 있으므로, "게임이론에서 다루는 게임에는 어떤 것이 있을까?"라는 질문은 적절한 질문 내용이다.

⑤ 게임이론 → 경제 문제의 분석 적용

현실에서 접하는 여러 경제 문제가 게임과 비슷한 구조를 지니고 있기 때문에, 게임이론이 경제학에서 상호작용이 중요하게 작용하는 과점기업들의 경쟁을 설명하는 이론으로 활용된다고 첫 번째 문단에 제시되어 있다. 그러므로 "게임이론을 경제 문제의 분석에 적용하게 된 이유는 무엇일까?"라는 질문은 적절한 질문 내용이다.

22 독서 - 사회

 핵심 주제 | 부적절한 내용 파악하기 | 정답 ⑤

✏️ **정답 해설**

네 번째 문단에서 정부가 과점기업들의 명시적 담합을 금지하고 있다고 서술하고 있으나, 과점기업들이 협정을 위반하는 것을 정부가 단속하고 있다는 내용은 제시되어 있지 않다. 그러므로 과점기업들이 협정을 위반하는 것을 정부가 엄격히 단속하기 때문에 과점기업들이 더 많은 이윤을 얻기가 현실적으로 어려운지의 여부는 제시문을 통해 알 수 없다.

🔖 **오답 해설**

① 국제 경제 정책 → 게임이론 적용 가능

첫 번째 문단에서 게임이론이 경제학에서 상호작용이 중요하게 작용하는 과점기업들 간의 경쟁을 설명하는 이론이라고 하였다. 따라서 인접한 두 나라 간의 국제 경제 정책에서도 상호작용이 중요하게 작용하므로, 게임이론을 적용하는 것이 가능하다고 볼 수 있다.

② 완전경쟁시장 → 기업 간 상호작용이 중요치 않음

완전경쟁시장에서 각 기업의 규모는 시장 전체에 비해 매우 작아서 기업끼리의 상호작용은 중요하지 않다고 첫 번째 문단에 제시되어 있다.

③ 과점기업들 간의 담합 실패 → 소비자에게 유리

마지막 문단에 일반적으로 과점기업들이 협조 관계를 유지하지 못하여 담합에 실패하는 것이 사회적으로 바람직할 수 있다고 서술되어 있다. 그러므로 담합을 통해 독점 이윤을 얻고자 하는 과점기업들이 협조 관계를 유지하지 못하는 것은 대체로 소비자들에게 유리하다고 볼 수 있다.

④ 독점기업 → 게임이론 불필요

첫 번째 문단에서 독점시장에서는 기업이 하나뿐이어서 상호작용이라는 것이 가능하지 않기 때문에 게임이론을 적용할 필요가 없다고 설명하고 있다. 그러므로 특정 재화를 독점 공급하는 기업이

이윤을 극대화하기 위해 가격정책을 수립하는 것에는 게임이론을 적용할 필요가 없다고 볼 수 있다.

23 독서 - 사회

 핵심 주제 | 지시 대상 이해하기 | 정답 ③

✏️ **정답 해설**

제시문에 따르면 내쉬균형의 전략은 주어진 상대방의 전략에 대해서만 최적 대응이라는 성격을 가지며, 균형이 아닌 상태에서는 적어도 한쪽이 자신의 전략을 바꿀 유인을 갖는다고 하였다. 그러므로 '내쉬균형'을 이룬 상태에서 상대가 전략을 바꾸면 균형이 아닌 상태가 되므로 자신의 전략이 바뀔 수 있다.

🔖 **오답 해설**

① 우월전략균형과 내쉬균형 → 별개의 균형

게임에서 나타날 수 있는 여러 균형 중 우월전략균형과 내쉬균형은 서로 다른 종류의 균형이다. 즉, '우월전략균형'이 '내쉬균형'을 이루기 위한 필수 조건은 아니다.

② 상대의 전략과 상관없이 자신에게 최적인 전략 → 우월전략

상대의 전략과 상관없이 자신에게 최적인 전략은 '우월전략'이다.

④ 둘 다 우월전략 선택 → 우월전략균형

둘 다 우월전략을 선택해서 다른 상태로 바뀔 유인이 없는 상황을 '우월전략균형'이라고 하였으므로, 한 대상만 우월전략을 갖더라도 '우월전략균형'이 이루어지는 것은 아니다.

⑤ '우월전략균형'의 조건 충족 → 불가능

제시문에 죄수의 딜레마 게임처럼 우월전략균형이 존재하는 조건이 현실에서 완전히 충족되기는 무척 어려우며, 어느 한쪽만 우월전략을 갖는 경우도 그리 흔하지 않다고 서술하고 있다. 그러므로 현실에서 '우월전략균형'의 조건이 충족되는 것은 불가능하다고 볼 수 있다.

24 독서 - 사회

 핵심 주제 | 사례를 추가할 위치 찾기 | 정답 ④

✏️ **정답 해설**

〈보기〉의 사례는 기업 간의 협정을 위반해 일시적으로 이득을 얻을 수 있다고 해도 곧 다른 기업의 보복으로 인해 더 큰 손해를 입을 수 있는 상황에 해당하므로, ⓔ에 추가하는 것이 가장 적절하다.

25 독서 - 사회

 핵심 주제 | 글의 세부 내용 이해하기 | 정답 ③

✏️ **정답 해설**

A가 광고를 하고 B가 광고를 하지 않을 경우, A의 수익은 700만원

이고 B의 수익은 300만원이므로, B의 수익이 A의 수익보다 적다. 그러므로 B는 수익을 올리기 위해 전략을 수정할 필요가 있다.

오답 해설

① · ② A, B 모두 광고를 하지 않은 경우 → A와 B 모두 전략을 바꿀 유인을 갖지 않음

A, B 모두 광고를 하지 않은 경우, A의 수익은 800만원이고 B의 수익도 800만원으로 동일하다. 그러므로 A와 B 모두 전략을 바꿀 유인을 갖지 않는다.

④ A가 광고를 하지 않고 B가 광고를 한 경우 → A는 전략을 바꿀 유인을 가짐

A가 광고를 하지 않고 B가 광고를 한 경우, A의 수익은 300만원이고 B의 수익은 700만원으로 A의 수익이 B의 수익보다 적으므로, A는 전략을 바꿀 유인을 가진다.

⑤ A, B 모두 광고를 한 경우 → A와 B 모두 전략을 바꿀 유인을 갖지 않음

A, B 모두 광고를 한 경우, A의 수익은 400만원이고 B의 수익도 400만원으로 동일하므로, A와 B 모두 전략을 바꿀 유인을 갖지 않는다.

26 독서 - 기술

 서술 방식 파악하기 정답 ②

정답 해설

1973년 슈마허가 적정기술의 개념을 처음 소개할 때, 그것은 첨단기술과 토속기술과 구분되는 중간기술로써 빈곤국의 자원과 필요에 적합하며 소규모이며 간단하고 돈이 적게 드는 기술을 의미했다. 그러나 1973~1974년의 석유 파동, 2004년의 남아시아 대지진, 2008년의 리만 브라더스 파산 등의 위기를 겪으면서 지속 가능한 기술로서의 적정기술이 부각되었고, 오늘날에는 경제적 수익을 창출하는 실용적이고 자립적인 기술로까지 그 개념이 확장되었다고 서술하고 있다. 그러므로 제시문은 시간적 흐름에 따라 적정기술 개념의 발전 과정을 소개하는 서술 방식이라고 볼 수 있다.

오답 해설

① 가설과 검증을 통한 이론의 타당성 → X

적정기술이 이론적으로 타당한 것인지를 검증하기 위해 가설을 세우고 있지는 않다.

③ 상반된 개념의 절충 시도 → X

적정기술 개념의 발전에 따른 다양한 사례를 들고는 있으나, 적정기술과 상반된 개념과의 절충을 시도하고 있지는 않다.

④ 항목별 구체적 근거 제시 → X

시간적 흐름에 따른 적정기술 개념의 발전 과정을 서술하고 있으나, 적정기술 개념에 대한 필자의 주장을 드러내고 있지는 않다.

⑤ 분석 내용의 비교 → X

사례를 통해 첨단기술의 문제점을 밝히고 이에 대한 대안으로써 적정기술의 재발견을 주목하고 있으나, 서로 다른 관점에서 분석 내용을 비교하고 있지는 않다.

27 독서 - 기술

 내용과 일치하는 것 고르기 정답 ④

정답 해설

제시문에 따르면 오늘날 적정기술은 경제적 수익을 창출하는 실용적이고 자립적인 기술로까지 그 개념이 확장되어 사용되고 있다고 서술되어 있다. 그러므로 "오늘날 적정기술은 다수의 시민들에게 경제적이며 실용적인 이득을 제공해 줄 수 있다"는 ④의 설명은 제시문의 내용과 일치한다.

오답 해설

① 적정기술 → 기술의 자주성

적정기술은 극빈국 국민의 삶을 구제하기 위한 원조 기술이 아니라, 저개발국의 기술의 자주성에 초점이 맞춰진 단순한 기술이다.

② 적정기술 → 영리에 부합

오늘날 적정기술은 경제적 수익을 창출하는 실용적이고 자립적인 기술로까지 그 개념이 확장되고 있으므로, 영리를 기술 개발의 목적으로 삼는 것도 적정기술의 취지에 부합한다고 볼 수 있다.

③ 적정기술 → 지속 가능한 시스템 배경

적정기술은 기본적으로 지속 가능한 시스템을 배경으로 작동하는 기술이기 때문에 사회 시스템의 도움을 받기 어려운 것은 아니다.

⑤ 첨단기술로부터 적정기술로의 전환 → X

적정기술은 단순하고 낮은 수준의 기술뿐 아니라 정보통신기술을 비롯한 첨단기술과의 접목을 추구한다. 그러나 첨단기술로부터 적정기술로의 전환을 의미하는 것은 아니다.

28 독서 - 기술

 핵심 정보 파악하기 정답 ①

정답 해설

제시문의 마지막 문장에서 적정기술은 정보통신기술을 비롯한 첨단기술과의 접목을 통해 적은 비용으로 자원을 고갈시키지 않으면서 저개발 국가와 선진국의 다양한 사회 문제를 해결하는 복지 기술, 공동체 기술, 혹은 사회 문제 해결 기술 등과 같은 새 시대의 대안적 기술과 사업 모델로서 모색될 전망이라고 서술하고 있다. 그러므로 첨단기술이 적정기술과의 접목 가능성이 낮다고 볼 수 없다.

오답 해설

② 첨단기술 → 저비용 친환경 기술(X)

첨단기술은 기술혁신이 빠르고 기술 집약도가 높으며 고부가가치 창출을 실현하기 위해 대규모로 자원을 소비하는 특징을 지녔으므로, 저비용의 친환경적 기술로 보기 어렵다.

③ 첨단기술 → 저개발 국가에서의 사용 제약

첨단기술은 구매력이 있는 상위의 소비자들만을 대상으로 하기 때문에 저개발 국가에서는 사용하기 어려운 제약이 있다.

④ 첨단기술 → 대규모의 안정적 에너지 공급 필요

첨단기술은 고부가가치 창출을 실현하기 위해 대규모로 자원을 소비하는 특징을 지녔으므로, 대규모 에너지 공급을 안정적으로

지원받아야 한다.

⑤ 첨단기술 → 위기상황에 취약

첨단기술은 지속 가능성을 염두에 두고 설계된 것이 아니기 때문에 정작 위기상황에 취약하며, 위기상황에 대처하는 유연한 체제를 갖추고 있지 못하다.

29 독서 - 기술

정답 ⑤

부적절한 사례 고르기

정답 해설

⑤번 사례의 경우 기부자나 투자자의 자본 및 기술 지원을 받은 소규모 친환경 태양광 발전소는 소규모이고 친환경이라는 점에서는 적정기술에 부합하나, 적은 비용으로 제품을 제작할 수 있고 자주적으로 유지·운영할 수 있는 지속 가능한 기술이 아니라는 점에서 적정기술로 볼 수 없다.

오답 해설

① 헬프데스크 → 적정기술

폐지로 만든 '헬프데스크'는 작고 사용하기 간단하며 저렴하고 친환경적이라는 점에서 적정기술에 부합한다.

② 범용 견과 껍질 제거기 → 적정기술

금속과 콘크리트로 만든 '범용 견과 껍질 제거기'는 노동 부담을 줄여주고 판매 수익을 높이는 데 기여하므로, 오늘날의 적정기술이 경제적 수익을 창출하는 실용적이고 자립적인 기술로까지 그 개념이 확장된다는 점에서 적성기술로 볼 수 있다.

③ 페달 펌프 → 적정기술

현지 대나무 재료를 사용한 '페달 펌프'는 그 지역에서 생산되는 자원을 최대한 활용하고, 자주적으로 유지·운영할 수 있는 지속 가능한 기술이라는 점에서 적정기술에 부합한다.

④ 물과 표백제를 넣은 투명 페트병 → 적정기술

전등불을 대신하기 위해 물과 표백제를 넣은 투명 페트병은 소규모이고 간단하며 적은 비용의 지속 가능한 기술이라는 점에서 적정기술에 부합한다.

30 독서 - 기술

정답 ②

부적합한 이유 고르기

정답 해설

〈보기〉에 플레이펌프(PlayPump)를 설치한 마을에서 아이들이 주민들이 먹을 만큼 지하수를 올리려면 학교도 가지 않고 하루 종일 놀이기구를 돌려야 하는 불편을 감수해야 한다는 사실이 확인되었기 때문에 실패한 적정기술이 되었다고 서술하고 있다. 그러므로 지속 가능한 발전을 고려하지 못했다는 점이 플레이펌프(PlayPump)가 적정기술로서 부적합한 가장 주된 이유이다.

오답 해설

① 타 지역 적용 불가 → 부적합 이유(X)

다른 지역에 적용하기 어려운 기술이 적정기술로 부적합한 이유는 아니다.

③ 친환경 기술 미적용 → 알 수 없음

〈보기〉의 지문을 통해 플레이펌프(PlayPump)가 환경 친화적인 기술을 적용했는지 안 했는지 정확하게 알 수 없다.

④ 기부를 통한 자금 모집 → 부적합 이유(X)

사업에 필요한 자금을 기부를 통해 모은 것이 적정기술로 부적합한 이유는 아니다.

⑤ 많은 천연 자원의 필요 → 부적합 이유(X)

기술을 구현하는 데 많은 천연 자원을 필요로 한 것이 적정기술로 부적합한 이유는 아니다.

31 갈래 복합

정답 ①

작품의 공통점 찾기

정답 해설

(가)에서는 임금과 부모에 대한 그리움, (나)에서는 임을 만날 수 없는 안타까움, (다)에서는 임에 대한 간절한 그리움과 기다림의 정서를 표현하고 있다. 그러므로 (가), (나), (다) 모두 임금, 부모, 임 등의 대상의 부재를 시적 상황으로 삼고 있다.

오답 해설

② 계절의 변화에 따른 시상 전개 → (다)

(다)에서는 '춘수(春水)', '하운(夏雲)', '추월(秋月)' 등 계절적 요소를 나타내는 시어들을 사용하여 계절의 변화에 따른 시상을 전개하고 있다. 그러나 (가)와 (나)에서는 계절의 변화가 드러나 있지 않다.

③ 세태에 대한 비판적 시선 → (가)

(가)에서는 모함을 받아 유배를 가는 세태에 대한 화자의 비판적 시선을 기본으로 하고 있으나, (나)와 (다)에서는 그러한 비판적 시선이 보이지 않는다.

④ 자연과 속세를 대비한 주제의식 강조 → X

(가), (나), (다) 모두 자연과 속세를 대비하여 주제의식을 강조하고 있는 부분은 나타나 있지 않다.

⑤ 규범과 현실의 괴리 → (가)

(가)에서는 〈제5수〉에서 임금을 잊으면 그것이 불효라며 규범과 현실의 괴리로 인한 심리 상태를 부각하고 있으나, (나)와 (다)에서는 그러한 심리 상태가 드러나 있지 않다.

✅ 핵심노트

(가) 윤선도, 「견회요(遣懷謠)」

- 갈래 : 평시조, 연시조(전 5수)
- 성격 : 우국적, 연군적
- 정서 : 정의감, 충성심, 그리움
- 주제 : 사친과 우국충정
- 특징
  - 감정이입을 통해 화자의 정서를 드러냄
  - 대구법과 반복법을 사용하여 의미와 운율을 강조함
  - 각 연이 독립적이면서도 전체 주제 안에서 유기적으로 연관을 맺음

(나) 작자 미상, 「청천에 떠서」
- **갈래** : 사설시조, 정형시, 서정시
- **성격** : 예상적, 대조적
- **주제** : 임을 만날 수 없는 안타까움
- **특징**
  - 기러기를 이중적 의미로 사용하여 기대와 실망을 드러냄
  - 청자를 설정하여 말을 건네는 어조로 화자의 처지를 드러냄
  - 화자와 기러기를 대조해 화자의 외로움을 심화함
  - 시간적 공간적 배경을 통해 화자의 처지를 드러냄

(다) 작자 미상, 「황계사」
- **갈래** : 가사
- **성격** : 연모적, 예상적, 해학적
- **주제** : 임에 대한 간절한 그리움과 기다림
- **특징**
  - 이별에 대한 슬픔을 해학적으로 유쾌하게 표현함
  - 임이 못 오는 까닭을 다양하게 제시하며 원망의 정서를 드러냄
  - 대중에게 인지도가 높은 고전 작품을 차용하여 호응을 유도함
  - 후렴구를 삽입하여 구비적 성격을 보여줌

32 갈래 복합

정답 ①
적절한 표현상 특징 찾기

정답 해설

(가)의 〈제4수〉에서 '뫼는 길고 길고', '물은 멀고 멀고', '어버이 그리워하는 뜻은 많고 많고 크고 크고', '외기러기는 울고 울고' 등에서 시어의 반복과 문장의 대구를 통해 각 소재가 갖는 속성을 강조하고 있다.

33 갈래 복합

정답 ②
지시 대상 이해하기

정답 해설

(가)의 ⓐ는 화자의 정서와 관련된 객관적 상관물로써 화자의 감정을 이입한 대상이고, (나)의 ⓑ는 임에게 화자의 바람을 실행해 주기를 기대하는 의인화 된 대상이다.

34 갈래 복합

정답 ⑤
지시 대상 이해하기

정답 해설

ⓔ은 밝은 달빛을 빌려 임이 계신 곳을 비추려는 화자의 모습에서 임을 향한 화자의 간절한 그리움을 표현하고 있다. 그러므로 밝은 달빛을 빌리는 것이 임의 안위에 대한 화자의 걱정을 의미하는 것은 아니다.

오답 해설

① ㉠ → 어버이와 임금을 향한 변함없는 애정
㉠은 밤낮으로 쉬지 않고 흐르는 시냇물처럼 어버이와 임금을 향한 변함없는 사랑과 충성심을 다짐하는 화자의 강한 의지를 보여주고 있다.

② ㉡ → 충과 효는 하나라는 가치관
㉡은 자식이 부모를 모시듯 신하가 임금을 섬기지 않으면 불효와 같다는 의미로, 충과 효는 하나라는 화자의 가치관을 드러내고 있다.

③ ㉢ → 시·공간적 배경을 통한 화자의 절박함 표현
㉢은 '월황혼'이라는 시간적 배경과 '빈방'이라는 공간적 배경을 통해 화자의 외로운 처지를 절박하게 표현하고 있다.

④ ㉣ → 임을 그리워하는 마음
㉣은 임이 못 오는지 안 오는지 궁금해 하는 화자의 어조를 통해 임에 대한 화자의 그리운 심정을 느낄 수 있다.

35 갈래 복합

정답 ④
부적절한 감상 내용 고르기

정답 해설

'춘수가 만사택', '하운이 다기봉', '추월이 양명휘'는 중국 육조 시대의 시인인 도연명의 「사시(四時)」에서 차용한 한시 구절로, 관념적이고 추상적인 사대부 가사에 문제를 제기하기 위한 것이 아니라 대중의 통속적 흥미와 관심에 맞추기 위함이다.

오답 해설

① '이 아해야 말 듣소' → 가창 현장의 특성 고려
'이 아해야 말 듣소'와 같은 표현을 반복적으로 사용한 것은 조선 후기 가창 현장의 자유분방한 분위기가 반영되어 음악적 효과를 형성하기 위한 것이다.

② '육관 대사 성진~' → 소설 내용 차용
'육관 대사 성진이는 석교상에서 팔선녀 데리고 희롱한다'는 구절을 제시한 것은 대중들에게 잘 알려진 김만중의 「구운몽」의 내용을 차용함으로써 대중의 흥미를 불러일으키려고 한 것이다.

③ '지어자 좋을시고' → 대중들의 흥을 돋움
노랫말의 맥락과는 동떨어진 정서인 '지어자 좋을시고'를 이용한 것은 가창 현장에 모인 대중들의 흥을 돋우기 위해 즉흥적이고 흥겨운 유흥적 상황이 반영된 결과들이다.

⑤ '병풍에 그린 황계 수탉'의 우는 모습 → 가창 현장의 자유분방한 분위기
'병풍에 그린 황계 수탉'이 우는 모습을 구체적으로 묘사하여 나타낸 것은 정제된 형식의 틀에서 벗어나 가창 현장의 자유분방한 분위기를 반영하기 위한 것이다.

36 고전 소설

서술상 특징 찾기

정답 ②

정답 해설

상서 부부와 숙향과의 대화를 통해 숙향이 부모님을 잃고 장 승상 댁에 들어가 십 년을 살게 된 까닭, 그리고 이화정 할미와 만나기까지의 경위 등 숙향이 태어나서 열여섯 살이 되기까지 살아 온 과거의 행적이 드러나고 있다.

✔핵심노트

작자 미상, 「숙향전」
- **갈래** : 염정 소설, 적강 소설, 영웅 소설
- **성격** : 도교적, 낭만적, 초현실적
- **시점** : 전지적 작가 시점
- **배경** : 시간 – 중국 송나라 때 / 공간 – 형초 땅
- **제재** : 숙향과 이선의 사랑
- **주제** : 고난의 시련을 극복한 운명적 사랑의 성취
- **특징**
  – 천상계와 지상계의 이원적 공간이 설정됨
  – 영웅의 일대기 구조가 나타남
  – 주인공 숙향은 영웅으로서의 능력을 구비하지 못함

37 고전 소설

부적절한 내용 고르기

정답 ②

정답 해설

"다섯 살 때 부모님을 난리 중에 잃고 길거리를 방황했는데 어떤 짐승이 업어다 남군 땅 장 승상 댁에 내려놓았나이다. 마침 그 집에 자식이 없어 저를 친자식처럼 십 년을 기르셨으니, 고향은 물론 부모님의 성명도 모르옵나이다."라는 숙향의 말을 통해 숙향을 데려다 친자식처럼 십 년을 기른 인물이 장 승상임을 알 수 있다.

오답 해설

① 숙향을 죽이려는 상서를 질타 → 여부인(상서의 맏누이)
  여 부인이 상서를 심하게 꾸짖으니 상서가 아무 말도 못하였다는 대목과 "더 이상 죄 없는 낭자를 죽이려 하지 마시오."라는 여 부인의 말을 통해 맏누이가 숙향을 죽이려는 상서를 질타했음을 알 수 있다.
③ 숙향의 부모가 누구인지 궁금함 → 상서 부부
  "네가 내 아들과 나이가 같고, 이름도 선녀가 일러준 것과 같되, 다만 부모가 누구인지 모른다고 하니, 참으로 답답하구나."라는 대목에서 상서 부부는 숙향의 부모가 누구인지 알고 싶어 함을 알 수 있다.
④ 김전 → 낙양 수령, 이부상서를 지낸 가문의 자손
  낭자가 "제가 자란 후에 우연히 듣자오니, 지난번에 낙양 수령으로 계시던 김전이 제 부친이라 하더이다. 그러나 제가 어찌 그것을 자세히 알 수 있사오리까?"라고 말한 대목에서 김전이 낙양 수령을 지냈음을 알 수 있다. 또한 상서가 "김전은 이부상서 운수 선생의 아들이라. 가문이 어찌 거룩하지 않으리오."라고 말한 대목

에서 김전이 이부상서를 지낸 가문의 자손임을 알 수 있다.
⑤ 낭자(숙향) → 낭군(이선) 처소에 머무름
  부인이 말하기를 "시간이 지나면 자연 알게 되리이다."하고 낭자에게 이선의 처소인 봉황당에 가 있으라고 말한 대목에서 낭자가 상서 부인의 말에 따라 낭군의 처소에 머물게 되었음을 알 수 있다.

38 고전 소설

부적절한 지시 대상 고르기

정답 ⑤

정답 해설

상서 부인이 ⑩처럼 말한 이유는 상서가 "김전은 이부상서 운수 선생의 아들이라. 가문이 어찌 거룩하지 않으리오."라는 말을 듣고 기대의 마음에 시간적 여유를 갖고 차차 알아보자는 의미이지, 자연의 이치를 고려하면서 이후에 펼쳐질 사태에 대해 염려하는 것은 아니다.

오답 해설

① ㉠ → 역사적 사실을 근거로 자신의 요구를 관철
  ㉠에서는 상서의 누님이 역사적 사실인 송나라 황제의 예를 들어 상서에게 숙향을 죽이지 말라는 자신의 요구를 관철시키고 있다.
② ㉡ → 상서가 숙향을 죽이려는 생각을 고침
  ㉡은 상서의 누님이 숙향을 죽이지 말라고 상서를 말리자, 상서가 연장자인 누님의 말을 어기지 못하고 마지못해 숙향을 죽이려는 자신의 생각을 고치고 있다.
③ ㉢ → 현실적으로 불가능 일에 대한 의문
  ㉢은 장 승상 댁에서 삼천삼백오십 리나 되는 길을 이틀 만에 왔다는 숙향의 말에 이상하다고 의문을 표하고 있다.
④ ㉣ → 전해 들은 이야기에 대한 신중한 태도
  ㉣에서 숙향은 지난번에 낙양 수령으로 계시던 김전이 자기 부친이라는 사실이 우연히 들은 이야기라 자세히 알 수 없다고 신중한 태도를 보이고 있다.

39 고전 소설

지시 대상 이해하기

정답 ③

정답 해설

ⓐ의 '비단주머니'를 보고 상서 부인이 크게 기뻐한 것이며, 상서가 적극적으로 숙향의 성씨를 추측하는 데서 숙향에 대한 상서 부부의 태도가 호의적으로 바뀌었음을 알 수 있다.

오답 해설

① ⓐ → 사건의 현실성(X)
  ⓐ의 '비단주머니'로 이해할 수 있는 숙향의 출신은 아직 밝혀지지 않은 가설이므로, 사건의 현실성을 의미하는 것은 아니다.
② ⓐ → 과거 사실의 증거
  ⓐ의 '비단주머니'는 현재 사건의 원인이 아니라 숙향의 출신과 신분을 밝혀줄 과거 사실의 증거이다.

④ ⓐ → 권선징악의 주제의식(X)

ⓐ의 '비단주머니'가 선을 권하고 악을 벌한다는 권선징악의 주제의식을 표출하고 있지는 않다.

⑤ ⓐ → 인물의 감춰진 출신과 신분

ⓐ의 '비단주머니'를 통해 숙향의 감춰진 재능이 아니라 감춰진 출신과 신분이 드러나고 있다.

40 고전 소설

핵심주제 : 부적절한 감상 내용 고르기   정답 ③

✏️정답 해설

선녀는 상서 부인이 아들인 이선을 낳을 때 해산을 도와준 사람으로, 숙향의 이름이 선녀가 일러준 것과 같다는 상서 부인의 말은 숙향이 선녀가 알려준 사람과 동일한 인물임을 확인한 것일 뿐, 하늘의 예정된 운명을 받아들이려는 의지의 표현을 의미하는 것은 아니다.

🩹오답 해설

① 화덕진군 → 숙향을 도와준 천상계의 존재

화덕진군은 불에 타 죽을 위기에 처한 숙향을 도와준 천상계의 존재이다.

② 부모 몰래한 아들의 결혼 → 권위적인 지배 이념과의 충돌

부모 몰래 아들이 결혼한 것이 조정의 시빗거리가 되었다는 상서의 말은 개인적 차원의 애정이 권위적인 지배 이념과 충돌하는 대목이다.

④ 상서가 숙향을 죽이려는 이유 → 가문의 위상을 중시한 결과

아들이 미천한 여자와 결혼했다는 이유로 상서가 낭자(숙향)를 죽이려는 것은 개인적 애정보다 가문의 위상을 중시한 결과로 볼 수 있다.

⑤ 사향의 모함 → 남녀 주인공의 결합을 위한 고난의 여정

사향의 모함으로 장 승상 댁에서 쫓겨난 숙향이 죽으려 한 것은 남녀 주인공의 결합을 위한 고난의 여정이다.

41 독서 – 철학

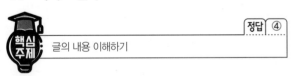
핵심주제 : 글의 내용 이해하기   정답 ④

✏️정답 해설

속죄양에 관한 개념을 만들어 자아의 부정적인 이미지를 입히는 것은 무의식이 자율적으로 보상 작용을 발휘하여 의식화하도록 무의식이 작용하는 결과이다.

42 독서 – 철학

핵심주제 : 지시 대상 이해하기   정답 ③

✏️정답 해설

세 번째 문단에서 ㉠(무의식이 창조적 작용)은 자율성과 보상 작용으로 표현되는데, 자아 의식이 한 방향으로만 나가면 무의식이 자율적으로 작동하여 의식의 방향과는 다른 방향의 이미지를 보내서 그것을 보상한다고 설명하고 있다. 그러므로 ㉠(무의식이 창조적 작용)은 의식이 한 방향으로만 활성화될 경우 그에 반발하여 표출되는 무의식의 이미지 작용이라고 말할 수 있다.

43 독서 – 철학

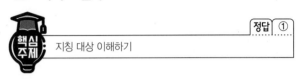
핵심주제 : 지칭 대상 이해하기   정답 ①

✏️정답 해설

제시문에서 친구한테 비난당할 때 심한 분노를 느낀다면, 바로 그 순간 미처 의식하지 못하고 있던 자기 그림자의 일부를 발견할 수 있다고 하였다. 그러므로 분노의 상황에서는 그림자를 볼 수 있다.

🩹오답 해설

② 그림자 → 무의식의 그늘에 속하는 인격

그림자는 자아에게는 보이지 않는 무의식의 그늘에 속하는 인격이다.

③ 그림자 → 집단 차원에서도 나타남

그림자의 투사는 집단 차원에서도 벌어지며, 그것은 어떤 집단 성원의 무의식에 같은 성질의 그림자가 형성되어 다른 집단에 투사되는 것을 가리킨다.

④ 그림자 → 열등한 성격

그림자는 자아와 비슷하면서도 자아와는 대조되는, 자아가 가장 싫어하는 열등한 성격을 지니고 있다.

⑤ 사회 표면으로 그림자를 끌어 내는 문화적 장치 → 카니발

인간 집단은 집단 행동을 통하여 그림자를 사회 표면으로 끌어 내어 사람들이 그것을 보고 경험하게 하는, '카니발'과 같은 문화적 장치를 가지고 있다.

44 독서 – 철학

핵심주제 : 부적절한 내용 찾기   정답 ①

✏️정답 해설

그림자는 집단에서도 발생 가능한 무의식의 그늘에 속하는 인격이므로, 기성 질서에서 지배층도 '집단적 그림자'가 만든 무의식의 그늘에서 벗어날 수는 없다.

🩹오답 해설

② '가면'을 쓰거나 '분장'하는 행위 → '그림자'의 극적 연출

'가면'을 쓰거나 기괴한 모습으로 '분장'하는 행위는 억압된 욕망이 투사된 '그림자'를 극적으로 연출한 것이라고 할 수 있다.

③ '카니발' → '그림자 놀이'의 예

'카니발'은 참여자들의 억눌린 감정을 표출할 수 있는 계기가 되므로, 문화적으로 허용되고 예술적으로 승화된 형태의 '그림자 놀이'

를 설명하는 예로 삼기에 적당하다.

④ '수도원 곳간' → '집단적 그림자'를 가두는 수용소

'수도원 곳간'은 이교(異教)의 귀신과 악마와 별의별 부도덕한 불한당과 같은 욕망과 연관된 '집단적 그림자'를 가두는 수용소이다.

⑤ '탈춤' → '집단적 그림자'가 승화된 형태

'탈춤'은 양반 세력을 희화화하고 농락함으로써, 신분 질서에 억눌린 욕구가 연희를 통해 투사되는 장을 연다고 할 수 있으므로, '집단적 그림자'가 승화된 형태라 할 수 있다.

45 독서 – 철학

핵심주제 | 적절한 바꿔 쓰기 | 정답 ③

정답 해설

ⓒ의 '공산이 크다'에서 '공산'은 '어떤 상태가 되거나 어떤 일이 일어날 수 있는 확실성의 정도'를 의미하는 말로, '여지', '가능성'과 유사한 단어이다. 그러므로 '공산이 크다'는 '여지(餘地)가 많다' 또는 '가능성이 크다' 등으로 바꿔 쓸 수 있다.

오답 해설

① 기회(機會): 어떠한 일을 하는 데 적절한 시기나 경우

② 단서(端緒): 어떤 문제를 해결하는 방향으로 이끌어 가는 일의 첫 부분

④ 예외(例外): 일반적 규칙이나 정례에서 벗어나는 일

⑤ 정보(情報): 관찰이나 측정을 통하여 수집한 자료를 실전 문제에 도움이 될 수 있도록 정리한 지식 또는 그 자료

영어영역

01 유사 어휘 고르기

암기박사 | advocate : 옹호하다, 지지하다 = champion : 싸우다, 옹호하다 | 정답 ②

정답 해설

'advocate'는 '옹호하다, 지지하다'의 뜻으로, 'champion(싸우다, 옹호하다)'와 그 의미가 가장 유사하다.

오답 해설

① 반대하다

③ 무시하다

④ 약화시키다

⑤ 압도하다

핵심 어휘

· advocate : 옹호하다, 지지하다

· authority : 권위, 권한

· disregard : 무시하다, 묵살하다

· undermine : 약화시키다, 침식시키다

· overwhelm : 압도하다, 제압하다

해석

어떤 예술도 사람들을 홀로 정복할 수 없다. 사람들은 권위에 의해 옹호되는 삶의 이상에 의해 정복된다.

02 유사 어휘 고르기

암기박사 | impartial : 편파적이지 않은, 공평한 = fair : 공정한, 공평한 | 정답 ①

정답 해설

'impartial'는 '편파적이지 않은, 공평한'의 뜻으로, 'fair(공정한, 공평한)'와 그 의미가 가장 유사하다.

오답 해설

① agreed → 동의하다

③ confirmed → 확인하다

④ duplicated → 복사하다

⑤ appreciated → 인정하다

핵심 어휘

· impartial : 편파적이지 않은, 공평한

· harmless : 해가 없는, 악의 없는

· meaningful : 의미 있는, 중요한

· timely : 시기적절한, 때맞춘

우리는 완전히 열린 마음으로 시작하는 일이 거의 없으며, 이는 우리가 어떤 주제를 완전히 <u>공평한</u> 방식으로 논의할 수 있도록 해줄 것이다.

03 유사 어휘 고르기

정답 ②

minutes : 회의록, 의사록 = records : 기록물

정답 해설

'minutes'는 '회의록, 의사록'의 뜻으로, 'records(기록물)'와 그 의미가 가장 유사하다.

오답 해설

① 시각
③ 순간
④ 기간
⑤ 곡조

핵심 어휘

• **read** : through 다 읽다, 통독하다
• **minute** : 회의록, 의사록
• **duration** : 지속, 기간

해석

우리는 지난 <u>회의록</u>을 끝까지 읽었다.

04 유사 어휘 고르기

정답 ①

confine : 국한하다, 한정하다 = limit : 제한하다, 한정하다

정답 해설

'confine'은 '국한하다, 한정하다'의 뜻으로, 'limit(제한하다, 한정하다)'와 그 의미가 가장 유사하다.

오답 해설

② 확대하다
③ 분류하다
④ 촉진하다
⑤ 순응하다

핵심 어휘

• **confine** : 국한시키다, 한정[제한]하다
• **statement** : 진술, 서술
• **conform** : 따르다, 순응하다

해석

막내 경찰관의 임무는 군중으로부터 진술을 받아내는 것에 <u>국한되었다.</u>

05 유사 어휘 고르기

정답 ⑤

it goes without saying that : ~은 말할 것도 없다, 두말하면 잔소리다 = obviously : 분명히, 확실히

정답 해설

'it goes without saying that'은 '~은 말할 것도 없다, 두말하면 잔소리다'의 뜻으로, 'obviously(분명히, 확실히)'와 그 의미가 가장 유사하다.

오답 해설

① 틀림없이
② 아마도
③ 다행히도
④ 흔쾌히

핵심 어휘

• **it goes without saying that** : ~은 말할 것도 없다, 두말하면 잔소리다
• **photography** : 사진술, 사진 촬영
• **multiply** : 증가하다, 배가하다
• **composition** : (그림·사진의) 구도
• **arguably** : 주장하건대, 거의 틀림없이
• **agreeably** : 기분 좋게, 흔쾌히
• **obviously** : 확실히, 분명히

해석

구도에 움직임이 더해질 때, 그리고 영상이 비칠 때 컬러 촬영의 어려움이 배가되는 것은 <u>말할 것도 없다.</u>

06 빈칸 추론하기

정답 ③

중요한 의사 결정하기

정답 해설

빈칸에 들어갈 말은 축구 경기에 가야할지 아니면 집에서 숙제를 해야 할지를 묻는 B의 질문에 대한 A의 답변이다. A의 대답에 B가 알고 있다고 말하며, 어떻게 해야 할지 결정을 내리지 못하고 있는 것으로 보아, 빈칸에 들어갈 말로는 "글쎄, 그건 네게 달려 있어."가 가장 적절하다.

오답 해설

① 더 열심히 연습했어야 해.
② 내일은 집에 있어야 해.
④ 중요한 질문이 있어.
⑤ 우리는 어제 축구 경기를 보았다.

핵심 어휘

• **assignment** : 과제, 임무
• **be up to** : ~에 달려 있다
• **profound** : 깊은, 심오한

해석

A: 숙제는 다 끝냈니?

B: 아니요, 아직이요. 오늘 밤에 하려고요.

A: 오늘 밤? 축구 경기에 가지 않니?

B: 아, 그 경기! 완전히 잊고 있었네요. 그 경기를 기대하고 있었는데요.

A: 그러게. 중요한 결정을 내려야 할 것 같아.

B: 맞아요. 경기에 가야 하나요 아니면 그냥 집에서 숙제를 해야 하나요?

A: 글쎄, 그건 네게 달려 있어.

B: 알아요. 아직 어떻게 해야 할지 모르겠어요.

A: 걱정하지 마. 네가 옳은 결정을 할 거야.

07 빈칸 추론하기

 핵심주제 자동차 보험사의 배터리 충전 서비스 이용하기 **정답 ⑤**

정답 해설

자동차 보험사에서 배터리 충전 서비스를 해 준다는 A의 말에 B가 몰랐다며 바로 전화해 본다고 하였으므로, B에 들어갈 말로는 "알려줘서 고마워."가 가장 적절하다.

오답 해설

① 이거 정말 잘 돼 네!

② 천천히 해.

③ 등록번호가 어떻게 돼?

④ 난 잘못한 게 없어.

핵심 어휘

• **insurance company** : 보험 회사

• **recharge** : 충전하다

• **take your time** : 천천히 하다, 여유를 가지다

• **registration** : 등록

해석

A: 뭐 하고 있어?

B: 차가 시동이 안 걸려. 뭐가 잘못됐는지 알아보고 있어.

A: 오, 이런. 너 차에 대해 아니? 뭔가 찾았어?

B: 배터리가 다 된 거 같아. 몇 주 동안 외지에 있었는데, 그 동안 아무도 내 차를 이용하지 않았어.

A: 보험사에 전화했니?

B: 무엇 때문에?

A: 보통 자동차 보험사에서 배터리 충전 서비스를 해줘. 바로 와서 충전해 줄 거야. 아주 편해.

B: 아, 난 몰랐네. 알려줘서 고마워. 지금 바로 전화해 볼 게.

A: 천만에.

08 어법상 틀린 것 고르기

 암기박사 devote to + ~ing : ~에 헌신[전념]하다 **정답 ①**

정답 해설

'devote to'는 '~에 헌신[전념]하다'는 뜻으로, 'to'가 전치사이므로 뒤에 동사가 올 경우 동명사의 형태로 써야 한다. 그러므로 become은 becoming으로 고쳐 써야 옳다.

핵심 어휘

• **script** : 문자, 활자

• **remedy** : 바로잡다, 해결하다

• **preliminary** : 예비의, 서문의

• **inadequate** : 부족한, 불충분한

• **decade** : 10년

• **devote to ~ing** : ~하는데 전념[헌신]하다

• **become acquainted with** : ~에 정통하다, ~을 익히다[숙지하다]

• **informed** : 잘 아는, 유식한, 정통한

• **full-scale** : 완벽한, 전면적인

• **agent** : 대리인, 대행사

• **abridge** : 단축하다, 요약하다

• **version** : 버전, 판

• **illustration** : 삽화, 도해

• **footnote** : 각주(각 페이지 하단에 붙이는 주석)

• **abridgement** : 요약, 축약, 간추림

• **unabridged version** : 무삭제판, 완본

• **identification** : 확인, 검증, 증명

• **citation** : 인용, 인용구

해석

아직 아무도 15세기 통신 수단이 활자에서 인쇄로 이동한 결과를 조사하려고 시도하지 않았다. 이 상황을 해결하기 위해서는 책 한 권 이상이 필요하다는 것을 깨달으면서, 나는 예비적인 노력이 아무리 불충분하더라도 없는 것보다 낫다고 느꼈고, 주로 초기 인쇄에 관한 특별한 문헌과 책의 역사를 숙지하는 데 전념하는 10년간의 연구를 시작했다. 1968년과 1971년 사이에 몇몇 예비 논문들이 학자들의 반응을 이끌어내고 정통한 비판을 이용하기 위해 출판되었다. 나의 완벽한 작품인 「변화의 대행자로서의 인쇄술」은 1979년에 등장했다. 그것은 현재 판본에서 일반 독자들을 위해 요약되었다. 삽화가 추가되었지만 이 요약본에서 각주는 삭제되었다. 요약되지 않은 완본은 모든 인용구와 참고 문헌을 완전히 확인하려고 하는 독자라면 누구나 참고해야만 한다.

09 어법상 틀린 것 고르기

 암기박사 A and B 구문 ⇒ A와 B는 동일 형태 **정답 ②**

정답 해설

swiftly → swift

등위 접속사 and에 의한 A and B의 형태에서, 형용사 + 명사의 구조인 'autonomous mobility(자율적인 이동)'에 대응하여 'swiftly transport'는 'swift transport(신속한 운송)'가 되어야 한다. 즉, 부사 형태인 'swiftly(신속하게)'를 형용사 형태인 'swift(신속한)'로 고쳐 써야 하며, 여기서 'transport'의 품사는 동사가 아니라 명사이다.

핵심 어휘

• **neutral** : 중립의, 중립적인

• burden : 짐, 부담
• mass-produced : 대량 생산의
• autonomous mobility : 자율이동
• swift : 빠른, 신속한
• congestion : 혼잡, 밀집
• earth-devastating : 지구를 파괴하는
• inception : 시작, 개시
• skeptics : 회의론자
• destabilize : 불안정하게 만들다
• invading : 침입하는
• yellow journalism : 황색 저널리즘, 선동적 언론
• invasive : 급속히 퍼지는, 침략[침입]하는
• misleading : 오해의 소지가 있는, 현혹시키는
• ubiquitous : 어디에나 있는, 아주 흔한
• deep-fake : 가짜의, 조작의
• viral : 바이러스성의, 바이러스에 의한

해석

신기술의 혜택과 부담을 평가하는 데 중립적인 입장은 없다. 20세기 초 대량 생산된 포드 모델 T나 21세기의 자율주행 자동차를 생각해보라. 자동차를 통해, 인간의 혼잡과 지구를 파괴하는 오염과 대조하여 자율적인 이동과 신속한 운송의 이점을 평가한다. 그것은 사진술에서도 마찬가지이다. 시작부터 회의론자들은 광범위하고 통제되지 않은 사진술이 거짓을 퍼뜨리고 사생활을 침해함으로써 공동체와 정부를 불안정하게 할 것이라고 걱정했다. 이러한 불안은 코닥 카메라 초기에, 그것의 인기가 선동적 언론의 확산과 결합하여 침해와 오해의 소지가 있는 사진들을 만들어내면서 발생했다. 이러한 걱정은 아주 흔한 디지털 카메라 폰, 조작 영상, 그리고 바이러스성 인터넷과 더불어 오늘날에도 계속된다. 그때나 지금이나, 카메라의 작동 방법과 사진 표현력에 관한 논쟁은 사생활, 국제 정치 그리고 공공 정의에 관한 것이다.

10 문맥에 맞는 낱말 고르기

정답 ④

(A) share ⇒ 공유하다   (B) receptive ⇒ 수용적인
(C) positive ⇒ 긍정적인

정답 해설

(A) 스포츠는 전 세계 사람들이 기후 위기에 대한 인식을 높이는 강력한 도구가 될 수 있으므로, 스포츠와 관련된 수십억 명의 사람들이 환경에 대한 메시지를 함께 할 수 있다. 그러므로 빈칸에 들어갈 말로는 'share(공유하다)'가 적절하다.
(B) 스포츠 팬들은 그들의 생활 습관을 바꿀 정도로 스포츠 행사에서 준비한 생태학적 계획을 적극적으로 받아들인다. 그러므로 빈칸에 들어갈 말로는 'receptive(수용적인)'가 적절하다.
(C) 스포츠 조직이 행하는 환경에 대한 노력은 가정에서 행하는 환경 목표에 또한 바람직한 영향을 미친다. 그러므로 빈칸에 들어갈 말로는 'positive(긍정적인)'가 적절하다.

핵심 어휘

• awareness : 앎, 인식, 관심
• geographical : 지리적인, 지리학상의
• restrain : 제한하다, 억제하다
• spectator : 관중, 관람객
• practitioner : 전문직 종사자

• facilitator : 조력자, 협력자
• receptive : 수용적인, 받아들이는
• ecological : 생태학적인
• initiative : 시작, 계획, 발의
• regarding : ~에 관하여[대하여]
• sustainability : 지속[유지] 가능성
• norm : 표준, 규범, 기준
• significant : 중요한, 상당한, 의미심장한
• perception : 지각, 인식, 통찰력
• behavioural intention : 행동 목적

해석

광범위한 인기 덕분에, 스포츠는 지리적인 위치와 사회적 배경에 관계없이 전 세계 사람들에게 기후 위기에 대한 인식을 높이는 강력한 도구가 될 수 있다. 간단히 말해서, 그 산업은 관중, 종사자 또는 협력자로서 스포츠와 관련된 수십억 명의 개인들에게 환경에 대한 중요한 메시지를 (A) 공유할 수 있다. 인식을 높이고 교육을 하는 그러한 전략은 과거에 좋은 결과를 보여주었다. 팬들이 심지어 지속해왔던 그들의 생활 습관을 기꺼이 바꿀 정도로, 스포츠 행사에서 준비된 생태학적 계획에 (B) 수용적이라는 사실이 연구에서 밝혀졌다. 이 연구는 "스포츠 행사와 관련된 규범은 가정에서 이루어지는 환경 행동 목표에도 또한 영향을 미치면서, 스포츠 조직이 행하는 노력에 대한 (C) 긍정적 인식과 상당한 관련이 있다"고 정확히 결론을 내렸다.

11 문맥에 맞는 낱말 고르기

정답 ③

(A) frequent ⇒ 빈번한   (B) borrowed ⇒ 차용했다
(C) picked up ⇒ 받아들였다

정답 해설

(A) 영어 어원이 아닌 라틴어나 그리스 어원으로 개념에 대한 이름을 짓는 일은 과학적 지식이 급속히 확장함에 따라 점점 더 증가하였다. 그러므로 빈칸에 들어갈 말로는 'frequent(빈번한)'가 적절하다.
(B) 영어로 이름을 붙일 수 없는 개념을 언급하기 위해 라틴어 어원을 가져와 이름을 붙인 것이므로, 빈칸에 들어갈 말로는 'borrowed(차용했다)'가 적절하다.
(C) 일부 단어들은 즉시 사용되지 않았지만, 일부 단어들은 동시대 사람들에 의해 오늘날에도 여전히 사용되므로, 빈칸에 들어갈 말로는 'picked up(받아들였다)'가 적절하다.

핵심 어휘

• rare : 드문, 희귀한
• make up a name for : ~에 대한 이름을 짓다
• affix : 접사
• pick up : 들게[익히게] 되다
• take out : 없애다, 제거하다
• contemporary : 동년배, 동시대 사람

해석

학자들이 영어로 이름을 붙일 수 없는 개념을 언급하기 위해 전문적인 용어가 필요할 때마다, 그들은 그리스어나 라틴어에서 하나를 가져왔다. 만일 그리스어나 라틴어에도 그 개념에 대한 이름이 없다면 – 과학적 지식이 고대인들의 꿈을 넘어 급속히 확장되면서 점점 더 (A) 빈번해진 상황 – 그들은 영어

어원이 아닌 라틴어 및/또는 그리스어 어원에서 그 개념에 대한 이름을 지을 것이다. 이 관행은 오늘날까지 계속되고 있다. 결과적으로 많은 사람들이 라틴어 용어를 (B) 차용했고, 키케로의 시대에 전혀 사용되지 않았던 접사뿐만 아니라 라틴어 어원에서 새로 형성된 단어들이 이 시기에 영어로 들어왔다. 그 단어들의 상당수가 거의 즉시 사용되지 않았지만, 다른 많은 단어들은 동시대 사람들에 의해 (C) 받아들여졌고 오늘날에도 여전히 함께 한다.

12 문맥에 맞는 낱말 고르기

 정답 ③
(A) expansion ⇒ 팽창   (B) destroyed ⇒ 파괴하다
(C) stationary ⇒ 정적인

정답 해설

(A) 국제 무역을 포함한 상업 활동이 엄청난 상승의 시기였다고 서술되어 있으므로, 빈칸에 들어갈 말로는 'expansion(팽창)'이 적절하다.

(B) 금전적 이익의 추구로 무서운 결과를 가져온 마이다스의 우화처럼, 그리스 사회 또한 부의 추구로 위험에 빠졌다고 설명하고 있으므로, 빈칸에 들어갈 말로는 'destroyed(파괴하다)'가 적절하다.

(C) 플라톤과 아리스토텔레스 모두 경제 성장이 바람직하지 못한 영향을 미쳤다고 생각하고 있으므로, 그들은 경제활동이 멈추길 바란다. 그러므로 빈칸에 들어갈 말로는 'stationary(정적인)'가 적절하다.

핵심 어휘

- **liberalization** : 자유화
- **enormous** : 엄청난, 막대한
- **tremendous** : 거대한, 굉장한
- **disturbance** : 방해, 소란, 장애
- **instability** : 불안정
- **expansion** : 확장, 팽창
- **reduction** : 축소, 감소
- **liberate** : 해방시키다, 자유롭게 해주다
- **ideal state** : 이상 국가
- **constitute** : 구성하다, 이루다
- **undesirable** : 달갑지 않은, 바람직하지 않은
- **relatively** : 비교적, 상대적으로
- **stationary** : 정지된, 비유동적인

해석

플라톤과 아리스토텔레스 시대 이전의 2세기는 경제적 자유화의 시기였고, 이것과 더불어 국제 무역을 포함한 상업 활동에 엄청난 상승이 왔다. 더욱이 굉장한 경제적인 혼란과 사회적인 불안정은 급속한 상업적 (A) 팽창을 동반했고, 이것은 플라톤과 아리스토텔레스의 경제적 사고에 큰 영향을 미쳤다. 그들은 그 불안정은 마이다스의 우화가 알려준 것처럼, 무서운 결과를 가져온 금전적 이익의 추구에서 비롯되었다고 믿었다. 마이다스가 금을 쫓기 위해 자신을 (B) 파괴했던 것처럼, 부의 추구 또한 그리스 사회를 위험에 빠뜨렸다. 플라톤과 아리스토텔레스가 이상 국가에서의 삶은 어떠한 모습인지 조사에 착수한 것은 부분적으로 이러한 위협에 대한 대응이었고, 그 상태에서 그들의 분석은 "좋은 삶"을 어떻게 이룰 것인가란 문제를 중심으로 수립되었다. 경제 성장이 바람직하지 못한 영향을 미쳤다는 것은 그들에게 분명했고, 그들은 비교적 (C) 정적인 경제 활동 수준을 생성하는 경제 시스템의 필요성을

강조했다.

13 문맥상 부적절한 낱말 고르기

 정답 ③
precision(정확성) ⇒ similarity(유사성) / approximation(근사치)

정답 해설

제시문에 따르면 모든 역사적 기록들은 시간이 지남에 따라 바뀔 수도 있는 일종의 재구성으로, 절대적인 확실성을 제공할 수 없다고 하였다. 즉, 진정한 역사적 기록들은 존재하지 않으며, 과거 사실의 유사성 또는 근사치만을 제공할 뿐이다. 그러므로 ③의 'precision(정확성)'은 'similarity(유사성)' 또는 'approximation(근사치)' 등으로 고쳐 써야 옳다.

핵심 어휘

- **inevitably** : 필연적으로, 불가피하게
- **account** : 기록, 설명, 해석
- **reconstruction** : 복원, 재건, 재현
- **certainty** : 확실성, 필연성
- **precision** : 정확, 정밀
- **leeway** : 여지, 자유, 재량
- **accommodate** : 담다, 수용하다
- **concise** : 간결한, 축약된
- **no way around** : 방도가 없는, 피할 수 없는

해석

과거의 모든 증거는 현재에서만 발견될 수 있기 때문에, 과거에 관한 이야기를 만드는 것은 필연적으로 이 증거를 그 자체의 어떤 역사를 가진 과정의 측면에서 해석하는 것을 의미한다. 그렇게 하는 것은 주변 환경과 우리 자신들 모두 그러한 과정이 되는 것을 경험하기 때문이다. 결과적으로 모든 역사적 기록들은 일종의 재구성이며, 따라서 시간이 지남에 따라 바뀔 수도 있다. 이것은 또한 역사에 관한 연구가 절대적인 확실성을 제공할 수 없고, 단지 한때 그랬던 현실의 정확성(→ 유사성)만을 제공한다는 것을 의미하기도 한다. 다시 말해서, 진정한 역사적 기록들은 존재하지 않는다. 이것은 마치 과거를 바라보는 방식에 끝없는 자유가 있는 것처럼 들릴 수도 있다. 내 생각에는 그렇지 않다. 다른 과학 분야에서와 마찬가지로, 역사적 재구성에 대한 주요한 시험은 그것들이 기존 자료를 간결하고 정확한 방식으로 수용하는가, 그리고 어느 정도로 수용하는가이다. 그럼에도 불구하고 모든 역사적 재구성이 역사가가 생각해 낸 문맥 속에 배치된 선별된 수의 기존 자료들로 구성된다는 사실을 피할 방도는 없다.

14 문맥상 부적절한 낱말 고르기

 정답 ④
solving : 해결하는 ⇒ causing : 일으키는

정답 해설

일회용 비닐봉지의 대안으로 여겨졌던 재사용 가능 봉지가 탄소 발자국(carbon footprint) 즉, 이산화탄소 배출량이 오히려 더 높게 나타나는 등 새로운 환경 문제를 낳고 있다. 그러므로 ④의 'solving(해결하는)'는 'causing(일으키는)'으로 고쳐 써야 옳다.

핵심 어휘

- single-use : 일회용의
- definitely : 분명히, 확실히
- restriction : 제한, 제약
- in place : 시행 중인, 가동 중인
- eliminate : 없애다, 줄이다
- leech : 달라붙어 떨어지지 않다
- microplastic : 미세 플라스틱
- reusable : 재사용[재활용]할 수 있는
- retailer : 소매업자, 소매상
- apparently : 분명하게, 명백하게
- campaigner : 운동가, 활동가
- hoard : 축적, 비축
- carbon footprint : 탄소 발자국(온실 효과를 유발하는 이산화 탄소의 배출량)
- eye-popping : 눈이 튀어나올 정도의, 깜짝 놀랄 정도인
- environmentally friendly alternative : 환경 친화적 대안
- conventional : 전통적인, 재래식의
- replacement : 교체, 대체
- straightforward : 간단한, 솔직한
- boil down to : ~으로 요약하다, ~으로 귀결되다

해석

일회용 비닐봉지와의 싸움은 패배할지 모르지만, 그것은 확실히 진행 중이다. 그것들의 사용에 대한 제한은 거의 12개의 미국 주들과 세계의 많은 다른 국가들에서 시행 중이다. 그리고 많은 경우, 이러한 노력들은 나무 위에 떠다니고, 수로를 막고, 미세 플라스틱을 땅과 물속에 달라붙게 하고, 해양 생물들에게 해를 끼치는 얇은 비닐봉지의 신규 판매를 줄이는데 성공적이었다. 그러나 이런 종류의 환경에 대한 성공 이야기는 또 다른 문제를 감추고 있다. 우리 중 대다수는 분명 일회용 비닐보다 더 친환경적인 대안으로 소매상들이 값싸게 팔거나 손님에게 나눠주는 재사용 가능한 봉지에 치이고 있다. 환경운동가들은 재사용 가능한 봉지가 얇은 비닐봉지보다 훨씬 더 이산화탄소 배출량이 높으며, 이러한 봉지 꾸러미가 새로운 환경 문제를 해결하고(→ 일으키고) 있다고 말한다. 한 놀라운 추정에 따르면, 면봉지가 전통적인 비닐봉지의 진정한 환경 친화적 대안이 되려면 최소한 7,100번이 사용되어야 한다. 일회용 비닐봉지의 가장 친환경적인 대체물이 무엇인지에 대한 답은 간단하진 않지만, 그 조언은 이와 같이 요약된다. 집에 있는 어떤 봉지든 가능한 한 많이 재사용하라.

15 내용과 일치하는 문장 고르기

  야콥 부르크하르트와 랑케의 사상 비교

정답 ④

정답 해설

제시문에서 랑케가 국가의 권력을 질서와 안정의 수호자로 여긴 반면, 부르크하르트는 권력을 악과 연결된 것으로 간주했다. 즉, 권력과 악이 손을 잡고 있다고 생각했다.

오답 해설

① 야콥 부르크하르트는 결코 목사가 되고 싶지 않았다. → 원래는 아버지를 따라 개신교 목사가 되려고 함

② 야콥 부르크하르트는 바젤에서 미술사를 공부했다. → 바젤에서 신학을 공부했고, 미술사는 베를린에서 공부함

③ 야콥 부르크하르트와 랑케의 관계는 논란의 여지가 없다. → 부르크하르트와 랑케의 관계는 역사학자들 사이에서 상반된 관점의 주제임, 즉 논란의 여지가 많음

⑤ 야콥 부르크하르트는 랑케의 지적 접근법을 받아들였다. → 랑케의 개인적 야망과 지적 접근법 둘 다 거부함

핵심 어휘

- Protestant minister : 개신교 목사
- theology : 신학
- contrary : 정반대의, 상반된
- retain : 유지[보유]하다, 지탱하다
- regard : 존경, 높은 평가
- guardian : 수호자, 후견인
- confidently : 자신 있게, 당당히
- skeptical : 회의적인, 회의론자 같은
- withdrawn : 내성적인, 내향적인
- hostile forces : 적군, 적대 세력
- reference : 말, 언급
- reject : 거절하다, 거부하다
- uncontroversial : 논란의 여지가 없는
- embrace : 받아들이다, 수용하다

해석

스위스 바젤에서 목사의 아들인 야콥 부르크하르트는 원래 그의 아버지의 발자취를 따라서 개신교 목사가 되려고 하였다. 그러나 바젤에서 신학을 공부하는 동안, 그는 기독교가 신화라는 결론에 도달했다. 역사와 미술사 연구로 눈을 돌려, 그는 베를린에서 레오폴드 랑케와 함께 공부하며 4년을 보냈다. 부르크하르트와 랑케의 관계는 역사학자들 사이에서 상반된 관점의 주제이다. 어떤 이들은 근본적인 그들의 차이에도 불구하고, 부르크하르트가 일생 동안 랑케를 높게 평가했다고 주장한다. 랑케가 국가의 권력을 질서와 안정의 수호자로 여긴 반면, 부르크하르트는 권력을 악과 연결된 것으로 간주했다. 개신교 학자인 랑케는 과거의 사건들에서 자신 있게 관대한 신의 손을 구했지만, 회의적이고 내향적인 부르크하르트는 역사에서 적대 세력들 사이의 끊임없는 투쟁을 보았다. 이러한 차이로 인해 다른 역사가들은 랑케를 '나의 위대한 주인'이라고 언급한 부르크하르트의 말에 현혹되어서는 안 된다고 주장하였다. 오히려 부르크하르트는 랑케의 개인적 야망과 그의 지적 접근법 둘 다 거부하게 되었다.

16 내용과 불일치 문장 고르기

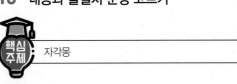

정답 ⑤

자각몽

정답 해설

제시문의 마지막 문장에서 자각몽을 꿀 수 있는 사람들은 자신의 꿈에 영향을 미칠 수 있고, 그들이 꿈을 꾸고 있다는 것을 인식할 수 있으며, 원한다면 스스로 깨어날 수도 있다고 서술되어 있다. 그러므로 사람들은 자신의 꿈에 영향을 미칠 수 없다는 ⑤의 설명은 제시문의 내용과 일치하지 않는다.

오답 해설

① 사람들이 꿈을 꾸는 동안, 그들의 눈은 움직일 수 있다. → 꿈을 꾸는

것은 빠른 눈의 움직임과 특이한 뇌파 패턴에 의해 확인됨

② 모든 사람들이 무슨 꿈을 꾸었는지 기억하는 것은 아니다. → 방금 꿈을 꾼 것을 기억하려고 집중하지 않는 한 무슨 꿈을 꾸었는지 알 수 없음

③ 꿈은 우리의 마음과 생각과 연관이 있다. → 꿈은 우리 자신의 내적인 연상, 기억, 그리고 감정적 투입에 기초함

④ 꿈은 상징적이고 해석될 수 있다. → 꿈속에서 일어나는 상징과 은유로 연상을 추적할 수 있고, 꿈속 장면과 이미지가 표현했던 것이 무엇인지 해독할 수 있음

핵심 어휘

- characteristic : 특유의, 특이한, 독특한
- bizarre : 기이한, 특이한
- internal : 내부의, 내적인
- association : 연계, 연상, 연계
- metaphor : 은유, 비유
- decode : 해독하다, 이해하다
- sequence : 연속적인 사건들
- lucid dream : 자각몽(꿈꾸고 있음을 자각하면서 꾸는 꿈)
- figurative : 비유적인, 표상[상징]적인
- interpret : 설명하다, 해석하다

해석

빠른 눈의 움직임과 특이한 뇌파 패턴에 의해 확인될 수 있는 수면의 특정 단계 동안, 우리는 꿈을 꾼다. 모두가 꿈을 꾸지만, 방금 꿈을 꾼 것을 기억하려고 집중하지 않는 한, 그 이미지는 우리가 깨어나면 거의 바로 사라진다. 꿈은 종종 외부의 자극 없이 형성되고 대신 우리 자신의 내적인 연상, 기억, 그리고 감정적 투입에 기초하기 때문에 특이하다. 종종 우리는 꿈속에서 일어나는 상징과 은유로 우리의 연상을 추적할 수 있다. 때때로 우리는 꿈속 장면과 이미지가 표현했던 것이 무엇인지 해독할 수 있다. "자각몽"의 존재는 조사 연구에서 확립되었다. 자각몽을 꿀 수 있는 사람들은 자신의 꿈에 영향을 미칠 수 있고, 그들이 꿈을 꾸고 있다는 것을 인식할 수 있으며, 원한다면 스스로 깨어날 수도 있다.

17 내용과 불일치 문장 고르기

 정답 ④

핵심주제: 과학적 논란의 대상인 내륙 풍력 발전소의 소음

정답 해설

제시문에서 소음 성가심의 정의가 신체적 증상뿐만 아니라 감정적 반응을 포함하기 때문에, 연구들은 상충되는 결과를 보여주고 있다고 서술하고 있다. 그러므로 소음 성가심이 감정적인 반응 내에서만 국한된다는 ④의 설명은 제시문의 내용과 일치하지 않는다.

오답 해설

① 내륙 풍력 발전소에서 발생하는 소음은 과학적으로 논란의 여지가 많은 화제이다. → 내륙 풍력 발전소의 소음은 과학적 논란의 대상임

② 내륙 풍력 발전소 근처의 주민들은 아마도 정신적인 병과 신체적인 병을 모두 경험할 것이다. → 소음 성가심은 신체적 증상뿐만 아니라 감정적 반응도 포함되므로, 주민들은 정신 질환과 신체 질환을 모두 겪음

③ 과학자들은 내륙 풍력 발전소 근처의 주민들이 겪고 있는 증상의 주요 원인을 성공적으로 밝혀내지 못했다. → 과학자들은 내륙 풍력 발전소 소음이 인근 주민들에게 미치는 증상에 대한 연구 계획이나 결과들에 확신을 갖지 못함

⑤ 내륙 풍력 발전소에서 발생하는 소음에 대한 연구결과는 아직 결

론이 나지 않았다. → 내륙 풍력 발전소에서 발생하는 소음에 대한 연구결과는 과학자들 사이에서도 상충되고 논란의 여지가 많음

핵심 어휘

- inland : 벽지의, 내륙의
- wind farm : 풍력 발전 지역
- provinces : 주(州), 지방, 지역
- controversy : 논란, 논쟁
- resident : 거주자, 주민
- insomnia : 불면증
- low-frequency : 저주파
- air pressure : 기압
- symptom : 증상, 징후
- sensitivity : 세심함, 예민함, 민감성
- annoyance : 시달림, 성가심
- extensive : 아주 넓은, 광범위한
- interpretation : 해석, 이해, 설명
- controversial : 논란이 많은, 논란의 여지가 있는
- inconclusive : 결정[확정]적이 아닌, 결론에 이르지 못한

해석

주로 미국 중서부 그리고 캐나다의 온타리오 주와 퀘벡 주에 위치한 성장 산업의 일부인 내륙 풍력 발전소의 소음은 과학적 논란의 대상이다. 많은 과학자들은 인근 주민들이 수면 손실, 저주파 소음, 그리고 아마도 터빈의 작동으로 인한 기압의 변화에서 비롯된 근육통, 불안, 그리고 우울증뿐만 아니라 불면증과 두통의 대상이 된다고 믿는다. 이러한 증상들이 실제 풍력 터빈의 활동 결과인지, 날씨 민감성 결과인지, 아니면 소음 성가심으로 인한 스트레스 반응의 결과인지 완전히 명확하지는 않다. 소음 성가심의 정의가 신체적 증상뿐만 아니라 감정적 반응을 포함하기 때문에, 연구들은 상충되는 결과를 보여주고 있다. 즉, 논란의 각 측은 광범위한 증거를 인용할 수 있지만, 어느 쪽도 연구 계획이나 결과들에 대한 상대방의 설명에 확신을 얻지 못한다.

18 빈칸 추론하기

 정답 ②

핵심주제: 문화 상대주의

정답 해설

문화 상대주의의 입장에서 다른 문화를 대할 때 판단하고 행동하기에 앞서 문화 차이의 본질, 뿌리 및 결과에 대한 정보를 먼저 이해해야 한다고 설명하고 있다. 그러므로 빈칸에 들어갈 말은 ②의 '판단과 행동에 선행하다'이다.

오답 해설

① 우리 문화의 정체성을 구축하다
③ 전제된 목표를 형성하다
④ 객관적으로 재평가되다
⑤ 기본 원리를 설명하다

핵심 어휘

- presuppose : 필요조건으로 하다, 전제로 하다
- relativism : 상대주의, 상대론
- normalcy : 정상임, 정상 상태

• negotiation : 협상, 교섭, 절충
• precede : 앞서다, 선행하다
• cultural identity : 문화 정체성
• reevaluate : 재평가하다, 재해석하다

(해석)

각각의 문화 집단은 다르게 생각하고, 느끼고, 행동한다. 한 집단이 다른 집단보다 본질적으로 더 우월하거나 열등한 것으로 간주하는 과학적 기준은 없다. 집단과 사회 간의 문화 차이를 연구하는 것은 문화 상대주의의 입장을 전제로 한다. 그것은 자신을 위한 정상 상태를 의미하는 것도 아니며, 자신의 사회를 위한 정상 상태를 의미하는 것도 아니다. 그러나 자신과 다른 집단이나 사회를 대할 때는 판단을 요한다. 사회 간 문화 차이의 본질, 뿌리, 그리고 그 결과에 대한 정보가 판단과 행동에 선행되어야만 한다. 협상은 관점의 차이에 대한 이유를 관련 당사자들이 이해할 때 성공할 가능성이 더 높다.

19 빈칸 추론하기

정답 ⑤

과학적 상부구조에 대한 고찰

✏️ 정답 해설

제시문에 따르면 과학적인 진리들은 현재는 최고의 진리이지만, 그것들을 대체할 더 나은 무언가를 찾을 때까지만 임시적으로 유용한 것이지 영원한 것은 아니라는 것이다. 그러므로 ⑤의 '영원히 의존할 수 없다'가 빈칸에 들어갈 말로 가장 적절하다.

◀ 오답 해설

① 열망의 증거가 되다
② 우리의 생활 방식을 변화시키다
③ 당신의 삶에 동기를 부여하지 않다
④ 절대적인 진리를 보여주다

핵심 어휘

• superstructure : 상부 구조, 어떤 원리 위에 선 철학
• theological : 신학상의, 신학적인
• provisionally : 임시로, 잠정적으로
• for the moment : 잠시, 당장은, 지금은
• commitment : 전념, 헌신, 책무
• wholehearted : 전적인, 전폭적인
• displace : 대신하다, 대체하다
• aspiration : 열망, 염원, 포부
• elusive : 찾기 힘든, 달성하기 힘든

(해석)

과학적인 상부구조들은 역사적인 진리들 또는 신의 신학적인 개념들과 닮았다. 그것들은 우리가 현재 가지고 있는 최상의 것으로서 임시적으로 유용하지만, 영원히 의존할 수 있는 것은 아니다. 그것들을 대체할 더 나은 무언가를 계속 찾는 동안, 그것들에 대한 수용은 임시적으로 남아 있고, 우리의 헌신은 전폭적이지 않다. 인간이 열망하는 어떤 영역에서든 궁극적인 목표, 즉 '진실', '신', '현실'은 우리의 손길이 미치지 않는 곳에서 영원히 찾기 어려운 채로 남아 있지만, 그것이 그곳에 있다는 우리의 믿음은 계속되는 탐구에 필요한 동기를 부여한다.

20 빈칸 추론하기

정답 ⑤

곤충과 절지동물의 이상한 친숙함

✏️ 정답 해설

곤충들과 절지동물들은 마치 다른 행성에서 온 존재들처럼 생김새나 모습이 매우 이질적으로 보이지만, 사람처럼 보고, 만지고, 듣고, 냄새 맡고, 맛을 본다. 그러므로 빈칸에는 ⑤의 '이상하게 친숙한'이 들어갈 말로 가장 적절하다.

◀ 오답 해설

① 놀랍도록 의심스러운
② 상세히 분류된
③ 꾸준히 발전하는
④ 인간적으로 생산적인

핵심 어휘

• estimate : 평가하다, 추정하다
• virtually : 거의, 사실상
• arthropod : 절지동물
• alien : 외계의, 이국의, 이질적인
• stare : 응시하다, 빤히 쳐다보다
• unblinking : 눈을 깜박이지 않는
• reproduce : 재생하다, 번식하다
• finely : 섬세하게, 정교하게
• tuned : 조정된, 정비된
• suspicious : 의심스러운, 미심쩍은
• minutely : 자세하게, 상세하게

(해석)

오늘날 살아있는 모든 인간에게는 2억 마리나 되는 개별 곤충들이 있다고 추정된다. 세상의 모든 9천 종의 다른 개미들의 총 무게는 지구상의 모든 인간들의 무게보다 12배나 크다. 그들의 놀라운 숫자와 거의 어디에서나 발견된다는 사실에도 불구하고, 곤충들과 다른 절지동물들은 마치 다른 행성에서 온 존재들처럼 우리에게 여전히 매우 이질적이다. 그들은 여섯 개 이상의 다리로 움직이고, 깜빡이지 않는 눈으로 응시하며, 코 없이 숨을 쉬고, 고리와 판으로 이루어진 피부 없는 딱딱한 몸을 가지고 있지만, 그럼에도 그들에게 또한 이상하게 친숙한 무언가가 있다. 절지동물은 먹이를 찾고, 적으로부터 자신을 방어하고, 번식하는 것과 같이, 사람들이 생존하기 위해 하는 모든 일들을 해야 한다. 그들은 또한 자기 주변의 세상을 보고, 만지고, 듣고, 냄새 맡고, 맛을 보기 위해 정교하게 조정된 감각에 의존한다.

21 빈칸 추론하기

정답 ①

불명확한 명상의 치료 효과

✏️ 정답 해설

명상의 효과는 명상을 수행하는 사람마다 차이가 있을 수 있고, 명상을 수행하는 기술보다 명상의 결과에 더 많은 영향을 미칠 수도 있으므로 명상이 치료에 어떤 효과가 있을 지는 계속해서 연구를 해봐야

한다는 것이다. 그러므로 ①의 '명상의 물은 혼탁하다'가 빈칸에 들어갈 말로 가장 적절하다.

오답 해설

② 명상 비판가들은 명상을 수행하려고 노력해야 한다.
③ 명상은 여러 신체적 고통을 완화시킬 수 있다.
④ 명상의 정의는 이제 명확하다.
⑤ 과학자들은 명상 방법을 조사해야 한다.

핵심 어휘

- meditation : 명상, 묵상
- physiological : 생리적인, 생리학상의
- therapist : 치료사, 치료 전문가
- hypertension : 고혈압
- insomnia : 불면증
- psychiatric disorder : 정신 질환
- definitive : 확정적인, 명확한
- muddy : 진흙투성이의, 혼탁한
- unclouded : 구름이 없는, 맑은

해석

명상이 수세기 동안 수행되었다는 것은 사실이다. 비평가들은 그 이유가 무엇이든 간에, 그것이 효과가 있는 것처럼 보인다는 것에 동의한다. 비록 생리학적인 변화가 잘 확립되어 있지 않더라도, 심리적인 이익이 존재할 수도 있다. 더욱이 연구들은 명상을 수행하기로 결정한 사람들과 그렇지 않은 사람들 사이의 가능한 차이를 통제하지 않았다. 대상마다 차이가 존재할 가능성이 있으며 그것들이 기술 자체보다 명상의 결과에 더 많은 영향을 미칠 가능성이 있다. 여기서 우리가 결론을 내릴 수 있는 것은 명상의 물은 혼탁하다는 것이다. 사람들은 명상을 계속할 것이며, 종종 유익한 결과도 있을 것이다. 치료사들은 고혈압, 음주 과다, 약물 남용, 불면증, 그리고 많은 다른 정신 질환들을 치료하기 위해 명상을 계속 이용할 것이다. 마찬가지로 행동 과학자들은 더 확실한 결과들이 나올 때까지 계속해서 명상과 그것의 효과를 연구할 것이다. 그러나 객관적이고 과학적인 증거를 수용과 믿음의 기준으로 받아들이기를 거부하는 사람들은 항상 존재할 것이다.

22 빈칸 추론하기

자연과 상호작용하는 생태학적 사람들 정답 ③

정답 해설

철근 콘크리트로 된 대부분의 유럽 항구도시들의 방파제는 파도에 부서지는 반면에, 진흙과 바위 층 및 버드나무 매트로 만들어진 네덜란드의 제방은 유연하게 파도의 충격을 흡수한다. 그러므로 ③의 '자연스러운 리듬에 맞추어 유연하게 움직이다'가 빈칸에 들어갈 말로 가장 적절하다.

오답 해설

① 객관적인 관찰자로 조용히 남아 있다
② 극적인 변화와 함께 끊임없이 변화하다
④ 생태계의 신비에 적극 대응하다
⑤ 단순히 자연계의 질서를 무시하다

핵심 어휘

- ecological : 생태계의, 생태학의
- mythological : 신화의, 신화적인
- dike : 제방, 둑
- willow : 버드나무, 버드나무 재목
- fury : 맹렬, 격렬
- flexibility : 신축성, 유연성
- in tune with : ~와 맞추어, ~와 조화되어
- sea wall : 방파제, 방조제
- steel-reinforced concrete : 철근 콘크리트
- firm : 단단한, 딱딱한
- smash apart : 박살나다, 산산조각 나다
- edict : 칙령, 명령
- disregard : 무시하다, 묵살하다

해석

생태학적 사람들은 자연에 능동적으로 작용하는 논리적 사람들과 자연에 수동적으로 작용하는 신화적 사람들과 대조적으로 자연과 상호작용한다. 그들은 자연과 대화한다. 네덜란드의 제방은 진흙과 바위 층 및 버드나무 매트로 만들어졌다. 북대서양의 맹렬한 파도가 몰아칠 때 이 제방은 파도에 맞추어 움직임으로써 버드나무 가지의 유연성으로 그 충격을 흡수한다. 이 생태학적 해결책은 파도를 막기 위해 철근 콘크리트로 된 방파제를 건설한 대부분의 유럽 항구도시들의 논리적 해결책과 대조를 이룬다. 자연에 역행하는 이 단단한 벽들은 결국 산산조각이 나고 자연의 리듬에 따라 유연하게 움직이는 네덜란드의 제방들과 달리 다시 건립되어야 한다. 신화적 해결책은 단단한 벽도 유연한 제방도 건설하지 않음으로써 자연의 명령을 수동적으로 받아들이는 것이다. 신화적 해결책을 따르면, 네덜란드의 3분의 1이 물에 잠기게 된다.

23 글의 제목 유추하기

사실과 주장을 구분할 수 있을까? 정답 ①

정답 해설

제시문에서 주장은 사실의 반대가 아니며, 우리가 '사실'이라고 생각하는 모든 진술은 실제는 주장이라고 서술하고 있다. 즉, 사실과 주장을 잘못 구분하고 혼용하여 사용하고 있다는 의미이므로, ①의 '사실과 주장을 구분할 수 있을까?'가 제시문의 제목으로 가장 적절하다.

오답 해설

② 진실한 주장의 표식
③ 사실, 영원한 약속!
④ 사실과 주장의 반대는 무엇인가?
⑤ 의혹에서 결단으로의 여정

핵심 어휘

- claim : 주장, 요구, 요청
- bias : 편견, 편향
- suspect : 의심하다, 수상하게 여기다
- unbiased : 편견이 없는, 선입견이 없는
- misleading : 오해의 소지가 있는, 오해를 불러일으키는
- landmark : 획기적인 사건, 표식, 목표

- everlasting : 영원한, 끊임없는
- suspicion : 혐의, 의심
- determination : 결정, 확인

해석

주장은 여러분이 생각하는 것처럼 사실의 반대가 아니다. 어떤 주장이 참이라는 것을 안다고 해서 사실이 되는 것도 아니다. 어떤 주장은 항상 주장이지만, 어떤 주장의 진실은 성립한다. 그리고 어떤 주장이 개인적인 장점이나 편견을 반드시 포함하는 것은 아니다. 비록 일상의 언어에서 우리는 진실이 의심스럽거나 편향된 진술 그리고 진실이 성립되고 편견이 없는 진술('사실'이라고 불린다)을 구별하기 위해 자주 '주장'이라는 단어를 사용하지만, 이러한 구별은 위험할 정도로 오해를 불러일으킨다. 우리가 '사실'이라고 생각하는 모든 진술은 실제는 주장이다. 즉, 그것들은 너무 광범위하고 명확하게 사실로 받아들여져서 받아들여지지 않는 주장들과 다른 것처럼 보인다. 간단히 말해서, 주장은 세상의 지금 모습이나 또는 세상 본연의 모습에 대한 신념이나 관점을 표현하는 그런 진술이다. 물론 그것들이 참인지 아닌지는 중요하지만, 그것들이 주장인지 아닌지를 결정하지는 않는다.

24 글의 제목 유추하기

핵심주제 | 인생의 추진력, 고난을 환영하라 | 정답 ②

정답 해설

제시문에서 시도하고 실패하는 것은 진정한 진보이며, 그것은 새로운 에너지와 다시 시도하려는 열망으로 우리를 앞으로 나가게 하는 수단이 된다고 하였다. 그러므로 ②의 '인생의 추진력, 고난을 환영하라'가 제시문의 제목으로 가장 적절하다.

오답 해설

① 운명의 밑바닥에 머물기
③ 포기는 인생의 시련의 일부이다
④ 지식을 현실에 적용하는 방법
⑤ 새로운 경험에 마음의 문을 열어라

핵심 어휘

- tolerance : 관용, 관대
- stuck : 움직일 수 없는, 꼼짝 못하는
- stalemate : 교착 상태
- in every sense of the word : 그 단어의 모든 의미에 있어서, 진정으로
- vehicle : (운송) 수단, 매개체
- launch : 시작하다, 착수하다
- hardship : 고난, 역경

해석

시도하거나 실패하는 것을 두려워하지 마라. 그것은 여러분에게 힘과 개인적인 도전들을 극복하는 방법을 가르쳐 준다. 인생의 시련은 여러분에게만 특별한 것은 아니다. 그것들은 정도를 달리하여 모든 사람들에게 일어나고 여러분에게 다른 사람들이 위험을 피하기 위한 도구를 제공하는 정신적 관용과 강인한 성격을 발달시키도록 돕는다. 여러분이 프로젝트나 과제에서 목표했던 결론을 달성하지 못할 때, 그것을 종종 패배로 여긴다. 이러한 사고 과정은 교착 상태에 빠트리고 포기하기 때문에 진정한 진보를 막을 수 있다. 이러한 경험을 결코 나쁜 것으로 보지 마라. 시도하고 실패하는 것은 진정한 진

보이다. 그것은 새로운 에너지와 다시 시도하려는 열망으로 여러분을 진밀로 앞으로 나가게 하는 수단임을 증명할 수 있다.

25 글의 요지 파악하기

핵심주제 | 일상생활에서의 무의식적인 영어 사용 | 정답 ⑤

정답 해설

제시문에서 평범한 문제들에 대해 평범한 사람들과 평범하게 이야기하는 것이 일상생활에서 영어 사용의 압도적인 대다수를 차지하고 있기 때문에 변화에 대처하는 것은 어떤 문제도 되지 않는다고 하였다. 그러므로 ⑤의 "일상적인 영어 사용은 보통 변화에 대한 대처를 필요로 하지 않는다."가 제시문의 요지로 가장 적절하다.

오답 해설

① 우리들 대다수는 일상적인 대화에서 부주의한 실수를 한다. → 우리들 대다수는 일상적인 대화에서 가장 편안함을 느낌
② 우리는 일상적인 일에 대해 가족과 친구들과 대립해서는 안 된다. → 일상적인 일로 가족과 친구들을 마주함
③ 언어적으로 다양한 집단의 사람들은 조화롭게 살기 위해 더 노력해야 한다. → 변화에 대한 대처가 필요 없는 일상생활에서의 무의식적인 언어 사용에 대해 서술함
④ 무의식적인 선택을 하는 것은 언어를 창조적으로 사용하는 것이 아니다. → 일상생활에서의 영어 사용에 있어 변화에 대한 대처는 무의식적일 수도 있음

핵심 어휘

- confront : 맞서다, 마주치다, 대립하다
- cope with : ~에 대처하다[대항하다]
- variance : 변화, 변동, 변천
- constitute of a problem : 문제가 되다
- unconscious : 무의식적인, 부지불식간의
- at home : 편안한
- linguistically : 언어상, 언어학적으로
- account for : ~을 차지하다
- overwhelming : 압도적인, 강력한
- vast : 어마어마한, 대단한
- diverse : 다른, 다양한

해석

우리는 언어 사용에 있어 선택을 해야 하는 필요에 정기적으로 마주친다. 대부분의 경우, 의심의 여지없이, 변화에 대처하는 것은 어떤 문제도 되지 않으며 실제로 무의식적일 수도 있다. 우리는 일상적인 일로 가족과 친구들을 상대하고 있으며, 더욱이 글을 쓰는 것이 아니라 대게 그들과 이야기를 나눈다. 언어적으로나 다른 면에서 우리가 가장 편안한 것은 바로 평범한 문제들에 대해 평범한 사람들과 평범하게 이야기하는 것이다. 그리고 다행히도 이것이 영어 사용이 필요한 압도적인 대다수를 차지하는 상황이다.

26 글의 요지 파악하기

정답 ②

주관성의 렌즈를 통해 세상 보기

정답 해설

플로리다 사람들에게는 다 똑같아 보이는 눈이 스웨덴 사람들이나 알류트족에게는 다른 종류의 눈으로 보이는 것은 그들만의 렌즈나 필터를 통해 눈을 바라보기 때문이다. 그러므로 ②의 "우리는 주관성의 렌즈를 통해 세상을 본다."가 제시문의 요지로 가장 적절하다.

오답 해설

① 우리는 인식의 객관적인 필터를 유지해야 한다. → 세상을 주관적으로 바라보는 것에 대한 고찰만 있을 뿐, 객관적인 필터를 유지하라는 조언은 없음

③ 우리의 기대가 꿈을 만든다. → 기대와 꿈의 관계가 아니라 세상을 바라보는 방법에 대한 기술임

④ 우리의 이성은 왜곡된 정보를 피해야 한다. → 의미가 통하지 않는 것을 왜곡하거나 삭제하는 것이 일반적인 경향임

⑤ 우리가 알고 있는 것을 일반화하는 데 있어 중립적인 입장을 취해야 한다. → 일반화의 방향에 대해서만 서술되어 있고, 일반화의 중립적 입장에 대한 내용은 없음

핵심 어휘

- take note of : ~에 주목하다, 알아채다
- fall into category : 범주에 들다[속하다]
- distort : 비틀다, 왜곡하다
- edit out : ~을 잘라 내다[삭제하다]
- make sense : 의미가 통하다, 이해가 되다
- differentiation : 차별, 구별
- worldview : 세계관
- inconvenience : 불편, 애로
- perception : 지각, 통찰력, 인식
- subjectivity : 주관, 주관성

해석

"객관적인" 세계를 관찰할 때, 우리는 자신의 렌즈나 필터를 통해 그것을 본다. 우리의 일상적인 환경은 물과 물고기의 관계와 같다. 즉, 그것은 그곳에 있을 뿐이며, 우리는 그것에 주목하지 않는다. 우리의 정신 지도에 그것들을 위한 공간이 이미 있기 때문에, 대부분의 경우 우리는 정상적인 활동이라고 생각하는 것을 특별히 의식하지 않는다. 그것들은 친숙한 범주에 속한다. 언어학자들이 보여주었듯이 우리는 아는 것으로부터 모르는 것으로 일반화하고, 그러한 관점을 고려할 때 의미가 통하지 않는 것은 왜곡하거나 삭제하는(잘라 내는) 경향이 있다. 플로리다 사람들에게 모든 눈은 똑같이 보일지도 모른다. 그들의 경험은 구별을 위한 "지도"를 제공하지 않기 때문에, 눈의 종류의 차이는 무시된다. 반면에 스웨덴 사람들이나 알류트족들은 많은 다양한 종류의 눈들을 구별할 수 있는 언어를 포함한 세계관을 가지고 있다. 그 정보를 삭제하거나 왜곡하는 것은 그들을 정말 불편하게 할 것이다.

27 글의 주제 파악하기

정답 ③

켈트학의 특징과 신화와의 연관성

정답 해설

글의 서두에서 켈트어학은 오랫동안 신화학과 연관된 분야라고 핵심 주제를 밝히고 있다. 그리고 켈트족 문학은 신화학자들에게 주요한 관심의 대상이었고, 켈트족의 종교와 민속 및 문학에 대한 연구는 신화적 해석의 모델이 되어 왔다고 서술되어 있다. 그러므로 ③의 '켈트학의 특징과 신화와의 연관성'이 제시문의 주제로 가장 적절하다.

오답 해설

① 신들의 초자연적 특성을 설명하는 데 있어 되풀이되는 주제
② 고전문학에 있어서 스코틀랜드 하이랜드 문화의 중요성
④ 켈트어를 사용하는 민족들을 이해하는 방법에 대한 새로운 관점
⑤ 비교 인도유럽 문헌학에 존재하는 풍부한 전통 주제

핵심 어휘

- Celtic : 켈트족의, 켈트어의
- amongst = among
- hold up as : ~으로 보여주다[간주되다]
- recipient : 수령인, 수취인
- description : 기술, 묘사, 표현
- Gauls : 갈리아인(지금의 북이탈리아, 프랑스, 벨기 등을 포함한 고대 켈트인)
- reappear : 재현하다, 재출현하다
- oral culture : 구전[구술] 문화
- supernatural : 초자연적인
- discipline : 규율, 훈련
- comparative : 비교적, 상대적인
- philology : 문헌학
- aside from : ~을 제외하고, ~외에도
- perspective : 관점, 투시, 원근법
- mythologist : 신화학자, 신화 작가
- folklore : 민속, 전통 문화
- interpretation : 해석, 이해, 설명
- novel : 새로운, 신기한

해석

켈트어학은 신화학과 오랫동안 연관된 분야이다. 서유럽 상황에서 켈트어를 사용하는 민족들은 그들 중 풍부한 '전통' 주제를 받은 사람들로 아주 흔히 간주되어 왔다. 갈리아인들의 초기 묘사부터 스코틀랜드 하이랜드 문화에 대한 현대적 설명까지 구전 문화에 대한 강조와 일상생활에서 초자연적 현상에 대한 관심이 재현되는 것을 발견한다. 현대 학문에서 켈트족 언어들은 비교 인도유럽 문헌학 및 그 부산품인 비교 신화학 이론과 강한 연관성을 발전시켰다. 이러한 외부적인 관점 외에도, 신화학자들에게 주요한 관심 대상은 켈트족 문학 자체 내에 존재하는 매우 강한 신화 감각, 즉 신, 초자연적 특성을 가진 영웅이나 먼 과거의 사건에 대한 언급이다. 이러한 이유 때문에 켈트족 종교, 민속 및 문학에 대한 연구는 종종 신화적 해석 모델의 대상이 되어 왔다.

28 전체 흐름과 관계 없는 문장 고르기

정답 ④

동물들의 위장술

정답 해설

제시문은 동물들의 방어 기술로써 신비의 색이라고도 불리는 동물들

의 위장 방법에 대해 소개하고 있다. 그런데 ④에서는 지구 거주지들의 무관심한 환경 문제에 대해 언급하고 있으므로, 글의 전체 흐름과 어울리지 않는다.

핵심 어휘

- camouflage : 위장, 속임수
- cryptic : 비밀의, 신비적인
- coloration : 천연색, 채색, 배색
- one-size-fits-all : 누구에게나 다 맞는, 널리[두루] 적용되도록 만든
- boldly : 선명하게, 뚜렷하게
- inhabitant : 주민, 거주자, 서식 동물

해석

신비의 색이라고도 알려진 위장은 동물 세계에서 모두에게 적용되는 방어이다. 곤충만큼 작고 선명한 무늬가 있는 18피트(6미터) 높이의 우뚝 솟은 기린처럼 큰 동물들은 그들이 뒤섞이는 것을 돕기 위해 신비의 색에 의존한다. ① 색과 무늬는 동물이 뒤섞이는 것을 도와줄 뿐만 아니라, 그 모양을 분산시킴으로써 위장할 수도 있다. ② 그런 식으로, 포식자는 처음에 그 동물을 알아보지 못한다. ③ 동물의 색상은 몸을 납작하게 보이게 만들어서, 몸의 통통함을 숨길 수 있다. ④ 거주자들이 환경 문제에 무관심하기 때문에 우리의 행성은 계속해서 훼손된다. ⑤ 색과 무늬는 또한 동물의 그림자를 감추는 것을 도울 수 있다.

29 전체 흐름과 관계 없는 문장 고르기

시간 구조화의 기능 | 정답 ④

정답 해설

제시문은 일정을 정하고 그것에 따라 개인의 활동을 조정하는 등 주어진 시간을 어떻게 보낼 것인지에 대한 시간의 구조화가 갖는 기능에 대해 설명하는 글이다. 그런데 ④는 순서, 단위, 주기와 같은 수학적 개념의 구성 요소에 대해 설명하고 있으므로, 글의 전체 흐름과 어울리지 않는다.

핵심 어휘

- thereby : 그렇게 함으로써, 그것 때문에
- coordinate : 조직화하다, 편성[조정]하다
- duration : 지속, 기간
- orientation : 방향, 성향, 오리엔테이션
- give form to : ~을 형성하다
- coherent : 일관성 있는, 논리[조리] 정연한
- periodically : 정기[주기]적으로
- building block : 구성 요소
- impose : 도입하다, 부과하다

해석

시간의 구조화는 많은 기능을 할 수 있는데, 그 중 일부는 다른 문화에서 다소 중요하다. 그러나 어디에서든 주요한 기능 중 하나인 문화의 일정을 설정하고, 그것에 따라 문화에서 개인의 활동을 조정하는 것이다. 다른 기능은 그 집단의 활동을 일부 자연 현상 또는 일부 초자연적 현상과 연관시키는 것일 수도 있다. ① 구조는 과거 또는 미래에서 사건을 주문하거나, 사건의 지속 시간을 측정하거나, 서로 또는 한지로부터 얼마나 가깝거나 멀리 있는지를 측정하는 데 사용될 수도 있다. ② 무엇보다도, 구조는 방향성의 수단을 제공하며 문화에서 뿐만 아니라 개인의 삶에서 사건의 발생에 형식을 제공한다. ③ 그것은 정기적으로 반복되는 사건을 표시하고 특별한 사건을 배치하는 연속적이고 일관된 틀을 제공한다. ④ 순서, 단위 및 주기와 같은 근본적인 수학적 개념은 바로 그 구성 요소이다. ⑤ 이와 같이 시간에 부과되는 구조는 그 이상으로, 한 문화에서 많은 것을 반영하고 영향을 미친다.

30 주어진 문장의 위치 찾기

「오디세이」로 본 영웅 오디세우스 | 정답 ③

정답 해설

주어진 문장은 오디세우스가 죽고 부상당한 부하들을 포기하고 남은 부하들을 다시 배에 태우고 떠났다는 내용이다. 즉, 부하들이 공격을 받은 것이므로, 트라키아인들이 이스마루스에서 불길이 치솟는 것을 보고 술에 취한 선원들을 복수심에 불타 공격했다고 서술된 ③에 들어가는 것이 가장 적절하다.

핵심 어휘

- aboard : 탄, 탑승한, 승선한
- in a different light : 다른 시각[관점]으로
- priest : 사제, 성직자
- undertake to : ~할 것을 약속하다, ~할 책임[의무]를 지다
- spare life : 목숨을 살려주다
- inland : 내륙에, 내지에
- charge : 공격하다, 돌격하다
- vengefully : 복수심에 불타, 앙심을 품고
- fierce : 거센, 사나운, 격렬한
- north-easterly : 북동쪽에 있는, 북동쪽으로 향하는
- southernmost : 최남단의, 가장 남쪽의
- oar : 노, 노 젓는 사람
- bear : (왼쪽, 북쪽 등으로) 가다[돌다]
- within sight of : ~이 보이는 곳에
- Lotus-eaters : 로토파고스족

해석

> 오디세우스는 이들 대부분을 다시 배에 태웠으나, 그는 사망자들과 중상자들을 포기해야만 했다.

오디세우스를 다른 관점에서 보여주는 시인 「오디세이」에 따르면, 그는 트로이를 떠난 후 먼저 트라키아로 항해했다. 그곳에서 그는 도시 항구인 이스마루스를 공격했고 불태웠다. (①) 그가 목숨을 살려주기로 한 아폴로의 한 사제가 감사함에 달콤한 와인 몇 병을 주었고, 그 중 절반은 그의 부하들이 해변으로 나들이 갈 때 마셨다. (②) 내지에 살았던 몇몇 트라키아인들은 이스마루스에서 불길이 치솟는 것을 보았고, 술에 취한 선원들을 복수심에 불타 공격했다. (③) 거센 북동쪽 폭풍에 그의 배들은 에게해를 횡단하여 그리스 최남단에 위치한 섬인 시테라로 향했다. (④) 갑자기 폭풍이 잠잠해지자 그는 부하들에게 노를 젓도록 시켰고, 시테라를 돌아 이타카를 향해 북서쪽으로 가려했지만, 폭풍은 전보다 더 사납게 몰아쳤고, 아흐레 동안 불었다. (⑤) 마침내 배가 도착했을 때, 오디세우스는 북아프리카 해안에서 떨어진 로토파고스족의 섬인 시링크스가 눈에 들어왔다.

31 주어진 문장의 위치 찾기

정답 ④
그릴 기술의 발전

정답 해설

제시문은 야외 주방에서 그릴을 사용하기 위한 여러 가지 편의 사항들이 계속해서 발전하고 있다는 내용이다. 주어진 문장은 'of course(물론)'를 사용하여 그릴이 야외 주방에서 관심이 증가하고 있는 한 요소일 뿐이라고 단정하고 있으므로, 이후의 문장에서는 '그러나(however)'라는 역접의 내용이 와야 바람직하다. 또한 ④ 다음의 문장에서 these spaces(이러한 공간들)은 주어진 문장의 'outdoor kitchens(야외 주방들)'을 가리킨다. 그러므로 주어진 문장은 ④에 들어가는 것이 적절하다.

핵심 어휘

- component : 구성 요소, 구성 성분
- flexibility : 다루기 쉬움, 융통성, 편의성
- outfit : 갖추다, 준비하다
- pullout drawer : 이동 서랍, 접이식 서랍
- accommodate : 공간을 제공하다, 수용하다
- charcoal : 숯, 목탄
- customize : 주문 제작하다
- on occasion : 가끔, 때때로
- opt for : ~을 선택하다
- tray : 쟁반, 상자
- invest in : ~에 투자하다, ~에 돈을 쓰다
- incorporate : 포함하다, 통합하다
- take on feature : 특징을 띠다

해석

물론, 그릴은 야외 주방에서 관심이 증가하고 있는 한 요소일 뿐이다.

더 많은 편의성을 원하는 소비자들을 위해, 점차 더 많은 회사들이 숯과 나무를 사용할 수 있도록 팬이나 이동식 서랍을 갖춘 하이브리드 가스 그릴을 제공하고 있다. (①) 게다가 일부 바비큐는 냉장실이나 심지어 오븐을 포함한 카트로 주문 제작될 수 있어서 동시에 그릴과 구이를 할 수 있다. (②) 그리고 가끔 훈제된 고기를 좋아하는 사람들은 훈제 쟁반이나 훈제 박스와 같은 액세서리를 선택하거나 별도의 훈제기를 쉽게 추가 구매할 수 있다. (③) 또한 그릴은 주야간 활동이기 때문에, 오늘날의 바비큐 중 상당수는 표면 조명뿐만 아니라, 날이 어두워진 후에도 온도 설정이 보이도록 제어 패널에 LED를 포함한다. (④) 그러나 이러한 공간들이 계속해서 기능적으로 확장됨에 따라 일 년 내내 즐길 수 있는 특징들을 띠게 되고, 그릴 기술의 발전 또한 그러할 것이다. (⑤) 결국, 러스 포크가 언급했듯이, "모든 것이 그릴에서 더 맛있다."

32 주어진 문장의 위치 찾기

정답 ②
인간의 진화를 촉진하는 전염병

정답 해설

주어진 문장은 전염병에 약한 사람들은 죽고 저항력이 더 강한 생존자들은 살아남아 공동체를 다시 형성한다고 설명하고 있다. 즉, 이것이 그러한 '도태(weeding out)'를 가리키므로, 주어진 문장은 ②에 들어가는 것이 가장 적절하다.

핵심 어휘

- epidemic : 전염병, 유행병
- fierce : 격렬한, 극심한
- prolonged : 오래 지속되는, 장기적인
- the Black Death : 흑사병
- repopulate : 다시 사람을 살게 하다
- population : 인구, 주민, 집단
- genetic mutation : 유전적 돌연변이
- infection : 감염, 전염
- pathogen : 병원균, 병원체
- nonmutant : 비 돌연변이
- counterpart : 상대, 대응 관계에 있는 사람[것]
- weeding out : 잡초 제거, 도태
- pre-epidemic : 유행 전, 유행 이전의
- frequency : 빈도, 빈발
- trigger : 촉발시키다, 작동시키다
- genetic profile : 유전자 특성[개요

해석

전염병이 특히 격렬하거나 장기화되면 (흑사병처럼), 약한 사람들이 대다수 사망하고 버텨낸 생존자들이 남아 그들의 공동체를 다시 사람들로 채울 것이다.

전염병이 집단에 발발할 때, 그 집단에는 감염에 더 자연스럽게 저항력을 갖게 만드는 유전적 돌연변이를 가진 개인들이 있을 것이다. (①) 병원체에 노출될 경우, 그들은 정상적인 비 돌연변이 개인들보다 생존할 가능성이 더 높을 것이다. (②) 수 세대에 걸친 그러한 "도태" 이후, 새로운 생존 집단은 본래의 유행 이전 집단보다 훨씬 더 높은 빈도의 돌연변이 개인들을 갖게 될 것이다. (③) 결과적으로, 만약 전염병이 다시 발생한다면, 그들은 유전적으로 더 잘 대비하게 될 것이다. (④) 따라서 전염병은 시간이 지남에 따라 집단의 유전자 특성에 변화를 촉발시키는 선택적인 압력으로 작용할 수 있다. (⑤) 다시 말해, 그것은 인간의 진화를 촉진할 수 있다.

33 주어진 문장의 위치 찾기

정답 ④
그리스 역사가 티마이오스라의 저술

정답 해설

주어진 문장에서 지중해 세계에서 온 방문객은 시칠리아 섬 출신의 티마이오스라는 그리스 역사가를 가리킨다. 그 역사가에 의해 구전되어 오던 이야기가 감명 깊은 세계사의 일부로 기록됨으로써 우리가 그 이야기에 대한 줄거리라도 개략적으로 알게 되었다는 내용이다. 그러므로 주어진 문장은 ④에 들어가는 것이 가장 적절하다.

핵심 어휘

- a bare outline : 기본 개요[윤곽], 개략
- be passed on by word of mouth : 구전되다
- Mediterranean : 지중해의
- windswept : 바람이 많이 부는
- blazing : 활활 타는, 맹렬한, 격렬한
- dwell : 살다, 거주하다
- legendary : 전설적인, 아주 유명한

해석

우리가 개략적이라도 알게 된 유일한 이유는 지중해 세계에서 온 방문객이 그 이야기를 기록할 때까지 그 이야기가 구전되었기 때문이다.

2천여 년 전, 춥고 바람이 많이 부는 대서양 연안에서 어떤 사람이 활활 타오르는 불 앞에 앉아 이야기를 들려주었다. (①) 오래 전에 형제인 두 신이 있었는데, 바다의 위대한 어머니 여신에게서 함께 태어난 쌍둥이였다고 이 사람은 말했다. (②) 이 형제들이 자랐을 때, 그들은 바다를 뒤로하고 바다 근처에 사는 사람들과 함께 살게 되었다. (③) 그 이야기에는 훨씬 더 많은 부분이 있었지만, 그것이 남아 있는 이야기의 전부이다. (④) 시간이 흘러 그 기록은 알렉산더 대왕의 시대 바로 직후에 살았던 시칠리아 섬 출신의 티마이오스라는 그리스 역사가에게 흘러갔다. (⑤) 그는 전설적인 시대부터 자신의 시대까지 감명 깊은 세계사의 일부로 그 이야기를 기록했다.

34 주어진 문장의 위치 찾기

 정답 ③
핵심 주제 게르만족의 이동이 언어에 미친 영향

정답 해설

주어진 문장에서 정복한 프랑크계 게르만인들의 많은 단어들이 프랑스 어휘에 포함되었다고 서술되어 있으므로, 다음 문장에는 어떻게 포함되었는지 그 사례를 설명한 문장이 들어가는 것이 바람직하다. ③ 다음의 문장에서 'These words(이 단어들)'가 주어진 문장의 'many words(많은 단어들)'를 받으며 그 사례에 대한 설명을 시작하고 있으므로, 주어진 문장은 ③에 들어가는 것이 적절하다.

핵심 어휘

- Frankish Germans : 프랑크계 독일인
- incorporate : 포함하다, 통합하다
- expansion : 확대, 확장
- subsequently : 그 뒤에, 나중에
- tribe : 부족, 민족
- take control of : ~을 장악[지배]하다
- Franks : 프랑크인(라인 강변의 게르만 족)
- prestige : 명성, 신망

해석

프랑스에서, 정복한 프랑크계 게르만인들의 많은 단어들이 어휘에 포함되었다.

5세기에 게르만의 확장은 로마 제국의 몰락을 가져왔다. 그 후 그들을 방어할 로마 군대가 없어, 많은 땅들이 게르만족들의 지배하에 들어갔다. (①)

서양 게르만족들의 이동은 영어에 관한 이야기에서 특히 중요하다. (②) 5세기 말까지, 서게르만어를 사용하는 사람들이 프랑스와 영국의 상당 부분을 장악했다. (③) 이 단어들은 그 땅의 이름 자체를 포함했다. 즉, 로마의 지배 하에서 갈리아(골)라고 불렸던 것이 이제는 '프랑크의 땅'인 프란시아(프랑스)로 불리게 되었다. (④) 그럼에도 여전히, 라틴어는 프랑스의 언어로 남아 있었다. (⑤) 정복자들이 정복된 사람들의 언어를 사용하는 것은 아마도 놀랄 일이지만, 위대한 제국과 문명의 언어로서 라틴어의 높은 명성은 그것의 생존에 기여했을지도 모른다.

35 글의 배열순서 정하기

 정답 ③
핵심 주제 석유 탐사원, 박테리아!

정답 해설

주어진 문장에서 땅 속 깊이 매장되어 있는 석유를 어떻게 찾을 수 있는지 의문을 제기하고 있다. (B)에서 석유의 성분이 대부분 탄화수소이며, (C)에서 그러한 탄화수소가 암반의 틈을 통해 지표면으로 올라온다고 하였다. 마지막으로 (A)에서 탐사자들은 석유를 먹고 사는 박테리아를 발견했을 때 그곳에 석유가 있다는 것을 알게 된다고 주어진 문장의 의문에 답하고 있다. 그러므로 주어진 글 다음에 (B)-(C)-(A) 순으로 배열되어야 글의 흐름이 가장 적절하다.

핵심 어휘

- petroleum : 석유
- distribution : 분배, 분포
- detect : 발견하다, 탐색하다
- quantity : 양, 수량
- in reserve : 비축되어 있는
- organic compound : 유기 화합물
- hydrocarbon : 탄화수소
- rock formation : 암반
- component : 요소, 성분
- leak : 누설되다, 새다

해석

석유는 산업의 "피"다. 그러나 땅 속 깊이 매장되어 있기 때문에, 어떻게 그것을 찾을 수 있을까? 때때로 석유의 분포 범위를 정확히 확인하지 않아서 상당한 노동, 재료, 그리고 비용이 소모된다.

(B) 여기서 박테리아는 석유와 신비한 결합을 하고 있다고 할 수 있다. 석유는 다양한 유기 화합물로 구성되어 있는데, 그중 대다수가 탄화수소라 불리는 탄소와 수소의 화합물이다.

(C) 비록 석유가 깊이 매장되어 있지만, 일부 탄화수소가 암반의 틈을 통해 지표면으로 항상 올라온다. 석유의 가스 성분 또한 표면에 누출될 수 있다. 일부 박테리아는 석유를 먹고 산다.

(A) 그러므로, 탐사자들이 어떤 장소에서 많은 양의 그러한 박테리아를 발견했을 때, 그들은 아마도 석유가 있다는 것을 알게 된다. 샘플로 검출된 박테리아의 양에 근거하여, 그들은 또한 비축되어 있는 석유와 가스의 양을 예측할 수 있다.

36 글의 배열순서 정하기

정답 ③

핵심주제 | 영화 산업을 위한 정부 정보 매뉴얼

정답 해설

주어진 문장에서 1942년에 전쟁 정보국(OWI)을 설립하였고, (B)에서 같은 달인 1942년 6월에 영화 산업을 위한 정부 정보 매뉴얼이 발표되었다. 다음으로 (C)에서 그 매뉴얼에 대한 내용을 평가하고 있고, 마지막으로 (A)에서 1942년 후반까지 그 매뉴얼이 스튜디오 제작에 영향을 미쳤다고 서술하고 있다. 그러므로 주어진 글 다음에 (B)-(C)-(A) 순으로 배열되어야 글의 흐름이 가장 적절하다.

핵심 어휘

- unified : 통합된, 통일된
- the Office of War Information(OWI) : 전쟁정보국
- agency : 대행사, 대리점, 기관
- bureau : 부서[국]
- publicise : 알리다, 공표하다
- Allies : 연합국[군], 동맹국[군]
- domestic branch : 국내 지점[지부]
- administration : 행정부
- appointee : 지명[임명]된 사람
- New Deal : 뉴딜 정책
- liberal : 자유민주적인, 자유주의의
- self-defense : 자기 방어, 정당방위

해석

진주만은 할리우드의 사회적 관심사의 본질을 바꾸었고, 1942년 상반기에 정부 정보 서비스에 대한 비판으로 대통령은 기존의 세 개 기관에서 하나의 통합된 기구인 전쟁 정보국(OWI)을 설립했다.

(B) 대통령의 가까운 친구이자 조언자인 Lowell Mellett는 OWI 국내 지부의 일부인 영화 산업국의 책임자가 되었다. 같은 달인 1942년 6월에, 행정부는 Mellett의 임명자인 Nelson Pointer와 그의 직원들이 쓴 문서인 영화 산업을 위한 정부 정보 매뉴얼을 발표했다.

(C) 이 매뉴얼은 '할리우드가 어떻게 전쟁에 맞서 싸워야 하는지에 대한 자유주의적 견해인 뉴딜의 가장 명확한 성명서'로 평가돼 왔다. '국민의 전쟁'은 단지 정당방위의 싸움이 아니라 민주주의를 위한 싸움이라고 강조했다.

(A) 그것은 또한 할리우드가 연합군과 노르웨이, 유고슬라비아 및 점령된 유럽의 다른 곳에 있는 저항 단체들의 노력을 알리도록 독려했다. 1942년 후반까지 이 매뉴얼은 스튜디오 제작에 영향을 미치기 시작했다.

37 글의 배열순서 정하기

정답 ⑤

핵심주제 | 과학 논문의 검증과 출판 현실

정답 해설

주어진 문장에서 모든 과학 논문은 객관성을 확보하기 위해 출판되기 전에 저자와 별개로 확인되어야 하며, (C)에서 이러한 확인은 동

료들의 성공적인 검토를 통해서라고 밝히고 있다. 다음으로 (B)에서 모든 연구자가 모든 과학 출판물에 쉽게 접근할 수 있어야 하는데, (A)에서 유료화의 벽에 막혀 그렇지 못함을 설명하고 있다. 그러므로 주어진 글 다음에 (C)-(B)-(A) 순으로 배열되어야 글의 흐름이 가장 적절하다.

핵심 어휘

- reproducibility : 복사[복제] 가능성, 재현성
- backbone : 근간, 중추
- crucial : 중대한, 결정적인
- independently : 독립하여, 별개로
- peer-reviewed : 동료 심사를 받은
- behind pay-walls : 유료화의 벽에 막힌
- public fund : 공금, 공적 자금
- finance : 자금[재원]을 대다
- taxpayer : 납세자, 과세 대상자
- heritage : 유산, 상속 재산
- collectively : 집합적으로, 총괄하여
- constructive : 건설적인, 구조상의
- verify : 확인하다, 검증[입증]하다

해석

발표된 결과의 복제 가능성은 과학 연구의 근간이다. 객관성은 과학에 아주 중요하며, 출판용으로 승인되기 전에 관찰, 실험 및 이론이 저자와 별개로 확인되어야 한다.

(C) 실제로 과학적으로 인정받기 위한 결과는 동료들이 검토하고 수용한 논문, 즉 연구자들이 이해하고 검증하며 필요한 경우 수정할 수 있는 글로 제시되고 설명되어야 한다. 성공적인 동료 검토를 마친 후에야 새로운 결과가 발표될 수 있고 과학적 지식에 속하게 된다.

(B) 결과적으로, 모든 과학 출판물은 연구자들이 수세기에 걸쳐 집합적으로 구축해왔고, 계속해서 발전하고 있는 공통의 유산이다. 과학의 건설적이고 보편적인 특성을 고려할 때, 어떤 연구자도 모든 과학 출판물에 가능한 한 조기에 그리고 쉽게 접근할 수 있어야 한다.

(A) 불행히도 오늘날은 그렇지 못한데, 동료 검토를 받은 대부분의 학술지들이 유료화의 벽에 막힌 과학 논문을 보관한 소수의 주요 출판사들에 속해 있기 때문이다. 전 세계적으로 대다수의 연구 프로그램들이 납세자들의 자금 지원을 받기 때문에 연구자들뿐만 아니라 모든 출신의 모든 사람들이 과학 출판물을 접할 수 있어야 한다.

38 글의 배열순서 정하기

정답 ④

핵심주제 | 국가와 개인의 정체성 함양을 위한 역사 교육의 필요성

정답 해설

주어진 문장에서 우리가 역사에 신경을 써야 하는가에 대한 답변은 (C)에서 국가의 정체성 의식을 제공하기 위해 교육적으로 필요하다는 역사 수호자들의 진부한 말처럼 뻔할 수도 있다. 그러나 (A)에서 너무나 분명해 보이기 때문에 이러한 답변들을 당연한 것으로 여겨서는 안 된다며, Oliver Sacks의 박탈과 비정상의 교훈에 대해 언급한다. 마지막으로 (B)에서는 온전한 정신을 지원하기 위한 개인적 역사에 대해 설명한다. 그러므로 주어진 글 다음에 (C)-(A)-(B) 순으

로 배열되어야 글의 흐름이 가장 적절하다.

핵심 어휘

- **bother** : 신경 쓰다, 애를 쓰다
- **too obvious to labour** : 너무나 분명해서 수고를 필요로 하지 않는, 너무 뻔한
- **be deprived of** : ~을 빼앗기다
- **realise = realize**
- **deprivation** : 박탈, 상실, 부족
- **abnormality** : 기형, 이상, 비정상
- **instructive** : 유익한, 교육적인, 교훈적인
- **malfunctioning** : 오작동의, 제대로 작동하지 않는
- **crucial** : 중대한, 결정적인
- **implication** : 영향, 함축, 연루
- **sanity** : 제정신, 온전한 정신, 분별
- **platitude** : 상투어, 진부한 말

해석

왜 우리가 역사에 신경을 써야 하는가라는 질문에 대한 심리적 답변은 너무 뻔한 것처럼 보일 수도 있다.

(C) 결국, 그 과목이 국가의 정체성 의식을 제공하기 위해 교육의 필수적인 부분으로써 필요하다는 것은 역사 수호자들의 진부한 말이 되었다. 그리고 개인적인 차원에서, 우리가 누구인지, 어디에 있는지, 심지어 가고 싶은 곳이 어디인지와 관련된 기억을 가지고 있다는 것을 우리 모두 충분히 잘 알고 있다.

(A) 그러나 단지 그것들이 너무나 분명해 보이기 때문에, 이러한 대답들은 쉽게 당연한 것으로 여겨질 수 있고, 그것들에 대한 실제적인 의존은 아니더라도, 그것들의 중요성을 깨닫는 것은 오직 우리가 과거를 빼앗겼을 때이다. 그렇기 때문에 Oliver Sacks와 다른 사람들에 의해 기록된 박탈과 비정상의 예들은 매우 교훈적이다.

(B) 그것들로부터 우리는 오작동하는 기억 혹은 완전한 기억의 상실이 개인적 정체성에 대한 우리의 의식과 그에 따라 다른 사람들과 함께 사회에서 살 수 있는 우리의 능력에 중대한 영향을 미치는 것을 볼 수 있다. 우리의 개인적 역사는 우리 자신과 우리의 온전한 정신을 위한 지원을 제공한다.

39 한 문장으로 요약하기

정답 ①

(A) various ⇒ 다양한
(B) prioritize ⇒ 우선시하다

정답 해설

훈련을 할 때 많은 여러 요소들이 신체 적응에 영향을 미치며, 무엇을 극대화시킬 것인지 아닌지 결정하는 것이 중요하다. 또한 작은 돌에 앞서 큰 돌들을 채우고 모래에 앞서 작은 돌들을 채우는 것처럼 중요도에 따라 우선순위를 결정해야 한다고 조언하고 있다. 그러므로 훈련에서 (A) 다양한 요소를 고려하는 것이 결과를 극대화하는 데 중요하기 때문에, 중요도 피라미드는 겉보기에는 상충되는 조언보다 핵심 요소를 (B) 우선시하는 데 도움이 될 수 있다고 한 문장으로 요약할 수 있다.

오답 해설

② 제한된 …… 우선시하다

③ 독특한 …… 발생시키다
④ 다양한 …… 발생시키다
⑤ 강력한 …… 특징짓다

핵심 어휘

- **screw up** : 망치다, 엉망으로 만들다
- **resultant** : 그 결과로 생긴, 그에 따른
- **adaptation** : 적응, 순응
- **trainee** : 훈련생, 훈련을 받는 사람
- **explosively** : 폭발적으로, 격정적으로
- **burn** : (심한 운동으로) 화끈거리는 느낌
- **relative to** : ~에 관하여, ~에 비례하여
- **confusion** : 혼란, 혼동
- **brim** : (잔 · 접시 · 쟁반 등의) 가장자리 cf) fill your cup to the brim 컵을 가득 채우다
- **when it comes to** : ~에 관한 한, ~에 대해서라면
- **pebble** : 자갈, 조약돌
- **crucial** : 중대한, 결정적인
- **prioritize** : 우선순위를 매기다, 우선적으로 처리하다
- **diverse** : 다양한, 여러 가지의
- **characterize** : 특징짓다

해석

비록 매우 단순하고 빠르게 들리지만, 사람들은 항상 이것을 망친다. 훈련을 할 때, 많은 다른 요소들이 서로 영향을 미치고 그에 따른 신체 적응이 일어난다. 지난 수십 년간의 연구와 결합하여, 지난 세기 동안 전 세계 체육관에서의 훈련생들의 경험은 당신의 훈련 노력으로부터 무엇을 극대화시킬 것인지 그렇지 않을 것인지에 대해 꽤 명확한 중요 순서를 세울 수 있도록 하였다. 어떤 훈련을 해야 할지, 얼마나 무거울지, 얼마나 많은 세트를 수행해야 할지, 실패할 때까지 훈련해야 할지, 폭발적으로 또는 천천히 '화끈거림을 느끼도록' 등 겉으로 보기에 상충되는 조언을 볼 때, 이러한 요소들이 당신의 목표에 비례하여 얼마나 중요한지, 그리고 그것들이 훈련의 다른 측면에 어떤 영향을 미칠지 결정해야 한다. 중요도 피라미드 렌즈를 통해 이 변수들을 살펴봄으로써, 불필요한 혼란을 덜어줄 수 있을 것이다. 고전 속담에 이르기를, 만일 훈련 잠재력에 대해 "컵을 가득 채우고 싶다면", 작은 돌들에 앞서 큰 돌들을 채우고 모래에 앞서 작은 돌들을 채워라.

훈련에서 (A) 다양한 요소를 고려하는 것이 결과를 극대화하는 데 중요하기 때문에, 중요도 피라미드는 겉보기에는 상충되는 조언보다 핵심 요소를 (B) 우선시하는 데 도움이 될 수 있다.

40 한 문장으로 요약하기

정답 ①

(A) fundamental ⇒ 기본적인
(B) overflow ⇒ 초과

정답 해설

민주주의 사회에서 관용은 필요하며 책무로써 '보통 인정되는 것보다 더 어렵고 더 긴급할 수도 있다'고 한다. 그러나 '실천적인' 사람들은 그러한 관용을 종종 허용의 과잉으로 치부하기까지 한다고 서술되어 있다. 그러므로 이론적으로 민주주의 사회에서 관용은 (A) 기본

적인 것으로 간주되지만, 현실에서 일부 사람들은 허용의 (B) 초과로 보고 그것을 자주 간과한다고 한 문장으로 요약할 수 있다.

오답 해설

② 기본적인 …… 부족
③ 급진적인 …… 균형
④ 관례적인 …… 사치
⑤ 관례적인 …… 부족

핵심 어휘

- at odd : 다투어, 불화하여, 대립하여
- presumed : 당연한 것으로 여겨지는
- contemporary : 동시대의, 현대의
- go one's separate ways : 각자 제 갈 길을 가다, 다른 길을 가다
- theoretical : 이론의, 이론상의
- coherent : 통일성 있는, 일관성 있는
- comprehensive : 포괄적인, 종합적인
- appropriately : 적절히, 알맞게
- make the point that : ~이라고 주장하다
- commitment : 전념, 헌신, 책무
- urgent : 긴급한, 시급한
- recognition : 인정, 인식
- accommodation : 적응성, 순응성, 수용성
- register : 등록하다, 기입하다
- so much so that : 매우 그러하므로 ~하다, 그게 어쩌나 심한지 ~할 정도이다
- dismiss : 무시하다, 묵살하다, 치부하다
- permissiveness : 허용됨, 관대함, 방임주의
- zero tolerance : 제로 관용 정책, 무관용
- overflow : 넘침, 범람, 초과
- radical : 근본적인, 급진적인
- customary : 관례적인, 습관적인
- shortage : 부족, 결핍

해석

이론과 실제는 자주 대립한다. 그러나 현대 사회에서 수용된 이론과 당연한 것으로 여겨지는 관용의 관행이 각자 다른 길을 가는 것처럼 보이는 데는 특히 이상한 무언가가 있다. 관용에 관한 이론적 진술들은 민주주의 사회에서 그것의 필요성과 통일성 있는 이상으로서 그것의 불가능성을 동시에 가정한다. 현대 생활에서 관용과 불관용에 관한 통합 모음집 소개에서, 수잔 멘더스는 자유주의 사회들이 관용을 해야 한다는 책무가 '보통 인정되는 것보다 더 어렵고 더 긴급할 수도 있다'는 점을 적절하게 주장한다. 이론이 주장하는 긴급성과 대조적으로, 실천은 만족스러운 것처럼 보일 수 있다. 즉, 자유 민주 사회들은 인정의 필요성과 차이의 수용성을 그것의 깊이를 명시하지 않고 받아들인 것처럼 보인다. 그게 너무 심해서 '실천적인' 사람들은 그러한 관용을 종종 허용의 과잉으로 치부하기까지 한다. '무관용'이 덜 용서받는 사회를 위한 구호로 성공한 것은 그러한 여론의 분위기가 확산되고 있음을 보여준다.

↓

이론적으로 민주주의 사회에서 관용은 (A) 기본적인 것으로 간주되지만, 현실에서 일부 사람들은 허용의 (B) 초과로 보고 그것을 자주 간과한다.

[41~42]

핵심 어휘

- ornamentation : 장식, 치장, 꾸밈
- add-on : 추가[부가]물
- lay : 전문 지식이 없는, 문외환의
- resort to : ~에 의지[의존]하다, ~에 기대다
- debunk : (정체를) 폭로하다, 틀렸음을 드러내다[밝히다]
- material : 중요한, 구체적인
- externalize : 외부화하다, 구체화하다
- imagery : 형상화, 이미지
- integrate : 통합하다, 합치다
- hidden power : 잠재력
- dissociation : 분리, 분열
- supplement : 보충[추가](물)
- inseparable : 갈라놓을 수 없는, 분리할 수 없는
- underlying : 근본적인, 근원적인
- superficial : 표면적인, 피상적인
- embodiment : 구현, 구체화, 구체화된 것
- externalization : 외부화, 구체화

해석

왜 우리는 제스처를 취할까? 많은 사람들은 제스처가 (일어나고 있는 일의 핵심이라고 가정하는) 말에 강조, 활력 그리고 장식을 준다고 말할 것이다. 간단히 말해서, 제스처는 "추가 기능"이다. 하지만 이에 반대되는 증거가 있다. 문외환의 관점에서 볼 때, 제스처는 어떤 이가 "손으로 말하는" 것이다. 단어를 찾을 수 없기 때문에 제스처에 의존한다. 마리안 걸버그는 이 구식 생각이 틀렸다는 것을 밝혀냈다. 그녀가 간단히 말했듯이, 말이 멈출 때 제스처를 시작하는 것이 아니라, 제스처 또한 멈춘다는 것이다. 우리가 제스처를 취하는 이유는 더 심오하다. 언어는 이미지와 분리할 수 없다. 제스처가 중요한 의미의 전달을 강화하는 동안, 그 핵심은 제스처와 말이 함께 한다. 그것들은 제스처가 "추가 기능" 또는 "장식"이라는 말 이상으로 더 단단히 묶여 있다. 그것들은 생각 그 자체와 통합되어 있다. 어떤 이유로 손의 사용이 제한적이고 제스처가 구체화되지 않더라도, 그것이 구현하는 이미지는 여전히 존재할 수 있고, 숨겨진 채로 말과 통합될 수 있다(예를 들어 발과 같은 신체의 다른 부분에서 나타날 수 있다).

41 글의 제목 유추하기

정답 ⑤

핵심 주제: 제스처: 추가 이상의 기능

정답 해설

제시문에서 많은 사람들은 제스처가 말을 강조하고 활력을 주며, 말을 꾸미는 추가적 기능을 한다고 알고 있다. 그러나 제스처가 중요한 의미의 전달을 강화하고 생각 그 자체와 통합되어 언어와 분리될 수 없는 좀 더 심오한 기능을 한다고 설명하고 있다. 그러므로 ⑤의 '제스처: 추가 이상의 기능'이 제시문의 제목으로 가장 적절하다.

오답 해설

① 언어의 잠재력
② 제스처와 사고의 분리
③ 제스처의 필수 원칙

④ 생각의 깊이를 측정할 수 있을까?

42 빈칸 추론하기

정답 ①

제스처: 추가 이상의 기능

정답 해설

제시문에서 제스처와 말은 함께 하며, 제스처가 "추가 기능" 또는 "장식"이라는 말 이상으로 더 단단히 묶여 있다고 설명하고 있다. 즉, 말과 제스처는 따로 분리된 것이 아니라 생각 그 자체와 통합되어 있는 것이다. 그러므로 ①의 'inseparable from imagery(이미지와 분리할 수 없는)'가 빈칸에 들어갈 말로 가장 적절하다.

오답 해설

② 근본적인 의미에 의해 강조되는
③ 표면적인 형태와 다른
④ 언어 장식에 의존하는
⑤ 외부화에 의해 구축된

[43~45]

핵심 어휘

• duty-free shop : 면세점
• be packed with : ~으로 꽉 차다[미어터지다]
• a multitude of : 다수의, 많은
• patient : 끈기 있게 일하는, 근면한
• considerate : 사려 깊은, 배려하는
• transaction : 거래, 매매
• attendant : 수행원, 승무원, 안내원
• by the skin of one's teeth : 가까스로, 간신히
• booth : 점포, 부스
• boarding : 승선, 승차, 탑승
• make a long face : 울상 짓다, 인상 쓰다, 얼굴을 찌푸리다
• be delighted with : ~을 기뻐하다

해석

(A)

"아빠, 시간 잘 보고 있어요?" 톰이 물었다. 그는 지금 탑승구로 가야 한다고 생각했지만, (a) 그의 아빠는 시간에 무심한 것처럼 보였다. "응, 톰. 걱정하지 마. 우리는 늦지 않을 거야."라고 아빠가 말했지만, 그는 적어도 20분 동안 그렇게 말하고 있었다. 아빠는 특별한 상표의 시계가 있는 면세점을 찾았다. 그들이 도착했을 때, 그 곳은 많은 사람들로 꽉 차 있었다. 공항에 있는 모든 사람들이 이 면세점에서 무언가를 원하는 것처럼 보였다.

(D)

가게 안에는 여러 물건들을 파는 작은 부스들이 많이 있었고, 아빠는 다시 시계 부스를 찾기 위해 주위를 걷고 있었다. "비행기는 4시 30분에 출발하고, 탑승은 30분 전에 시작하므로, 우리는 4시까지 탑승구에 도착해야 한다는 의미야." 톰은 마음속으로 계산을 하고 있었고, (e) 그의 시계를 보았다. 거의 4시였다. 그들은 이미 탑승구에 도착했어야만 한다. 그들이

있는 곳에서 탑승구에 도착하려면 적어도 10분은 걸릴 것이다. 톰은 아빠를 바라보며 얼굴을 찌푸렸다.

(B)

그러나 아빠는 아들을 보지도 않았다. 그는 앞에 있는 몇 개의 시계를 살펴보면서 판매원과 이야기를 나누고 있었다. 그 판매원은 매우 근면하고 사려가 깊었다. 마침내 아빠는 하나를 골랐고, 판매원은 "그럼 이걸로 포장해 드리겠습니다."라고 말했다. 아빠는 서둘러 지불했고 (b) 그로부터 포장꾸러미를 받았다. 마침내 거래는 끝이 났다. 아빠는 아들을 향해 돌아서서 "달리자"라고 말했다. 아빠가 그의 말을 마치기도 전에, 톰은 이미 뛰고 있었다.

(C)

그들은 100미터 경주자들처럼 통로를 질주했고, 포장 가방이 날아다니며 그들을 뒤쫓았다. 멀리서 (c) 그 아들이 문이 닫히는 것을 보고 "잠깐만요, 우리가 왔어요!"라고 소리쳤고, "잠깐만요, 제발!"이라고 아버지도 아들 바로 뒤에서 소리쳤다. 승무원이 그들을 보았고, 그들은 가까스로 도착했다. 자리에 앉으면서 아버지는 "봐, 내가 맞았어!"라고 말했다. 톰은 무슨 말인지 몰랐지만, (d) 그는 그저 안도의 한숨을 내쉬었다.

43 글의 배열 순서 정하기

정답 ④

비행기 탑승 시간에 대한 부자 간의 동상이몽

정답 해설

(A)에서는 비행기 탑승 시간이 다 되어가는 데도 느긋하게 아빠가 원하는 브랜드의 시계를 사기 위해 면세점에 들렀고, (D)에서는 비행기 탑승 시간에 늦을까봐 걱정하는 아들이 그러한 아빠를 보며 얼굴을 찌푸린다. (B)에서는 아빠가 아들의 시선은 아랑곳하지 않고 자신이 원하는 시계를 구매한 후 아들에게 탑승구로 뛰자고 말한다. 마지막으로 (C)에서 그들은 간신히 비행기에 탑승하게 되고, 아들은 안도의 한숨을 내쉰다. 그러므로 제시된 글은 (D)-(B)-(C)의 순으로 배열되어야 글의 흐름상 적절하다.

44 지칭 대상과 다른 것 고르기

정답 ②

비행기 탑승 시간에 대한 부자 간의 동상이몽

정답 해설

(a), (c), (d), (e)는 모두 아들을 가리키지만, (b)는 아빠에게 시계를 판 판매원을 가리킨다.

45 내용과 불일치 문장 고르기

정답 ⑤

핵심주제 비행기 탑승 시간에 대한 부자 간의 동상이몽

정답 해설

톰은 비행기 탑승 시간이 다 되어 가는 데도 원하는 브랜드의 시계를 사기 위해 면세점에서 쇼핑하는 아빠를 보고 얼굴을 찌푸렸다. 그러므로 톰이 아빠가 쇼핑하는 것을 기뻐한 것은 아니다.

오답 해설

① 톰은 시간에 대한 아빠의 태도를 걱정했다. → 톰은 비행기 탑승 시간이 다 되어 가는 데도 시간에 무심한 아빠의 태도를 걱정함

② 톰이 방문한 면세점은 매우 붐볐다. → 톰이 면세점에 도착했을 때, 그 곳은 많은 사람들로 꽉 차 있었음

③ 그 판매원은 근면하고 사려 깊은 서비스를 제공했다. → 판매원은 아빠가 원하는 시계를 구입할 수 있도록 성실하게 설명함

④ 톰과 그의 아빠는 성공적으로 탑승했다. → 탑승구로 달려가 간신히 비행기에 탑승한 후 안도의 한 숨을 내쉼

 수학영역

01 로그

정답 ②

핵심주제 로그부등식

step1 로그 형태를 변수로 치환하여 다항 형태 부등식의 해를 구한다.
$\log_{\frac{1}{2}} x = a$라 하자. 그러면
$$(a-2) \times \frac{1}{2} a < 4, \quad a^2 - 2a - 8 < 0 \text{에서}$$
$-2 < a < 4$이다.

step2 치환한 변수를 다시 로그로 바꿔 로그부등식의 해를 구한다.
치환한 a를 다시 바꾸면 $-2 < \log_{\frac{1}{2}} x < 4$이므로,
$\frac{1}{16} < x < 4$이고 이를 만족하는 자연수 x는 $1, 2, 3$의 3개이다.

02 함수의 극한

정답 ⑤

핵심주제 불연속함수의 극한

step1 주어진 식의 극한을 그래프를 이용해 계산한다.
$\lim_{x \to 1^-} (f \circ f)(x) = f(1) = 2$이고
$\lim_{x \to -\infty} f\left(-2 - \frac{1}{x+1}\right) = \lim_{x \to -2^+} f(x) = 2$이므로,
$$\lim_{x \to 1^-} (f \circ f)(x) + \lim_{x \to -\infty} f\left(-2 - \frac{1}{x+1}\right) = 2 + 2 = 4$$

03 삼각함수

정답 ⑤

핵심주제 삼각함수의 주기

step1 삼각함수의 주기 공식을 사용하여 각 함수별로 주기를 찾는다.

ㄱ. $\tan \frac{3\pi}{2} x$의 주기는 $\frac{2}{3}$, $-\sin 2\pi x$의 주기는 1이므로, 이 함수의 주기는 둘의 최소공배수인 2이다. 그러므로 ㄱ은 참이다.

ㄴ. $\cos 2\pi x$의 주기는 1, $\sin \frac{4}{3} \pi x$의 주기는 $\frac{3}{2}$이므로, 이 함수의 주기는 둘의 최소공배수인 3이다. 그러므로 ㄴ도 참이다.

ㄷ. $\sin \pi x$의 주기는 2, $\left| \cos \frac{3\pi}{2} x \right|$의 주기는 $\frac{2}{3}$이므로, 이 함수의 주기는 둘의 최소공배수인 2이다. 그러므로 ㄷ도 참이다.

삼각함수의 주기

$y=a\sin(bx+c)+d$, $y=a\cos(bx+c)+d$의 경우,

주기 $t=\dfrac{2\pi}{b}$이다.

$y=a\tan(bx+c)+d$의 경우,

주기 $t=\dfrac{\pi}{b}$이다.

04 부정적분

정답 ②

부정적분의 미분

step1 주어진 조건을 이용하여 $f'(x)$를 구하고 $g'(x)$를 $f(x)$에 대한 식으로 나타낸다.

조건 (가)에서, 양변을 미분하면

$xf'(x)=3x^2+6x$, $f'(x)=3x+6$이다.

또한 조건 (나)에서, 양변을 미분하면

$g'(x)=xf(x)$이다.

step2 주어진 값을 대입하여 $f(x)$를 구한다.

$g'(2)=0$이므로, 이를 대입하면

$2f(2)=0$에서 $f(2)=0$이다.

$f'(x)=3x+6$이므로 이를 적분하면

$f(x)=\dfrac{3}{2}x^2+6x+C$인데, $f(2)=0$이므로

$f(x)=\dfrac{3}{2}x^2+6x-18$이다.

그러므로 $f(-2)=6-12-18=-24$

05 거듭제곱

정답 ③

거듭제곱근의 계산

step1 주어진 조건을 이용하여 a와 b를 구한다.

조건 (가)에서, $b^2=-\sqrt{8}a$이므로 $b^4=8a^2$이다.

또한 조건 (나)에서 $\left(a^{\frac{2}{3}}b\right)^3=a^2b^3=\dfrac{b^4}{8}\times b^3=-16$,

$b^7=-2^7$이므로 $b=-2$이고, $a=\dfrac{b^2}{-\sqrt{8}}=-\sqrt{2}$이다.

그러므로 $a^3-2b=(-\sqrt{2})^3+4=4-2\sqrt{2}$

06 정적분

정답 ①

역함수로 둘러싸인 부분의 넓이

step1 구하고자 하는 넓이를 간단한 형태로 변형한다.

$g(x)$는 $f(x)$의 역함수이므로, $f(x)$는 $x=b$, $x=2b$에서 $y=x$와 만난다.

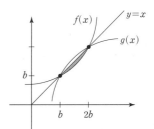

$f(x)$와 $g(x)$는 이러한 형태이며, 이때

$\displaystyle\int_{b}^{2b}\{g(x)-f(x)\}dx$는 $f(x)$와 $g(x)$로 둘러싸인 면적이

므로 $f(x)$와 $y=x$로 둘러싸인 면적(색칠한 면적)의 두배

이다.

즉, $\displaystyle\int_{b}^{2b}\{g(x)-f(x)\}dx=2\int_{b}^{2b}(x-f(x))dx$이다.

step2 주어진 $f(x)$의 형태를 이용하여 계수비교법으로 a, b를 구하여 넓이를 계산한다.

$f(x)$와 $y=x$는 $x=b$, $x=2b$를 근으로 가지므로

$f(x)-x=\dfrac{1}{12}(x-b)(x-2b)$,

$f(x)=\dfrac{x^2}{12}-\dfrac{b}{4}x+x+\dfrac{b^2}{6}$이다.

또한 문제조건에서 $f(x)=\dfrac{x^2}{12}+\dfrac{x}{2}+a$이므로

$b=2$, $a=\dfrac{2}{3}$이다. 그러므로,

$2\displaystyle\int_{b}^{2b}(x-f(x))dx=2\int_{2}^{4}\left(-\dfrac{1}{12}x^2+\dfrac{x}{2}-\dfrac{2}{3}\right)dx=\dfrac{2}{9}$

07 삼각함수

정답 ①

사분면의 각

step1 문제조건을 이용하여 3θ, 4θ에 대한 부등식을 세운다.

3θ가 1사분면의 각이므로 가능한 경우는

1) $0<3\theta<\dfrac{\pi}{2}$인 경우

이 때는 $0<4\theta<\dfrac{3\pi}{2}$이므로, 4θ가 2사분면에 존재할 수 있다.

2) $2\pi<3\theta<\dfrac{5\pi}{2}$인 경우

이 때는 $\dfrac{8\pi}{3}<4\theta<\dfrac{10\pi}{3}$이므로, 4θ가 2사분면에 존재할 수 있다.

3) $4\pi<3\theta<\dfrac{9\pi}{2}$인 경우

이 때는 $\dfrac{16\pi}{3}<4\theta<6\pi$이므로, 4θ가 2사분면에 존재할 수 없다.

4) $6\pi<3\theta<\dfrac{13\pi}{2}$인 경우부터는, 1, 2, 3의 경우가 반복해서 나타나므로 생략한다.

step2 각 경우에 대해 θ가 존재하는 사분면을 찾는다.

그러므로 가능한 경우는 1)과 2)뿐이고,

1)의 경우 $0<\theta<\dfrac{\pi}{6}$이므로 θ는 1사분면의 각이고,

2)의 경우 $\dfrac{2\pi}{3}<\theta<\dfrac{5\pi}{6}$이므로 θ는 2사분면의 각이다.

$m+n=1+2=3$

08 수열

정답 ④

수열의 일반항

step1 주어진 식을 변형하여 수열의 일반항 a_n을 구한다.

주어진 식의 양변에 $2a_n$을 곱하면

$a_n^2-2=2\sqrt{n-1}\,a_n,\ a_n^2-2\sqrt{n-1}\,a_n-2=0$

$a_n=\sqrt{n-1}\pm\sqrt{n+1}$인데 a_n의 모든 항이 음수이므로

$a_n=\sqrt{n-1}-\sqrt{n+1}$이다.

step2 수열합의 규칙성을 찾아 계산한다.

그러므로 $\displaystyle\sum_{n=1}^{99}a_n=a_1+a_2+\cdots+a_{99}$

$=(\sqrt0-\sqrt2)+(\sqrt1-\sqrt3)+\cdots+(\sqrt{98}-\sqrt{100})$

$=\sqrt0+\sqrt1-\sqrt{99}-\sqrt{100}=-9-3\sqrt{11}$

09 함수의 극한과 연속

정답 ①

함수의 연속성

step1 주어진 조건을 이용하여 $f(x)$가 지나는 점들의 위치를 찾는다.

조건 (가)에서, $x=0$을 대입하면 $f(0)=\dfrac12$이다.

조건 (나)에서, $g(x)$가 $x=2$와 $x=-1$에서 연속이므로 극한값이 존재한다.

그러므로 $2f(2)-7=0,\ 2f(-1)-7=0$에서

$f(2)=f(-1)=\dfrac72$이다.

이를 다시 조건 (가)에 대입하면

$f(-2)=f(1)=-\dfrac52$이다.

step2 대략적인 $f(x)$의 그래프를 그리고, 조건을 만족하는 k를 찾는다.

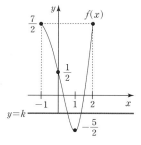

앞서 구한 점들을 지나도록 $f(x)$를 그려보면 대략적으로 위와 같은 형태를 띠게 된다.

이때 $y=k$가 $(0,\ 2)$에서 $f(x)$와 두 번 이상 만나도록 하는 정수 k는 $0,\ -1,\ -2$의 3개이다.

✓ 핵심노트

함수의 연속성

어떤 함수 $f(x)$가 $x=t$에서 연속일 때

$\displaystyle\lim_{x\to t}f(x)=f(t)$이다. 또한, 이때

$\displaystyle\lim_{x\to t}f(x)=\lim_{x\to t}\dfrac{h(x)}{g(x)}$이고 $g(t)=0$이면

$h(t)=0$이다.

10 적분법

정답 ②

정적분으로 정의된 넓이의 최대최소

step1 주어진 조건을 이용하여 $|f(x)|$를 찾는다.

$f(x)$는 $(2,\ 0)$를 지나면서 기울기가 2, 4인 함수이므로, 이를 x축에 대하여 접어 올린 $|f(x)|$는 다음과 같이 그려진다.

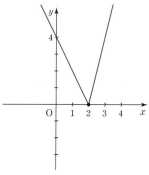

step2 $|f(x)|$의 그래프를 보면서 $g(t)$가 최소가 되는 t를 찾는다.

이때 $g(t)$는 $|f(x)|$를 $t-1$부터 $t+2$까지, 길이 3만큼 적분한 것이므로 $g(t)$의 최소값은,

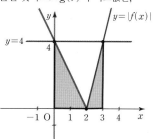

이와 같이 $x=2$를 기준으로 양쪽 직선의 높이가 같아지는 순간이다.

이때 $t=a=1,\ g(t)=3\times4-\dfrac12\times3\times4=b=6$이므로

$a+b=1+6=7$

11 미분법

정답 ①

속도와 가속도

step1 문제조건을 이용하여 $v(t)$를 그리고 a를 구한다.

점 P의 위치 $x(t)$를 미분하면 속도 $v(t)$를 얻는다.

즉, $v(t)=3t^t-12at+9a^2=3(t-a)(t-3a)$이다.

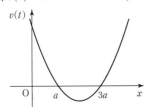

그러므로 $v(t)$는 이와 같은 형태이며

조건 (가)에서 점 P의 운동 방향이 최초로 바뀌는

$t=a$까지 변위가 32이므로 $\int_0^a v(t)dt=32$이다.

그런데 이차함수의 성질에 의해

$\int_0^a v(t)dt=\left|\int_a^{3a} v(t)dt\right|=32$이므로,

$\dfrac{3}{6}\times 8a^3=32$에서 $a=2$이다.

step2 문제조건을 이용하여 변위를 계산하고 b를 구한다.

$v(t)$를 미분하면 가속도 $a(t)$를 얻는데,

$a(t)=6t-24$이므로 $t=4$에서 가속도가 0이 된다.

이때의 변위는 $\int_0^4 v(t)dt=+32-\dfrac{1}{2}\times 32=16$이므로

이때의 위치는 $x(0)+16=b+16=36$이므로

$b=20$이다.

그러므로 $b-a=20-2=18$

12 함수의 연속

정답 ④

절댓값이 있는 함수의 연속성

step1 $f(x)$의 연속성을 이용하여 $f(x)$를 구하고, 이를 이용하여 $g(x)$와 $h(x)$를 구한다.

$f(x)$가 실수 전체에서 연속이므로

$\displaystyle\lim_{x\to 5}f(x)=\lim_{x\to 5}\dfrac{x^2+ax+b}{x-5}=\lim_{x\to 5}\dfrac{(x+5)\left(x-\dfrac{b}{5}\right)}{x-5}$

$=5-\dfrac{b}{5}=7$, $b=-10$이므로 $f(x)=x+2$ $(x\neq 5)$이다.

그러면 $g(x)=\sqrt{2-x}$ $(x<1)$, $x+2$ $(x\geq 1)$이고,

$h(x)=|(x+2)^2+a|-11$이다.

step2 $g(x)h(x)$의 연속성을 이용하여 이를 만족하는 a값을 구한다.

$g(x)h(x)$이 실수 전체에서 연속이므로

$\displaystyle\lim_{x\to 1-}g(x)h(x)=\lim_{x\to 1+}g(x)h(x)$,

$|9+a|-11=3\times(|9+a|-11)$이다.

즉, $|9+a|-11=0$에서 $a=2,-20$

그러므로 모든 a값의 곱은 -40

13 삼각함수

정답 ③

삼각함수의 성질

step1 주어진 조건과 사인법칙을 이용하여 $\triangle ABC$의 형태를 파악한다.

조건 (가)에서

$(\cos^2 A-1)+(\cos^2 B-1)-(\cos^2 C-1)=0$,

$-\sin^2 A-\sin^2 B+\sin^2 C=0$, $\sin^2 C=\sin^2 A+\sin^2 B$,

$\left(\dfrac{c}{2R}\right)^2=\left(\dfrac{a}{2R}\right)^2+\left(\dfrac{b}{2R}\right)^2$, $c^2=a^2+b^2$이므로

$\triangle ABC$는 $\angle C=\dfrac{\pi}{2}$인 직각삼각형이다.

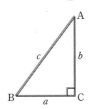

이때 조건 (나)에서

$2\sqrt{2}\dfrac{b}{c}+2\dfrac{a}{c}=2\sqrt{3}$, $\sqrt{2}b+a=\sqrt{3}c$,

$2b^2+a^2+2\sqrt{2}ab=3c^2=3a^2+3b^2$,

$(\sqrt{2}a-b)^2=0$, $\sqrt{2}a=b$이다.

step2 주어진 길이를 이용하여 $\triangle ABC$의 넓이를 구한다.

이때 외접원의 반지름의 길이 $R=3$이므로

$c=2R=6$, $a^2+b^2=3a^2=c^2=36$이고

$a=2\sqrt{3}$, $b=2\sqrt{6}$이다.

그러므로 $\triangle ABC=\dfrac{1}{2}\times 2\sqrt{3}\times 2\sqrt{6}=6\sqrt{2}$

☑ 핵심노트

사인법칙

삼각형 ABC에서 $\overline{AB}=c$, $\overline{BC}=a$, $\overline{CA}=b$라 할 때 다음이 성립한다.

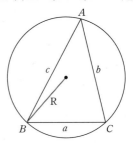

$\triangle ABC$에 대하여, 외접원 O의 반지름이 R일 때 다음이 성립한다.

$\dfrac{a}{\sin A}=\dfrac{b}{\sin B}=\dfrac{c}{\sin C}=2R$

14 부정적분

정답 ④

부정적분의 계산

step1 문제조건을 이용하여 $f(x)$와 $F(x)$를 구한다.

조건 (가)에서, 극한값이 존재하므로 분자는 5차 다항함수가 되어야 한다. $f(x)$와 $F(x)$의 최고차항끼리 곱한 항이 5차항이므로, $f(x)$는 이차함수이다.

$f(x)=ax^2+bx+c$, $F(x)=\dfrac{a}{3}x^3+\dfrac{b}{2}x^2+cx+C$라 하면 조건 (가)에서,

$$\lim_{x\to\infty}\frac{\{F(x)-x^2\}\{f(x)-2x\}}{x^5}=\lim_{x\to\infty}\frac{\left(\dfrac{a^2}{3}x^5+\cdots\right)}{x^5}$$

$=\dfrac{a^2}{3}$

$=3$, $a=3$이다.

또한 조건 (나)에서, $f(0)=2$이고 $f'(0)=2$이므로 $b=2$, $c=2$이다.

또한 조건 (다)에서 $f(0)F(0)=2F(0)=4$, $F(0)=2$이므로 $C=2$이다.

step2 구한 $f(x)$와 $F(x)$를 이용하여 구하고자 하는 도형의 넓이를 구한다.

$y=F(x)-f(x)=x^3-2x^2=x^2(x-2)$이므로

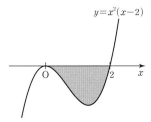
$y=x^2(x-2)$

구하는 넓이는 색칠한 부분의 넓이이며 삼차함수의 성질에 의해 색칠한 부분의 넓이는

$\dfrac{1}{12}\times2^4=\dfrac{4}{3}$

✓핵심노트

삼차함수의 성질

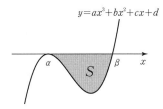
$y=ax^3+bx^2+cx+d$

삼차함수 $y=ax^3+bx^2+cx+d$가 x축과 $x=\alpha$에서 접하고 $x=\beta$에서 만날 때, 삼차함수와 x축으로 둘러싸인 넓이를 S라 하면 다음이 성립한다.

$S=\dfrac{|a|}{12}\times(\beta-\alpha)^4$

15 수열

 핵심주제 등비수열 　　　　**정답** ②

step1 주어진 식을 변형하여 a_n과 a_{n+1}의 관계를 찾는다.

조건 (나)에서 $7a_n>5a_{n+1}$, $\dfrac{7}{5}>\dfrac{a_{n+1}}{a_n}$이다.

또한 조건 (다)에서 $\dfrac{a_{n+1}}{a_n}=A$로 치환하면

$2\sin^2A-5\sin\left(\dfrac{\pi}{2}+A\right)+1=2\sin^2A-5\cos A+1=0$,

$2(1-\cos^2A)-5\cos A+1=0$,

$2\cos^2A+5\cos A-3=0$이므로 $\cos A=\dfrac{1}{2}$, $A=\dfrac{\pi}{3}$이다.

즉, $a_{n+1}=\dfrac{\pi}{3}a_n$이다.

step2 주어진 a_2값을 대입하여 $\dfrac{(a_4)^5}{(a_6)^3}$를 계산한다.

$a_2=\pi$이므로 $a_4=\dfrac{\pi^3}{3^2}$, $a_6=\dfrac{\pi^5}{3^4}$이다.

그러므로 $\dfrac{(a_4)^5}{(a_6)^3}=\dfrac{\dfrac{\pi^{15}}{3^{10}}}{\dfrac{\pi^{15}}{3^{12}}}=9$

16 도함수

 핵심주제 도함수의 활용 　　　　**정답** ③

step1 주어진 식을 미분하여 a값에 따른 함수의 형태를 세 가지 경우로 나누고, 각각의 경우에 대하여 주어진 부등식을 만족시키는 a가 있는지 찾는다.

부등식의 좌변을 $y=2ax^3-3(a+1)x^2+6x$라 하자.

$y'=6ax^2-6(a+1)x+6=6(ax-1)(x-1)$이므로

1) $a<1$인 경우

$a<1$이므로 $\dfrac{1}{a}>1$이다. 그러므로 이때의 y'은

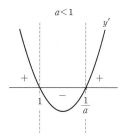
$a<1$

위와 같이 나타난다. 이때 $0\leq x\leq1$에서 y는 증가함수이므로, 이 구간에서 y의 최대값은 $x=1$일 때이다.

$x=1$을 대입하면 $2a-3a-3+6=3-a$이므로 $3-a\leq1$, $2\leq a$에서 모순이 발생하므로 이 경우는 부등식을 만족시키는 a가 존재하지 않는다.

2) $a=1$인 경우

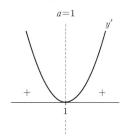
$a=1$

$a=1$인 경우 y'은 $x=1$에서 중근을 가지며 첫 번째 경우와 마찬가지로 $0\leq x\leq1$에서 y는 증가함수이므로, 이 구간에서 y의 최대값은 $x=1$일 때이다.

이 경우 a의 범위는 첫 번째와 같이 $2 \le a$가 나오며 모순이 발생하기 때문에 이 경우에도 부등식을 만족시키는 a가 존재하지 않는다.

3) $a > 1$인 경우

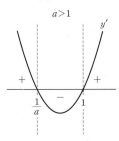

$a > 1$인 경우 $\dfrac{1}{a} < 1$이므로 y는 $0 \le x \le 1$에서

$0 \le x \le \dfrac{1}{a}$까지는 증가하다가 $\dfrac{1}{a} < x \le 1$에서는 감소하게 되므로 이 구간에서 y의 최대값은 $x = \dfrac{1}{a}$일 때이다.

이를 대입하면

$\dfrac{2}{a^2} - \dfrac{3(a+1)}{a^2} + \dfrac{6}{a} = \dfrac{3a-1}{a^2}$이므로,

$\dfrac{3a-1}{a^2} \le 1$, $3a-1 \le a^2$, $a^2 - 3a + 1 \ge 0$에서

$a \ge \dfrac{3+\sqrt{5}}{2}$, $a \le \dfrac{3-\sqrt{5}}{2}$인데,

이 경우는 $a > 1$이므로
a의 최소값은 $\dfrac{3+\sqrt{5}}{2}$

17 함수의 극한

극한의 부정형

정답 ③

step1 조건 (가)를 이용하여 a, b, c의 관계를 파악한다.

조건 (가)에서

$\displaystyle\lim_{x\to\infty}(\sqrt{(a-b)x^2 + ax} - x)$

$= \displaystyle\lim_{x\to\infty}\dfrac{(a-b-1)x^2 + ax}{\sqrt{(a-b)x^2 + ax} + x}$

$= \displaystyle\lim_{x\to\infty}\dfrac{(a-b-1)x + a}{\sqrt{(a-b) + \dfrac{a}{x}} + 1} = c$이므로,

$a - b = 1$이고 $\dfrac{a}{2} = c$이다.

step2 조건 (나)를 이용하여 a, b, c, d의 값을 계산한다.

조건 (나)에서 $b = a-1$을 대입하면

$\displaystyle\lim_{x\to\infty}(ax - (a-1) - \sqrt{-ax^2 - 4x})$

$= \displaystyle\lim_{x\to\infty}(-ax - (a-1) - \sqrt{-ax^2 + 4x})$

$= \displaystyle\lim_{x\to\infty}\dfrac{(a^2+a)x^2 + \{2a(a-1)-4\}x + (a-1)^2}{-ax - (a-1) + \sqrt{-ax^2 + 4x}}$

$= \displaystyle\lim_{x\to\infty}\dfrac{(a^2+a)x + \{2a(a-1)-4\} + \dfrac{(a-1)^2}{x}}{-a - \dfrac{(a-1)}{x} + \sqrt{-a + \dfrac{4}{x}}} = d$인데,

분모의 최고차항의 계수가 0이므로 극한값이 존재하려면 분자의 최고차항의 계수도 0이어야 한다.

즉, $a^2 + a = 0$인데 $a \ne 0$이므로 $a = -1$이다.

그러면 $b = a - 1 = -2$, $c = \dfrac{a}{2} = -\dfrac{1}{2}$이다.

$a = -1$을 위 극한값에 대입하면 $d = 0$이다.

그러므로 $a+b+c+d = -1 -2 -\dfrac{1}{2} + 0 = -\dfrac{7}{2}$

18 수열의 합

수열의 합의 활용

정답 ②

step1 문제조건에 따라 a_{50}을 나타낸다.

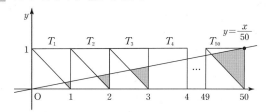

a_{50}은 다음과 같이 $y = \dfrac{1}{50}x$를 그렸을 때, 색칠한 영역들의 넓이의 합을 나타낸다.

step2 수열의 합을 이용하여 a_{50}을 계산한다.

각 삼각형의 넓이를 S_n이라 하면

$S_1 = \dfrac{1}{2} \times \dfrac{1}{50} \times \dfrac{1}{51}$, $S_2 = \dfrac{1}{2} \times \dfrac{2}{50} \times \dfrac{2}{51}$, $\cdots$이므로

$a_{50} = \displaystyle\sum_{k=1}^{50}\left(\dfrac{1}{2} \times \dfrac{k}{50} \times \dfrac{k}{51}\right)$

$= \dfrac{1}{2} \times \dfrac{1}{50} \times \dfrac{1}{51} \times \dfrac{50 \times 51 \times 101}{6} = \dfrac{101}{12}$

☑ 핵심노트

수열의 합

$\displaystyle\sum_{k=1}^{n}k = \dfrac{n(n+1)}{2}$, $\displaystyle\sum_{k=1}^{n}k^2 = \dfrac{n(n+1)(2n+1)}{6}$

$\displaystyle\sum_{k=1}^{n}k^3 = \left(\dfrac{n(n+1)}{2}\right)^2$

19 함수의 극한

함수의 극한 활용

정답 ①

step1 문제조건에서 $\triangle PQR$에 대하여 넓이 $S(t)$를 t에 대한 식으로 나타낸다.

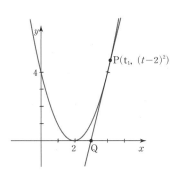

$f'(x)=2(x-2)$이므로 점 P에서의 접선의 방정식은
$y=2(t-2)(x-t)+(t-2)^2$이고, Q의 좌표는
$\left(\dfrac{t+2}{2},\ 0\right)$이다.

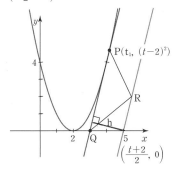

또한 $y=2(t-2)(x-5)$는 $(5,0)$을 지나면서 이 접선과
기울기가 동일한 직선인데,
이때 ΔPQR의 높이 h는 $\overrightarrow{PQ}$와 $(5,0)$사이의 거리와 같으
므로 $S(t)=\dfrac{1}{2}\times\overline{PQ}\times h$

$=\dfrac{1}{2}\times\sqrt{\left(\dfrac{t-2}{2}\right)^2+(t-2)^4}\times\dfrac{-(t-2)(t-8)}{\sqrt{4(t-2)^2+1}}$이다.

step2 주어진 극한을 계산한다.

이를 대입하면 $\displaystyle\lim_{t\to2+}\dfrac{S(t)}{(t-2)^2}$

$=\displaystyle\lim_{t\to2+}\dfrac{\dfrac{1}{2}\times\sqrt{\left(\dfrac{t-2}{2}\right)^2+(t-2)^4}\times\dfrac{-(t-2)(t-8)}{\sqrt{4(t-2)^2+1}}}{(t-2)^2}$

$=\displaystyle\lim_{t\to2+}\dfrac{1}{2}\times\sqrt{\left(\dfrac{1}{2}\right)^2+(t-2)^2}\times\dfrac{-(t-8)}{\sqrt{4(t-2)^2+1}}$

$=\dfrac{1}{2}\times\dfrac{1}{2}\times6=\dfrac{3}{2}$

20 삼각함수

 삼각함수의 치환　　　　　　정답 ⑤

step1 $\sin x$를 t로 치환하여 $f(x)$를 t에 대한 식으로 바꿔준다.

$\sin x=t$라 하면
$f(x)=2(1-\sin^2 x)-|1+2\sin x|-2|\sin x|+2$
$=2(1-t^2)-|1+2t|-2|t|+2$이다.

step2 t의 범위에 따른 값을 그래프로 나타내고, 문제 조건을 만족시키는 t의 값들을 찾는다.

t의 값에 따라 범위를 나눠 y를 구해보면

1) $t<-\dfrac{1}{2}$인 경우 $y=-2t^2+4t+5$가 되고,

2) $-\dfrac{1}{2}\leq t<0$인 경우 $y=-2t^2+3$이 되고,

3) $t\geq0$인 경우 $y=-2t^2-4t+3$이 된다.

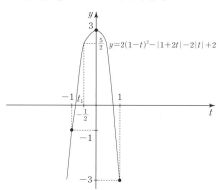

그러므로 t의 값에 따른 y는 이런 형태를 띄게 된다.
이때 $t=\sin x$이므로 $-1\leq t\leq1$인데,

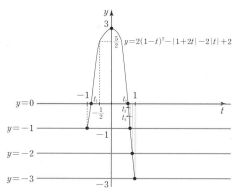

y가 0 이하의 정수가 되도록 하는 t는
$-1, t_1, t_2, t_3, t_4, 1$이다.

step3 이 값들에 대응되는 x값의 개수를 구한다.

문제조건을 만족하는 t가 $-1, t_1, t_2, t_3, t_4, 1$이므로,
$\sin x$가 $-1, t_1, t_2, t_3, t_4, 1$이면 된다.

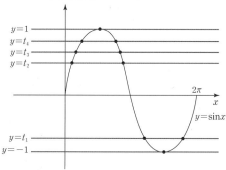

x에 대한 그래프를 그려 보면,
이를 만족하는 x의 개수는 10개이다.

21 도함수의 활용

 함수의 연속과 미분가능성　　　정답 4

step1 주어진 조건 중 연속성과 미분가능성을 이용하여 $f'(x)$를 구한다.

$g(x)$가 실수 전체에서 연속이므로

$\lim\limits_{x \to 1-} g(x) = \lim\limits_{x \to 1+} g(x), f(1) = -f(1), f(1) = 0$이다.

또한 $g(x)$가 실수 전체에서 미분가능하므로

$\lim\limits_{x \to 1-} g'(x) = \lim\limits_{x \to 1+} g'(x), f'(1) = -f'(1), f'(1) = 0$이다.

$g(x)$가 $x = -1$에서 극값을 가지므로

$g'(-1) = f'(-1) = 0$이다.

이때 $f(x)$는 최고차항의 계수가 1인 삼차함수이므로 $f'(x)$는 최고차항의 계수가 3인 이차함수이다.

$f'(1) = 0, f'(-1) = 0$이므로

$f'(x) = 3(x+1)(x-1)$이다.

step2 이를 부정적분하고 앞서 구한 함수값을 이용하여 $f(x)$를 구하고 극댓값을 구한다.

이를 부정적분하면 $f(x) = x^3 - 3x + C$인데

$f(1) = 0$이므로 $C = 2, f(x) = x^3 - 3x + 2$이다.

$f(x)$는 $x = -1$에서 극댓값을 가지므로

$f(x)$의 극댓값은 $f(-1) = -1 + 3 + 2 = 4$

22 미분법

미정계수의 추정　　　　　　　정답 31

step1 주어진 항등식을 이용하여 $f(x)$를 하나의 변수로 나타낸다.

조건 (가)에서 $2f(x) - (x+2)f'(x) - 8 = 0$이 항등식이므로, 최고차항이 사라지려면 $f(x)$는 이차함수이어야 한다.

$f(x) = ax^2 + bx + c$로 놓으면 $f'(x) = 2ax + b$이므로 두 식을 대입하면

$2(ax^2 + bx + c) - (x+2)(2ax + b) - 8 = 0$,

$(b - 4a)x + 2c - 2b - 8 = 0$에서

$b - 4a = 0$이므로 $a = \dfrac{1}{4}b$이고,

$2c - 2b - 8 = 0$이므로 $c = b + 4$이다.

즉, $f(x) = \dfrac{b}{4}x^2 + bx + b + 4$.

step2 주어진 평균변화율을 대입하여 $f(x)$를 구한다.

조건 (나)에서

$\dfrac{f(0) - f(3)}{0 - (-3)} = \dfrac{(b+4) - \left(\dfrac{9}{4}b - 3b + b + 4\right)}{3} = \dfrac{1}{4}b = 3$

이므로 $b = 12, f(x) = 3x^2 + 12x + 16$이다.

그러므로 $f(1) = 3 + 12 + 16 = 31$

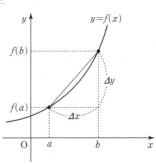

핵심노트

평균변화율

$y = f(x)$의 x가 a에서 b까지 변할 때의 평균변화율은 다음과 같이 정의한다.

$\dfrac{\Delta y}{\Delta x} = \dfrac{f(b) - f(a)}{b - a}$

23 함수와 그래프

치환과 실근의 개수　　　　　　정답 9

step1 주어진 식을 치환하여 간단한 다항식으로 변형한다.

$\sqrt{3^x} + \sqrt{3^{-x}} = A$라 하자.

산술, 기하 평균의 관계에 의해 $\sqrt{3^x} + \sqrt{3^{-x}} \geq 2$이므로 $A \geq 2$이다.

$3^x + 3^{-x} + 2 = A^2, 3^x + 3^{-x} = A^2 - 2$이므로

주어진 방정식은

$A^2 - 2A - |k - 2| + 5 = 0$이 된다.

step2 다항식의 그래프를 그리고 실근을 갖지 않도록 하는 k의 개수를 구한다.

이 방정식을 다시 써보면,

$A^2 - 2A = |k - 2| - 5$이므로

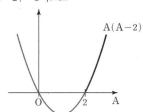

$A \geq 2$에서 $y = A(A-2)$와 $y = |k-2| - 5$가 실근을 갖지 않으려면, $|k-2| - 5 < 0$이면 된다.

그러므로 $-3 < k < 7$이다.

즉, 주어진 방정식이 실근을 갖지 않도록 하는 정수 k는 $-2, -1, \cdots, 6$로 9개이다.

24 등차수열

등차수열의 합　　　　　　　　정답 118

step1 주어진 식을 변형하여 n, $n-1$에 대하여 각각 식을 세운다.

b_n이 등차수열이므로 $b_n=2n-2+b_1$이다.

이를 주어진 식에 대입하면

$$n(n+1)(2n-2+b_1)=\sum_{k=1}^{n}(n-k+1)a_k$$를 얻는다.

또한 n대신 $n-1$을 대입하면

$$(n-1)n(2n-4+b_1)=\sum_{k=1}^{n-1}(n-k)a_k$$를 얻는다.

step2 두 식의 차를 이용해 a_n의 형태를 파악하고, 주어진 값을 대입하여 a_n을 구한다.

그러면, 위 식에서 아래 식을 빼 주면

$$n(6n-6+2b_1)=\sum_{k=1}^{n}a_k$$이다.

a_n의 합이 상수항이 없는 이차함수꼴이므로

a_n은 등차수열이고, $a_n=12n-12+2b_1$이다.

$a_5=58$이므로, $b_1=5$이고, $a_n=12n-2$이다.

그러므로 $a_{10}=120-2=118$

 핵심노트

등차수열의 합

등차수열 a_n의 첫째항이 a이고 공차가 d일 때,

$$\sum_{k=1}^{n}a_k=\frac{n\{2a+(n-1)d\}}{2}$$이다.

즉, 등차수열의 합은
1) 최고차항의 계수가 공차의 절반이고,
2) 상수항이 없는 형태로 나타난다.

25 지수함수

핵심주제 지수함수의 평행이동　　　　**정답** 78

step1 주어진 함수를 해석하여 그래프를 그린다.

$$y=\frac{1}{2^a}\times4^x-a=4^{x-\frac{1}{2}a}-a$$이므로, 이 함수는

$y=4^x$를 x축으로 $\frac{1}{2}a$만큼, y축으로 $-a$만큼 평행이동한 것이다.

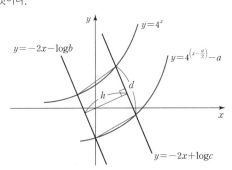

그러면 주어진 함수들로 둘러싸인 면적은 교점으로 이루어진 평행사변형의 넓이와 같게 된다.

step2 주어진 면적을 a, b, c에 대한 식으로 표현한다.

이때 $y=4^x$에서 $y=4^{x-\frac{1}{2}a}-a$로 평행이동한 거리를 d, 두 직선 간 거리를 h라 하면 평행사변형의 넓이 $S=dh=3$이다.

d는 가로가 $\frac{1}{2}a$, 세로가 a인 직각삼각형의 빗변의 길이이므로 $d=\frac{\sqrt{5}}{2}a$이고,

h는 $(0,-\log b)$와 $y=-2x+\log c$ 사이의 거리 공식을 써서 계산하면 $h=\frac{1}{\sqrt{5}}(\log b+\log c)$를 얻는다.

즉, $\frac{\sqrt{5}}{2}a\times\frac{1}{\sqrt{5}}(\log b+\log c)=3$, $a\times\log bc=6$이다.

step3 이를 만족하는 순서쌍 (a,b,c)의 개수를 구한다.

$a\times\log bc=6$을 만족하는 경우는

1) $a=1$인 경우

$\log bc=6$, $bc=10^6=2^6\times5^6$이므로

약수의 개수는 $7\times7=49$개이므로

(b,c)순서쌍은 49개이다.

2) $a=2$인 경우

$\log bc=3$, $bc=10^3=2^3\times5^3$이므로

약수의 개수는 $4\times4=16$개이므로

(b,c)순서쌍은 16개이다.

3) $a=3$인 경우

$\log bc=2$, $bc=10^2=2^2\times5^2$이므로

약수의 개수는 $3\times3=9$개이므로

(b,c)순서쌍은 9개이다.

4) $a=6$인 경우

$\log bc=1$, $bc=10=2\times5$이므로

약수의 개수는 $2\times2=4$개이므로

(b,c)순서쌍은 4개이다.

이상에서 모든 순서쌍 (a,b,c)의 개수는

$49+16+9+4=78$개이다.

2023 정답 및 해설

01 독서

핵심
주제 글의 내용 이해하기

정답 ④

✏️ 정답 해설

제시문에 따르면 경험적 적용은 이론의 예외가 되는 반증 사실이 있는지에 대해 검증하는 것이지 이론을 이상적으로 만드는 것은 아니다. 즉, 반증은 과학 이론에 대해 지속적인 비판이 이루어지는 것을 의미한다.

오답 해설

① 과학 이론 → 반증 가능성의 정도가 각기 다름

3문단에서 모든 이론의 가설이 동일한 정도로 반증 가능성이 있는 것은 아니라고 서술되어 있다.

② 과학 이론 → 오류 제거를 통한 점진적 발전

3문단에서 포퍼는 자연의 진화처럼 과학 이론 역시 끊임없는 반증과 오류 제거를 통해 점진적으로 발전한다고 보았다.

③ 가치 있는 이론 → 반증에 내구성이 있음

3문단에서 좋은 이론은 반증 가능성이 큰 대담한 내용을 내포함에도 쉽게 무너지지 않는 이론으로 파악하고 있다.

⑤ 과학 이론 → 경험적 적용을 통해 타당성 검증

2문단에서 과학 이론은 항상 오류 가능성을 포함하고 있기 때문에, 논리적으로 모순이 없다고 해도 반드시 경험적 적용을 통해 타당성을 검증해야 한다고 설명하고 있다.

02 독서

핵심
주제 글의 세부 내용 파악하기

정답 ⑤

✏️ 정답 해설

4문단에서 포퍼는 현대 사회가 민주주의 사회로 발전했지만 다수결에 의해 폭군과 독재자가 통치하도록 결정될 수 있다는 역설을 배제할 수 없다고 보았다. 여기서 폭군과 독재자가 통치하도록 결정될 수 있는 사회는 주술적 가치를 통해 지배하는 닫힌 사회이다. 그러므로 주술적 가치가 다수결에 따를 때 나타날 수 없는 가치라는 ⑤의 설명은 옳지 못하다.

오답 해설

① 주술적 가치 → 비판과 검증을 허용하지 않는 가치

4문단에서 통치자가 어떤 반박도 허용하지 않는 주술적 가치를 통해 지배한다고 하였으므로, 주술적 가치는 비판과 검증을 허용하지 않는 가치라고 할 수 있다.

② 주술적 가치 → 열린 사회에서 배척되어야 하는 가치

4문단에서 포퍼가 보기에 닫힌 사회는 주술적이라고 하였고, 닫힌 사회의 독단주의는 소수의 폐쇄된 집단만 사태를 정확히 인식한다고 전제하는 지적 오만을 드러낸다고 하였다. 그러므로 주술적 가치는 열린 사회에서 배척되어야 하는 가치이다.

③ 주술적 가치 → 사회를 무오류의 상태로 바꾸려는 가치

4문단에서 열린 사회는 범할 수 있는 오류를 인정하는 사회이므로, 사회를 무오류의 상태로 바꾸려는 가치는 열린 사회와 반대되는 닫힌 사회의 주술적 가치라고 볼 수 있다.

④ 주술적 가치 → 미래가 어떻게 될지 확신할 수 있는 가치

6문단에서 역사적 법칙이 미래를 확실히 예측하는 수단인 것 같지만 실제로 이러한 예측은 불가능하며 오히려 그 법칙이 독단이 되어 국민을 억압하게 된다고 설명하고 있다. 또한 마지막 문단에서 미래가 어떨지는 누구도 알 수 없고, 그것을 주장하는 사람은 마법사일 뿐이라고 서술되어 있다. 그러므로 미래가 어떻게 될지 확신하는 것은 닫힌 사회의 주술적 가치이다.

03 독서

핵심
주제 글의 세부 내용 파악하기

정답 ⑤

✏️ 정답 해설

제시문에 따르면 포퍼는 사회도 자연의 진화처럼 시행착오와 오류 제거를 통해 변화한다고 보았으며, 독단의 법칙에 의해 뒷받침되는 불변적이고 절대적인 이상 사회인 유토피아가 최종 목적이 아니라고 보았다. 그러므로 ⑤의 '시행착오로 인한 희생이 있어도 이상적 미래를 구현하게 하는 제도'가 ㉡에서 말하는 사학하거나 무능한 지배자들이 심한 해악을 끼치지 않도록 하는 정치 제도는 아니다.

오답 해설

① 단편적 지식만 아는 다수 → ㉡

5문단에서 포퍼는 단편적 지식만 아는 다수가 자신이 아는 지식을 자유롭게 교환하면서 국가의 미래를 논의하는 것이 전체주의보다 낫다고 보았다.

② 소수 집단의 자유로운 의견 → ㉡

소수 집단이라 해도 자신의 의견을 자유롭게 개진하는 것은 열린 사회이므로, 그러한 제도는 사악하거나 무능한 지배자들이 심한 해악을 끼치지 않도록 하는 정치 제도에 해당한다.

③ 자유로운 의사 결정 → ㉡

치열한 토론과 자유로운 의사 결정은 지식의 자유로운 교환을 통해 국가의 미래를 결정할 수 있으므로, 그러한 제도는 사악하거나 무능한 지배자들이 심한 해악을 끼치지 않도록 하는 정치 제도에 해당한다.

④ 단기적 목적의 설정 → ㉡

마지막 문단에서 포퍼는 현재 문제를 점진적으로 해결하려는 합리적 과정을 통해 설정된 단기적 목적을 이루는 것이 더 중요하다고 보았다.

04 독서

 정답 ①

한자어 익히기

정답 해설

ⓐ의 '싹트다'는 '어떤 생각이나 감정, 현상 따위가 처음 생겨나다'는 뜻이므로, '어떤 일이나 생기려는 기운이 싹틈'을 의미하는 ①의 '태동(胎動)'과 그 의미가 가장 유사하다.

오답 해설

② 준동(蠢動): 벌레 따위가 꿈적거린다는 뜻으로, 불순한 세력이나 보잘것없는 무리가 법석을 부림을 이르는 말이다.
③ 활동(活動): 몸을 움직여서 행동함을 의미한다.
④ 가동(可動): 움직일 수 있음을 의미한다.
⑤ 약동(躍動): 생기 있고 활발하게 움직임을 뜻한다.

05 독서

 정답 ④

주어진 견해에 대한 반론 찾기

정답 해설

칼 포퍼는 '반증주의'를 통해 과학 이론은 항상 오류 가능성을 포함하고 있기 때문에 논리적으로 모순이 없다고 해도 반드시 경험적 적용을 통해 타당성을 검증해야 한다고 보았다. 또한 혁명적 과정에서 나타날 수 있는 정치적 독단은 지적 오만을 드러내고 국민을 억압하게 되므로 문제 해결을 오히려 저해할 수 있다고 설명하고 있다. 그러므로 〈보기〉의 견해에 대해 ④의 설명이 칼 포퍼가 제기할 만한 반론으로 가장 적절하다.

오답 해설

① 과학 이론 → 수정 또는 폐기될 수 있음

과학 이론은 경험적 적용을 통해 타당성을 검증해야 하고, 이론의 예외가 되는 반증 사실이 있을 경우 그 이론은 수정되거나 폐기될 수 있다. 그러므로 과학의 이론적 틀이 하나여서 결코 바뀌지 않는 것은 아니다.

② 반론의 방향 → 잘못됨

〈보기〉의 견해는 생각의 틀 자체를 바꾸는 혁명을 통한 급격한 변화가 과학과 정치의 발전을 가져올 수 있다는 내용이므로, 반증의 많고 적음이 과학 이론의 성공을 결정한다는 반론은 적절하지 못하다.

③ 과학 이론 → 점진적 발전

포퍼는 자연의 진화처럼 과학 이론 역시 끊임없는 반증과 오류 제거를 통해 점진적으로 발전한다고 보았으며, 정치 역시 반증 가능성이 발전의 조건이 된다고 보았다.

⑤ 반증주의 → 과학 이론의 타당성 검증

칼 포퍼의 '반증주의'는 과학 이론 또는 정치를 경험적 적용을 통해 타당성을 검증하는 가설이지, 여러 과학 이론이나 정치적 해결책 중 어느 것을 선택할지 결정하는 역할을 하는 것은 아니다.

06 현대 시 복합

 정답 ⑤

작품의 내용 파악하기

정답 해설

(가)에서는 두만강을 건너 북간도로 온 과거 상황을 상상하여 시적 대상인 '가시내'의 슬픈 처지를 이해하고 있으며, (나)에서는 파초에 감정을 이입하여 조국을 떠나온 '파초의 꿈'을 통해 조국을 잃어버린 화자의 처지를 간접적으로 드러내고 있다. 그러므로 (가)와 (나)의 공통점은 '대상의 과거 상황을 상상하여 대상의 현재 처지를 이해한다.'는 ⑤의 설명이 가장 적절하다.

오답 해설

① (가) → 의인법(X) / (나) → 의인법(O)

(나)는 3연의 '소낙비를 그리는 너는 정열(情熱)의 여인(女人)'에서 의인법을 사용하여 '너', 즉 '정열의 여인'을 통해 동적인 이미지를 구현하고 있으나, (가)에서는 의인법이 사용되고 있지 않다.

② (가), (나) → 독백적 어조(X)

(가)와 (나) 모두 독백적 어조로 자신의 상황을 반성적으로 성찰한 부분은 보이지 않는다.

③ (가) → 서사적 맥락(O) / (나) → 서사적 맥락(X)

(가)에서는 단풍이 물들던 가을에 두만강을 건너 겨울인 지금 북간도 술막에서 일하고 있는 '가시내'의 서사적 맥락이 형성되어 있으나, (나)에서는 서사적 맥락이 보이지 않는다.

④ (가), (나) → 반어의 수사적 표현(X)

(가)와 (나) 모두 반어의 수사적 표현이 사용되지 않았다.

✅ 핵심노트

(가) 이용악, 「전라도 가시내」
• 갈래 : 자유시, 서정시
• 성격 : 서사적, 애상적, 비극적
• 제재 : 전라도 가시내
• 주제 : 일제강점기 유이민들의 비참한 삶
• 특징
  – 전형적인 이야기시의 서술 형식을 취함
  – 토속적인 시어와 사투리를 사용함
  – 전라도 가시내와 함경도 사내의 대화 형식으로 내용을 전개함

(나) 김동명, 「파초」
• 갈래 : 자유시, 서정시, 참여시
• 성격 : 상징적, 우의적, 의지적
• 제재 : 식민지의 극한 상황
• 주제 : 잃어버린 조국에 대한 향수와 극복 의지
• 특징
  – 자아와 세계와의 대결 구조
  – 자연물에 감정을 이입하여 화자의 정서를 표출함
  – 대상에 대한 호칭 변화(파초-너-우리)를 통해 정서적 거리감을 좁힘

07 현대 시 복합

시적 대상 파악하기

정답 ②

정답 해설

(가)에서는 시적 화자인 '함경도 사내'가 북간도 술막에서 일하고 있는 시적 대상인 '전라도 가시내'의 슬픔에 공감과 위로를 보내고 있으며, (나)에서는 시적 화자가 시적 대상인 파초에 감정을 이입하여 조국을 잃어버린 자신의 처지에 공감하고 있다. 그러므로 (가), (나)의 화자가 시적 대상에 대해 가지고 있는 태도는 '공감적' 태도이다.

08 현대 시 복합

시어의 의미 파악하기

정답 ③

정답 해설

(가)의 5연에서 '잠깐 너의 나라로 돌아가거라'라고 말한 것은 시적 화자인 '함경도 사내'가 '가시내'를 위로하기 위한 말이며, 실제로 '가시내'가 언제 떠날 수 있을 지는 기약이 없다. 오히려 봄이 되면 노래도 없이 자욱도 없이 사라지는 것은 시적 화자인 '함경도 사내'이다. 그러므로 '봄이 오면 술막을 떠날 예정이다.'라는 ③의 설명은 옳지 못하다.

오답 해설

① 가시내 → 고향에 대한 그리움

  북간도 술막에서 만난 함경도 사내와의 대화를 통해 '가시내'가 고향을 그리워하고 있음을 알 수 있다.

② 두만강 건너기 → 가을

  3연에서 석 달 전 단풍이 물들 때 두만강을 건너왔다고 하였으므로, '가시내'가 가을 무렵 두만강을 건너왔고 석 달 이후인 지금은 겨울임을 알 수 있다.

④ 자신의 처지 → 냉소적

  5연의 '때로 싸늘한 웃음이 소리 없이 새기는 보조개'에서 술집 작부로 전락한 자신의 처지에 대한 냉소적 태도를 엿볼 수 있다.

⑤ 전라도 → 북간도

  전라도 사람인 '가시내'가 먼 길을 떠나 현재의 장소인 북간도까지 오게 된 서사적 과정이 묘사되어 있다.

09 현대 시 복합

시어의 의미 파악하기

정답 ②

정답 해설

'불타는'은 파초의 고향인 남국의 특성이자 잃어버린 조국을 그리워하는 시적 화자의 열정적 마음의 표현이며, '밤'과 '겨울'은 일제 치하의 어두운 현실로 서로 대립적 관계에 있다고 볼 수는 없다. 또한 시적 대상인 '너'는 시적 화자인 '나'가 동반자적 애정과 일체감을 보이는 감정 이입의 대상이지 '밤'과 '겨울' 즉, 일제 치하의 어두운 현실

에 저항하는 능동적인 존재는 아니다.

오답 해설

① '불타는' → 파초의 고향인 남국의 특성

  '불타는'과 '정열(情熱)'은 모두 파초의 고향인 남국의 특성으로, 파초가 뜨거운 고향인 남국을 그리워하듯 시적 화자 또한 감정 이입을 통해 잃어버린 조국을 열렬히 그리워하고 있음을 나타낸다.

③ '불타는' → '샘물'이 필요한 까닭

  조국에 대한 그리움에 불타 갈증을 느끼는 것에 대해, '샘물'이 그리움이라는 갈증을 해소시켜주는 수단으로 사용되었다.

④ '불타는' → '소낙비'의 치유

  조국에 대한 불타는 향수를 치유할 '소낙비'는 그리움의 대상이지만, '소낙비'가 내리지 않아 발등에 '샘물'을 길어 부음으로써 이를 대신하는 것이다.

⑤ '불타는' → 상승적 이미지

  불과 '정열(情熱)'의 타오르는 모습은 상승적 이미지를 연상시키며, 시적 화자인 '나'는 감정 이입의 대상인 파초 즉, '너'를 긍정적 가치를 지닌 존재로 파악한다.

10 현대 시 복합

작품의 세부 내용 파악하기

정답 ①

정답 해설

㉠의 '헤매이자'는 '가시내'의 어두운 옛 이야기를 듣는 나의 모습을 나타낸 것으로 행위 주체는 화자이지만, ㉡의 '가리우자'는 일제 치하의 암울한 현실을 파초와 함께 이겨내자며 청자에게 청유하고 있는 것으로 행위 주체는 청자이다.

오답 해설

② ㉠, ㉡ → 화자와 청자의 심리적 거리 : 가까움

  ㉠의 '헤매이자'는 '가시내'의 어두운 옛 이야기에 빠져드는 화자의 모습에서, ㉡의 '가리우자'는 어두운 현실을 함께 극복하자는 청유에서 화자와 청자의 심리적 거리가 가까워지고 있다.

③ ㉠ → 행위의 동참 요구(X) / ㉡ → 행위의 동참 요구(O)

  ㉡의 '가리우자'는 암울한 현실을 이겨내자고 청자에게 행위의 동참을 요구하고 있지만, ㉠은 그렇지 않다.

④ ㉠, ㉡ → 불확실한 미래에 대한 걱정(X)

  ㉠의 '헤매이자'는 '함경도 사내'가 '가시내'의 어두운 옛 이야기에 빠져드는 모습으로, 불확실한 미래에 대한 걱정을 바탕으로 한 것은 아니다. ㉡의 '가리우자'도 현실 극복에 대한 의지를 나타낸 것으로 불확실한 미래를 걱정하고 있지는 않다.

⑤ ㉠ → 현실 극복 의지(X) / ㉡ → 현실 극복 의지(O)

  ㉡의 '가리우자'는 암울한 현실을 극복하면 현실의 고난에서 벗어날 수 있다는 믿음이 담겨 있지만, ㉠에서는 그런 모습을 볼 수 없다.

11 현대 소설

글의 서술 방식 이해하기

정답 ⑤

정답 해설

이 글은 1인칭 주인공 시점으로 등장인물인 서술자, 즉 작품 속의 주인공인 '나'가 다른 인물들을 관찰하며 그들의 삶과 내면 심리를 논평하고 있다.

오답 해설

① 우연성 강조 → X

위 작품은 인과 관계가 약한 사건들을 병치하여 우연성을 강조하기 보다는 생기를 잃고 무기력하게 살아가는 조선인의 비참한 삶을 있는 그대로 보여주고 있는 사실주의 소설이다.

② 액자 소설 → X

이야기 속 이야기는 외부 이야기가 내부 이야기를 액자처럼 포함하고 있는 소설 기법인데, 위의 작품에서는 이야기 속 이야기가 아니라 대화와 관찰을 통해 인물의 과거를 소개하고 있다.

③ 갈등의 해소 → X

위 작품은 '무덤'이라는 상징적 소재를 통해 일제 강점기 조선의 식민지 상황을 냉담하게 비판하고 있으나, 중심 갈등이 해소되는 과정은 서술되어 있지 않다.

④ 긍정적인 면모 → X

인물의 내적 독백을 통해 인물들의 긍정적인 면모가 아니라 일제 강점기 조선인들의 암울한 삶에 대한 부정적인 면모를 부각하고 있다.

✔ 핵심노트

- 갈래 : 현대 소설, 중편 소설, 사실주의 소설
- 성격 : 사실적, 비판적, 자조적
- 시점 : 1인칭 주인공 시점
- 배경
  - 시간 : 3·1 만세 운동 전
  - 공간 : 일본에서 조선으로 돌아오는 여정
- 주제 : 지식인의 눈으로 바라본 일제 강점기의 암울한 조선의 현실
- 특징
  - 일본에서 조선(부산–김천–서울)으로 돌아오는 여정을 중심으로 전개되는 여로형 소설임
  - 상세한 묘사와 함께 세태를 사실적으로 묘사함

12 현대 소설

 핵심주제 | 글의 태도 이해하기 | 정답 ③

정답 해설

(가)에서 '무덤'은 일제 강점기 식민지 조선의 참담한 모습을 상징하고, '구더기'는 그런 암울한 현실에서 비참하게 살아가는 조선 민중의 모습을 상징한다. 서술자이자 주인공인 '나'가 "이게 산다는 꼴인가? 모두 뒈져 버려라!"고 말한 혼잣말 속에서 한심하게 살아가는 조선 민중에 대한 안타까움과 분노의 태도를 엿볼 수 있다.

오답 해설

① 대상에 대한 포용 → X

실의에 빠진 대상을 포용하는 것이 아니라 절망적인 상황을 냉소적인 시선으로 비판하는 태도를 보이고 있다.

② 일방적인 저주 → X

일방적으로 저주하는 태도가 아니라 조선인의 무기력한 삶의 모습에 안타까움과 분노의 태도를 보이고 있다.

④ 염려의 태도 → X

일본인들에게 굴종적인 모습을 보이는 조선인들을 마음의 소리로 표현한 것이지, 큰 소리로 말하고 싶은데 대상이 잘 받아들이지 않을 것을 염려하여 혼잣말로 외친 것은 아니다.

⑤ 구원의 시도 → X

무기력한 대상을 구원하려던 시도는 보이지 않으며, 극복 방안 없이 냉소적인 시선으로 비판만 하는 지식인의 한계를 드러내고 있다.

13 현대 소설

 핵심주제 | 등장인물 이해하기 | 정답 ③

정답 해설

"예서 아주 자라났답니다. 제 어머니가 조선 사람인데요."라는 변론하는 듯한 말과 "그렇지!" 하며 얼굴을 들이대는 동료에 대해 '화롯불 가져온 아이'는 싫은 내색을 하거나 언짢아하는 모습을 보이지 않았다.

오답 해설

① 화롯불 가져온 아이 → 조선에서 태어나고 자람

"예서 아주 자라났답니다. 제 어머니가 조선 사람인데요."라고 말하는 동무 계집애의 말을 통해 '화롯불 가져온 아이'는 조선에서 태어나고 자랐음을 알 수 있다.

② 화롯불 가져온 아이 → 혼혈인 것이 드러나는 것을 꺼림

조선애가 아닌가도 싶다고 추측하는 '나'의 시선에 "예서 아주 자라났답니다. 제 어머니가 조선 사람인데요."라고 '화롯불 가져온 아이'를 변론하는 듯한 동무 계집애의 말로 보아 '화롯불 가져온 아이'가 자신이 혼혈인 것이 드러나는 것을 꺼린다는 사실을 알 수 있다.

④ 화롯불 가져온 아이 → 어머니와 헤어짐

어머니가 대구에 있으며, 대구에 가는 인편을 통해 알아보고 싶다는 말을 통해 어머니와 헤어진 상태임을 알 수 있다.

⑤ 화롯불 가져온 아이 → 한글로 편지를 쓸 줄 모름

"천생 언문으로 편지를 쓸 줄 알아야죠."라는 말을 통해 '화롯불 가져온 아이'가 한글로 편지를 쓸 줄 모른다는 사실을 알 수 있다.

14 현대 소설

핵심주제 | 문맥적 의미 파악하기 | 정답 ②

정답 해설

ⓒ은 조선 사람들에 대한 비판적 내용 중 '소댕 뚜껑이 무거워야 밥이 잘 무른다'는 지식을 예로 들어 조선 사람의 무식함을 외국 사람에게 직접 눈으로 확인시켜 주었다는 비아냥거림을 담고 있다. 그러므로 외국 사람에게 조선인들이 실제 물건들을 사용하여 교육하는 것을 의미하는 것은 아니다.

오답 해설

① ㉠ → 조선인들에게 원인이 있음

㉠ 다음의 문장에서 조선 사람은 외국인에게 대해서 아무것도 보여 준 것이 없다며 조선 사람들에 대한 비판적 내용을 열거한 것으로 보아, ㉠의 '이러한 사실'은 문맥상 조선인들이 일본인에게 천대를 받는 것은 조선인들에게 원인이 있다는 사실을 의미한다.

③ ㉢ → 더 이롭다는 계산

딸자식으로 태어났으면서도 조선 사람인 어머니보다는 일본 사람인 아버지를 찾아가겠다는 것은 부모에 대한 자식의 정리를 지나서 타산이 앞을 서기 때문이라는 것으로 보아, ㉢의 '어떠한 이해관계'는 일본인 아버지에게 기대어 사는 것이 더 이롭다는 계산을 의미한다.

④ ㉣ → 어머니가 더 가엾다는 생각

㉣은 딸아이가 아버지와 헤어진 조선인 어머니가 아니라 어떠한 이해관계 때문에 일본인 아버지를 찾아간다는 것은 그 어머니가 남편과 딸에게 모두 버림받았기 때문에 더 가엾다고 생각된다는 의미이다.

⑤ ㉤ → 찻간의 분위기를 더욱 무겁게 만듦

㉤의 '우중충한 남폿불'은 찻간 사람들의 머리 위를 밝히는 등불이 아니라 무덤 같은 찻간의 분위기를 더욱 무겁게 만드는 흐리고 침침한 램프 불빛을 의미한다.

15 현대 소설

 작품에 대한 비판적 사고 이해하기 | 정답 ④

정답 해설

작품 속 '무덤'은 일제 강점기 식민지 조선의 참담한 모습을 상징하고, '구더기'는 그런 암울한 현실에서 비참하게 살아가는 조선 민중의 모습을 상징한다. 그러므로 당시 조선인들을 무덤 속 구더기로 보는 '나'의 관점에서는 희망도 미래도 없는 무기력한 조선에서 민족의 자주성을 드높이는 만세 운동이 일어난 것은 이해할 수 없는 사건이다.

 오답 해설

① 자주적으로 선택한 삶 → X

작품 속 주인공인 '나'는 무덤 같은 일제 치하의 환경 속에서 구더기처럼 비굴하게 살고 있는 당시 조선인들의 삶을 비난하고 있지만, 그들이 자주적으로 선택한 삶이라고 보고 있지는 않다.

② 일본에 기대야 한다는 생각 → X

작품의 서술자인 '나'는 일제 치하에서 구더기처럼 굴종하며 살아가는 조선인들을 비난하고 있다. 그러므로 일본에 기대어야 한다는 생각을 벗어나지 못한 것은 아니다.

③ 자신이 우월하다는 생각 → X

작품 속 일본 유학생인 '나'는 구습에 젖은 당시 조선인들의 삶에서 희망을 찾거나 극복 방안을 제시함이 없이 비난만 하는 지식인의 한계를 드러내고 있다. 그러므로 '나'가 희망을 발견하려는 자신이 우월하다는 생각은 찾을 수 없다.

⑤ 일본인들의 잘못 → X

작품 속 주인공인 '나'는 시대에 뒤떨어진 조선 민중의 삶에 안타까움과 분노의 태도를 보이며 자조하고 있지, '나'가 일본인들의 잘못을 비난하는 모습은 보이지 않는다.

16 독서

 글의 서술 방식 이해하기 | 정답 ②

정답 해설

1문단에서 유전자 치료 중 현재 가장 발전한 것이 3세대 유전자 가위인 크리스퍼 시스템이라고 정의한 후, '일정한 스페이서를 둔 서열의 발견', '크리스퍼 시스템과 적응 면역의 관련 가능성', '인간의 유전자에 크리스퍼 시스템의 적용' 등 그와 관련된 사항들을 구체적으로 설명하고 있다. 그러므로 "대상을 정의한 후, 그와 관련된 사항들을 구체적으로 설명하고 있다"는 ②의 내용이 제시문의 서술 방식으로 가장 적절하다.

17 독서

 사건의 순서 이해하기 | 정답 ④

정답 해설

ⓒ → 1987년

박테리아 유전체에서 일정한 스페이서를 둔 서열이 발견된 것은 1987년이다.

ⓐ → 2002년

세균의 유전자에 존재하는 특정한 반복 염기서열을 크리스퍼로 명명한 것은 2002년이다.

ⓑ → 2007년

크리스퍼 시스템과 적응 면역의 관련 가능성을 실험적으로 증명한 것은 2007년이다.

ⓓ → 2008년

인간의 유전자에 크리스퍼 시스템을 사용할 수 있음을 확인한 것은 이듬해인 2008년이다.

18 독서

 글의 세부 내용 이해하기 | 정답 ④

정답 해설

제시문에 따르면 근본적인 원인이 되는 비정상 유전자를 고치는 것을 유전자 치료라고 하는데, 이것은 질병의 원인이 되는 표적 염기서열을 절단하는 것이다. 그래서 1세대의 징크핑거 뉴클레아제, 2세대의 탈렌에 이어 크리스퍼 시스템을 3세대 유전자 '가위'라고 한다. 그러므로 ④의 '가이드RNA와 카스에 의한 표적 염기서열 절단'이 크리스퍼 시스템의 핵심적인 작동 기제라고 볼 수 있다.

19 독서

 글의 세부 내용 이해하기 | 정답 ③

정답 해설

5문단의 말미에 크리스퍼 시스템이 아직까지는 기술적 정확성 면에서 한계가 있고 유전자 변이를 완벽히 통제하지 못하고 있다는 제약을 가지고 있으므로, 우생학적 편견 같은 잘못된 가치관을 만났을 때 잘못 이용되지 않도록 유전자 편집의 경계 기준을 기술적인 차원에서뿐 아니라 생명 윤리 차원에서도 다루어질 필요가 있다고 당부하고 있다. 이것은 크리스퍼 시스템이 ③에서처럼 생명 윤리 차원에서 우생학적 편견을 안고 있는 방법이라고 단정하고 있는 것은 아니다.

오답 해설

① 비용이 적게 듦 → 2문단

2문단에서 크리스퍼 시스템은 기술적으로 비교적 다루기 쉽고 비용이 적게 든다는 장점이 있어 〈사이언스〉에서 가장 혁신적인 기술로 선정되었다고 서술되어 있다.

② 고등생물 대상 가능 → 4문단

4문단의 마지막 문장에 인간을 포함한 고등생물에서도 이 크리스퍼 시스템이 사용될 수 있다는 것이 증명되었다고 서술되어 있다.

④ 식량 증산의 산업적 활용 → 5문단

5문단의 첫 번째 문장에 크리스퍼 시스템은 생명과학 분야에서 유전자 교정을 통해 동식물의 생산량과 안정성을 조절하는 데 기여할 수 있다고 서술되어 있다.

⑤ 가장 발전한 유전자 치료법 → 1문단

1문단의 마지막 문장에 3세대 유전자 가위인 크리스퍼 시스템이 현재까지는 기술적으로 가장 발전한 유전자 치료 방법이라고 서술되어 있다.

20 독서

글의 내용 이해하기   정답 ⑤

정답 해설

5문단에서 여느 고객이 누리는 혜택에 더하여 배타적이고 고객 특화적인 추가 혜택이 주어지며 무료 혜택이 함께 부여되는 소비자는 구독료가 비싸더라도 구독 서비스에 충성한다고 하였다. 그러므로 구독 서비스가 충성도 높은 소비자를 유지하기 위해 반드시 값싼 구독료를 유지하는 일반적인 전략을 선택하는 것은 아니다.

오답 해설

① 비용을 지불한 서비스의 계약 기간 → 1, 3문단

1문단에서 구독은 '정기적으로 내는 기부금, 가입, 모금, (서비스) 사용'으로 정의되며, 3문단에서 구독은 소비자가 비용을 지불한 이후에도 계약 기간 동안 그 관계가 지속된다고 하였다. 그러므로 구독 서비스는 비용을 지불한 서비스의 계약 기간을 조건으로 한다고 볼 수 있다.

② 판매자와 소비자의 관계 지속 → 3문단

3문단에 따르면 기존의 판매는 판매자가 상품을 소비자에게 건네주고 소비자가 그에 맞는 비용을 지불함으로써 그 관계가 일단 완성되는 반면, 구독은 소비자가 비용을 지불한 이후에도 계약 기간 동안 그 관계가 지속된다고 설명하고 있다.

③ 모바일 기술 발전 → 4문단

4문단에 모바일 기술이나 콜드 체인 기술 같은 발전된 기술로 인

해 판매자와 소비자가 직접 연결될 수 있게 되었고, 소비자의 요구에 따라 특화되거나 개별화된 상품을 신속하게 제공하는 것이 가능하게 되었다고 서술되어 있다.

④ 밀레니얼 세대의 가치 소비 경향 → 4문단

4문단에 기술적 발전 외에도 가치 소비 세대로서 밀레니얼 세대가 새로운 소비 주체로 등장하게 된 것도 구독 경제의 규모를 키우는 주요한 요인이 되었다고 서술되어 있다

21 독서

내용상 특징 파악하기   정답 ④

정답 해설

4문단에서 전통적인 유통 채널은 일방향성이라는 소통적 특성과 시간적 지연이 있는 반면에, 구독 서비스는 모바일 기술이나 콜드 체인 기술 같은 발전된 기술로 인해 판매자와 소비자가 직접 연결될 수 있게 되었고, 기업이나 판매자가 소비자와 쌍방향적으로 직접 소통하며 소비자의 요구에 따라 특화되거나 개별화된 상품을 신속하게 제공하는 것이 가능하게 되었다고 서술되어 있다. 그러므로 ④의 '유통 채널의 직접성과 쌍방향성'이 판매와 비교하여 구독 서비스가 갖는 특징으로 가장 적절하다.

오답 해설

① 구독 서비스 → 상품의 독점적 사용(X)

소비자는 소유에 의한 독점적 이용도 가능하므로, '상품의 독점적 사용'이 구독 서비스만의 특징은 아니다.

② 구독 서비스 → 상품의 저렴한 가격(X)

기업이 소비자의 수요를 고려하여 싸고 질좋은 제품을 판매하는 것은 기본이므로, '상품의 저렴한 가격'이 구독 서비스만의 특징은 아니다.

③ 구독 서비스 → 상품의 높은 품질과 명성(X)

'상품의 높은 품질과 명성'은 충성 고객을 유도하기 위해 전통적인 판매자와 구독 서비스 모두 필요로 하는 특징이다.

⑤ 구독 서비스 → 소비 수요를 고려한 상품 생산과 제공(X)

기업이 소비자의 수요를 고려하여 싸고 질좋은 제품을 판매하는 것은 전통적인 판매의 특징이다.

22 독서

글의 맥락 이해하기   정답 ①

정답 해설

4문단에서 전통적인 유통 채널은 일방향성이라는 소통적 특성과 시간적 지연으로 인해 소비자의 욕구와 불만을 후속 판매에 반영하는 데 제약이 있다고 설명하면서, 소유를 전제로 한 이러한 경제 모델은 미래에도 존재할 것이라고 단서를 달고 있다. 그러므로 미래에는 소유를 목적으로 한 소비는 사라질 것이라는 ①의 설명은 윗글의 맥락과 일치하지 않는다.

오답해설

② 구독 서비스 → 확대와 성장

4문단에서 기술적 발전, 1인 세대의 증가, 새로운 소비 주체로 밀레니얼 세대의 등장 등이 구독 경제의 규모를 키우는 주요한 요인이라고 설명하고 있다. 그러므로 구독 경제가 오늘날 경제에서 규모를 키워가고 있음을 알 수 있다.

③ 구독 서비스 → 세대 구성의 변화와 밀접

4문단에서 기술적 발전 외에 1인 세대가 증가한 것 그리고 가치 소비 세대로서 밀레니얼 세대가 새로운 소비 주체로 등장하게 된 것도 구독 경제의 규모를 키우는 주요한 요인이 되었다고 서술되어 있다. 그러므로 구독 서비스의 활성화는 세대 구성의 변화와 밀접한 관련이 있다고 볼 수 있다.

④ 구독 서비스 → 소비자가 상품 생산에 직접 영향

4문단에서 구독 서비스의 등장을 통해 기업이나 판매자가 소비자와 쌍방향적으로 직접 소통하며 소비자의 요구에 따라 특화되거나 개별화된 상품을 신속하게 제공하는 것이 가능하게 되었다고 설명하고 있다. 그러므로 구독 서비스에서는 소비자가 상품 생산에 직접적인 영향을 끼치기도 한다는 설명은 타당하다.

⑤ 소비자의 구독 정보 → 서비스 외의 목적 활용

5문단에서 소비자의 반복된 구독에 의해 생산되는 구독 정보를 구독 서비스의 비용 절감을 위한 평가 및 예측 정보로 활용할 수 있고 나아가 상품이나 서비스와 직접 관련이 없는 소비자 정보까지도 빅데이터로 활용하여 새로운 사업 진출에 중요한 판단 근거로 활용할 수 있다고 하였다. 그러므로 소비자의 구독 정보는 해당 구독 서비스 외의 목적을 위해서도 활용될 수 있다.

23 독서

 주어진 글의 위치 찾기 <u>정답</u> ④

정답해설

〈보기〉의 사례는 꽃 구독 서비스이다. 〈보기〉의 마지막 문장에서 꽃 구독 서비스는 자주 꽃을 사서 직접 장식하기에는 시간과 노력의 부담이 있지만 집을 아름답고 생기 있게 꾸미고자 하는 젊은 가치 소비 세대에게 특히 호응을 얻고 있다고 설명하고 있다. 그러므로 새로운 소비 주체로써 가치 소비 세대인 밀레니얼 세대의 등장을 언급한 4문단 다음(ⓔ)에 들어가는 것이 가장 적절하다.

24 독서

 답할 수 없는 질문 찾기 <u>정답</u> ②

정답해설

제시문에는 집단 내 가스라이팅 방식과 그 극복 방안 등에 대해 설명하고 있으나, 개인적 차원의 가스라이팅이 발생하는 원인이나 발생 방식 등에 대한 설명은 제시되어 있지 않다.

오답해설

① '가스라이팅'이란 용어의 유래 → 1문단

1문단에 '가스라이팅'이란 용어는 1944년 조지 쿠커가 감독한 영화 〈가스등(Gaslight)〉에서 유래했다고 제시되어 있다.

③ 가스라이팅 발생 집단의 특징 → 2문단

2문단에 집단 내 가스라이팅은 특히 억압적 질서와 과잉된 친밀함을 제도화하고 있는 집단에서 강한 권력관계에 의한 불평등한 위계질서를 바탕으로 나타난다고 서술되어 있다. 그러므로 가스라이팅이 일어나는 집단은 억압적 질서와 과잉된 친밀함을 제도화하고 있다는 특징을 보인다.

④ 집단 내 가스라이팅 방식 → 4문단

4문단에서 집단 내 가스라이팅은 상급자에 의해 저질러지는 위계에 의한 성폭력 즉 권력형 성범죄를 포함하여 조직 내 괴롭힘의 형태인 폭력, 갑질, 업무 과중, 따돌림 등의 다양한 방식으로 이루어진다고 서술되어 있다.

⑤ 가스라이팅의 극복 방법 → 5문단

5문단에 가스라이팅을 당하지 않거나 거기서 벗어나기 위해서 집단의 구성원은 자신의 목소리를 낼 수 있어야 할 뿐 아니라 그 목소리를 키우기 위해 같은 처지의 구성원들과 연대해야 한다고 그 극복 방법을 제시하고 있다.

25 독서

 뒷받침할 사례 제시하기 <u>정답</u> ⑤

정답해설

제시문에 따르면 가스라이팅은 지속적인 심리 조작으로 피해자가 자기 불신과 가해자에 대한 자발적 순종 또는 의존을 하게 만드는 심리적 억압 기제를 갖는다고 하였다. 그러므로 심판의 날이 다가왔다며 종말에 대한 지속적인 심리 조작으로, 신도들 스스로 지옥에 떨어질 수 있다는 불신을 조장하고, 모든 재산을 헌납하고 종교활동에만 몰두하도록 지속적으로 세뇌하는 가해자인 신흥 종교의 교주에게 자발적으로 순종 또는 의존하게 만드는 것은 가스라이팅에 대한 가장 적절한 사례로 볼 수 있다.

오답해설

① 자신의 중요성을 강조하는 친구 → 가스라이터(X)

"내가 없어서 그래."라는 말은 친구의 자기 확신이며, 가스라이팅의 요소인 피해자의 자기 불신에 대한 태도가 아니므로 가스라이팅의 적절한 사례로 볼 수 없다.

② 인구 감소의 원인을 주장하는 토론자 → 가스라이터(X)

사회의 급격한 인구 감소는 사회 현상에 해당하고, 토론자의 주장은 심리적 억압 기제가 아니므로 가스라이팅의 적절한 사례로 볼 수 없다.

③ 목숨을 바쳐 조국을 지키자는 부대장 → 가스라이터(X)

목숨을 바쳐 조국을 지키는 것은 가스라이팅의 요소인 심리적 억압 기제나 불신의 대상이 아니며, 보편적 가치를 지닌 숭고한 정신이다.

④ 명문대 합격을 당부하는 교장 → 가스라이터(X)

학생들에게 명문대에 합격해 줄 것을 부탁하는 교장의 훈시는 당부이자 격려이지, 가스라이팅의 요소인 심리적 억압 기제가 아니다.

26 독서

핵심주제   글의 세부 사항 이해하기   정답 ①

정답 해설

5문단에서 가스라이터는 자기 주관이 약하고 의존적인 심리를 갖는 사람을 표적으로 삼는다고 하였으므로, 자기 주관이 강한 사람이 주로 가스라이팅의 표적이 된다는 ①의 설명은 옳지 못하다.

오답 해설

② 가스라이팅 피해자의 자책 → 3문단

3문단에서 심지어 가스라이팅을 자신의 무지와 무능 때문에 받는 처벌처럼 받아들이며 피해자가 자책하는 경우도 있다고 설명하고 있다.

③ 불평등한 위계질서가 뚜렷한 조직 → 2문단

2문단에서 '집단 내 가스라이팅'은 억압적 질서와 과잉된 친밀함을 제도화하고 있는 집단에서 강한 권력관계에 의한 불평등한 위계질서를 바탕으로 나타난다고 서술되어 있다.

④ 친밀함으로 위장된 권력 관계 → 3문단

3문단에 따르면, 집단의 권력 관계가 강해지면 더 커지는 권력 거리를 은폐하기 위해 집단 내 친밀성은 더 강하게 요구되며, 가해자는 친밀함으로 위장된 권력 관계를 이용하여 하급자에 대한 가스라이팅을 일상화한다.

⑤ 동료들은 침묵의 방관자 내지 동조자 → 4문단

4문단에서 피해자의 동료들이 침묵으로 가스라이팅의 방관자가 되고 무력감으로 인해 피해자와 동료들 모두가 순응하게 됨으로써 가스라이팅에 참여하게 된다고 설명하고 있다.

27 독서

핵심주제   글의 문맥적 의미 이해하기   정답 ③

정답 해설

3문단에서 '집단 내 가스라이팅'으로 인해 피해자는 가스라이팅을 심지어 자신의 무지와 무능 때문이라며 자책하게 되고, 자신이 겪는 고통도 해결할 수 없기에 가해자에게 의존할 가능성도 더 커진다고 하였다. 즉, ⓛ의 '아이러니한 것'은 가스라이팅의 고통에서 벗어나려고 가해자인 가스라이터에게 더 의존하는 것을 의미한다.

28 갈래 복합

핵심주제   작품 내용 이해하기   정답 ②

정답 해설

(가)는 을녀가 갑녀와의 대화를 통해 임과 이별한 사연을 서술하고 있지만 그것을 자신과 조물주의 탓으로 돌리고 있으므로, 억울한 일을 당한 원통함의 정서라고 볼 수는 없다. (나) 또한 선비의 궁핍한 농촌 생활을 묘사하고 있지만 억울한 일을 당한 원통함의 정서는 보이지 않는다.

오답 해설

① (가), (나), (다) → 대화체

(가)는 화자와 보조 화자인 '갑녀'와의 대화를 통해 연군의 마음을 전달하고 있고, (나)는 대화체와 일상 언어로 화자의 궁핍한 삶을 묘사하고 있으며, (다)는 대화와 문답 형식으로 시집살이라는 주제 의식을 표현하고 있다.

③ (가), (다) → 여성 화자

(가)는 여성 화자의 목소리로 연군지정을 노래하고 있고, (다)는 화자인 여성 아낙을 등장시켜 시집살이의 어려움과 애환을 표현하고 있다.

④ (나) → 화자의 경제적 궁핍

(가)에 비해 (나)는 농사를 지을 소가 없어 소를 빌리러 간 데서 화자의 경제적 궁핍이 구체적으로 그려져 있다.

⑤ (다) → 화자가 일상에서 겪는 실제적인 어려움

(가)에 비해 (다)는 밭에 당추와 고추 심기, 밥상 차리기, 물 긷기와 방아 찧기, 아홉 솥에 불 때기, 열두 방에 자리 걷기 등 화자가 시집살이를 통해 겪는 실제적인 어려움이 나타나 있다.

✓ 핵심노트

(가) 정철, 「속미인곡」
• 갈래 : 양반 가사, 서정 가사, 정격 가사
• 성격 : 서정적, 충신연주지사
• 제재 : 임에 대한 그리움
• 주제 : 연군의 정
• 특징
 – 대화 형식으로 내용을 전개함
 – 여성 화자의 목소리로 노래함
 – 세련되고 뛰어난 우리말 표현을 구사함

(나) 박인로, 「누항사」
• 갈래 : 양반 가사, 은일 가사, 정격 가사
• 성격 : 고백적, 사실적, 전원적, 사색적
• 제재 : 안분지족의 생활
• 주제 : 누항에 묻혀 사는 선비의 곤궁한 삶과 안빈낙도의 추구
• 특징
 – 운명론적인 인생관이 나타남
 – 농촌의 일상생활과 관련된 어휘들과 어려운 한자어가 많이 쓰임
 – 자연에 은밀하면서도 현실의 어려움을 직시하는 삶을 사실적으로 드러냄

(다) 작자 미상, 「시집살이 노래」
• 갈래 : 민요, 부요(婦謠)
• 성격 : 여성적, 서민적, 풍자적, 해학적
• 제재 : 당대 여성의 고통과 애환
• 주제 : 시집살이의 어려움과 한(恨)
• 특징
 – 언어 유희를 통해 가사에 재미를 줌
 – 시집살이 상황을 해학적으로 그려 냄
 – 대화와 문답의 형식으로 주제 의식을 강화함
 – 대구, 대조, 반복, 열거 등 다양한 표현법을 사용함

29 갈래 복합

핵심주제   작품 간의 내용 비교하기   정답 ②

정답 해설

(가)는 날씨, 식사, 수면 등 건강과 관련하여 '님'에 대한 화자의 걱정을 드러내고 있는 반면에, 〈보기〉는 '님'과의 이별로 인해 한숨짓고 눈물 흘리는 화자의 현재 처지를 나타내고 있다.

오답 해설

① (가), (나) → '님'과의 이별

    (가)와 (나) 모두 '님'과의 이별을 소재로 시상을 그려내고 있다.

③ (가) → 슬픔과 자책, (나) → 슬픔과 눈물

    (가)는 '님'과의 이별을 자신의 탓으로 돌리는 슬픔과 자책의 감정을 보이고 있으며, 〈보기〉 또한 '님'과의 이별로 분노와 절망이 아닌 슬픔과 눈물을 표현하고 있다.

④ (가), (나) → 정중하고 우아한 태도

    (가)와 (나)의 화자 모두 '님'과의 이별로 인한 슬픔에 경박하고 소심한 태도가 아니라 정중하고 우아한 태도를 보이고 있다.

⑤ (가) → 고사성어(X), (나) → 한시구(X)

    (가)는 '빅옥경(白玉京)'과 같은 고유어의 사용은 보이나 고사성어를 사용한 시구는 보이지 않는다. 〈보기〉는 '광한뎐(廣寒殿)', '연지분(臙脂粉)' 등의 한자어의 사용은 보이나 한시구의 사용은 보이지 않는다.

30 갈래 복합

정답 ③

작품 간의 내용 비교하기

정답 해설

(나)는 당시의 음식인 기름에 튀긴 수꿩 음식과 삼해주가 소재로 쓰였고, (다)는 밥상 차리기, 물 긷기와 방아 찧기, 아홉 솥에 불 때기, 열두 방에 자리 걷기 등 시집살이를 통한 가사노동의 양상이 반영되어 있다.

오답 해설

① (나) → 사실적 분위기, (다) → 혹독한 시집살이

    (나)는 농촌의 일상을 사실적으로 묘사하고 있으며, (다)는 아낙네의 가사노동을 통한 혹독한 시집살이가 묘사되어 있다.

② (나) → 시간의 역전(X), (다) → 공간의 배치

    (나)는 화자가 이른 저녁인 초경(初更)에 소를 빌리러 가고 있지만, 시간의 역전을 통한 시상 전개는 보이지 않는다. (다)는 밭, 부엌, 우물, 방앗간 등의 공간 배치를 통해 가사노동의 시상을 전개하고 있다.

④ (나) → 사실적, (다) → 해학적

    (나) 농촌 생활의 어려움을 직시하는 삶을 사실적으로 묘사하고 있으나 상징적이고 역설적인 표현은 보이지 않는다. (다)는 언어유희를 통해 가사에 재미를 주고 시집살이 상황을 해학적으로 그려내고 있다.

⑤ (나) → 풍자(X), (다) → 서사(X)

    (나)는 농사의 현실적 어려움을 대화를 통해 사실적으로 묘사하고 있으나 대상을 풍자하고 있지는 않다. (다)는 서사적인 상황이 아니라 대화와 문답을 통해 혹독한 시집살이라는 주제 의식을 강화하고 있다.

31 갈래 복합

정답 ⑤

작품의 세부 내용 이해하기

정답 해설

(가)의 ㉠은 백옥경을 떠나 '님'과 어떻게 이별하게 되었는지 묻는 갑(甲)녀의 질문에 을(乙)녀인 화자의 발화를 유도하여 '님'과의 이별이라는 주제를 드러내고 있다. (다)의 ㉡은 화자가 형님에게 시집살이가 어떻냐고 물음으로써 형님의 발화를 통해 문답 형식으로 시집살이라는 주제를 이끌어내고 있다.

32 갈래 복합

정답 ①

작품의 세부 내용 이해하기

정답 해설

화자는 임을 믿어 아무 생각 없이 한 ⓐ의 행동으로 반기시는 얼굴빛이 옛날과 다르다고 하였고, 이로 인한 '님'과의 이별을 자신의 탓으로 돌리고 있다. 그러므로 ⓐ의 행동은 자기의 행동에 대한 자부심과 만족감이 아니라 후회와 자책감이 드러난 것이라 볼 수 있다.

오답 해설

② ⓑ → 화자가 '님'을 모신 적이 있음

    물같이 연약하여 몸이 편한 적이 없었다고 '님'의 건강을 염려하는 모습에서 ⓑ을 통해 화자가 예전에 '님'을 모신 적이 있음을 드러내고 있다.

③ ⓒ → 거절의 뜻을 완곡하게 전달

    화자가 소를 빌리러 갔으나 건넛집 사람에게 소를 빌려주기로 되어 있어, 소 주인이 부탁을 들어주기 어렵다는 거절의 뜻을 ⓒ를 통해 완곡하게 전달하고 있다.

④ ⓓ → 시어머니의 시집살이

    '푸르다'는 세력이 당당함을 비유한 말로 ⓓ의 비교를 통해 화자를 힘들게 하는 시어머니의 시집살이가 혹독함을 나타낸다.

⑤ ⓔ → 자녀 양육과 시집살이로 인한 고통

    식구들의 시집살이도 힘든데 우는 아이로 인한 자녀 양육이 화자를 더욱 힘들게 하는 마음의 고통을 ⓔ를 통해 나타내고 있다.

33 고전 소설

정답 ③

작품 간 내용 비교하기

정답 해설

(가)에서는 첫 번째 첩 초란이 길동의 비범한 재주가 장차 화근이 될까 두려워 특재라는 자객을 고용하여 길동이를 해하려 한다. (나)에서는 정한담이 충렬의 아버지인 유심을 모함하여 귀양을 보내게 한 후 유심의 집에 불을 놓아 충렬 모자마저 살해하려고 한다. 즉, (가)와 (나)는 모두 주인공 측과 적대자 측의 갈등이 심각한 양상으로 나타난다.

오답 해설

① **(가), (나) → 부모 상봉 방해(X)**

(가)에서는 서자로 태어난 길동이가 적대자 측의 공격을 방어한 후 아버지에게 인사를 드리고 집을 떠나게 되며, (나)에서는 충렬 모자가 적대자 측의 공격을 피해 목숨을 부지한다. 그러므로 (가)와 (나) 모두 적대자 측이 주인공의 부모 상봉을 방해하는 것은 아니다.

② **(가) → 구원자의 출현(X), (나) → 구원자의 출현(O)**

(가)에서는 길동이 위기에 빠질 것을 스스로 직감하고 대처한 반면에, (나)에서는 꿈속에 나타난 한 노인의 구원 덕택에 위기를 모면하고 목숨을 구한다.

④ **(가), (나) → 주인공의 행동과 태도**

(가)와 (나) 모두 전기적 요소가 강한 영웅의 일대기를 그린 작품으로 주인공의 내면적 고뇌보다는 행동과 태도가 중점적으로 나타난다.

⑤ **(가), (나) → 적대자 측의 공격**

(가)에서는 초란이 자객 특재를 고용하여 길동이를 죽이려 하고, (나)에서는 정한담이 유심의 집에 불을 놓아 충렬 모자마저 살해하려고 한다. 즉, (나)에서도 적대자 측에 대한 주인공 측의 포용은 보이지 않는다.

☑ 핵심노트

(가) 허균, 「홍길동전」
- **갈래** : 고전 소설, 한글 소설, 영웅 소설
- **성격** : 현실 비판적, 영웅적, 전기적
- **시점** : 전지적 작가 시점
- **배경**
  - 시간 : 조선 시대
  - 공간 : 조선국과 율도국
- **제재** : 적서 차별
- **주제** : 모순된 사회 제도의 개혁과 이상 사회의 건설
- **특징**
  - 우리나라 최초의 국문 소설임
  - 사회 제도의 불합리성을 비판함
  - 영웅의 일대기 구조가 드러나며 전기적 요소가 강함
  - 불합리한 사회 제도에 대한 저항 정신이 반영된 현실 참여 문학임

(나) 작자 미상, 「유충렬전」
- **갈래** : 국문 소설, 영웅 소설, 군담 소설
- **성격** : 영웅적, 전기적, 비현실적
- **시점** : 전지적 작가 시점
- **배경** : 중국 명나라
- **주제** : 유충렬의 고난과 영웅적 행적
- **특징**
  - 천상계와 지상계의 이원적 공간 설정
  - 유교, 불교, 도교 사상이 작품에 반영됨
  - 전형적인 영웅 일대기 구조 속에서 사건이 전개됨

34 고전 소설

작품의 세부 내용 이해하기 　　　　**정답 ⑤**

정답 해설

(가)에서는 길동이 자객의 습격에 죽음을 모면한 후 집을 나와 활빈당을 세우고 율도국의 왕이 된다. (나)에서는 정한담의 습격을 가까스로 모면한 충렬이 후에 도술을 연마하여 반란을 꾀한 정한담을

물리치고 위기에 빠진 나라를 구한다. 그러므로 (가), (나) 모두 최종의 성공에 이르기 위해 영웅이 역경에 처하여 고난을 겪는 과정을 묘사하고 있다.

오답 해설

① **(가) 길동 → 고귀한 혈통(X), (나) 충렬 → 고귀한 혈통(O)**

(나)의 충렬은 개국 공신의 후예인 유심의 아들로써 고귀한 혈통으로 태어났지만, (가)의 길동은 첩의 아들인 서자 출신으로 태어났다.

② **(가) 길동 → 비범한 출생(X), (나) 충렬 → 비범한 출생(O)**

(나)에서는 '옥황께서 주신 아들'이라는 장 부인의 꿈속에 나타난 노인의 말을 통해 영웅이 당하는 고난의 동기가 비정상적인 출생에 있음을 보여주고 있으나, (가)에서는 길동의 비범한 출생이 보이지 않는다.

③ **(가) 길동 → 비범한 능력 발휘(O), (나) 충렬 → 비범한 능력 발휘(X)**

(가)에서는 길동이가 비범한 능력을 발휘하여 초란의 사주를 받은 자객 특재의 공격을 물리치지만, (나)의 충렬 모자는 한담의 공격에 가까스로 도망하여 살아남는다.

④ **(가) 길동 → 보조 인물의 도움(X), (나) 충렬 → 보조 인물의 도움(O)**

(가)에서는 길동이 위기에 빠질 것을 스스로 직감하고 대처한 반면에, (나)에서는 꿈속에 나타난 한 노인의 구원 덕택에 위기를 모면하고 목숨을 구한다.

35 고전 소설

작품의 세부 내용 이해하기 　　　　**정답 ①**

정답 해설

자객 특재가 길동과 대면하며 한 ㉠의 말에는 길동을 죽이려고 하는 이유를 설명하고 있으나, 초란으로부터 돈을 받았다는 내용은 직접적으로 언급되어 있지 않다. 그러므로 ㉠의 말이 길동이 특재의 재물 욕심을 꾸짖는 이유가 된 것은 아니다.

오답 해설

② **㉠ 특재 → 자신에게 잘못이 없음**

자객 특재가 초란의 사주를 받아 길동을 죽이려 한 것이므로 길동에게 개인적인 원한은 없다는 것이다. 그러므로 ㉠은 특재가 자신에게 잘못이 없다는 이유를 댄 것이다.

③ **㉠ 특재 → 거짓을 덧붙여 말함**

초란이 무녀인 관상녀와 함께 길동이를 죽일 계획을 세운 것은 맞으나 길동의 아버지인 상공과 의논한 것은 아니다. 즉, ㉠은 특재가 이전의 상황에 거짓을 덧붙여 말한 것이다.

④ **㉠ → 특재와 길동의 대립**

초란의 사주를 받은 특재가 길동을 죽이기 위해 밤에 길동의 거처를 습격하였으나, 길동이 이를 눈치 채고 둔갑술로 피한 후 특재와 대면한다. 그러므로 ㉠은 특재와 길동이 날카롭게 대립하는 중에 나온 말이다.

⑤ **㉠ 길동 → 관상녀를 죽임**

길동은 ㉠의 말을 통해 특재가 자신을 죽이려는 이유를 알고는 분한 마음을 이기지 못하고 그날 밤 바로 관상녀를 찾아가 그녀를 죽인다. 그러므로 ㉠은 관상녀를 죽이는 길동의 행동을 촉발하는 계기로 작용하였다.

36 고전 소설

작품의 세부 내용 이해하기

정답 ②

정답 해설

ⓛ에는 정한담의 습격을 피해 도망하는 충렬 모자의 고난의 과정이 작가의 시선으로 잘 묘사되어 있을 뿐, 사건 전개상 이후의 사건을 암시하는 복선은 나타나 있지는 않다.

오답 해설

① ⓛ → 고난의 과정

ⓛ에는 자신들을 죽이려는 정한담의 습격을 피해 도망하는 충렬 모자의 고난의 과정이 잘 묘사되어 있다.

③ ⓛ → 전지적 작가 시점

(나)는 전지적 작가 시점으로, ⓛ에서 알 수 있는 것처럼 인물과 사건에 대한 서술자의 직접적인 개입이 나타나 있다.

④ ⓛ → 인물의 현재 모습 부각

ⓛ에서 '백옥 같은 몸에 유혈이 낭자하고 월색같이 고운 얼굴 진흙빛이 되었으니'라는 표현을 통해, 평상시의 고귀한 모습과 대조하여 고난의 현재 모습을 부각하고 있음을 알 수 있다.

⑤ ⓛ → 독자의 동정심 유발

ⓛ에서 '불쌍하고 가련함은 천지도 슬퍼하고 강산도 비감한다'는 표현을 통해, 독자의 동정심을 유발하기 위해 감정을 자극하는 표현을 쓰고 있음을 확인할 수 있다.

37 고전 소설

사자성어 뜻풀이 이해하기

정답 ③

정답 해설

ⓒ의 '남가일몽(南柯一夢)'은 '덧없는 꿈'을 의미하는 것으로, 충렬의 어머니인 장 부인이 꾼 꿈을 말한다. 즉, 장 부인의 꿈속에서 한 노인이 나타나 곧 위험이 닥치니 충렬을 데리고 피하라는 내용이다.

오답 해설

① 첩첩산중 → 여러 산이 겹치고 겹친 산속

ⓐ의 '첩첩산중(疊疊山中)'은 '여러 산이 겹치고 겹친 산속'을 뜻하며, 현실 속 배경이 아닌 길동의 진언으로 나타난 환상 속 배경이다.

② 진퇴유곡 → 꼼짝할 수 없는 궁지

ⓑ의 '진퇴유곡(進退維谷)'은 '이러지도 저러지도 못하는 꼼짝할 수 없는 궁지'로, 길동을 죽이러 온 특재가 길동이 도술로 만든 조화 속에 갇힌 상황을 묘사하고 있다.

④ 일진광풍 → 한바탕 몰아치는 사나운 바람

ⓓ의 '일진광풍(一陣狂風)'은 '한바탕 몰아치는 사나운 바람'을 뜻하며, 한담의 나졸들이 충렬 모자를 죽이기 위해 묻은 화약 염초가 폭발했음을 의미한다.

⑤ 추풍낙엽 → 가을바람에 떨어지는 낙엽

ⓔ의 '추풍낙엽(秋風落葉)'은 '가을바람에 떨어지는 낙엽'을 뜻하며, 화약 염초의 폭발로 충렬의 집과 세간이 무너진 것을 묘사한 것이다.

38 독서

글의 내용 이해하기

정답 ④

정답 해설

3문단에서 20세기에 장애인들이 경험했던 배제와 의존성은 자본주의의 초기에 손상을 지닌 사람들이 '비생산적'이고 의존적인 존재로 강등되었던 사실에서 기원을 찾을 수 있다며, 사회적 모델론이 초기 자본주의가 장애에 끼친 영향을 다루고 있음을 밝히고 있다.

오답 해설

① 장애 : 의료 & 복지의 문제 → 1970년대 이전

1문단에서 장애가 오로지 의료나 복지의 문제로만 취급되는 것에 반대하면서, 이를 사회적 억압의 한 형태로 재공식화하는 작업은 1970년대 영국에서 시작되었다고 서술되어 있다. 그러므로 1970년대 이전에는 장애를 의료와 복지의 문제로 취급하였음을 알 수 있다.

② 사회적 모델론 → 손상의 체험이 지닌 중요성 간과

마지막 문단에 따르면 사회적 모델론자들은 손상을 지닌 삶에 대한 개인적 경험은 장애학의 관심사가 아니라며 이의 중요성을 간과하였고, 이에 대한 비판으로 손상에 대한 체험의 중요성을 강조하는 손상의 사회학과 몸의 사회학이 제기되었다.

③ 사회적 모델론 → 인간 행위의 주체성 누락

5문단에서 코커는 사회적 모델이 견지하는 유물론에서는 인간의 행위 주체성이 누락되고, 담론은 사회 구조의 부수적 효과로 간주되기 때문에, 행위 주체성도 담론도 사회 변화를 위한 초점이 될 수 없다고 비판하였다.

⑤ 사회적 모델론 → 손상을 지닌 사람들의 사회적 위상 분석

4문단의 마지막 문장에서 지구적 자본주의 또는 초자본주의로 특징지어지는 현재의 경제 제도들이 손상을 지닌 사람들의 사회적 위상을 어떻게 변화시키고 있는지를 검토해야 한다고 서술되어 있다.

39 독서

글의 세부 내용 이해하기

정답 ③

정답 해설

의료적 모델과 사회적 모델은 그 접근 방법과 해결책을 달리하지만, 장애가 손상 자체로부터 야기된다는 사실은 의료적 모델이든 사회적 모델이든 장애의 공통적 원인이므로 그러한 원인이 의료적 모델에 대한 사회적 모델의 반박 근거는 되지 못한다.

오답 해설

① 장애 → 손상과 구분되는 개념

장애를 손상과 동일한 것으로 보는 의료적 모델에 대해 사회적 모델은 장애를 사회적 억압의 측면에서 손상과 구분되는 개념으로 이해하고 있다.

② 장애 → 사회 제도에 의한 제약

장애를 신체적인 손상으로 보고 이를 치료하여 회복하려는 의료

적 모델에 대해 사회적 모델은 장애를 노동 시장에서의 배제나 강
요된 빈곤 등 사회 제도에 의한 제약으로 이해하고 있다.

④ 장애 → 사회적 관계로부터 나타난 결과

　장애를 개인적은 문제로 간주하는 의료적 모델에 대해 사회적 모
델은 장애를 손상을 지닌 사람들과 그렇지 않은 사람들 간의 사회
적 관계의 결과로 이해하고 있다.

⑤ 장애에 대한 해결책 → 사회의 책임

　의료적 모델이 장애에 대한 해결책을 지식과 기술을 지닌 전문가
에게 맡기는 것과 달리, 사회적 모델은 장애에 대한 해결책이 사
회의 책임 하에 있으며 '장애인 운동'과 같은 하나의 사회적 양상
으로 나타난다.

40 독서

글의 세부 내용 이해하기　　　　정답 ③

정답 해설

기술의 발달은 장애인을 사회적 의존 상태에서 벗어나게 하는 것이
아니라 장애 보조 기술이나 보조 장치 등 기술 의존도를 심화시키므
로 점점 더 의존적인 존재로 만든다.

오답 해설

① 장애 보조 기술이나 보조 장치의 사용 → 부정적인 사회 문화적 인식

　ⓒ에서 손상을 지닌 사람들에 관한 부정적인 사회 문화적 인식들
이 장애를 구성하는 역할을 하고 있다고 하였으므로, 장애 보조 기
술이나 보조 장치 또한 장애를 두드러져 보이게 하므로 장애를 구
성하는 데 사회 문화적 인식들이 역할을 하고 있다고 볼 수 있다.

② 장애 보조 기술이나 보조 장치의 사용 → 신체적·행동적 차이로 인한 사
회적 제약

　ⓒ에서 혐오스러운 것으로 속성화된 신체적·행동적 차이를 지닌
사람들을 제약한다고 하였으므로, 장애 보조 기술이나 보조 장치
의 사용 또한 신체적·행동적 차이가 드러나기에 사회적 제약을
받을 수 있다.

④ 보조 기술 낙인 → 장애에 대한 사회 문화적 인식

　ⓒ에서 손상을 지닌 사람들에 관한 부정적인 사회 문화적 인식들
이 장애를 구성하는 역할을 하고 있다고 하였으므로, 기술이나 장
치의 사용으로 숨겨져 있던 장애를 드러내고 이를 통해 장애의 낙
인 효과를 발생시키는 '보조 기술 낙인' 또한 장애에 대한 일종의
사회 문화적 인식이라 할 수 있다.

⑤ 보조 기술 낙인 → 장애인의 자존감과 정체성 훼손

　ⓒ에서 손상을 지닌 사람들에 관한 부정적인 사회 문화적 인식들
이 장애인들의 자존감과 정체성을 심각하게 훼손한다고 하였으므
로, 장애의 낙인 효과를 발생시키는 '보조 기술 낙인' 또한 장애인
의 자존감과 정체성을 훼손시킬 수 있다.

41 독서

글의 세부 내용 이해하기　　　　정답 ①

정답 해설

정답 해설

제시문에 따르면 장애인 운동을 계기로 의료나 복지 문제로만 취급
하던 장애를 사회 문제로 취급하는 사회적 모델론이 제시되었다. 또
한 장애학의 중심 사상이 된 사회적 모델론은 장애인 운동에 공감하
는 장애 단체들을 불러 모아 사회생활의 모든 영역에서 장애인 운동
을 다면화시키는 계기가 되었다. 그러므로 ⓐ의 '장애인 운동'과 ⓑ의
'사회적 모델론'은 서로 영향을 주고받는 상호 계기적 관계라고 볼 수
있다.

42 독서

글의 내용 이해하기　　　　정답 ⑤

정답 해설

2문단에서 윤리적 이타주의는 타인의 이익을 위해 행동해야 한다는
입장으로 이는 성인(聖人)의 경지라고 하겠지만, 가족을 위할 때나
익명으로 기부할 때처럼 평범한 이들도 이러한 행위를 할 수 있다고
서술되어 있다. 그러므로 "성인이 아닌 평범한 사람은 타인을 위한
행위를 할 수 없다."는 ⑤의 설명은 적절하지 못하다.

오답 해설

① 윤리 규범 → 심리적 사실 기반

　3문단에서 윤리적 이기주의자들은 자신의 입장이 심리적 이기주
의를 기반으로 성립한다고 주장하고 있으며, 심리적 이기주의가
타당하다면 인간은 자기 이익을 위해 행동하는 것이 마땅하다는
윤리 규범도 성립하는 것으로 설명하고 있다.

② 이기심 → 타인과 상호부조

　7문단의 마지막 문장에 이기심이 맹목적으로 지금 당장 자신만
위하게끔 하는 경향 외에 무엇이 자신에게 장기적으로 더 이익이
될 것인지 고려하면서 타인과 협력하거나 상호부조를 하게끔 하
는 합리적인 경향으로도 나타날 수 있다고 서술되어 있다.

③ 이기심 → 인간의 모든 행위 포괄(X)

　6문단에서 심리적 이기주의를 기반으로 윤리적 이기주의가 성립
한다는 주장은 근거가 빈약할뿐더러 윤리적 이타주의로 되돌아가
도 인간의 모든 행위를 포괄할 수 없다고 설명하고 있다.

④ 윤리적 이타주의 → 어떤 행위가 타인의 이익이 되는지 모를 수 있음

　2문단에서 타인의 이익을 위해 행동해야 한다는 입장인 윤리적
이타주의는 무엇이 타인을 위한 행위가 되는지 모를 수 있다고 설
명하고 있다.

43 독서

글의 세부 내용 이해하기　　　　정답 ②

정답 해설

2문단에서 윤리적 이타주의를 행하는데 있어 무엇이 타인을 위한 행
위가 되는지 모를 수 있고, 적절한 행위가 떠오른다고 해도 그것을
실제로 행할 능력이 없을 수도 있다고 하였다. 또한 〈보기〉에서 칸트
는 마땅히 해야 할 것이라 해도 실천할 수 있어야 규범이 될 수 있다

고 설명하고 있다. 그러므로 이타적인 행위가 아무리 옳다고 해도 실천할 수 없다면 ⓒ의 '윤리적 이타주의'는 규범으로 성립할 수 없다.

다. 즉, '합리적인 윤리적 이기주의'는 타인과 협력하거나 상호부조를 하게끔 하는 이기심이므로 〈보기〉의 사례에서 '그'를 포함한 모든 운전자들이 교통 규칙을 지키는 것이 더 이익이 된다고 믿었으니까 목적지에 빠르고 안전하게 도착하게 된 거라고 '그'에게 말할 수 있다.

44 독서

정답 ④

글의 세부 내용 이해하기

정답 해설

5문단에서 자신과 타인의 이익 대신 오로지 도덕적으로 옳은 것만을 고려하는 의무적 동기에는 그 이면에 자기 이익이라는 동기가 반드시 숨어 있을 것이라고 하였다. 그러므로 말기 암 환자에게 암에 걸린 사실을 알려주고자 한 ⓓ의 행위가 진실을 알려줌으로써 환자에게 죽음에 대비할 시간을 주려고 했을 것이라는 해석에는 자기 이익이라는 동기가 숨어 있지 않으므로 바른 해석으로 볼 수 없다.

오답 해설

① ⓐ 악의적 동기 → 자기 이익이라는 동기가 숨어 있음

　타인에게 해를 끼치는 악의적 동기는 오로지 자신의 이익만 추구하는 이기적 동기의 변형으로, 그 이면에 자기 이익이라는 동기가 반드시 숨어 있을 것이다. 그러므로 재판에서 피고인을 빠뜨리려고 거짓 증언을 하는 ⓐ의 행위에는 그로 인해 얻는 유형무형의 이익이 반드시 있을 것이다.

② ⓑ 합리적 동기 → 자신의 이익이 우선

　자신과 타인의 이익을 같이 고려하는 합리적 동기는 자신의 이익을 우선으로 여기므로, 친구와 즐거운 시간을 보내려고 놀이공원에 가고자 하는 ⓑ의 행위는 자신의 즐거움이라는 이익을 보려 한 것이 우선일 것이며, 친구의 즐거움은 부수적일 것이다.

③ ⓒ 이타적 동기 → 심리적 자기만족이라는 동기가 숨어 있음

　타인의 이익만을 고려하는 이타적 동기는 겉으로는 이타적일지 몰라도 속으로는 심리적 자기만족이라는 동기가 숨어 있다. 그러므로 연인과 헤어진 동료에게 위로차 식사를 대접하고자 하는 ⓒ의 행위는 동료에게 자신이 인간적임을 드러내는 만족감을 느끼려 한 것이다.

⑤ ⓔ 유덕한 동기 → 자기 이익이라는 동기가 숨어 있음

　마음의 유덕한 성품에서 저절로 우러나오는 유덕한 동기는 그 이면에 자기 이익이라는 동기가 반드시 숨어 있을 것이다. 그러므로 길거리에 쓰러진 할머니를 측은하게 여기는 마음으로 돕고자 한 ⓔ의 행위는 할머니를 돕는 데 드는 노력과 시간보다 할머니를 외면함으로써 받을 도덕적 비난을 받지 않는 것이 더 낫다는 자기 이익의 동기가 숨어 있다.

45 독서

정답 ①

글의 세부 내용 이해하기

정답 해설

7문단에서 '합리적인 윤리적 이기주의'는 이기심이 맹목적으로 지금 당장 자신만 위하게끔 하는 경향 외에 무엇이 자신에게 장기적으로 더 이익이 될 것인지 고려하면서 타인과 협력하거나 상호부조를 하게끔 하는 합리적인 경향으로도 나타날 수 있음을 시사한다고 하였

영어영역

01 유사 어휘 고르기

 정답 ④

persistent : 끊임없이 지속[반복]되는 = chronic : 만성의, 고질적인

정답 해설

'persistent'는 '끊임없이 지속[반복]되는'의 의미로 'chronic(만성의, 고질적인)'과 의미가 가장 유사하다.

핵심 어휘

- trainee doctor : 수련의, 견습 의사
- persistent : 끊임없이 지속[반복]되는
- fatal : 죽음을 초래하는, 치명적인
- occasional : 가끔의, 간헐적인
- irregular : 불규칙적인, 비정규의
- infectious : 전염되는, 병을 옮길 수 있는

오답 해설

① fatal → 치명적인
② occasional → 가끔의
③ irregular → 불규칙적인
⑤ infectious → 전염되는

해석

내가 수련의였을 때, 첫 환자들 중 한 명은 만성 기침이 있는 노인이었다.

02 유사 어휘 고르기

정답 ②

contradicted : 상충되다, 엇갈리다 = opposed : 반대하다, 맞서다

정답 해설

'contradicted'는 '상충되다, 엇갈리다'라는 의미로 'opposed(반대하다, 맞서다)'와 그 의미가 가장 유사하다.

핵심 어휘

- televised : TV로 방송되는, TV로 중계된
- court case : 법정 사건
- witness statements : 목격자[증인] 진술
- contradict : 모순되다, 상충되다, 엇갈리다
- confirm : 확인하다, 확정하다
- duplicate : 복사[복제]하다, 사본을 만들다
- appreciate : 인정하다, 고마워하다, 감상하다

오답 해설

① agreed → 동의하다
③ confirmed → 확인하다
④ duplicated → 복사하다
⑤ appreciated → 인정하다

해석

그 법정 사건이 TV로 중계되는 동안, 목격자 진술이 서로 엇갈렸다.

03 유사 어휘 고르기

 정답 ①

advent : 도래, 출현 = emergence : 출현, 나타남

정답 해설

'advent'는 '도래, 출현'의 의미로 'emergence(출현, 나타남)'와 그 의미가 가장 유사하다.

핵심 어휘

- advent : 도래, 출현
- agribusiness : 기업식 농업[영농]
- emergence : 출현, 나타남
- transformation : 변신, 변형, 탈바꿈
- collapse : 붕괴, 실패
- manipulation : 조작, 처리
- supplement : 보충, 보완

오답 해설

① transformation → 변형
③ collapse → 붕괴
④ manipulation → 조작
⑤ supplement → 보충

해석

농업의 출현이 없었더라면 무려 20억이나 되는 사람들이 지금 존재하지 않았을지도 모른다.

04 유사 어휘 고르기

 정답 ⑤

exceptional : 예외적인, 이례적인 = unusual : 특이한, 드문

정답 해설

'exceptional'은 '예외적인, 이례적인'의 의미로 'unusual(특이한, 드문)'과 그 의미가 가장 유사하다.

핵심 어휘

- promotion : 승진, 승격
- exceptional : 예외적인, 이례적인
- circumstances : 사정, 상황
- adverse : 부정적인, 불리한
- suspicious : 의심스러운, 의혹을 갖는
- customary : 관례적인, 습관적인
- profitable : 이익이 되는, 유리한
- unusual : 특이한, 드문

오답해설

② adverse → 부정적인
② suspicious → 의심스러운
③ customary → 관례적인
④ profitable → 이익이 되는

해석

첫 해 승진은 이례적인 일이다.

05 유사 어휘 고르기

정답 ⑤

substandard : 수준 이하의, 열악한 = insufficient : 불충분한, 부적절한

정답해설

'substandard'는 '수준 이하의, 열악한'의 의미로 'insufficient(부족한, 불충분한)'와 그 의미가 가장 유사하다.

핵심어휘

• bias : 편견, 편향
• substandard : 수준 이하의, 열악한
• sophisticated : 세련된, 정교한
• considerate : 사려 깊은, 배려하는
• temporary : 일시적인, 임시의
• conventional : 관습적인, 전통적인
• insufficient : 부족한, 불충분한

오답해설

① sophisticated → 세련된
② considerate → 사려 깊은
③ temporary → 일시적인
④ conventional → 관습적인

해석

간호사가 환자에게 편견을 가질 때, 수준 이하의 치료를 제공한다.

06 빈칸 추론하기

정답 ⑤

제일 좋아하는 셔츠 찾기

정답해설

A가 빨간 셔츠를 건조기에서 찾았지만 아직 마르지 않았다고 하였고, 빈칸의 다음 대화에서 통학 버스가 금방 올 것을 염려하고 있다. 그러므로 빈칸에는 대화의 흐름상 ⑤의 "It's going to take at least twenty more minutes.(적어도 20분 이상은 걸릴 거야.)"가 들어갈 말로 적절하다.

핵심어휘

• top drawer : 맨 위 서랍
• any minute : 금방, 금세

• at least : 적어도

오답해설

① You can buy a new shirt instead.(대신 새 셔츠를 살 수 있어.)
 → 셔츠가 아직 덜 말랐을 뿐 못 입는 것은 아니므로, 셔츠를 새로 사야할 필요까지는 없음

② Then you can wear it right away.(지금 바로 입을 수 있어.)
 → 아직 마르지 않았다고 하였으므로 바로 입을 수는 없음

③ Just put it in the washing machine.(그냥 세탁기에 넣어.)
 → 건조기에서 찾았으므로 세탁은 이미 끝난 상태임

④ I hope you find your favorite shirt soon.(네가 제일 좋아하는 셔츠를 빨리 찾길 바래.) → 건조기에서 이미 셔츠를 찾음

해석

A: 엄마, 내가 제일 좋아하는 빨간 셔츠가 어디 있는지 알아요?
B: 네 방의 맨 위 서랍은 확인해봤니?
A: 네, 하지만 거기엔 없었어요.
B: 그럼 건조기 안을 한 번 보렴.
A: 아, 여기 있네요. 근데 아직 마르지 않았어요.
B: 적어도 20분 이상 걸릴 거야.
A: 이런, 통학 버스가 금방 올 거예요.
B: 음, 그러면 그냥 다른 셔츠를 입어야 해.

07 빈칸 추론하기

정답 ③

명예 훈장 수여

정답해설

B가 명예 훈장을 받은 것에 대해 A가 빈칸 다음에서 겸손하다고 하였으므로, 빈칸에는 B가 자신이 한 일에 대해 겸손함을 드러내는 표현이 들어가야 한다. 그러므로 빈칸에는 글의 흐름상 ③의 "I'm sure anyone else would have done the same.(다른 사람들도 그와 똑같이 했을 겁니다.)"가 들어갈 말로 적절하다.

핵심어휘

• the Medal of Honor : 명예 훈장
• Sergeant : 병장, 하사, 경사
• deserve : ~을 받을 만하다, ~할 가치가 있다
• Commissioner : 위원, 경찰청장
• modest : 겸손한
• department : 부서, 학과
• be doing well : 회복 중이다, 건강하다
• cherish : 소중히 여기다, 간직하다
• right person : 적임자
• criminal : 범인, 범죄자

오답해설

① I've never been afraid of anything.(저는 아무런 걱정도 없습니다.) → 겸손한 내용과 무관함

② I've always considered myself to be a hero.(전 항상 스스로를 영웅이라고 생각했습니다.) → 빈칸에는 겸손한 표현이 사용되어야 하므로 적절하지 않음

④ I'm not sure if you're the right person for this medal.(당신이

이 훈장의 적임자인지 잘 모르겠네요.) → 훈장을 받은 것은 B이므로, B가 할 말로는 적절하지 않음

⑤ I think arresting criminals should come before everything.(저는 무엇보다도 범인들을 검거하는 것이 우선이라고 생각합니다.)
→ 한 젊은이의 생명을 구한 것 때문에 훈장을 받은 것이므로 범인 검거와는 관련이 없음

 해석

A: 명예 훈장을 수여한 것을 축하합니다, 박 경사님.
B: 제가 그럴 자격이 있는지 모르겠네요, 청장님.
A: 물론 그럴 자격이 있습니다. 그 젊은이의 생명을 구한 것은 매우 용감했습니다.
B: 다른 사람들도 그와 똑같이 했을 겁니다.
A: 정말 겸손하네요. 당신은 우리 부서의 자랑입니다.
B: 감사합니다. 그 젊은이가 건강하다니 기쁠 뿐입니다.
A: 덕분에 우리 도시의 거리가 좀 더 안전하고 따뜻해졌습니다.
B: 이 순간을 영원히 간직하겠습니다.

08 어법상 틀린 것 고르기

 정답 ①

암기박사 관계대명사가 이끄는 종속절의 수와 시제 일치 ⇒ 선행사

정답 해설

①의 'translate'가 포함된 문장에서 관계대명사 'which'의 선행사는 'control of food production'이다. 이때 관계대명사 'which'가 이끄는 종속절의 수와 시제는 앞의 선행사에 일치시켜야 하므로, ①의 'translate'는 3인칭 단수 현재 시제인 'translates'로 고쳐 써야 옳다.

핵심 어휘

• common theory : 통설
• physical power : 육체적인 힘, 물리력, 체력
• force into submission : 복종[굴복]시키다
• subtle : 미묘한, 예민한
• version : 설명, 생각, 견해
• claim : 주장, 요청, 권리
• monopolise : 독점하다, 독차지하다
• manual labour : 육체노동
• ploughing : 쟁기질
• in turn : 차례대로, 교대로, 번갈아
• translate : 번역[통역]하다, 바뀌다, 전환되다
• with regard to : ~과 관련하여
• resistant to : ~에 대해 저항하는
• fatigue : 피로, 피곤
• problematically : 문제가 많게, 의심스럽게
• exclude : 제외하다, 거부하다, 배제하다
• priesthood : 사제직, 성직
• craft : 공예, 기술, 기교

해석

남성이 여성보다 강하며, 남성이 여성을 복종시키기 위해 더 큰 물리력을 사용해 왔다고 보는 것이 통설이다. 이 주장에 대한 더 미묘한 견해는 그들의 힘이 쟁기질이나 수확과 같은 힘든 육체노동을 필요로 하는 일들을 남성들이 독점하게 한다고 주장한다. 이것은 그들이 식량 생산을 통제하게 하고, 이

는 다시 정치권력으로 전환된다. 그러나 '남성이 여성보다 강하다'는 말은 평균적이거나 특정 형태의 힘에 대해서만 타당하다. 여성은 일반적으로 남성보다 배고픔, 질병 그리고 피로에 더 저항력이 강하다. 또한 대다수 남성들보다 더 빨리 달리고 더 무거운 것을 들 수 있는 여성들도 많다. 게다가, 이 이론에서 가장 문제가 되는 것은 여성들은 역사를 통틀어 현장에서, 작업장에서 그리고 가정에서 힘든 육체 노동에 종사하는 반면, 주로 성직, 법률, 정치와 같은 육체적 노력을 거의 필요로 하지 않은 직업에서 배제되어 왔다는 것이다. 만약 사회 권력이 체력과 직접적 연관성이 있는 분야로 나뉘었다면, 여성들은 훨씬 더 많은 것을 얻었어야 했다.

09 어법상 틀린 것 고르기

정답 ③

암기박사 부대상황의 분사구문 ⇒ as, while : 동시동작

정답 해설

③의 문장은 글의 문맥상 동시동작의 부대상황을 나타나는 분사구문으로 '~while they asked about hugs received.'의 의미이다. 그러므로 ③의 'asked'는 'asking'으로 고쳐 써야 옳다.

핵심 어휘

• play a role in : ~에서 역할을 하다
• physical intimacy : 신체적 친밀감
• interplay : 상호 작용
• social support : 사회적 지원, 사회 복지
• exposure : 노출, 폭로
• buck : 달러, 루피
• inhale : 들이마시다, 흡입하다
• nasal drops : 콧물
• draw blood : 피를 뽑다, 혈액을 채취하다
• confirm : 확인해 주다, 사실임을 보여주다
• volunteer : 자원 봉사자, 지원자
• immune : 면역성이 있는
• survey : (설문) 조사하다
• consecutive : 연이은, 순차적인
• symptom : 증상, 징후
• mucus : 점액, 콧물
• quarantine : 격리, 차단
• impervious : 영향받지 않는, 통과시키지 않는

해석

포옹은 신체적 친밀감과 건강 사이에서 어떤 역할을 담당한다. 연구원들이 질병에 대한 노출, 사회 복지, 그리고 매일의 포옹 사이의 상호 작용을 조사했다. 과학이라는 미명하에 (아마 백 달러의 비용을 받고), 404명의 건강한 성인들이 일반적인 감기에 걸리도록 콧물을 들이마시는 것에 동의했다. 우선 연구원들은 지원자들이 면역력이 없다는 것을 확인시키기 위해 혈액 샘플을 채취했다. 그리고 나서 그들은 받은 포옹에 관해 물으면서, 14일 동안 연이어 참가자들을 조사했다. 마침내 그들은 지원자들을 감기 바이러스에 노출시키고 닷새 동안 격리시킨 상태에서 점액 생성과 같은 증상을 관찰했다. 매일 포옹하는 사람들은 아플 확률이 32퍼센트로 낮았다. 포옹이 감기에 걸리지 않게 만드는 것이 아니라는 사실도 밝혀졌다. 하지만 감기에 걸린 포옹자들은 덜 아팠다. 그들은 증상이 심하지 않았고 더 빨리 나았다.

2023학년도

10 문맥에 맞는 낱말 고르기

핵심주제   정답 ⑤

하이브리드 자동차는 친환경적인가?

정답 해설

(A) 하이브리드 자동차가 도시 운전자들에게 유용한 경우를 설명하고 있으므로, 연비가 '훌륭한', '뛰어난'의 의미인 'superb'가 적절하다.

(B) 하이브리드 자동차가 고속도로 상에서 전기 모터에 의존할 경우 더 빠른 속도를 낼 수 없다는 의미가 되어야 하므로, 앞의 부정어 'doesn't'와 호응하여 'higher'가 적절하다.

(C) 하이브리드 자동차가 생각한 것보다 친환경적이지 못하다는 내용이 와야 하므로 'less'가 적절하다.

핵심 어휘

- hybrid : 잡종, 혼성체
- environmentally : 환경적으로
- rely on : ~에 의지하다, ~을 필요로 하다
- emission : 배출, 배기가스
- stationary : 움직이지 않는, 정지해 있는
- crucially : 결정적으로, 중요하게
- superb : 최고의, 최상의, 뛰어난
- fuel economy : 연비
- fall back on : ~에 기대다[의지하다], 후퇴하다, 물러서다
- petrol engine : 가솔린 기관
- comparable : 비슷한, 비교할 만한
- conventional : 전통적인, 재래식의, 기존의
- petrol-powered car : 가솔린 자동차
- take into account : ~을 고려하다, 계산에 넣다
- manufacturing : 제조업
- decommission : 해체하다, 감축하다

해석

하이브리드 자동차는 정말 친환경적일까? 어떻게 사용하느냐에 달려있다. 하이브리드 자동차가 소음이 적고 배기가스를 발생시키지 않는 전기 모터에 거의 전적으로 의존할 수 있을 때, 차가 정지해 있을 때 완전히 꺼져 결정적으로 (A) 뛰어난 연비를 제공할 때 도시 운전자들에게는 아주 유용하다. 하지만 고속도로 상에서 차를 몰면 전기 모터는 (B) 더 빠른 속도로 차를 운전할 수 있는 동력이나 먼 거리를 달릴 수 있는 에너지가 없기 때문에 하이브리드는 가솔린 엔진에 의존해야 할 것이다. 이러한 경우 하이브리드는 유사한 연비와 동일한 배기가스를 배출하는 기존의 가솔린 자동차와 똑같다. 하이브리드 자동차용 배터리를 제조하려면 많은 에너지가 필요하다는 점도 고려해야 한다. 불과 몇 년 후, 배터리 수명이 다해 그것들을 해체하고 재활용하려면 더 많은 에너지를 필요로 한다. 이러한 점과 개발 영향 때문에 실제로 하이브리드 자동차는 제조업체가 믿길 바라는 것보다 (C) 덜 친환경적이다.

11 문맥에 맞는 낱말 고르기

핵심주제   정답 ④

미국 사회의 다양성으로 인한 이익 집단들의 공교육 위협

정답 해설

(A) 미국 사회의 다양성을 고려할 때 학교 조직과 교육과정을 두고 집단 간에 의견 차이가 있다는 의미가 되어야 하므로, '불일치'나 '의견 차이'를 뜻하는 'disagreements'가 적절하다.

(B) 이익 단체들이 교사, 학교 관계자, 그리고 교과서 출판업자들에게 그들의 관점을 강요한다고 하였으므로 교육과정을 정치에 개입시키는 'politicize'가 들어갈 말로 적절하다.

(C) 이익 집단들이 자신의 의제를 내세우며 극단주의의 선을 넘게 되면 교육과정 전체가 이익 집단들에 의해 좌지우지 되고 공교육이 위협받게 된다는 의미이므로, '취약한'의 의미를 지닌 'vulnerable'이 들어갈 말로 적절하다.

핵심 어휘

- given : ~을 고려하면, 특정한, 정해진
- diversity : 다양성
- insulate : 보호하다, 격리하다
- result from : 기인하다, 원인이다
- tension : 긴장감, 긴장 상태
- disagreement : 불일치, 의견 차이
- turn up : 나타나다, 도착하다
- racial segregation : 인종차별
- interest group : 이익 단체[집단]
- retain : 유지하다, 보유하다
- politicize : 정치에 개입시키다, 정치화하다
- impose A on B : B에게 A를 강요하다
- school officials : 학교 관계자
- local school boards : 지역 학교 이사회
- myths and fables : 신화와 우화
- imaginative : 창의적인, 상상력이 풍부한
- inject : 주사하다, 주입하다
- creationism : 천지창조설, 천지창조론
- biology : 생물학
- extremism : 극단주의, 극단론
- agenda : 의제, 강령
- without regard to : ~을 고려하지 않고, ~에 상관없이
- vulnerable : 취약한, 연약한

해석

미국 사회의 다양성을 고려할 때, 학교들을 집단 간의 차이와 긴장으로 인한 압박으로부터 격리시키는 것은 불가능했다. 사람들이 기본 가치관이 다를 때, 그러한 (A) 불일치는 학교가 어떻게 조직되는지 혹은 학교가 무엇을 가르쳐야 하는지에 대한 논쟁에서 조만간 나타난다. 때때로 이러한 논쟁은 인종차별과 같은 끔찍한 불공평을 제거한다. 그러나 때때로 이익 단체들은 교육과정을 (B) 정치화하고 교사, 학교 관계자, 그리고 교과서 출판업자들에게 그들의 관점을 강요하려고 한다. 전국적으로, 심지어 지금도, 이익 단체들은 어린 독자들로부터 신화와 우화 그리고 다른 창의적인 문학들을 없애고 생물학에 창조론의 가르침을 주입하도록 지역 학교 이사회를 압박하고 있다. 집단들이 이성이나 타인을 가리지 않고 자신의 의제를 내세우며 극단주의의 선을 넘을 때, 그들은 공교육 자체를 위협하여 어떤 문제도 정직하게 가르치기 어렵고 교육과정 전체가 정치 운동에 (C) 취약해진다.

12 문맥에 맞는 낱말 고르기

핵심 주제 | 정답 ②

백상아리에 관한 흥미진진한 또 다른 실험

✏️ 정답 해설

(A) 백상아리가 먹이를 몰래 잡기 위해 색깔을 바꾸는 것이므로, '위장'이나 '변장'의 의미인 'camouflage'가 들어갈 말로 적절하다.

(B) 연구원들이 바다표범 미끼를 보트 뒤에 매단 것은 상어들을 유인하기 위한 것이므로 '유인하다', '유도하다'의 의미인 'entice'가 들어갈 말로 적절하다.

(C) 턱에 있는 자국은 해당 상어가 다른 상어들과 구별되는 신체적 특징이므로, '식별할 수 있는'의 의미를 지닌 'identifiable'이 들어갈 말로 적절하다.

핵심 어휘

- predatory fish : 포식 어류
- white shark : 백상아리
- impressive : 인상적인, 인상 깊은
- intrigue : 강한 호기심, 흥미진진함
- oceanic beast : 해양 동물
- camouflage : 위장, 변장
- cluster : 무리, 군집
- strategy : 계획, 전략
- sneak up : 살금살금 다가가다, 몰래 다가가다
- prey : 먹이, 희생자
- seal : 바다표범, 물개
- decoy : 미끼
- dispel : 떨쳐 버리다, 없애다
- entice : 유인하다, 유도하다
- identifiable : 알아볼 수 있는, 식별할 수 있는
- jaw : 턱
- verify : 확인하다, 입증하다, 검증하다
- variable : 변수

해석

지구상에서 가장 큰 포식 어류인 백상아리는 300개 이상의 날카로운 이빨로 무장하고 5,000파운드에 달하는 무게로 이미 인상적이다. 이제, 새로운 연구는 그 해양 동물에게 더 많은 흥미를 더하며, 아마도 먹이를 몰래 잡기 위한 (A) 위장 전략으로 그 동물이 색깔을 바꿀 수 있다는 것을 보여준다. 남아프리카 앞바다의 새로운 실험에서, 연구원들은 바다표범 미끼를 보트 뒤에 매달고 흰색, 회색, 검은색 판으로 특별 제작된 색판 근처에서 물 밖으로 뛰어오르는 몇 마리 상어들을 (B) 유인했다. 연구팀은 상어가 점프할 때마다 사진을 찍으며 하루 종일 실험을 반복했다. 턱에 있는 자국 때문에 쉽게 (C) 식별할 수 있는 한 상어는 어두운 회색과 훨씬 밝은 회색으로 그때그때마다 다르게 나타났다. 과학자들은 컴퓨터 소프트웨어를 사용하여 날씨, 조명 수준, 카메라 설정과 같은 변수들을 수정해 가며 이것을 검증했다.

13 문맥상 부적절한 낱말 고르기

핵심 주제 | 정답 ①

위생 가설 - 비위생적 접촉이 면역력을 강화시킴

✏️ 정답 해설

윗글은 비위생적 접촉이 면역력을 강화시킨다는 위생 가설에 대해 설명하고 있다. 즉, 유아기 때 더러워지는 것에 대해 무관심하거나 방치함으로써 비위생적인 접촉에 의해 전염되는 유아기 감염이 튼튼한 면역 체계를 형성하는데 도움이 된다는 설명이다. 그러므로 ①의 'distaste(혐오감)'은 'indifference(무관심)'이나 'negligence(방치)'등으로 바꿔 써야 적절하다.

핵심 어휘

- left to one's own devices : 제멋대로 하게 내버려 둔
- hesitate : 주저하다, 망설이다
- doorknob : 문고리, 손잡이
- wipe snot : 콧물을 닦다
- sleeve : 소매
- distaste : 불쾌감, 혐오감
- date to : 연대를 추정하다, ~로 거슬러 올라가다
- allergy : 알레르기
- city slicker : 전형적인 도시인
- epidemiologist : 유행병학자, 전염병학자
- sibling : 형제자매
- susceptible : 민감한, 예민한, 걸리기 쉬운
- hay fever : 꽃가루 알레르기
- eczema : 습진
- infection : 감염, 전염병
- transmit : 전송하다, 전염시키다
- unhygienic : 비위생적인
- foster : 조성하다, 발전시키다
- robust : 튼튼한, 탄탄한
- immune system : 면역 체계
- hygiene hypothesis : 위생 가설
- convenient : 편리한, 적절한, 알맞은
- asthma : 천식
- autoimmune disorder : 자가 면역 질환
- multiple sclerosis : 다발성 경화증
- Crohn's disease : 크론병
- microbiologist : 미생물학자

🔍 오답 해설

② foster → 형성하다
③ convenient → 적절한
④ fearful → 겁내는
⑤ active → 작동하다

해석

제멋대로 하게 나두면, 대부분의 아이들은 주저하지 않고 손잡이를 핥거나 소매로 코를 닦는다. 하지만 더러워지는 것에 대한 혐오감(→ 무관심)이 그들의 건강에 이로울 수 있다는 생각에 어떤 근거가 있는가? 그 이론은 1800년대까지 거슬러 올라가는데, 농부들이 전형적인 도시인들보다 알레르기로 덜 고생한다는 사실을 유럽의 의사들이 깨달았던 때이다. 하지만 그 이론은 1989년이 되어서야 비로소 폭넓은 관심을 얻기 시작했는데, 영국의 전염병학자인 David Strachan은 손위의 형이나 누나가 있는 어린 아이들이 다른 아이들보다 꽃가루 알레르기와 습진에 덜 걸린다는 사실을 발견했다. Strachan은 "비위생적인 접촉에 의해 전염되는" 유아기 감염이 튼튼한 면역 체계를 형성하는데 도움이 된다고 말했다. 위생 가설이라고 불리는 그의 이론은 알

레르기와 천식뿐만 아니라 다발성 경화증과 크론병과 같은 자가 면역 질환이 1950년대 이후 미국에서 300% 이상 증가한 이유에 대해 적절한 설명을 제공한다. 아마도 서구 사회는 자신의 건강을 위해 지나치게 청결했고, 부모들은 조금의 먼지도 겁내했다. "현대 세계에서 일어나고 있는 일이 무엇이든 간에, 그것은 불필요할 때 면역 체계가 작동하는 원인이 되고 있다"고 런던 대학의 미생물학자인 Graham Rook이 말한다.

14 문맥상 부적절한 낱말 고르기

  생물학적 나이를 밝혀주는 노화 시계

정답 ④

정답 해설

생물학적 나이와 실제 나이가 다른 만큼 과학자들이 노화 시계를 개발한 것은 생물학적 나이를 감추기 위해서가 아니라 밝히기 위해서이다. 그러므로 ④의 'veil(감추다)'은 'reveal(드러내다, 밝히다)' 등으로 바꿔 써야 적절하다.

핵심 어휘

- clock : 기록하다, 재다, 세다
- cope with : ~에 대처하다[대응하다]
- wear and tear : 마모, 소모, 손상
- factor : 요인, 요소
- biological age : 생물학적 나이[연령]
- chronological age : 실제 나이[연령]
- reflection : 반사, 반영
- mortality : 사망자 수, 사망률
- straightforward : 간단한, 솔직한
- decade : 10년
- assess : 재다, 평가하다, 측정하다
- veil : 베일을 쓰다, 가리다, 감추다
- degrade : 저하시키다, 퇴화시키다

오답 해설

① clocked → 세다
② reflection → 반영
③ straightforward → 간단한
⑤ degraded → 퇴화하다

해석

나이는 당신이 센 생일 숫자보다 훨씬 더 많다. 스트레스, 수면, 그리고 식습관 모두 우리의 장기가 일상생활의 손상에 어떻게 대응하는지에 영향을 미친다. 이와 같은 요소들은 같은 날에 태어난 사람들보다 당신을 더 빨리 혹은 더 천천히 늙게 만들 수도 있다. 그것은 생물학적 나이가 실제 나이, 즉 여러분이 살아온 나이와 상당히 다를 수 있다는 것을 의미한다. 생물학적 나이는 실제 나이보다 신체적 건강과 심지어 사망률을 더 잘 반영한다. 그러나 그것을 계산하는 것은 그리 간단하지 않다. 과학자들은 지난 10년 동안 생물학적 나이를 감추기(→ 밝히기) 위해 신체적 표식을 측정하는 노화 시계라고 불리는 도구를 개발하는데 보냈다. 노화 시계 이면의 큰 개념은 기본적으로 여러분의 장기가 얼마나 퇴화되었는지를 표시하여 건강한 시간이 얼마나 남았는지를 예측하는 것이다.

15 내용과 일치하는 문장 고르기

  도자기 탑(Porcelain Tower)

정답 ③

정답 해설

글의 서두에 도자기 탑(Porcelain Tower)은 15세기 초 중국 명나라 영락제가 그의 어머니를 기리기 위해 세웠다고 서술되어 있다. 그러므로 "It was built to honor the Emperor's mother.(그것은 황제의 어머니를 기리기 위해 세웠다.)"는 ③의 설명이 제시문의 내용과 일치한다.

핵심 어휘

- the Yongle Emperor : 영락제(명나라 제3대 황제)
- Ming dynasty : 명 왕조(명나라)
- construction : 건설, 건축
- towering : 우뚝 솟은, 높이 치솟은
- monument : 기념물, 기념비
- Porcelain Tower : 도자기 탑
- imperial capital : 제국의 수도
- Buddhist Temple complex : 불교사원
- white porcelain : 백자, 백자기
- glisten : 반짝이다, 번들거리다
- adorn with : ~으로 꾸미다[장식하다]
- vibrant : 활기찬, 강렬한, 생생한
- glazed : 유약을 바른, 유약을 입힌
- the remnants : 유적, 유물
- replicate : 모사하다, 복제하다
- slab : 평판, 조각
- fade : 바래다, 사라지다
- decade : 10년
- rural : 시골의, 지방의

오답 해설

① Its bricks were all the same size.(그것의 벽돌은 크기가 모두 같았다.) → 벽돌들 중 큰 것은 두께가 50센티미터 이상이고 무게가 150킬로그램이나 되었다고 하였으므로, 벽돌의 크기가 모두 같은 것은 아님
② It stood in a temple of a rural area.(그것은 지방의 사원에 세워졌다.) → 지방의 사원이 아닌 당시 황실의 수도였던 난징시의 바오엔 불교 사원에 세워짐
④ It was decorated with the shapes of the sun.(그것은 태양 모양으로 장식되었다.) → 동물, 하층부, 풍경 등이 녹색, 노란색, 갈색의 생생한 유리로 장식됨
⑤ Its porcelain slabs have been successfully replicated today.(그것의 도자기 평판은 오늘날 성공적으로 복제되었다.) → 50센티미터에 한참 못 미치는 5센티미터의 두께로 만들거나, 색깔의 선명함이 불과 10년 후에 사라지는 등 그 기능이 과거에 미치지 못하였으므로 성공적인 복제는 아님

해석

15세기 초, 중국 명나라 영락제는 그의 어머니를 기리기 위해 우뚝 솟은 기념비를 세우라고 명령했다. 도자기 탑은 당시 황실 수도였던 난징시에 웅장한 바오엔 불교 사원의 일부로 세워진 거대한 탑이었다. 그 탑은 백자 벽돌로 건축되어 햇빛에 반짝거렸고, 동물, 하층부, 풍경 등이 녹색, 노란색, 갈색의 생생

한 유리로 장식되었다. 유물을 연구하는 역사학자들은 유약을 입힌 도자기 벽돌들이 고도의 숙련공들에 의해 만들어졌다고 말하지만, 안타깝게도 그것들을 만드는 방법은 역사 속으로 사라졌다. 가장 큰 벽돌들 중 몇 개는 두께가 50센티미터 이상이고 무게가 150킬로그램이나 나갔으며, 그 색유리는 수세기 동안 선명하게 남아 있었다. 오늘날 이 도자기 평판들을 복제하려고 하는 노동자들은 5센티미터 이상의 두께로 만들기 위해 애쓰고 있으며 그 색깔은 불과 10년 후에 사라진다.

16 내용과 일치하는 문장 고르기

핵심주제   남아프리카 공화국 소설가 Nadine Gordimer   정답 ④

정답 해설

글의 서두에서 남아프리카 공화국의 소설가 Nadine Gordimer는 뛰어난 문학 능력뿐만 아니라 흑인과 백인을 엄격히 분리하는 제도인 인종 차별 정책에 대해 일관되고 용기 있는 비판으로 1991년 노벨 문학상을 받았다고 서술되어 있다. 그러므로 "She was acknowledged for her strong stance against racial discrimination.(그녀는 인종 차별에 반대하는 강경한 태도로 그 공적을 인정받았다.)"는 ④의 설명이 제시문의 내용과 일치한다.

핵심 어휘

- apartheid : (남아프리카공화국의) 인종 차별 정책
- segregating : 차별, 분리
- in all spheres of : 모든 영역에서
- racism : 인종 차별 주의, 민족주의
- for one thing : 우선, 첫째로
- racist system : 인종 차별 제도
- in one's own way : 자기 나름대로
- concentrate on : ~에 집중하다, ~에 초점을 맞추다
- moral : 도덕적인, 도덕과 관련된
- dilemma : 딜레마, 진퇴양난
- unambiguous : 모호하지 않은, 분명한
- delicate : 미묘한, 민감한
- inequality : 불평등, 불균등
- injustice : 불공정, 부당함, 불의
- neglect : 방치하다, 소홀히 하다
- ethical : 윤리적인, 도덕적인
- be attributed to : ~의 탓이다. ~의 덕분이다
- be acknowledged for : 공적을 인정받다
- strong stance : 강경한 태도[입장]
- racial discrimination : 인종 차별

오답 해설

① Her novels neglected the ethical problems faced by the whites.(그녀의 소설은 백인들이 직면한 윤리적 문제를 소홀히 했다.) → 그녀의 소설은 인종 차별 제도를 유지하는 데 책임이 있는 백인들의 도덕적 딜레마에도 초점을 맞추고 있음

② Her fight against apartheid was mainly driven by political ambition.(인종 차별 정책에 대한 그녀의 투쟁은 주로 정치적 야망에 의해 추진되었다.) → 인종 차별 정책에 대한 그녀의 투쟁은 정치적 제스처가 아니라 인간적 측면에 더 큰 관심을 둠

③ Her growth as a writer was attributed to her middle-class black parents.(작가로서의 그녀의 성장은 중산층 흑인 부모의 덕분이었다.) → 그녀는 남아프리카에 사는 백인 중산층 지식인으로 성장함

⑤ She was praised for her ability to avoid delicate issues on South African politics.(그녀는 남아프리카 공화국의 정치에 관한 민감한 문제를 회피하는 능력으로 칭찬을 받았다.) → 그녀는 인종 차별 정책에 대한 일관되고 용기 있는 비판으로 1991년 노벨 문학상을 받음

해석

남아프리카 공화국 소설가 Nadine Gordimer는 뛰어난 문학 능력뿐만 아니라 모든 삶의 영역에서 흑인과 백인을 엄격히 분리하는 제도인 인종 차별 정책에 대해 일관되고 용기 있는 비판으로 1991년 노벨 문학상을 받았다. 인종 차별 정책에 대한 그녀의 투쟁은 주로 정치적 제스처가 아니었다. 소설가로서 그녀는 인종 차별 정책과 민족주의의 인간적 측면에 더 큰 관심을 두었다. 우선 그녀는 남아프리카에 사는 백인 중산층 지식인으로서 그 제도의 혜택을 받았다는 것을 알고 있었다. 그녀는 또한 인종 차별 제도를 유지하는 데 책임이 있는 백인들이 나름대로의 고통을 받았다는 사실도 알고 있었다. 그래서 그녀의 소설이나 단편소설은 남아프리카의 사회적 관계에 의해 개인들에게 부과된 도덕적 딜레마에 초점을 맞추고 있다. 비록 지식인으로서 그녀는 민감한 사회적 문제에 대해 분명한 정치적 발언을 할 수 있지만, 소설가로서 그녀는 불평등과 불공정에 바탕을 둔 사회에서 살아가는 인간의 보다 불명확한 측면에 더 관심이 많다.

17 빈칸 추론하기

핵심주제   칸트의 도덕론   정답 ⑤

정답 해설

칸트의 관점에서는 물에 빠진 아이를 구하는 것이 중요한 것이 아니라, 그들을 구하려는 의지나 의도가 중요하다. 즉, 결과론자가 행위의 결과를 중시하는 반면, 칸트는 행위의 동기를 중시한다고 볼 수 있다. 그러므로 빈칸에는 'motivation(동기)'이 들어갈 말로 적절하다.

핵심 어휘

- moral : 도덕적인, 도덕상의
- perspective : 관점, 시각
- count : 중요하다
- intention : 의도, 의향
- consequentialist : 결과론자, 결과주의자
- obviously : 분명하게, 명확하게
- be concerned with : ~에 관계가 있다, ~에 관심이 있다
- repression : 탄압, 진압, 억압
- intuition : 직관, 직감
- motivation : 동기

오답 해설

① repression → 억압
② decision → 결정
③ intuition → 직관
④ satisfaction → 만족

물에 빠진 아이를 구하기 위해 강으로 뛰어든다고 생각해보라. 이것은 아마도 대부분의 사람들에게 좋은 일처럼 보일 것이다. 그러나 칸트에게는 물에 빠진 아이를 구하기 위해 강물에 뛰어들어야 하는 것이 자신의 도덕적 의무라는 것을 알았기 때문에 그렇게 하는 것이 좋은 일일 뿐이다. 당신을 멋지게 보이게 할 수도 있고, 친구들에게 감동을 줄 수도 있고, 텔레비전에 나올 수도 있고, 심지어 당신이 아이를 돌봤기 때문에 강물에 뛰어들어 아이를 구한다면, 칸트의 관점에서 그것은 더 이상 도덕적인 행위가 아니다. 칸트에게는 물에 빠진 아이를 구하는 것이 꼭 중요한 일은 아니다. 중요한 것은 그들을 구하려는 의지나 의도이다. 분명한 것은 결과론자가 결과에 주로 초점을 맞추는 반면, 칸트는 선택과 동기에 관심을 갖는다.

18 빈칸 추론하기

정답 ⑤

핵심주제 정보 기록과 데이터화

정답 해설

윗글에 따르면 정보를 측정하고 기록하는 일은 원시 사회와 문명 사회를 구분 짓는 경계선이며, 초기 문명 사회에서 데이터화의 초기 기반이 되었다. 따라서 빈칸에는 정보를 측정하고 기록하는 것이 데이터 생성을 촉진시켰다는 의미가 되어야 하므로 'facilitated'가 들어갈 말로 적절하다.

핵심 어휘

- **demarcation** : 경계, 구분
- **primitive** : 초기의, 원시의
- **conceptual** : 개념의, 구상의
- **millennium** : 천년, 새로운 천년이 시작되는 시기
- **significantly** : 크게, 상당히, 중요하게,
- **accuracy** : 정확성, 정확도
- **evolution** : 진화, 발전
- **script** : 문자
- **precise** : 정확한, 정밀한
- **method** : 방법, 수법
- **transaction** : 거래, 처리
- **retrieve** : 되찾다, 검색하다
- **datafication** : 데이터화
- **reverse** : 뒤바꾸다, 반전[역전]시키다
- **imitate** : 모방하다, 흉내내다
- **hinder** : 방해하다, 저지하다
- **facilitate** : 가능하게[용이하게] 하다, 촉진시키다

오답 해설

① complicated → 복잡하게 만들다
② reversed → 뒤바꾸다
③ imitated → 모방하다
④ hindered → 방해하다

해석

정보를 기록하는 능력은 원시 사회와 선진 사회의 경계선 중 하나이다. 길이와 무게에 대한 기본적인 계산과 측정은 초기 문명의 가장 오래된 개념적 도구 중 하나였다. 기원전 3천년 경에 기록된 정보에 대한 개념은 인더스 계곡,

이집트, 메소포타미아에서 상당히 발전하였다. 일상생활에서 측정의 사용이 증가함에 따라 정확성이 향상되었다. 메소포타미아에서 문자의 진화는 생산과 사업상 거래를 추적하는 정확한 방법을 제공했다. 문자 언어는 초기 문명이 현실을 측정하고, 기록하고, 나중에 검색할 수 있도록 하였다. 측정과 기록 모두 데이터 생성을 촉진시켰다. 그것들은 데이터화의 초기 기반이다.

19 빈칸 추론하기

정답 ③

핵심주제 기성 매체의 쇠락과 온라인 매체의 대세

정답 해설

기술 기업들이 온라인 광고 시장을 지배하면서 언론 본연의 임무인 진실 보도보다는 상업적으로 돈벌이가 되는 자극적인 낚시성 기사를 우선시 하여 '가짜 뉴스'를 양산하였다. 그러므로 빈칸에는 'boring truth(지루한 진실)'이 들어갈 말로 적절하다.

핵심 어휘

- **bulletin** : 뉴스 단신, 공고, 회보
- **a profusion of** : 많은, 풍성한
- **spring up** : 휙 나타나다, 갑자기 생겨나다
- **compete with** : ~와 경쟁하다[겨루다]
- **online-only** : 온라인 전용
- **article** : 글, 기사
- **curated** : 전문적인 식견으로 엄선한, 관장한
- **algorithm** : 알고리즘
- **struggle** : 투쟁하다, 몸부림치다
- **dominate** : 지배하다, 두드러지다
- **print circulation** : 발행부수
- **collapse** : 붕괴되다, 폭락하다
- **go bust** : 파산하다, 망하다
- **prioritise** : 우선순위를 매기다, 우선적으로 처리하다
- **attention-grabbing** : 눈길을 끄는, 주목을 끄는
- **clickbait** : 낚시성 기사, 클릭 미끼
- **propel** : 추진하다, 나아가게 하다
- **declare** : 단언하다, 선언하다
- **fake news** : 가짜 뉴스
- **neologism** : 신조어, 새로운 표현
- **racy** : 흥분되는, 짜릿한, 야한
- **exaggerated** : 과장된, 부풀린

오답 해설

① subjective opinion(주관적인 의견) → 빈칸에는 '가짜 뉴스'와 반대되는 개념이 들어가야 함
② racy headlines(짜릿한 제목) → 빈칸에는 낚시성 기사와 반대되는 개념이 들어가야 함
④ online etiquette(온라인 에티켓) → 본문에 온라인 에티켓에 대한 언급은 없음
⑤ exaggerated ads(과장된 광고) → 눈길을 끄는 낚시성 기사에는 광고가 많이 붙을 수 있으나 과장된 광고는 아님

해석

뉴스가 예전 같지 않다. 요즘 대부분의 소비자들은 뉴스 단신의 대부분을 온라인으로 받는다. 온라인 발행이 저렴하기 때문에, 많은 새로운 소식통이 갑

자기 생겨난다. 기성 신문이 운영하는 웹사이트는 페이스북과 트위터와 같은 소셜 미디어 사이트의 알고리즘에 의해 엄선된 논평, 디지털 체인 레터 및 기사의 편집은 말할 것도 없고, 보다 새로운 온라인 전용 매체 및 전문(또는 아마추어) 블로그와 경쟁한다. 기성 매체는 어려움을 겪어왔다. 기자들의 월급을 주던 광고의 많은 부분이 온라인 광고 시장을 지배하는 두 개의 큰 기술 회사인 페이스북과 구글에게 돌아갔다. 발행 부수가 폭락했다. 지역 신문들이 특히 큰 타격을 입었고, 많은 신문사들이 파산했다. 소셜 미디어 알고리즘은 지루한 진실보다 눈길을 끄는 낚시성 기사를 우선시하며, 전 세계적으로 말도 안 되는 일을 추진하는 데 일조한다. 사전 편찬사인 콜린스는 "가짜 뉴스"를 2017년 올해의 신조어로 선언했다.

20 빈칸 추론하기

정답 ②

핵심주제: 클래식 음악과 범죄 예방

✏️ 정답 해설

범죄가 만연한 거리, 주차장, 쇼핑몰 등에 클래식 음악을 틀어 놓으면, 그러한 음향 환경을 좋아하지 않는 부랑자들이 그곳을 배회하지 않게 됨으로써 범죄를 막을 수 있다는 논리이다. 그러므로 앞의 부정어 'won't'와 호응하여 ②의 'want to loaf around there(그곳에서 배회하고 싶다)'가 빈칸에 들어갈 말로 적절하다.

핵심 어휘

- team up : 한 팀이 되다, 협력[협조]하다
- pump : 주다, 공급하다
- crime-ridden : 범죄가 많은, 범죄가 만연한
- deter : 단념시키다, 그만두게 하다, 막다
- pipe : 보내다, 송신하다
- a tube station : 지하철역
- robbery : 강도
- vandalism : 공공 기물 파손 행위
- slice : 썰다, 자르다, 줄어들다
- light-rail : 경전철
- transit hubs : 교통 중심지
- Port Authority : 항만청
- vagrancy : 부랑, 부랑률
- crime-stopping : 범죄 예방
- maestro : 명연주자, 거장
- logic : 논리, 타당성
- calming : 진정, 차분함
- loiter : 어슬렁거리다, 빈둥거리다
- vandalize : 공공 기물을 파손하다
- soundscape : 음향 풍경
- annoy : 괴롭히다, 짜증나게 하다
- apparently : 분명하게, 명백하게
- scare away birds : 새를 놀라게 하여 쫓다
- blare : 요란하게[쾅쾅] 울리다
- stable : 안정된, 차분한
- loaf around : 빈둥거리다, 배회하다

✏️ 오답 해설

① (won't) get emotionally stable(정서적으로 안정되지 않다) → 음향

환경에 짜증이 난 사람이 정서적으로 안정되지 못해 범죄를 예방하는 것은 아님

③ (won't) be in the mood for classical music(클래식 음악을 듣고 싶어 하지 않다) → 음향 환경에 짜증이 난 사람이 클래식 음악을 듣고 싶어 하지 않는 것은 아님

④ (won't) commit a serious crime on the spot(현장에서 중범죄를 저지르지 않다) → 음향 환경이 싫어서 그곳을 피하게 되므로 범죄를 예방하는 것임

⑤ (won't) pay attention to the music any more(음악에 더 이상 귀를 기울이지 않다) → 클래식 음악을 듣지 않는 것이 범죄를 막는 것은 아님

해석

1990년대 이래로, 기업과 경찰은 범죄가 만연한 거리, 주차장, 쇼핑몰에 클래식 음악을 공급하기 위해 협력해왔다. 왜 그럴까? 그것은 바로 한 소절이 범죄를 막을 수 있다는 증거가 있기 때문이다. 2005년, 런던 지하철은 특정 지하철역에 클래식 음악을 방송하기 시작했고, 1년 내에 강도와 공공 기물 파손 행위가 3분의 1로 줄어들었다. 오리건주 포틀랜드의 경전철 역과 뉴욕 항만청 버스 터미널과 같은 다른 교통 중심지들도 비발디와 같은 바로크 거장들의 범죄 예방 덕택에 부랑률이 감소했다고 보도됐다. 원리는? 우선, 클래식 음악은 마음을 진정시킬 수 있다. 그러나 더욱 중요한 것은, 종종 십대들인 어슬렁거리고 공공 기물을 파손하는 이들은 대개 관현악을 즐기지 않는다는 것이다. 그리고 음향 환경에 짜증이 난다면, 그곳에서 배회하고 싶지 않을 것이다. 분명 이것은 동물에게도 또한 효과가 있다. 영국 Staverton에 있는 Gloucestershire 공항에서, 공항 책임자들은 새들을 놀라게 하여 쫓는 가장 좋은 방법은 티나 터너의 빅 히트곡을 튼 밴을 모는 것이라는 사실을 알고 있다.

21 빈칸 추론하기

정답 ③

핵심주제: 민권 운동 부흥에 일조한 피부색 실험

✏️ 정답 해설

Kenneth와 Mamie Pipps Clark의 실험에서 흑인 아이들이 피부색 때문에 스스로를 열등하게 생각한다는 사실을 알아냈다. 즉, 이것은 흑인 아이들이 피부색 때문에 인종차별을 받고 있다는 자의식이 내재되어 있다는 증거였다. 그러므로 ③의 'internalized the social values of their environment(그들 환경의 사회적 가치를 내면화한)'가 빈칸에 들어갈 말로 적절하다.

핵심 어휘

- segregation : 인종 차별
- sense of self : 자아감, 자의식, 자존감
- pale : 창백한, 연한, 옅은
- take A as B : A를 B로 여기다[간주하다]
- internalize : 내면화하다, 내재화하다
- inferior : 못한, 열등한
- attorney : 변호사, 대리인
- lawsuit : 소송 사건
- testify : 증언하다, 증명하다
- self-hatred : 자기 혐오[증오]
- Supreme Court : 대법원
- ruling : 결정, 판결
- integrate : 통합시키다, 합치다
- spur : 원동력이 되다, 박차를 가하다

- **burden** : 짐을 나르다, 부담을 지우다
- **oppressive** : 억압하는, 숨이 막힐 듯한
- **norm** : 표준, 규범, 기준
- **convention** : 관습, 규약

오답 해설

① felt the need to free themselves to succeed(성공에서 스스로 벗어날 필요성을 느꼈다) → 흑인 아이들은 인종차별로 인한 자기혐오감을 가짐

② were burdened with expectations from their elders(어른들로 부터의 기대감에 부담감을 가졌다) → 피부색으로 인한 열등감 때문이지 어른들 로부터의 기대감에 부담을 느낀 것은 아님

④ learned how to avoid oppressive norms and conventions(억압 적인 규범과 관습을 피하는 방법을 배웠다) → 인종차별에 대한 자기혐오 가 억압적인 규범과 관습에서 벗어나는 것은 아님

⑤ had the desire to develop and realize their own potential(잠 재력을 개발하고 실현하려는 욕망이 있었다) → 흑인 아이들은 피부색으로 인한 열등감을 지님

해석

아프리카계 미국인 심리학자인 Kenneth와 Mamie Pipps Clark은 1940년 대 인종 차별 속에 살고 있는 흑인 아이들이 어떻게 자의식을 발달시키는지 이해하기 위해 일부는 하얀 피부이고, 일부는 갈색 피부인 아기 장난감 세트 를 이용했다. 두 가지 옵션 모두를 제시받은 흑인 아이들은 피부색이 옅은 인 형을 선호했고, 어떤 인형들이 그들과 닮았는지 물었을 때 심지어 울기도 했 다. Clark 연구원들은 이것을 아이들이 그들 환경의 사회적 가치를 내면화 한 증거로 받아들였다. 즉, 그들은 피부색 때문에 스스로를 열등하다고 생각 했다. 이 실험은 유명한 브라운 대 교육위원회 소송에서 변호사들에게 깊은 인상을 남겼고, Kenneth는 인종 차별이 자기혐오로 이어졌다고 증언했다. 1954년 대법원의 판결은 마침내 학교들을 통합시켰고 민권 운동 부흥에 박 차를 가했다.

22 빈칸 추론하기

왕조를 위한 점성술의 발달

정답 ②

정답 해설

중국의 궁정 점성가들은 부정확한 예측을 하게 되면 처형되었기 때 문에, 어떤 점성가들은 단순히 기록을 조작하여 나중에 해당 사 건과 일치시켰다. 그러므로 빈칸에는 ②의 'they were in perfect conformity with events(그 기록들이 사건들과 완벽하게 부합하도 록 했다)'가 들어갈 말로 적절하다.

핵심 어휘

- **astrology** : 점성술, 점성학
- **contend** : 주장하다, 다투다
- **constellation** : 별자리
- **profoundly** : 큰, 매우, 완전히
- **fate** : 운명, 숙명
- **Constellation of the Goat** : 염소자리
- **subtle** : 민감한, 예민한
- **capital offense** : 사형, 죽을 죄
- **overthrow** : 뒤집다, 전복시키다

- **regime** : 정권, 정부
- **inaccurate** : 부정확한, 오류가 있는
- **execute** : 처형하다, 실행하다
- **doctor** : 조작하다, 변조하다
- **conformity** : 순응, 부합
- **record-keeping** : 기장, 기록 관리
- **fuzzy** : 흐릿한, 어렴풋한, 모호한
- **fraud** : 사기, 가짜, 엉터리
- **cautious** : 조심스러운, 신중한
- **descendant** : 자손, 후손

오답 해설

① a more cautious position would be adopted(좀 더 신중한 입장 을 취할 것이다) → 더 신중한 입장을 취하기 위해 기록을 조작한 것은 아님

③ people would pay close attention to the stars(사람들은 별에 세심한 주의를 기울일 것이다) → 기록을 조작한 것은 잘못된 예측으로 죽임을 당할 수 있기 때문임

④ descendants could learn from their ancestors(후손들은 그들의 조상들로부터 배울 수 있었다) → 후손들을 위해 기록을 조작한 것이 아님

⑤ observations of the planets could be encouraged(행성들의 관 측은 장려될 수 있었다) → 행성들의 관측과는 관련 없음

해석

점성술은 여러분이 태어났을 때 행성들이 어느 별자리에 있는지가 여러분의 미래에 큰 영향을 미친다고 주장한다. 수천 년 전에 행성의 움직임이 왕, 왕 조, 제국의 운명을 결정한다는 생각이 발달했다. 점성가들은 행성의 움직임 을 연구했고, 가령 지난 번 금성이 염소자리에서 떠오를 때 무슨 일이 있었는 지 자문했다. 그리고 아마 이번에도 비슷한 일이 일어날 것이다. 그것은 민감 하고 위험한 일이었다. 점성가들은 오직 국가에만 고용되었다. 많은 나라에서 공식 점성가가 아닌 다른 사람이 하늘의 징조를 읽는 것은 죽을 죄였고, 정권 을 전복시키는 좋은 방법은 그것의 몰락을 예측하는 것이었다. 부정확한 예 측을 한 중국 궁정 점성가들은 처형되었다. 다른 이들은 단순히 기록들을 조 작하여 나중에 그 기록들이 사건들과 완벽하게 부합하도록 했다. 점성술은 관측, 수학, 그리고 모호한 생각과 거짓으로 신중하게 기록 관리된 이상한 조 합으로 발전했다.

23 빈칸 추론하기

십대들의 감정을 인정하고 정당화하는 방법

정답 ②

정답 해설

윗글은 십대들의 침묵에 대해 신뢰, 이해, 유연성의 분위기를 조성해 십대들의 감정을 이해하고 인정하는 방법에 대해 설명하고 있다. 그 러므로 빈칸에는 ②의 'Acknowledge and legitimize a teenager's feelings(십대의 감정을 인정하고 정당화하라)'가 들어갈 말로 적절 하다.

핵심 어휘

- **noted** : 저명한, 유명한
- **reprimand** : 질책하다, 문책하다
- **suspended animation** : 가사상태, 무기력감
- **establish** : 설립하다, 조성하다

- **atmosphere** : 대기, 공기, 분위기
- **flexibility** : 유연성, 신축성
- **legitimize** : 정당화하다, 합법화하다
- **outfit** : 옷, 복장
- **awful** : 끔찍한, 형편없는
- **refrain from** : ~을 삼가다
- **peer** : 또래, 친구
- **mean** : 비열한, 저속한, 못된
- **temptation** : 유혹, 꾐
- **ritual** : 의식, 절차
- **adolescent** : 청소년

📝 오답 해설

① Resist the temptation to control and keep silent(통제하고 싶은 유혹을 뿌리치고 침묵하라) → 십대들의 침묵에 대해 침묵으로 응대하는 것은 바른 방법이 아님

③ Encourage teens to accept criticism from others(십대들이 다른 사람들의 비판을 받아들이도록 격려하라) → 십대의 감정을 인정하고 이해하려는 부모의 마음가짐에 대한 설명임

④ Maintain family rituals as a way of staying in touch(연락하고 지내는 방법으로 가족 의례를 유지하라) → 십대들의 감정 이해와 가족 의례는 무관함

⑤ Take adolescent mood swings and silences personally(사춘기의 감정 동요와 침묵을 개인적으로 받아들여라) → 사춘기의 감정 동요나 침묵을 극복하기 위한 방법을 제시함

해석

십대들은 부모들과 왜 말을 하지 않는가? "기본적으로, 그들은 부모님이 이해하지 못할 거라고 생각합니다."라고 한 저명한 심리학자가 말한다. "계속해서 질책과 지시를 받을 때, 그들은 부모가 자신들의 기분을 신경 쓰지 않는다고 느낄지도 모릅니다." 십대들에게 침묵은 무기다. 그것은 "더 이상 날 통제할 수 없어."라고 말하고 있는 것이다. 하지만 그렇다고 해서 앞으로 수년 간 가사 상태로 살아야 한다는 뜻은 아니다. 그것은 신뢰, 이해, 유연성의 분위기를 조성해야 한다는 것을 의미한다. 십대의 감정을 인정하고 정당화하는 방법은 다음과 같다. 만일 딸이 가장 친한 친구가 자신의 새 옷을 형편없다고 말했다면, "너는 제니퍼의 말에 왜 신경을 쓰니?"라고 말하는 것을 삼가라. 십대들은 자기 또래들이 어떻게 생각하는지 매우 신경을 쓰며, 현명한 부모는 그것을 정상으로 받아들인다. 대신, "그게 너를 마음 아프게 했을 거야. 좋아하는 사람들이 못된 말을 하면 마음이 아파."라고 해라.

24 글의 제목 유추하기

핵심주제 | 먼지로 부자가 된 빅토리아 시대의 사람들
정답 ①

✏️ 정답 해설

제시문의 마지막 문장에 나와 있는 'Golden Dustmen(황금 청소부)'처럼 빅토리아 시대에 런던에서 부자가 될 수 있는 직업은 석탄 가루를 치우는 청소부였다. 쓰레기통에서 도시 외곽까지 석탄 가루를 나르는 청소부들이 없었다면 도시의 거리가 막혔을 것이다. 그러므로 윗글의 제목으로 ①의 'When Victorians Got Rich on Dust(빅토리아 시대의 사람들이 먼지로 부자가 되었을 때)'가 가장 적절하다.

핵심 어휘

- **dig through** : ~를 파나가다[파헤치다]
- **junkyard** : 고철상, 고물상
- **resell** : 되팔다, 전매하다
- **scraps of metal** : 고철 조각
- **rag** : 해진 천, 누더기
- **furrier** : 모피상
- **prized** : 소중한, 귀중한
- **coal dust** : 석탄 가루
- **brickmaker** : 벽돌제조업자, 벽돌공
- **clay** : 점토, 찰흙, 진흙
- **scarce** : 부족한, 결핍한
- **open-hearth** : 평로, 덮개가 없는 난로
- **ash** : 재, 잿더미
- **clog** : 막다, 방해하다
- **dustman** : (옥외 쓰레기를 치우는) 청소부
- **lug** : 나르다, 끌다
- **dustbin** : 휴지통, 쓰레기통
- **outskirts** : 변두리, 근교, 외곽
- **thigh-deep** : 허벅지 깊이의
- **filthy rich** : 대단히 부유한
- **outstrip** : 앞지르다, 능가하다
- **tarnish** : 흐려지다, 퇴색하다
- **foolproof** : 극히 간단한, 바보라도 해 낼
- **coal mine** : 탄광

📝 오답 해설

② A Foolproof Recipe for Brickmaking(아주 손쉽게 벽돌을 만드는 법)

③ How Bad Is Working in a Coal Mine?(탄광에서 일하는 것이 건강에 얼마나 나쁜가?)

④ Child Labor During the Industrial Revolution(산업 혁명 시대의 소년 노동)

⑤ Air Pollution: Why London Struggled to Breathe(대기 오염: 런던이 숨쉬기 힘든 이유)

해석

빅토리아 시대에 런던에서 아이들이 고물상을 파헤치며 되팔 수 있는 모든 것을 찾는 것은 드문 일이 아니었다. 단추와 비누를 만드는 데 사용될 수 있는 금속 조각, 누더기, 뼈, 그리고 심지어 죽은 고양이까지 그들은 모피상에게 팔았다. 하지만 가장 귀중한 발견물은 석탄 가루였다. 벽돌을 만들기 위해 그것을 진흙과 섞은 벽돌공들은 석탄 가루에 꽤 많은 돈을 지불했다. 석탄 가루가 부족했던 것은 아니다. 사실 덮개 없는 난로 때문에 재가 사방에 날렸고, 쓰레기통에서 도시 외곽까지 그것을 나르는 청소부들이 없었다면 도시의 거리가 막혔을 것이다. 그 장면은 흡사 여자, 남자, 그리고 아이들이 허벅지까지 먼지를 뒤집어쓰고 일하는 디킨스 소설의 정기적인 재활용 작업처럼 보였다. 그들의 상사들은 엄청 부유했지만 런던의 먼지 공급이 수요를 앞지르면서 수익이 감소했다. 19세기 후반까지, 한때 '황금 청소부'였던 이들에 대한 전망은 이미 퇴색되었다.

25 글의 제목 유추하기

정답 ①

핵심주제 메타버스에서의 상점 개설

✎ 정답 해설

제시문에 따르면 점점 더 많은 세계적인 회사들이 메타버스 내의 공간을 사들여 상점을 차리고 있고, 그 공간을 지배하기 위해 각축을 벌이고 있다고 설명하고 있다. 그러므로 제시문의 제목으로 ①의 'Setting up Shop in the Metaverse(메타버스에서의 상점 개설)'가 가장 적절하다.

핵심 어휘

- metaverse : 가상공간, 메타버스
- eventually : 결국, 드디어
- avatar : 화신, 아바타
- fanciful : 상상의, 허황된, 비현실적인
- retailer : 소매업자, 소매상
- dominant : 우세한, 우성의, 지배적인
- fade away : 사라지다, 쇠퇴하다
- obscurity : 무명, 모호함
- ecosystem : 생태계
- eco-friendly : 친환경적인, 환경 친화적인
- climb the social ladder : 출세하기

✎ 오답 해설

② Opening Electronic Bank Branches(전자 은행 지점 개설)
③ Building Virtual Eco-friendly Environments(환경 친화적 가상 공간 구축)
④ Climbing the Social Ladder in the Metaverse(메타버스에서 출세하기)
⑤ Dominating the Shopping Space with Avatars(아바타로 쇼핑 공간 장악하기)

해석

이전에 페이스북으로 알려진 이 회사는 메타버스가 인터넷의 미래라고 확신해 작년에 이름을 메타로 바꾸었다. 메타와 그 회사 사장인 마크 주커버그는 결국 우리들 대다수가 메타버스에서 일하고, 놀고, 쇼핑할 것이라고 생각한다. 아니면 적어도 우리의 아바타들이 그럴 것이다. 많은 이들에게 이 모든 것이 허황되게 들리겠지만, 점점 더 많은 회사들이 메타버스 내의 공간을 사들여 그곳에 가게를 차리고 있다. 이 회사들은 아디다스, 버버리, 구찌, 토미 힐피거, 나이키, 삼성, 루이비통 그리고 심지어 HSBC와 JP 모건 같은 은행들도 포함한다. 그러나 그러한 사업체들의 문제는 그들이 어떤 장소를 선택하느냐이다. 현재 메타버스 내에는 샌드박스, 디센트럴랜드, 복셀, 솜니움 스페이스 및 메타 소유의 호라이즌 월드를 포함한 가장 인기 있는 50여 개의 세계적 공급사들이 있다. 소매업체와 다른 투자자들은 이들 중 어떤 업체가 우리의 아바타로부터 가장 많은 방문을 받으며 메타버스의 지배적인 세력이 될지 도박을 하고 있다. 그리고 어떤 다른 세계가 무명으로 사라질지 모른다. 더욱이 승리의 생태계 속에서 기업은 가장 인기 있는 영역을 선택하기 위해 노력해야만 한다.

26 글의 제목 유추하기

정답 ②

핵심주제 삐거덕 거리는 바퀴가 기름을 가장 많이 얻을까?

✎ 정답 해설

제시문에서 화가 많이 난 고객에게 더 많은 보상을 해줄 거라는 일반적인 통념과 달리 문화적 특성과 개인의 수용 수준에 따라 다르다는 것을 실험을 통해 증명하고 있다. 그러므로 제시문의 제목으로는 ②의 "Does the Squeaky Wheel Get the Most Oil?(삐거덕 거리는 바퀴가 기름을 가장 많이 얻을까?)"가 가장 적절하다.

핵심 어휘

- compensation : 보상, 배상
- intense : 강한, 강렬한
- service reps : 서비스 직원들
- hierarchy : 계급, 계층
- simulate : 모의 실험하다, 시뮬레이션하다
- service interaction : 서비스 상호작용
- inevitable : 불가피한, 필연적인
- subject : 연구[실험] 대상, 피실험자
- inappropriate : 부적절한, 부적합한
- perception : 지각, 인식, 통찰력
- mitigate : 완화시키다, 경감시키다
- squeaky : 끼익 하는 소리가 나는
- broth : 수프, 죽
- stitch : 바늘땀, (뜨개질의) 코

✎ 오답 해설

① Does Time Really Fly When You're Having Fun?(즐거운 시간을 보내면 시간이 정말 빨리 갈까?) → 즐겁게 살다보면 세월 흐르는 것도 모르는 법이다.
③ Can a Rolling Stone Gather Any Moss?(구르는 돌에 이끼가 낄 수 있을까?) → 구르는 돌에는 이끼가 끼지 않는다.
④ Can Too Many Chefs Spoil the Broth?(요리사가 많으면 스프를 망칠까?) → 사공이 많으면 배가 산으로 간다.
⑤ Can a Stitch in Time Save Nine?(제때 꿰맨 한 땀이 아홉 땀의 수고를 덜까?) → 호미로 막을 일을 가래로 막는다.

해석

새로운 연구는 사람들이 서비스 실패 후 더 화가 난 것처럼 보일수록 더 많은 보상을 받을 것이라는 일반적인 통념을 시험하고 종종 그 반대가 사실이라는 것을 보여준다. 연구원들은 강한 분노가 서비스 직원들에게 미치는 영향은 권력 거리 또는 PD로 알려진 문화적 특성, 즉 권력 차이와 위계에 대한 개인의 수용 수준에 따라 다르다는 것을 발견했다. 모의실험을 거친 서비스 상호작용을 포함한 네 가지 실험에서 PD가 높은 참가자(권력 차이를 자연스러운 또는 불가피한 것으로 받아들인 참가자)는 몹시 화가 난 고객보다 조금 화가 난 고객에게 더 많은 보상을 제공했고, 반면에 PD가 낮은 참가자는 정반대였다. 왜 그럴까? PD가 높은 피실험자들은 강한 분노의 표현을 부적절하다고 보고 그들을 응징한 반면 PD가 낮은 피실험자들은 그 표현을 위협적인 것으로 보고 그들에게 보상을 했다. 그러나 위협에 대한 인식이 완화되었을 때(참가자들은 고객들이 자신들에게 해를 가할 수 없다고 들었다), PD가 낮은 사람들도 조금 화가 난 고객들에게 더 많은 보상을 해주었다.

27 글의 주제 파악하기

정답 ③

세계화의 안보 제일주의 모델로의 전환

정답 해설

세계 각국의 보호무역주의, 전염병과 전쟁으로 인한 공급 부족 및 인플레이션의 심화 등으로 세계화가 정체되면서 각국 정부는 자국의 글로벌 기업들이 우호적인 국가에서 사업하는 것을 선호한다고 하였다. 그러므로 ③의 'the switch to a security-first model of globalisation(세계화의 안보 제일주의 모델로의 전환)'이 제시문의 주제로 가장 적절하다.

핵심 어휘

• go-go : 호경기의
• economic integration : 경제 통합
• stall : 멈추다, 지연되다, 지체되다
• aftershock : (큰 지진 후의) 여진
• populist : 포퓰리즘
• revolt : 반란, 혐오
• stagnate : 침체되다, 정체되다
• postpone : 미루다, 연기하다
• give way to : 바뀌다, 대체되다
• wait-and-see : 관망하는
• globalisation : 세계화
• blip : 깜박 신호, 일시적인 상황[문제]
• extinction : 멸종, 소멸
• pandemic : 전국적인 유행병, 전염병
• trigger : 촉발시키다, 방아쇠를 당기다
• reimagine : 재상상하다
• boardroom : 중역 회의실, 이사회실
• trillion : 1조
• inventory : 물품 목록, 재고
• stockpile : 비축하다, 사재기하다
• insurance : 보험, 보장
• prioritise : 우선순위를 매기다, 우선적으로 처리하다
• descend : 내려오다, 내려앉다
• protectionism : 보호주의
• usher : 안내하다, 알려 주다
• efficiency : 효율성, 효율화
• security-first : 안전 제일
• disruption : 방해, 붕괴, 파괴

오답 해설

① the era of globalisation ushered in by new businesses(신생 사업들이 이끄는 세계화 시대) → 보호무역주의와 무역 전쟁 등으로 세계화가 지연되고 글로벌 기업들이 사업하기가 더 어려운 환경으로 변해가고 있음을 서술함

② the promotion of globalisation through cost efficiency(비용의 효율성을 통한 세계화 촉진) → 공급 부족과 인플레이션의 심화로 세계화가 어려워짐

④ the disruption of globalisation caused by war(전쟁으로 인한 세계화의 붕괴) → 전염병과 전쟁으로 세계화의 어려움은 하나의 사례임

⑤ the threat of globalisation to workers' rights(노동자의 권리에 대한 세계화의 위협) → 노동자의 권리에 대한 내용은 서술되어 있지 않음

해석

1990년대와 2000년대의 호경기 이후, 기업들이 금융 위기의 여진, 개방된 국경에 대한 포퓰리즘 반란, 도널드 트럼프 대통령의 무역전쟁으로 어려움을 겪으면서 2010년대에 경제 통합의 속도는 지체되었다. 상품과 자본의 흐름이 정체되었다. 많은 사장들이 해외 투자에 대한 큰 결정을 미루었고, 그에 맞추어 관망하는 쪽으로 선호하였다. 세계화가 일시적인 문제에 직면했는지 아니면 소멸에 직면했는지 아무도 몰랐다. 우크라이나에서 전염병과 전쟁이 한 세대에 한 번꼴로 세계 자본주의를 이사회와 정부에서 재상상하는 계기가 되었기 때문에 이제 기다림은 끝났다. 보이는 모든 곳에서 공급망은 9조 달러의 재고에서 공급 부족과 인플레이션에 대한 보험으로 비축되었고, 글로벌 기업들이 중국에서 베트남으로 옮겨감에 따라 노동자들의 싸움으로 바뀌어 가고 있다. 이러한 새로운 종류의 세계화는 여러분의 정부가 우호적인 국가들에서 여러분이 신뢰할 수 있는 사람들과 사업하는 것을 우선시한다. 그것은 보호무역주의, 큰 정부, 그리고 심화된 인플레이션으로 주저앉을 수 있다.

28 글의 주제 파악하기

정답 ②

위대한 아메리칸 드림의 오류

정답 해설

아메리칸 드림은 원래 신분에 관계없이 누구나 열심히 일하면 '무일푼에서 벼락부자로' 성공할 수 있다는 믿음이었으나, 1920년대 이후 미국의 현실과 모순되고 동떨어져 연구원들과 사회 과학자들로부터 비판을 받아왔다고 설명하고 있다. 그러므로 ②의 'the fallacy of the great American Dream(위대한 아메리칸 드림의 오류)'가 제시문의 주제로 가장 적절하다.

핵심 어휘

• the Lost Generation : 잃어버린 세대, 가치관을 잃은 세대(제1차 세계 대전 무렵의 환멸과 회의에 찬 미국의 젊은 세대)
• deception : 속임, 기만, 사기
• prominent : 중요한, 유명한
• vast : 방대한, 막대한
• misery : 고통, 빈곤, 비참
• live the dream : 꿈을 성취[실현]하다
• self-sufficient : 자급자족할 수 있는
• stunningly : 놀랍도록, 기막히게
• prosperity : 번영, 번창
• assumption : 추정, 가정
• perseverance : 인내, 참을성
• risk-taking : 위험을 각오한[무릅쓴, 감수한]
• from rags to riches : 무일푼에서 벼락부자로
• mobile : 이동하는, 움직이는
• misplaced : 부적절한, 잘못된
• contradict : 부정하다, 모순되다
• repentance : 뉘우침, 회개
• self-reliance : 자기 의존, 자립심
• fallacy : 오류, 착오
• revision : 수정, 변경

오답 해설

① the repentance of self-reliance through hard work(열심히 일해서 자립한 것에 대한 회개) → 열심히 일해서 자립하는 것은 아메리칸 드림의 본질에 해당하므로 뉘우칠 일이 아님

③ the revision of the American Dream(아메리칸 드림의 수정)
→ 아메리칸 드림이 현대 미국의 현실과 모순됨을 인정하고 있으나 그것을 수정하는 사항에 대한 언급은 없음

④ the criticism of material success in America(미국의 물질적 성공에 대한 비판) → 미국의 물질적 성공에 대한 비판이 아니라 아메리칸 드림의 현실적 모순에 대한 비판을 다룸

⑤ the realization of the Lost Generation's ideals(잃어버린 세대의 이상 실현) → 잃어버린 세대의 이상 실현이 아니라 아메리칸 드림에 대한 인식의 변화를 서술함

해석

잃어버린 세대의 일원들은 '아메리칸 드림'에 대한 생각을 거창한 속임수로 보았다. F.S. 피츠제럴드의 위대한 개츠비에서 이 이야기의 서술자 닉 캐러웨이가 개츠비의 막대한 재산이 엄청난 고통으로 보상받았다는 것을 깨닫게 되면서 이것은 유명한 주제가 되었다. 피츠제럴드에게, 열심히 일하면 성공한다는 아메리칸 드림의 전통적인 비전은 변질되었다. 잃어버린 세대에게 '꿈을 실현하는 것'은 더 이상 단순히 자급자족하는 삶을 구축하는 것이 아니라, 필요한 어떤 수단을 써서라도 엄청난 부자가 되는 것이었다. '아메리칸 드림'이란 용어는 그들이 어디에서, 어떤 사회 계층에서 태어났는지에 관계없이 누구나 번영과 행복을 추구할 권리와 자유를 가지고 있다는 믿음을 말한다. 아메리칸 드림의 핵심 요소는 열심히 일하고, 인내하고, 위험을 감수함으로써 누구나 '무일푼에서 벼락부자로' 상승하여 재정적으로 부유하고 사회적으로 출세한 성공 비전을 실현시킨다는 가정이다. 1920년대 이후, 아메리칸 드림은 현대 미국의 현실과 모순된 잘못된 믿음으로 종종 연구원들과 사회 과학자들에 의해 의문의 제기와 비판을 받아왔다.

29 글의 요지 파악하기

여전히 쓸모 있는 오래된 기술

정답 ①

정답 해설

반세기 전에 유행했던 오래된 기술이지만 큰 회사나 정부 기관에서 필수적인 기술이었기 때문에 Mooney는 구직 활동 당시 여러 고용주들로부터 고위직을 제안 받았다. 그러므로 ①의 "Old technology can still be of great use. (오래된 기술도 여전히 큰 도움이 될 수 있다.)"가 윗글의 요지로 가장 적절하다.

핵심 어휘

- **passionate** : 열정적인, 열광적인
- **Sputnik** : 세계 최초의 구소련 인공위성
- **stuff** : 잡동사니, 하찮은 것
- **cool point** : 좋은 점수
- **insurance** : 보험
- **government agency** : 정부 기관, 정부 당국
- **institution** : 기관, 시설
- **potential** : 가능성이 있는, 잠재적인
- **expertise** : 전문 지식[기술]
- **senior position** : 상급직, 고위직

- **resilience** : 회복력, 복원력, 반동
- **decades-old** : 수십 년 된
- **specialize in** : ~을 전문으로 하다

오답 해설

② Keep up with the changing times in the tech world.(기술 세계에서 변화하는 시대에 뒤떨어지지 않도록 해라.) → 신기술의 습득이 아니라 오래된 기술의 필요성에 대해 말함

③ The best job is one that makes full use of your abilities.(가장 좋은 직업은 당신의 능력을 최대한 활용하는 것이다.) → 직업과 능력과의 관계가 아니라 오래된 기술도 도움이 된다는 것이 요지임

④ Silicon Valley is always in the market for new technology.(실리콘 밸리는 항상 새로운 기술을 위한 시장이다.) → 실리콘 밸리의 신기술에 대해 말하고자 한 것이 아님

⑤ The future of digital technology lies within academic institutions.(디지털 기술의 미래는 학술 기관 안에 있다.) → 디지털 기술에 대한 언급은 없음

해석

Caitlin Mooney는 24살이며 스프트닉 시대의 과거 기술에 열정적이다. 최근 뉴저지 공대 컴퓨터 공학과를 졸업한 Mooney는 컴퓨터 메인프레임과 이를 구동하는 코볼이라고 불리는 소프트웨어를 포함하여, 반세기 전에 유행했던 기술의 팬이다. 그런 것들은 실리콘 밸리에서 어떤 좋은 점수도 얻지 못하겠지만, 큰 은행, 보험 회사, 정부 기관 및 다른 큰 기관들에서는 필수적인 기술이다. Mooney의 구직 기간 동안, 잠재적인 고용주들은 그녀의 전문성을 보았고 그녀가 찾고 있던 것보다 더 높은 고위직에 관해 상담하고 싶어 했다. "그 고위직들은 정말 기대됩니다."라고 Mooney는 말했다. 그녀는 지금 여러 일자리 제안 중 하나를 결정하려고 노력하고 있다. 수십 년 된 컴퓨터 기술과 이를 전문으로 하는 사람들의 복원은 새로운 기술이 종종 많은 옛 기술 위에 구축된다는 것을 보여준다.

30 글의 요지 파악하기

반짝인다고 모두 금은 아니다.

정답 ②

정답 해설

Enron 스캔들로 물러난 CEO Jeff Skilling과 7년간 12억 달러의 과다 수익 처리로 불명예 퇴진한 도시바의 Hisao Tanaka의 사례처럼 성공 속에 사기와 기만이 감춰져 있을 수도 있다는 내용이다. 그러므로 ②의 "All that glitters is not gold.(반짝인다고 모두 금은 아니다.)"가 윗글의 요지로 가장 적절하다.

핵심 어휘

- **multigenerational** : 다세대의, 여러 세대의
- **midsize** : 중형의, 중견의
- **sheer** : 순전한, 온전한
- **longevity** : 장수, 수명
- **architect** : 건축가, 설계자
- **attest to** : 증명하다, 증언하다
- **navigator** : 조종사, 항해사
- **sustained** : 한결같은, 지속적인
- **conceal** : 숨기다, 은폐하다

- **trickery** : 사기, 기만, 속임수
- **hail** : 환영[환호]하다, 축하하다
- **well-regarded** : 인정받는, 존경받는
- **resign** : 퇴임하다, 물러나다
- **disgrace** : 불명예, 치욕
- **overstatement** : 과장, 과대
- **unearth** : 파헤치다, 밝혀내다
- **feather** : 털, 깃털

오답 해설

① A watched pot never boils.(지켜보는 냄비는 결코 끓지 않는다.)
→ 서두른다고 일이 되는 것은 아니다.

③ Time and tide wait for no man.(세월은 사람을 기다리지 않는다.) → 젊었을 때 마땅히 부지런히 힘쓰라.

④ Birds of a feather flock together.(깃털이 같은 새들끼리 모인다.) → 유유상종(類類相從)

⑤ Don't put all your eggs in one basket.(한 바구니에 모든 달걀을 담지 마라.) → 위험을 분산시켜라.

해석

과거의 성공을 좋은 판단의 표식이라고 가정하는 것은 유혹적이며, 일부 경우에는 그럴 수도 있다. 다세대에 걸친 몇몇 독일 중견기업의 성공과 워런 버핏의 장기간 투자 실적 등은 자주 인용되는 사례이다. 하지만 성공은 다른 부모를 가질 수 있다. 나폴레옹이 그의 장군들에게 요구했던 것으로 유명한 특성인 행운은 종종 인정받지 못한 성공의 설계자이다. 스포츠인들은 기술뿐만 아니라 행운의 중요성을 증언할 수 있다. 네 번의 아메리카 컵 요트 경기에서 승리한 항해사이자 설계자인 Grant Simmer는 경쟁자들의 실수로 인한 행운의 도움을 인정했다. 때로는 지속적인 성공으로 보이는 것이 속임수를 숨길 수도 있다. Enorn 스캔들이 터지기 전인 2001년, CEO Jeff Skilling은 매우 성공적인 리더로 환영받았다. 도시바의 존경받는 상사 Hisao Tanaka는 7년간 12억 달러의 과다 수익이 밝혀진 후 2015년에 불명예 퇴진했다.

31 전체 흐름과 관계 없는 문장 고르기

 핵심주제 | 이의 증식과 건강과의 상관관계 | 정답 ③

정답 해설

머리에 이가 많으면 건강한 사람이라는 뉴헤브리디스 원주민들의 생각은 오랜 관찰 결과 사실이 아닌 걸로 밝혀졌다. 건강한 사람들은 이가 서식하기에 알맞은 체온을 유지했기 때문에 이가 많은 것이지 이가 건강의 원인은 아니다. 그러므로 "이의 증식이 인체의 건강을 증진시키는 데 중요한 결정 요인이었다"는 ③의 내용은 전체적인 글의 흐름과 어울리지 않는다.

핵심 어휘

- **lice** : louse(이)의 복수
- **observation** : 관찰, 관측
- **accurate** : 정확한, 정밀한
- **statistics** : 통계, 통계학
- **correlation** : 연관성, 상관관계
- **proliferation** : 급증, 확산, 증식
- **determinant** : 결정 요인

- **flesh** : 살, 피부
- **scatter** : 뿌리다, 흩어지다
- **prey on** : ~을 먹이로 하다, 잡아먹다

해석

수세기 동안 뉴헤브리디스 제도의 원주민들은 이로 가득 찬 머리를 건강의 표시로 여겼다. "수세기에 걸친 관찰로 건강한 사람들은 대개 이가 있고 아픈 사람들은 그렇지 않은 경우가 많다는 사실을 알게 되었습니다. 관찰 자체는 정확하고 믿을 만 했습니다."라고 Darrell Huff는 「통계로 거짓말하는 방법」이란 책에 썼다. ①그러나 그 상관관계가 이가 건강의 열쇠라는 것을 의미하는 것은 아니다. 오히려 그 반대였다. ②건강한 사람들은 그들의 몸이 딱 알맞은 온도, 즉 벌레를 위한 완벽한 집이었기 때문에 이가 있었다. ③따라서 이의 증식은 인체의 건강을 증진시키는 데 중요한 결정 요인이었다. ④그러나 사람들이 고열이 날 때, 그들의 몸은 뜨거워졌고 이로 인해 이가 흩어졌다. ⑤이는 건강의 원인이 아니라 건강을 해쳤다.

32 전체 흐름과 관계 없는 문장 고르기

 핵심주제 | 암호화폐의 예견된 몰락 | 정답 ①

정답 해설

제시문에 따르면 암호화폐는 그동안 실제 거래에서 큰 역할을 한 적이 없으며, 실물 경제에 활용도가 높은 제품을 결코 내놓은 적이 없다고 서술되어 있다. 그러므로 "실제 거래에서 유용함을 충분히 입증한 Venmo와 같은 디지털 결제 앱을 사용한다고 가정하자"는 ①의 설명은 전체적인 글의 흐름과 어울리지 않는다.

핵심 어휘

- **transaction** : 거래, 처리
- **much-hyped** : 대대적으로 과장된, 엄청 선전된
- **bitcoin** : 비트코인
- **national currency** : 자국 통화
- **disaster** : 재앙, 재난
- **payment app** : 결제 앱
- **amply** : 광범위하게, 충분하게
- **rein in** : 억제하다, 고삐를 죄다
- **stablecoin** : 가격 변동성을 최소화하도록 설계된 암호폐
- **supposedly** : 추정상, 아마
- **peg** : 정하다, 고정시키다
- **unregulated** : 비규제의, 규제받지 않는
- **cascading** : 폭포같은, 계속되는, 연속적인
- **collapse** : 붕괴, 실패
- **reminiscent** : 연상시키는, 추억에 잠긴
- **the Great Depression** : 대공황
- **crypto industry** : 암호화폐 산업
- **come up with** : ~을 생산하다, 제시하다
- **spectacularly** : 눈부시게, 극적으로
- **cutting edge** : 최첨단
- **cultivate** : 경작하다, 양성하다
- **prominent** : 저명한, 유명한

암호화폐는 2009년 무렵부터 있었으며, 그동안 실제 거래에서 큰 역할을 한 적이 없는데도 비트코인을 자국 통화로 만들려는 엘살바도르의 대대적인 시도는 재앙이 되었다. ①예를 들어, 실제 거래에서 유용함을 충분히 입증한 Venmo와 같은 디지털 결제 앱을 사용한다고 가정하자. ②그렇다면 어떻게 암호화폐가 절정에 달했을 때 거의 3조 달러의 가치가 되었을까? ③추정컨대 미국 달러에 고정돼 있었지만 분명 비규제 은행의 모든 위험 대상이었고, 대공황에 일조했던 은행 부도의 물결을 연상시키는 연쇄 붕괴를 경험한 지금 '스테이블코인'을 억제하기 위해 왜 아무런 조치도 취해지지 않는가? ④내 대답은 암호화폐 산업이 실물경제에 활용도가 높은 제품을 결코 내놓은 적이 없지만, 마케팅 자체는 눈부시게 성공해 최첨단이자 존경할 만한 이미지를 만들어냈다는 것이다. ⑤특히 저명한 인물과 기관을 양성함으로써 그렇게 했다.

33 주어진 문장의 위치 찾기

정답 ③

빙하기 황새 렙탑틸로스 로부스투스에 관한 새로운 발견

정답 해설

고생물학자들은 빙하기 황새 렙탑틸로스 로부스투스가 날지 못하는 종(種)이라고 생각했지만, 왕립학회 오픈 사이언스지에 발표된 렙탑틸로스 로부스투스의 날개 뼈 화석을 통해 이 사실이 잘못되었다는 것을 알았다. 그러므로 주어진 문장은 날지 못하는 종(種)이라고 생각했지만, 12피트 길이의 날개폭은 황새가 머리 위로 날아오르도록 했을 것이라고 서술되어 있는 ③에 들어가는 것이 가장 적절하다.

핵심 어휘

• analyze : 분석하다, 조사하다
• fossil : 화석
• hobbit : 호빗(가상의 난쟁이)
• immense : 엄청난, 거대한
• stork : 황새
• tower over : ~보다 훨씬 높다
• paleontologist : 고생물학자
• previously : 이전에, 미리
• flightless : 날지 못하는
• wingspan : 날개 길이, 날개폭
• soar : 솟구치다, 날아오르다
• prompt : 즉각[지체 없이] ~하다, 촉발하다
• revise : 변경하다, 개정하다
• anatomy : 해부학
• scavenger : 청소부, 죽은 동물을 먹는 동물
• prehistoric : 선사의, 선사 시대의

해석

그러나 오늘 왕립학회 오픈 사이언스지에 발표된 날개 뼈를 포함한 새롭게 분석된 화석들이 이 이야기를 바꾸어 놓았다.

인도네시아 동부의 섬인 고대 플로레스에서, '호빗' 크기의 인간은 거대한 새와 그 풍경을 공유했다. (①) 크기가 5피트 이상인 빙하기 황새 렙탑틸로스 로부스투스는 6만 년 이전에 살았던 3피트 크기의 호모 플로레시엔시스보다 더 컸다. (②) 이전에 고생물학자들은 그 큰 새가 고립된 섬 생태계에 적응

해 살아가는 날지 못하는 종(種)이라고 생각했다. (③) 황새의 크기에도 불구하고, 12피트 길이의 날개폭은 황새가 머리 위로 날아오르도록 했을 것이다. (④) 이 새로운 사실에 고생물학자들은 L. 로부스투스의 해부학과 행동에 대해 이전에 생각했던 것을 즉각 수정했다. (⑤) 이 새로운 연구는 그 새가 작은 먹이를 사냥하기보다 아마도 죽은 동물들에게서 먹이를 구했던 것으로 알려진 다른 선사시대의 나는 황새들처럼 청소부였을 거라는 사실을 시사한다.

34 주어진 문장의 위치 찾기

정답 ④

고대 이집트인들이 사용한 아이라이너의 과학적 탐구

정답 해설

고대 이집트인들이 사용한 아이라이너의 일반적인 제조법에는 납이 포함되어 있었고, 납 이온은 다른 면에서 여전히 독성이 있지만 박테리아가 눈을 감염시키기 전에 죽이는 활성산소인 일산화질소를 생성하는 데 도움을 주었다. 이러한 사실을 파리의 화학 팀이 밝혀낸 것이므로 주어진 문장은 ④에 들어가는 것이 가장 적절하다.

핵심 어휘

• lead ions : 납 이온
• toxic : 독성의, 독이 있는
• nitric oxide : 일산화질소
• free radical : 활성 산소
• infect : 감염시키다, 오염시키다
• rim : 가장자리[테]를 이루다[두르다]
• makeover : 미용, 화장
• ritual : 의식상의, 의례적인
• slaughter : 도살, 학살
• manuscript : 원고, 사본
• wearer : 착용하는 사람, 사용하는 사람
• skeptical : 의심 많은, 회의적인
• formula : 공식, 화학식, 제조법
• scraped : 긁어낸
• onto something : 말이 맞는, 뭔가 이루어낸, 좋은 결과의
• compound : 화합물
• deliberately : 의도적으로, 일부러
• dub : 별명을 붙이다, 재녹음하다

해석

납 이온은 다른 면에서 여전히 독성이 있지만 또한 박테리아가 눈을 감염시키기 전에 죽이는 활성산소인 일산화질소를 생성하는 데 도움을 주었다.

이집트인들은 눈가에 검은 화장을 하는 것으로 유명하다. 이 화장은 단지 사람만을 위한 것이 아니라, 기원전 2500년의 예술에서 보듯이 도살 의식에 끌려가는 소들 또한 머리에 칠을 했다. (①) 그 시대의 기록들은 아이라이너가 눈의 감염으로부터 사용자들을 보호한다고 주장했지만, 현대 과학자들은 회의적이었다. (②) 결국 가장 일반적인 제조법에는 납이 포함되어 있었다. (③) 하지만 2009년, 파리의 Pierre와 Marie Curie 대학의 연구원이 이끄는 화학 팀은 무덤에서 긁어낸 샘플을 분석했고 고대인들의 말이 맞다는 것을 발견했다. (④) 게다가, 아이라이너의 일부 화합물은 이집트가 원산지

가 아니어서, 연구원들은 이 화장품이 단지 수중에 있었기 때문에 사용된 것이 아니라 의도적으로 제조된 것이라고 믿게 되었다. (⑤) 이 연구의 저자들은 그 아이라이너를 우리에게 알려진 최초의 대규모 화학 제조 공정이라고 이름 붙였다.

35 한 문장으로 요약하기

정답 ④

현대 민주주의의 토대를 마련한 그리스와 로마의 정부 형태

✏️ 정답 해설

고대 그리스는 국민 주권에 대한 개념을 제시한 반면 로마는 공화주의 개념을 제시했다. 즉, 그리스와 로마의 정부 형태는 달랐지만 수세기에 걸쳐 공화주의와 민주주의가 얽히면서 오늘날 우리가 알고 있는 현대 자유민주주의 체제를 만들어냈다. 그러므로 비록 고대 그리스와 로마의 정부 형태는 (A)달랐지만(dissimilar), 그들은 함께 현대 민주주의의 (B)토대(foundation)를 마련했다고 한 문장으로 요약할 수 있다.

핵심 어휘

- governing decision : 통치 결정
- lay out : 제시하다, 설계하다
- republicanism : 공화주의
- representation : 대표, 대리
- popular sovereignty : 국민 주권
- derive : 끌어내다, 유도하다, 도출하다
- legislative body : 입법부, 입법 기관
- senate : 원로원
- liberal democracy : 자유민주주의
- intertwine : 뒤얽히다, 엮이다
- regime : 정권, 제도, 체계
- deficiency : 결핍, 결점
- interchangeable : 교환[교체]할 수 있는, 호환할 수 있는
- dissimilar : 다른, 같지 않은
- groundbreaking : 획기적인, 신기원을 이룬

✏️ 오답 해설

① (A) primitive → 원시적인
　 (B) deficiencies → 결점
② (A) interchangeable → 교환할 수 있는
　 (B) inspiration → 영감
③ (A) ideal → 이상적인
　 (B) riddles → 수수께끼
⑤ (A) groundbreaking → 획기적인
　 (B) groundwork → 기반

해석

고대 그리스 민주주의는 대중이 정부의 일에 직접 참여하여 정책을 선택하고 통치 결정을 내리도록 하였다. 이런 의미에서 국민은 국가였다. 이와 대조적으로, 로마 제국은 국가 내의 권력 분립과 선출된 관리들을 통한 대중의 대표성을 강조하는 공화주의의 개념을 제시했다. 따라서 그리스가 국민 주권에 대한 개념을 제시한 반면, 원로원과 같은 입법 기관의 개념을 도출한 것은 로마이다. 그들의 초기 형태에서, 그리스의 민주주의도 로마의 공화주의도 오

늘날의 기준으로 자유 민주주의로 정의되지는 않을 것이다. 둘 다 특정의 민주적 요소를 강조했지만 근본적인 방법으로 제한했다. 수세기에 걸쳐 정치적 권리와 제도가 확대되면서 공화주의와 민주주의가 얽혀 오늘날 우리가 알고 있는 현대 자유민주주의 체제를 만들어냈다.

↓

비록 고대 그리스와 로마의 정부 형태는 (A)달랐지만, 그들은 함께 현대 민주주의의 (B)토대를 마련했다.

36 연결어구 넣기

정답 ③

(A) For instance(예를 들어) ⇒ 예시
(B) Yet(그러나, 하지만) ⇒ 역접

✏️ 정답 해설

(A) 꽃은 수분을 위해 그리고 양봉가는 꿀을 위해 각각의 입장에서 꿀벌의 목적을 예로 들어 설명하고 있다. 그러므로 (A)에 들어갈 연결어구는 예시의 의미를 나타내는 'For instance(예를 들어)'가 가장 적절하다.

(B) 특정한 목적을 위해 무언가를 이용하고 있지만, 자연에서는 누가 누구를 이용하고 있는지 명확하지 않다고 했으므로, (B)에는 역접의 의미를 나타내는 'Yet(하지만)'이 들어갈 연결어구로 가장 적절하다.

핵심 어휘

- perceived : 인지된, 감지된
- pollinate : 수분하다, 꽃가루를 주다
- beekeeper : 양봉가
- hive : 벌집
- be relative to : 관계가 있다
- exploit : 이용하다, 착취하다
- tick : 진드기
- hide : (짐승의) 가죽
- rhinoceros : 코뿔소
- rid : 없애다, 제거하다

해석

우리가 목적을 바라보는 방법은 종종 인지된 중요성과 관련이 있다. (A)예를 들어, 꽃을 주된 관심의 대상으로 본다면 꿀벌의 목적은 꽃을 수분시키는 것이라고 말한다. 하지만 우리가 양봉가라면, 꿀벌의 목적은 벌집에 공급할 꿀을 생산하는 것이라고 말할 가능성이 더 높다. 여기서 목적은 꽃을 위해 씨앗을 운반하거나 벌집을 위해 꿀을 생산하는 더 큰 맥락과 관련이 있다고 볼 수 있으며, 특정한 목적을 위해 무언가를 착취하거나 이용하는 것과 관련이 있다. (B)하지만, 자연에서는 누가 누구를 이용하고 있는지 종종 명확하지 않다. 코뿔소 가죽의 진드기를 먹는 작은 새는 코뿔소를 모두가 먹을 수 있는 큰 뷔페로 이용하는가, 아니면 코뿔소가 성가신 진드기를 없애는 수단으로 그 새를 이용하는가? 그 둘은 서로가 필요하다. 그래서 목적은 상대적인 것이며, 어떤 사물이나 사람의 상대적인 중요성과 관련이 있다.

37 글의 배열순서 정하기

최근에 여성 운동이 활발하지 못한 이유   정답 ⑤

정답 해설

주어진 문장에서 화자는 최근에 여성 운동이 활발하지 못한 것에 의문을 던졌고, 글 (C)에서 실제 여성 운동이 유럽과 미국 전역에서 폭발했던 당시 상황을 설명하였다. 다음으로 글 (B)의 마지막 문장에서 일본 여성에 대한 사례를 언급했고, 글 (A)에서 그에 대한 구체적인 설명을 제시하였다. 그러므로 주어진 글 다음에 (C) – (B) – (A)의 순으로 글이 이어져야 한다.

핵심 어휘

· burst : 터뜨리다, 폭발하다
· enormous : 거대한, 엄청난
· dissipate : 소멸되다, 사라지다
· extremely : 매우, 극도로
· explosion : 폭발, 폭파
· end up with : 결국 ~하게 되다
· narrow section : 좁은 부분
· population : 인구, 주민

해석

60년대 이후 여성 운동은 전통적인 남성의 사고방식을 그대로 반영하는 방향으로 발전했다. 그것은 마치 뇌 속으로 타들어가는 모양과 같아서 밖으로 빠져나갈 수 없다. 나는 최근에 왜 여성 운동이 전체적으로 잠재력을 발휘하지 못하는지 생각해 보았다.

(C) 여성 운동은 유럽과 미국 전역에서 엄청난 에너지를 내며 현장에서 폭발했다. 하지만 에너지는 사라졌고, 실제로 성취된 것은 모든 유럽 국가들과 아마도 60년대에 젊고 현재 중년이 된 미국과 캐나다의 중산층 여성들이 오히려 더 잘 해냈다는 것이다.

(B) 그들은 대개 텔레비전과 라디오, 신문 등과 같은 문화적인 일에 좋은 직업을 갖고 있다. 이것은 일본처럼 여성들이 매우 힘든 시간을 보내는 나라들도 또한 사실이다.

(A) 오늘날 일본에는 공적인 생활을 하는 여성이 극히 드물고, 서구의 어느 곳보다 훨씬 적으며, 그들이 있을 때는 거의 항상 문화적인 일에 있다. 그래서 모든 엄청난 에너지의 폭발은 결국 여성 인구의 극히 일부만이 이전보다 더 잘하게 되었다.

38 글의 배열순서 정하기

문화 기생충론   정답 ⑤

정답 해설

주어진 글에서 문화를 숙주의 몸 속에 기생하는 기생충에 비유하여 화제를 던지고 있고, 글 (C)에서 한 숙주에서 다른 숙주로 증식하며 퍼지는 기생충의 특성에 대해 설명하고 있다. 글 (B)에서 이런 식으로 문화적인 사상 또한 인간의 마음속에 기생하여 전파된다고 설명하고 있으며, 마지막으로 글 (A)에서 기생충에 잡아먹힌 숙주처럼 인

간은 죽지만 그 사상은 퍼지며, 문화는 정신적 기생충이라고 결론을 내린다. 그러므로 주어진 글 다음에 (C) – (B) – (A)의 순으로 글이 이어져야 한다.

핵심 어휘

· infection : 감염, 전염병
· parasite : 기생충
· unwitting : 자신도 모르는, 부지불식간의, 무의식적인
· host : 주인, 성체, 숙주
· organic parasite : 유기[생물에서 나온] 기생충
· multiply : 증가하다, 증식하다
· feed off : ~을 먹다
· pass along : 전달하다, 부담시키다, 떠넘기다
· in this fashion : 이런 식으로
· conspiracy : 음모, 모의
· emerge : 나오다, 드러나다

해석

점점 더 많은 학자들이 문화를 정신적인 감염이나 기생충의 일종으로 보고 있으며, 인간을 무의식적인 숙주로 여긴다. 바이러스와 같은 유기 기생충은 숙주의 몸 속에 기생한다.

(C) 이 기생충들은 한 숙주에서 다른 숙주로 증식하여 퍼지면서 숙주를 먹고, 약화시키며, 때로는 죽이기도 한다. 숙주가 기생충에게 물려줄 만큼 충분히 오래 사는 한 숙주의 상태는 거의 신경 쓰지 않는다.

(B) 바로 이런 식으로, 문화적인 사상은 인간의 마음속에 살아 있다. 이들은 증식하여 한 숙주에서 다른 숙주로 전파되며, 때로는 숙주를 약화시키고 때로는 죽이기도 한다. 문화적인 사상은 심지어 죽음의 대가를 치르더라도 그 사상을 퍼뜨리기 위해 사람의 생명을 바치도록 강요할 수 있다.

(A) 인간은 죽지만, 그 사상은 퍼진다. 이 접근법에 따르면, 문화는 다른 사람들을 이용하기 위해 어떤 사람들에 의해 꾸며진 음모가 아니다. 오히려 문화는 우연히 나타난 정신적 기생충이며, 그 이후에 감염된 모든 사람들을 이용한다.

[39~40]

핵심 어휘

· liberally : 듬뿍, 아낌없이
· troop : 병력, 부대
· overthrow : 타도하다, 전복하다
· be preoccupied with : ~에 골몰하다[몰두하다]
· hyperorganized : 과조직화된
· monarchy : 군주국, 왕정
· side with : ~의 편을 들다, 두둔하다
· the Confederacy : 남부연합(미국의 남북전쟁 당시 북부에 대항하는 남부 연방)
· defeat : 패배시키다, 물리치다
· Latino : (미국에 사는) 라틴 아메리카인
· spontaneous : 자발적인, 즉흥적인
· take place in : ~에서 열리다, 일어나다
· slavery : 노예, 노예제도
· significance : 중요성, 중대성, 의의
· fall by the wayside : 도중에 실패하다, 사라지다
· spirits industry : 양주 산업, 양주 업계

• **seize** : 붙잡다, 장악하다
• **ubiquitous** : 어디에나 있는, 도처에 있는
• **rage** : 노하다, 맹위를 떨치다, 성행하다
• **geographically** : 지리적으로
• **conspiracy** : 음모, 모의
• **ridden** : 시달리는, 사로잡힌
• **distorted** : 왜곡된, 비뚤어진
• **cuisine** : 요리, 요리법
• **immigration** : 이민, 이주
• **restoration** : 부활, 회복

 해석

많은 미국인들에게, 싱코 데 마요는 멕시코 음식을 먹고 아낌없이 마시는 날이다. 그러나 실제 역사는 훨씬 더 정치적 사안이다.

그것은 1860년대에 시작되었다. 프랑스는 멕시코로 제국을 확장하고 싶어 했고, 나폴레옹 3세는 아브라함 링컨이 내전에 몰두하는 동안 멕시코에서 민주적으로 선출된 대통령 베니토 후아레스를 타도하기 위해 그의 군대를 멕시코 시티로 진격하도록 명령했다. 과조직화된 프랑스군은 승리할 것으로 크게 기대되었고, 이는 남부연합의 편에 설 새로운 멕시코 군주국을 탄생시켰다.

그러나 1862년 5월 5일, 멕시코군은 푸에블라 전투에서 프랑스를 물리쳤다. 그 뜻밖의 승리는 골드러시 기간 동안 북쪽으로 온 라틴 아메리카인들을 하나로 모았고, 자발적인 축하행사로 이어졌다고 「미국의 전통인 엘 싱코 데 마요」(첫 번째는 캘리포니아의 투올룸네 카운티에서 열렸다.)의 저자 데이비드 E. 헤이스-바티스타는 말한다. 곧 그들은 멕시코와 미국의 두 노예제도에 대항하는 투쟁을 지원하기 위해 단체들을 조직하기 시작했다.

그러나 1930년대에 남북 전쟁에 대한 기억이 더 멀어지면서 민권 공휴일로서의 싱코 데 마요의 중요성은 점차 사라지기 시작했다. 1980년대와 1990년대까지 히스패닉 소비자의 수가 급격히 증가했고, 특히 양주 업계 판매자들이 그 순간을 장악했다. 그들은 그 공휴일을 멕시코-미국 문화의 일반적인 축제로 전환시켜 어디에서나 열었고, 파티는 오늘날에도 성행하고 있다.

39 빈칸 추론하기

 싱코 데 마요의 놀라운 진화   **정답** ②

정답 해설

싱코 데 마요는 푸에블라 전투, 남북 전쟁, 노예제도에 대한 투쟁 등의 역사에 비추어 볼 때, 멕시코-미국 문화의 일반적인 축제 이상의 정치적으로 훨씬 무게가 실린 사안이다. 그러므로 ②의 'politically charged(정치적 사안의)'가 빈칸에 들어갈 말로 가장 적절하다.

오답 해설

① geographically driven(지리적으로 추진된)
③ conspiracy ridden(음모에 사로잡힌)
④ culturally distorted(문화적으로 왜곡된)
⑤ economically balanced(경제적으로 균형 잡힌)

40 글의 제목 유추하기

 싱코 데 마요의 놀라운 진화   **정답** ①

정답 해설

제시문에 싱코 데 마요는 멕시코군이 푸에블라 전투에서 프랑스군을 물리친 후 라틴 아메리카인들의 자발적인 축하행사에서 비롯되었고, 이후 1980년대와 1990년대에 히스패닉 소비자의 수가 급격히 증가하면서 양주 업계 판매자들이 그 날을 멕시코-미국 문화의 일반적인 축제로 전환시켰다고 서술되어 있다. 그러므로 ①의 'The Surprising Evolution of Cinco de Mayo(싱코 데 마요의 놀라운 진화)'가 윗글의 제목으로 가장 적절하다.

오답 해설

② The Political Significance of Mexican Cuisine(멕시코 요리의 정치적 중요성)
③ Revisiting the History of Mexican Immigration(멕시코 이민의 역사 다시보기)
④ All Against Slavery: Struggles of the Confederacy(노예 제도에 반대하는 모든 것: 남부 연합의 투쟁)
⑤ The Restoration of Civil Rights Through Cinco de Mayo(싱코 데 마요를 통한 시민권 회복)

[41~42]

핵심 어휘

• **gasp at** : ~에 놀라 숨이 막히다
• **glance up** : 흘낏[획] 보다, 언뜻 보다
• **shrink** : 줄어들다, 움츠리다
• **dub** : 별명을 붙이다, 더빙하다
• **moon illusion** : 달 착시
• **phenomenon** : 현상, 사건
• **trickery** : 사기, 속임수
• **disagree** : 의견이 다르다, 일치하지 않다
• **deceive** : 속이다, 기만하다
• **supermoon** : 슈퍼문, 초대형 달
• **coincide with** : ~와 일치하다, 동시에 일어나다
• **lunar orbit** : 달의 (공전) 궤도
• **roughly** : 대략, 거의
• **naked eye** : 육안
• **barely** : 겨우, 거의
• **juxtapose** : 병치하다, 옆에 놓다, 나란히 놓다
• **foreground** : 전경, 앞 경치
• **hypothesis** : 가설, 추정
• **intrigue** : 강한 흥미[호기심]
• **take the time to** : ~하는데 시간을 내다[할애하다]
• **savor** : 맛, 풍미, 음미
• **lunar eclipse** : 월식
• **breathtaking** : 숨이 막히는, 숨이 멎는 듯한
• **optical illusion** : 착시, 착시 현상

해석

여러분은 밤의 지평선을 보고 엄청나게 큰 달이 뜨는 광경에 가슴이 벅찬 적이 있는가? 몇 시간 후에 하늘을 올려다보면, 대게는 달이 작아진 것처럼 보일 것이다. 달 착시라고 불리는 이 현상은 수천 년 동안 목격되어 왔으며, 모두가 마음속에서 일어나는 시각적 속임수이다. 그리고 그렇게 오랜 시간이 지난 후에도, 과학자들은 여전히 우리의 뇌에서 정확히 무슨 일이 일어나고

있는지에 대해 의견이 분분하다. 그것을 시험해 보려면, 지평선에서 떠오르는 달 사진을 찍어 그날 밤 늦게 찍은 이미지와 비교하면 된다. 눈은 순간적으로 속을지언정, 그 크기는 일정하게 유지될 것이다. (A)마찬가지로 슈퍼문 기간 동안 보름달의 날짜가 달의 궤도에서 지구와 가장 가까운 곳에 일치하고 달이 약 7% 더 크게 보일 때, 비록 다르다고 확신하더라도 육안으로는 그 차이를 거의 볼 수 없다.

그 착각에 대한 일반적인 설명은 달이 지평선 가까이 있을 때, 하늘과 마주하여 나란히 있는 나무나 건물들이 뇌를 속여 달이 지구에 더 가깝고 따라서 더 크다고 인식하는 것이다. (B)그러나, 궤도상의 우주 비행사들 또한 앞에 물체가 없는데도 달 착시를 목격하기 때문에, 이 설명이 문제를 완전히 해결하지는 못한다. 다른 가설들이 많지만, 달 착시는 여전히 과학자들과 이 달의 신비를 편안히 앉아 음미하는데 시간을 할애하는 사람들에게 약간의 흥미를 유발한다.

41 글의 제목 유추하기

정답 ④

핵심주제 | 달의 크기에 대한 착시 현상

정답 해설

주어진 제시문은 수천 년 동안 목격된 달의 착시 현상에 대해 설명하고 있으며, 달이 작아지는 것처럼 보이는 이유에 대한 다양한 가설들을 제공하고 있다. 그러므로 ④의 'The Optical Illusion of the Size of the Moon(달의 크기에 대한 착시 현상)'이 윗글의 제목으로 가장 적절하다.

오답 해설

① Traveling to the Moon Made Easy(손쉬운 달 여행)
② Lunar Eclipse During Supermoons(슈퍼문 기간 동안의 월식)
③ The Breathtaking View from Outer Space(우주에서 바라본 숨막히는 광경)
⑤ The Shrinking Universe: A Cause for Worry?(작아지는 우주: 걱정거리인가?)

42 연결어구 넣기

정답 ③

핵심주제 | 달의 크기에 대한 착시 현상

정답 해설

(A) 달 착시를 시험하기 위해 그 결과가 유사한 두 가지 방법을 제시하고 있다. 그러므로 'Similarly(마찬가지로)'가 빈칸 (A)에 들어갈 연결어구로 가장 적절하다.

(B) 나무나 건물들 때문에 달 착시가 나타난다는 앞의 설명과 달리 우주 비행사들은 앞에 물체가 없는데도 달 착시를 목격한다고 서술하고 있다. 그러므로 역접의 접속사 'However(그러나)'가 빈칸 (B)에 들어갈 연결어구로 가장 적절하다.

[43~45]

핵심 어휘

• **be stuck in** : ~에 처박혀 있다, ~에 갇히다

• **polio** : 소아마비
• **antidote** : 해독제, 해결책
• **supposedly** : 추측컨대, 아마도
• **grab** : 붙잡다, 움켜쥐다
• **butcher paper** : 고기 포장용지
• **grasp** : 완전히 이해하다, 파악하다
• **instruction** : 지시, 설명
• **delicious-sounding** : 맛있는 소리를 내는
• **ward** : 실, 병동
• **keep under wraps** : 숨기다, 비밀로 하다
• **decade** : 10년
• **epidemic** : 유행병, 전염병
• **bowling alley** : 볼링장
• **moviegoer** : 영화 관람객
• **wary** : 경계하는, 조심하는
• **coupled with** : ~와 결부된, 동반된
• **eradicate** : 근절하다, 뿌리 뽑다
• **be inducted into** : ~에 가입되다, 헌액[추대]되다
• **the National Toy Hall of Fame** : 국립 장난감 명예의 전당
• **humble** : 겸손한, 겸허한
• **keep a low profile** : 겸손함을 유지하다
• **devote** : 바치다, 헌신하다
• **exploration** : 탐사, 탐구
• **royalty check** : 저작권료
• **bittersweet** : 달콤한, 달콤쌉싸름한
• **boost** : 높이다, 신장시키다
• **arithmetic** : 산수, 산술
• **be struck with** : ~에 휩싸이다
• **hospitalize** : 입원시키다

해석

(A) 1948년이었고, 엘리너 애벗은 지루했다. 퇴임한 선생님은 그녀처럼 소아마비를 앓고 있는 어린 아이들에게 둘러싸여 샌디에이고 병원에 갇혀 있었다. 아이들은 외롭고 슬퍼했으며, 달리 할 일이 없었던 애벗은 유쾌한 보드 게임이 완벽한 해결책이 될 수 있으리라 생각했다. 그래서 그녀는 아마도 고기 포장용지 한 장을 쥐고 도안을 그리기 시작했다.

(D) 최종 결과 어린 아이들은 대만족이었다. 세거나 읽을 필요 없이, 참가자는 단순히 색을 파악하여 카드 상의 지시에 따라 보드를 여행하고, 도중에 맛있는 소리를 내는 여러 위치에 멈추면 되었다. 그녀는 소아마비 병동의 아이들과 그 게임을 함께 했고, 아이들은 좋아했다. 1년 후 밀턴 브래들리가 그 게임을 사들였는데, 그것은 공전의 히트작인 캔디랜드였다.

(B) 밀턴 브래들리는 수십 년 동안 그 이야기를 비밀에 부쳤지만, 그 게임과 병과의 연관성은 거기서 멈추지 않았다. 소아마비가 캔디랜드를 유명하게 만드는 데 일조했을 가능성이 있다. 1950년대 초, 소아마비 전염병이 전국을 휩쓸었다. 건강을 지키는 가장 좋은 방법은 사람들을 만나지 않는 것이었다. 공공 수영장, 놀이터, 그리고 볼링장은 폐쇄되었다. 영화 관람객들은 극장에서 서로 멀리 떨어져 앉도록 안내 받았다. 조심스러운 부모들은 아이들을 밖에서 놀도록 내버려두지 않았다. 건강하든 아프든, 모두가 시간을 보내는데 도움이 될 오락거리가 필요했다. 전후 미국인들이 그 어느 때보다 많은 돈과 여가 시간을 가졌다는 사실과 더불어, 그것은 어린이 보드 게임이 인기를 끌기 위한 이상적인 조건을 제공했다. 게다가, 그것은 사탕에 관한 것이지 않은가!

(C) 오늘날, 소아마비는 사실상 지구상에서 근절되었다. 그러나 캔디랜드는 계속해서 기부를 하고 있다. 그 게임은 4천만 장 이상이 팔렸고 2005년에 국립 장난감 명예의 전당에 헌액되었다. 하지만 애벗은 남은 여생 동

안 겸손함을 유지했다. 뉴욕 로체스터에 있는 박물관인 더 스트롱의 니콜라스 리케츠에 따르면, 애벗은 첫 저작권료를 받았을 때, 그 돈의 상당 부분을 병동에서 만난 아이들에게 바로 돌려주었다. 얼마나 자상한가!

43 글의 배열 순서 정하기

핵심주제 캔디랜드의 달콤한 역사
정답 ④

정답 해설

우선 글 (A)에서 앨리너 애벗이 소아마비 병동에서 보드 게임을 만든 상황을 설명하고 있고, 다음으로 보드 게임을 하는 방법에 대해 설명한 글 (D)가 이어져야 한다. 글 (D)의 말미에 밀턴 브래들리가 그 게임을 사들여 히트시킨 것이 캔디랜드였고, 그것이 유명하게 된 이유를 글 (B)에서 설명하고 있다. 마지막으로 글 (C)에서 캔디랜드를 처음 도안한 엘리너 애벗의 훈훈한 미담에 대해 설명하고 있다. 그러므로 글 (A) 다음에 (D)-(B)-(C)의 순서로 글이 이어져야 한다.

44 글의 제목 유추하기

핵심주제 캔디랜드의 달콤한 역사
정답 ②

정답 해설

캔디랜드는 엘리너 애벗이 샌디에이고 병원에 입원중일 때 소아마비에 걸린 아이들을 위해 고안했고, 소아마비가 사라진 이후에도 계속해서 기부를 이어가고 있으며, 애벗이 첫 저작권료를 받았을 때도 그 돈의 상당 부분을 병동에서 만난 아이들에게 돌려주었다고 서술하고 있다. 그러므로 ②의 'The Bittersweet History of Candy Land(캔디랜드의 달콤한 역사)'가 윗글의 제목으로 가장 적절하다.

오답 해설

① How to Play Candy Land with Kids(아이들과 캔디랜드 놀이하는 방법)
③ Using Candy Land as an Educational Tool(캔디랜드를 교육 도구로 사용하기)
④ Candy Land: Boosting Children's Confidence(아이들의 자신감을 높여주는 캔디랜드)
⑤ The Decline of the Popularity of Candy Land(캔디랜드의 인기 하락)

45 내용과 불일치 문장 고르기

핵심주제 캔디랜드의 달콤한 역사
정답 ①

정답 해설

글 (D)에서 세거나 읽을 필요 없이, 참가자는 단순히 색을 파악하여 카드 상의 지시에 따라 보드를 여행하고, 도중에 맛있는 소리를 내는 여러 위치에 멈추면 된다고 그 게임에 대해 설명하고 있다. 그러므로 "Candy Land requires basic arithmetic skills.(캔디랜드는 기본적

인 산술 능력을 필요로 한다.)"는 ①의 설명은 윗글의 내용과 일치하지 않는다.

오답 해설

② America was struck with an epidemic in the 1950s.(미국은 1950년대에 전염병이 유행하였다.) → 1950년대 초, 소아마비 전염병이 전국을 휩쓸었다고 글 (B)에 서술되어 있음
③ Eleanor Abbott made Candy Land while hospitalized.(엘리너 애벗은 입원 중에 캔디랜드를 만들었다.) → 엘리너 애벗이 샌디에이고 병원에 입원 중일 때 캔디랜드를 만들었다고 글 (A)에 서술되어 있음
④ Eleanor Abbott shared her first royalty check with others.(엘리너 애벗은 처음 받은 저작권료를 다른 사람들과 나누었다.) → 엘리너 애벗이 처음 받은 저작권료의 상당 부분을 병동에서 만난 아이들에게 바로 돌려주었다고 글 (C)에 서술되어 있음
⑤ At first, Milton Bradley did not reveal the origin story of Candy Land.(처음에 밀턴 브래들리는 캔디랜드의 유래를 밝히지 않았다.) → 밀턴 브래들리는 수십 년 동안 캔디랜드의 유래에 관한 이야기를 비밀에 부쳤다고 글 (B)에 서술되어 있음

수학영역

01 삼각함수

사인법칙과 코사인법칙

정답 ①

step1 삼각형의 넓이공식을 이용한다.

$\overline{AB}$, $\overline{AC}$의 길이가 각각 3, 5이고 주어진 삼각형의 넓이가 $5\sqrt{2}$이므로

$5\sqrt{2} = \dfrac{1}{2} \times 3 \times 5 \times \sin A$,

$\sin A = \dfrac{2\sqrt{2}}{3}$

이때, $\sin^2 A + \cos^2 A = 1$이므로

$\dfrac{8}{9} + \cos^2 A = 1$,

$\cos A = \dfrac{1}{3}$

step2 코사인법칙을 이용한다.

따라서 코사인법칙을 이용하여 $\overline{BC}$의 길이를 구하면

$\overline{BC}^2 = 3^2 + 5^2 - 2 \times 3 \times 5 \times \dfrac{1}{3} = 24$,

$\overline{BC} = 2\sqrt{6}$

step3 사인법칙을 이용하여 외접원의 반지름의 길이를 구한다.

외접원의 반지름의 길이를 R이라 할 때, 사인법칙을 이용하면

$2R = \dfrac{2\sqrt{6}}{\sin A}$,

$\therefore R = \dfrac{3\sqrt{3}}{3}$

✅ 핵심노트

사인법칙

삼각형 ABC의 외접원의 반지름의 길이를 R이라 하면

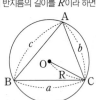

$\dfrac{a}{\sin A} = \dfrac{b}{\sin B} = \dfrac{c}{\sin C} = 2R$이 성립한다.

코사인법칙

삼각형 ABC에서 $\overline{AB} = c$, $\overline{BC} = a$, $\overline{CA} = b$라 할 때 다음이 성립한다.

㉠ $a^2 = b^2 + c^2 - 2bc\cos A$
㉡ $b^2 = c^2 + a^2 - 2ca\cos B$
㉢ $c^2 = a^2 + b^2 - 2ab\cos C$

02 정적분의 활용

속도와 위치

정답 ④

step1 시각 t에서의 위치를 구한다.

원점에서 출발하는 두 점 P, Q의 시각 t에서의 위치를 각각 $x_P(t)$, $x_Q(t)$라고 하면

$x_P(t) = \displaystyle\int_0^t 3t^2 + 2t - 4\,dt = t^3 + t^2 - 4t$

$x_Q(t) = \displaystyle\int_0^t 6t^2 - 6\,dt = 2t^3 - 3t^2$

step2 두 점 P와 Q가 만나는 위치를 찾는다.

$t^3 + t^2 - 4t = 2t^3 - 3t^2$,

$t^3 - 4t^2 + 4t = 0$,

$t(t-2)^2 = 0$

$\therefore t = 2$

따라서 $t = 2$일 때, 두 점이 처음으로 만나므로 이때의 위치는

$\therefore x_P(2) = x_Q(2) = 4$

✅ 핵심노트

속도와 위치의 관계

수직선 위를 움직이는 점 P의 시각 t에서의 속도를 $v(t)$라 하면 시각 t에서의 위치는 $\displaystyle\int_0^t v(t)\,dt$이다.

03 지수와 로그

지수함수

정답 ③

step1 $x = a$일 때, P, Q, R의 좌표를 찾는다.

$x = a$일 때, P, Q, R의 좌표는 각각 $P(a, 4^a)$, $Q(a, 2^a)$, $R\left(a, -\left(\dfrac{1}{2}\right)^{a-1}\right)$이다.

step2 비례식을 이용하여 a의 값을 구한다.

이때, $\overline{PQ} : \overline{QR} = 8 : 3$이므로 이를 식으로 나타내면

$4^a - 2^a : 2^a + \left(\dfrac{1}{2}\right)^{a-1} = 8 : 3$,

$3(4^a - 2^a) = 8(2^a + 2^{1-a})$,

$3 \times 2^{3a} - 11 \times 2^{2a} - 16 = 0$,

$(2^a - 4)(3 \times 2^{2a} + 2^a + 4) = 0$,

$\therefore a = 2$

04 지수와 로그

지수의 계산

정답 ⑤

step1 집합 A를 해석한다.

집합 A에서 $2 \leq a \leq k$이므로 a는 1보다 큰 자연수이다.

따라서 $\log_a b \leq 2$, $b \leq a^2$

step2 $a=2$부터 차례대로 대입하여 조건에 맞는 값을 구한다.

또한, 자연수 k는 $k\geq 2$이므로 $a=2$부터 집합 A에 차례대로 대입하면,

$a=2$일 때, $b\leq 4$이므로
$(a, b)=(2, 1), (2, 2), (2, 3), (2, 4)$: 4개
$a=3$일 때, $b\leq 9$이므로
$(a, b)=(3, 1), (3, 2), \cdots, (3, 9)$: 9개
$a=4$일 때, $b\leq 16$이므로
$(a, b)=(4, 1), (4, 2), \cdots, (4, 16)$: 16개
$a=5$일 때, $b\leq 25$이므로
$(a, b)=(5, 1), (5, 2), \cdots, (5, 25)$: 25개
따라서 $a=1$부터 $a=5$까지 원소의 개수의 합이 54이므로
자연수 a와 k의 최댓값은 5, 자연수 b의 최댓값은 25이다.
$\therefore 5+25+5=35$

05 정적분의 활용

 핵심주제 나머지 정리 정답 ①

step1 사차함수 $f(x)$을 구한다.

주어진 조건에서 사차함수 $f(x)$가 x^3으로 나누어떨어지므로 $f(x)$는 x^3을 인수로 가져야한다.
$\therefore f(x)=ax^3(x-b)$

step2 주어진 극값을 이용하여 a, b를 구한다.

이때, 함수 $f(x)$는 $x=1$에서 극값 2를 가지므로,
$f'(1)=0, f(1)=2$
함수 $f(x)$의 양변을 x에 대해 미분하면
$f'(x)=3ax^2(x-b)+ax^3$이므로
$f'(1)=3a(1-b)+a=0,$
$f(1)=a(1-b)=2$
위의 두 식을 연립하여 a, b를 구하면
$\therefore a=-6, b=\dfrac{4}{3}$

따라서 $f(x)=-6x^3\left(x-\dfrac{4}{3}\right)=-6x^4+8x^3$

step3 주어진 정적분을 변형한다.

한편,
$\displaystyle\int_0^2 f(x-1)dx=\int_{-1}^1 f(x)dx$이므로
$\displaystyle\int_{-1}^1 -6x^4+8x^3 dx=-2\int_0^1 6x^4 dx$
$\displaystyle\qquad\qquad =-2\times\left[\dfrac{6}{5}x^5\right]_0^1$
$\displaystyle\qquad\qquad =-\dfrac{12}{5}$

06 삼각함수

 핵심주제 코사인함수의 활용 정답 ③

step1 코사인 그래프의 특징을 통해 규칙성을 찾는다.

함수 $y=\cos x$그래프에서 $y=0$을 만족시키는 x값은
$x=\pm\dfrac{\pi}{2}, \pm\dfrac{3\pi}{2}, \pm\dfrac{5\pi}{2}, \pm\dfrac{7\pi}{2}, \cdots$이므로
$\cos\dfrac{(a-b)\pi}{2}=0$에서 $(a-b)=\pm$(홀수)의 값을 만족시켜야 한다.

step2 가능한 순서쌍 (a, b)를 구한다.

따라서 $a^2+b^2\leq 13$와 $(a-b)=\pm$(홀수)를 동시에 만족시키는 값을 구하면
$a=0$일 때, $b^2\leq 13$이므로 순서쌍 (a, b)는
$(0, 1), (0, -1), (0, 3), (0, -3)$
$a=\pm 1$일 때, $b^2\leq 12$이므로 순서쌍 (a, b)는
$(1, 0), (-1, 0), (1, 2), (-1, 2), (1, -2),$
$(-1, -2)$
$a=\pm 2$일 때, $b^2\leq 9$이므로 순서쌍 (a, b)는
$(2, 1), (-2, 1), (2, -1), (-2, -1), (2, 3),$
$(-2, 3), (2, -3), (-2, -3)$
$a=\pm 3$일 때, $b^2\leq 4$이므로 순서쌍 (a, b)는
$(3, 0), (-3, 0), (3, 2), (-3, 2), (3, -2),$
$(-3, -2)$
$\therefore$ 순서쌍 (a, b)는 총 24개

07 미분

 핵심주제 함수의 그래프 정답 ④

step1 삼차함수 $f(x)$의 그래프 개형을 구한다.

최고차항의 계수가 1인 삼차함수 $f(x)$가 $x=1, x=-1$에서 극값을 가지므로
$\therefore f'(x)=3(x-1)(x+1), f(x)=x^3-3x+C$
(단, C는 적분상수)
한편, $f(x)\leq 9x+9$에서 부등호의 양변을 함수 $y=f(x)$, 함수 $y=9x+9$라 하고, 이를 그래프로 나타내면 다음과 같다.

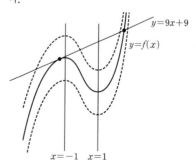

step2 경우를 나누어 $\{x|f(x)\leq 9x+9\}=(-\infty, a]$를 만족시키는 조건을 찾는다.

위의 그림에서 $f(x)\leq 9x+9$의 값을 만족시키는 구간이 $(-\infty, a]$이므로 경우를 나누어 이를 판단하면

(ⅰ) 함수 $y=f(x)$와 함수 $y=9x+9$의 그래프가 서로 다른 세 점에서 만날 때 함수 $y=f(x)$가 함수 $y=9x+9$보다 아래쪽에 위치한 부분이 두 군데 생기므로 $\{x|f(x)\le 9x+9\}=(-\infty,\ a]$의 조건을 만족시키지 않는다.

(ⅱ) 함수 $y=f(x)$와 함수 $y=9x+9$의 그래프가 한 점에서 만날 때 (단, a는 양수) 함수 $y=f(x)$가 함수 $y=9x+9$보다 아래쪽에 위치한 부분이 한 군데 생기므로 $\{x|f(x)\le 9x+9\}=(-\infty,\ a]$의 조건을 만족시키나 a가 최솟값이 되지 않는다.

(ⅲ) 함수 $y=f(x)$와 함수 $y=9x+9$의 그래프가 두 점에서 만날 때 (단, a는 양수)
함수 $y=f(x)$가 함수 $y=9x+9$보다 아래쪽에 위치한 부분이 한 군데 생기므로 $\{x|f(x)\le 9x+9\}=(-\infty,\ a]$의 조건을 만족시키며 a가 최솟값이다.

따라서 함수 $y=f(x)$와 함수 $y=9x+9$의 그래프가 두 점에서 만날 때, 주어진 조건이 성립하므로 두 함수는 한 점에서 접하고, 다른 한 점에서 만난다.

step3 접선의 기울기를 이용하여 a의 값을 구한다.
이때, 접점에서의 접선의 기울기가 9이므로
$f'(x)=3(x-1)(x+1)=9,\ x^2=4$
$\therefore x=\pm 2$
이때, $x=2$이면, a의 값이 음수가 되므로 $x=-2$이고, 이때의 교점의 좌표는 $(-2,\ -9)$이므로 이를 $f(x)=x^3-3x+C$에 대입하면 $C=-7$
따라서 두 함수 $y=f(x)=x^3-3x-7$와 $y=9x+9$의 교점은
$x^3-3x-7=9x+9,\ x^3-12x-16=0$
$(x+2)^2(x-4)=0$
$\therefore a=4$

08 부등식의 활용

핵심주제 산술기하평균

정답 ⑤

step1 산술기하평균을 이용하여 부등식을 구한다.
주어진 원 $x^2+y^2=r^2$ 위의 점의 좌표가 $(a,\ b)$이므로
$a^2+b^2=r^2$
이때, 산술기하평균을 이용하면
$r^2=a^2+b^2\ge 2\sqrt{a^2b^2}$,
$\therefore \dfrac{r^2}{2}\ge |ab|$

step2 $f(64)$의 값을 구한다.
한편, $\log_r|ab|$에서 r은 1보다 큰 실수이므로 $|ab|$가 최댓값을 가질 때, $\log_r|ab|$도 최댓값을 갖는다. 따라서
$f(r)=\log_r \dfrac{r^2}{2}=2-\log_r 2$
$\therefore f(64)=2-\log_{64}2=2-\dfrac{1}{6}=\dfrac{11}{6}$

핵심노트

산술, 기하평균의 관계

$a>0,\ b>0$일 때 $\dfrac{a+b}{2}\ge \sqrt{ab}$가 성립한다.

(단, 등호는 $a=b$일 때 성립)

09 로그

핵심주제 로그의 활용

정답 ⑤

step1 조건 (나)를 이용하여 $f(1)+f(2)+f(3)$의 개수를 구한다.
조건 (나)에서 $\log\{f(1)+f(2)+f(3)\}=\log 12$이므로
$\therefore f(1)+f(2)+f(3)=12$
따라서 집합 $A=\{1,\ 2,\ 3,\ 4,\ 5\}$에서 A로의 함수에서 위의 식이 성립할 수 있도록 하는 $f(1),\ f(2),\ f(3)$의 값은 다음과 같다.
(ⅰ) $f(1),\ f(2),\ f(3)$이 $(5,\ 5,\ 2)$로 구성되어 있을 때
  : 총 3가지
(ⅱ) $f(1),\ f(2),\ f(3)$이 $(5,\ 4,\ 3)$으로 구성되어 있을 때
  : 총 6가지
(ⅲ) $f(1),\ f(2),\ f(3)$이 $(4,\ 4,\ 4)$로 구성되어 있을 때
  : 총 1가지

step2 조건 (다)를 이용하여 $f(4),\ f(5)$의 순서쌍을 구한다.
한편, 조건 (다)에서 $\log\{f(4)f(5)\}\le 1$이므로
$\therefore f(4)f(5)\le 10$
따라서 집합 $A=\{1,\ 2,\ 3,\ 4,\ 5\}$에서 A로의 함수에서 위의 식이 성립할 수 있도록 하는 $f(4),\ f(5)$의 순서쌍은 다음과 같다.
$(f(4),\ f(5))=(1,\ 1),\ (1,\ 2),\ (1,\ 3),\ (1,\ 4),\ (1,\ 5),$
$\qquad\qquad (2,\ 1),\ (2,\ 2),\ (2,\ 3),\ (2,\ 4),\ (2,\ 5),$
$\qquad\qquad (3,\ 1),\ (3,\ 2),\ (3,\ 3),$
$\qquad\qquad (4,\ 1),\ (4,\ 2),$
$\qquad\qquad (5,\ 1),\ (5,\ 2)$

: 총 17가지

step3 조건 (가)를 이용하여 함수 $f(x)$의 개수를 구한다.
이때, 조건 (가)에 의해 함수 값이 같은 $\log f(x)$가 적어도 한 개 이상 존재해야 하므로
조건 (나)에서 구한 (ⅰ), (ⅲ)의 값들은 이미 조건 (가)를 만족한다.
반면, (ⅱ)는 $(f(4),\ f(5))=(1,\ 2),\ (2,\ 1)$일 때, 함수 $\log f(x)$가 일대일함수가 되므로 조건 (가)를 만족시키지 않는다.
따라서 위의 조건을 모두 만족시키는 $f(x)$의 개수는
$\therefore 3\times 17+6\times (17-2)+1\times 17=158$

10 정적분의 활용

핵심주제 도형의 넓이

정답 ③

step1 $h(m)$을 구한다.

주어진 함수 $f(x)$와 직선 $y=mx+4$를 그래프로 나타내면 다음과 같다.

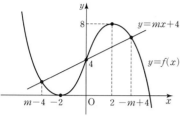

위의 그림에서 $h(m)$은 함수 $f(x)$와 직선 $y=mx+4$로 둘러싸인 영역이다.

이때, 두 영역은 점 $(0,4)$에 대해 대칭이므로 넓이가 같다.

따라서

$$h(m)=2\int_{m-4}^{0}\{(mx+4)-(x+2)^2\}dx$$
$$=2\times\frac{|-1|}{6}\times(4-m)^3$$
$$=\frac{(4-m)^3}{3}$$

step2 m의 값에 -2와 1을 대입한다.

이때, $h(-2)+h(1)$의 값은

$$\therefore \frac{\{4-(-2)\}^3}{3}+\frac{(4-1)^3}{3}=72+9=81$$

 핵심노트

이차함수와 x축으로 둘러싸인 넓이

이차함수 $f(x)=a(x-\alpha)(x-\beta)$ $(\alpha<\beta)$에서
x축과 $f(x)$로 둘러싸인 부분의 넓이 S는
$$S=\int_{\alpha}^{\beta}|a(x-\alpha)(x-\beta)|dx=\frac{|a|(\beta-\alpha)^3}{6}$$

11 수열의 합

 핵심주제 합의 기호 $\sum$ | **정답** ②

step1 수열 $\{a_n\}$을 변형한다.

주어진 수열 $\{a_n\}$의 일반항을 변형하면

$$a_n=\frac{\sqrt{9n^2-3n-2}+6n-1}{\sqrt{3n+1}+\sqrt{3n-2}}$$
$$=\frac{\sqrt{(3n+1)(3n-2)}+(3n+1)+(3n-2)}{\sqrt{3n+1}+\sqrt{3n-2}}$$

이때, 분자와 분모에 $(\sqrt{3n+1}-\sqrt{3n-2})$를 곱하여 유리화 하면

$$a_n=\frac{\{\sqrt{(3n+1)(3n-2)}+(3n+1)+(3n-2)\}(\sqrt{3n+1}-\sqrt{3n-2})}{(\sqrt{3n+1}+\sqrt{3n-2})(\sqrt{3n+1}-\sqrt{3n-2})}$$
$$=\frac{(\sqrt{3n+1})^3-(\sqrt{3n-2})^3}{(3n+1)-(3n-2)}$$
$$=\frac{(\sqrt{3n+1})^3-(\sqrt{3n-2})^3}{3}$$

step2 $\sum_{n=1}^{16}a_n$의 값을 구한다.

따라서

$$\sum_{n=1}^{16}a_n=\frac{1}{3}\sum_{n=1}^{16}(\sqrt{3n+1})^3-(\sqrt{3n-2})^3$$

$$=\frac{1}{3}\{(\sqrt{4^3}-\sqrt{1^3})+(\sqrt{7^3}-\sqrt{4^3})+\cdots+(\sqrt{49^3}-\sqrt{46^3})\}$$
$$=\frac{1}{3}(\sqrt{49^3}-\sqrt{1^3})=114$$

12 도함수의 활용

 핵심주제 접선의 방정식 | **정답** ④

step1 원 C의 반지름의 길이가 최소가 되는 경우를 찾는다.

문제의 조건 (가)에서
주어진 조건에서 점 $(18,-1)$을 지나면서 곡선 $y=x^2-1$에 만나는 원 C를 그릴 때, 반지름의 길이가 최소가 되는 지점은 원이 곡선 $y=x^2-1$와 접하는 임의의 점 $P(t,t^2-1)$에서의 접선과 원의 지름이 수직을 이룰 때이고, 이를 그래프로 나타내면 다음과 같다.

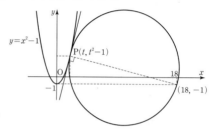

step2 반지름의 길이를 구한다.

따라서 함수 $y=x^2-1$ 위의 점 $P(t,t^2-1)$에서의 접선의 기울기 $2t$와, 점 $P(t,t^2-1)$과 $(18,-1)$을 지나는 직선의
기울기 $\frac{(t^2-1)-(-1)}{t-18}$가 서로 수직이므로,

$$2t\times\frac{t^2}{t-18}=-1,$$
$$2t^3+t-18=0,$$
$$(t-2)(2t^2+4t+9)=0$$
$$\therefore t=2$$이므로 $P(2,3)$

이때, $P(2,3)$와 $(18,-1)$의 두 점 사이의 길이는
$$\sqrt{16^2+4^2}=4\sqrt{17}$$
따라서 원 C의 반지름의 길이는
$$\therefore 2\sqrt{17}$$

13 도함수의 활용

핵심주제 접선의 방정식 | **정답** ②

step1 접선의 방정식의 특징을 이용하여 식을 세운다.

임의의 점 (a,b)에서 함수 $y=x^2$에 그은 접선이 만나는 접점을 (t,t^2)라고 하면

$$\therefore y=2t(x-a)+b$$

이때, 접선 $y=2t(x-a)+b$에서의 기울기 $2t$는
점 (t,t^2)과 점 (a,b) 사이의 기울기와 같으므로

$$\therefore 2t=\frac{t^2-b}{t-a}, \quad t^2-2at+b=0$$

한편, 접점 (t,t^2)는 곡선 $y=x^2$ 위에 두 군데 생기는 점이므로 이를 각각 $P(m,m^2)$, $Q(n,n^2)$라고 하면

$t^2-2at+b=0$의 두 근이 m, n이므로 근과 계수의 관계에 의해

$\therefore mn=b$

또한, 접점 $P(m, m^2)$에서 (a, b)로 그은 접선의 기울기와, 접점 $P(m, m^2)$에서 (a, b)로 그은 접선의 기울기가 각각 $2m$, $2n$이고 두 접선은 수직이므로

$\therefore 2m\times 2n=-1,\ mn=-\dfrac{1}{4}$

step2 b의 값을 이용하여 a의 범위를 구한다.

따라서 $b=-\dfrac{1}{4}$

$a^2+b^2\le\dfrac{37}{16}$에서 $b=-\dfrac{1}{4}$을 대입하면

$a^2+\dfrac{1}{16}\le\dfrac{37}{16},\ a^2\le\dfrac{9}{4}$

$\therefore -\dfrac{3}{2}\le a\le\dfrac{3}{2}$

step3 p, q의 값을 구한다.

$b=-\dfrac{1}{4}$로 고정된 값이므로 $a+b$는 $a=-\dfrac{3}{2}$일 때 최소가 되고, $a=\dfrac{3}{2}$일 때 최대가 된다.

따라서 $p=\dfrac{5}{4}$, $q=-\dfrac{7}{4}$이므로

$\therefore pq=-\dfrac{35}{16}$

14 미분계수의 정의

  정답 ③

미분계수의 정의 활용

step1 $\dfrac{1}{x}$를 치환하여 식을 변형한다.

주어진 식에서 $\dfrac{1}{x}=t$로 치환하면 $t\to0$이므로

$\displaystyle\lim_{t\to0}\sum_{k=1}^{4}\left\{\dfrac{f(1+3^kt)g(1+3^kt)}{t}\right\}$

$=\displaystyle\lim_{t\to0}\sum_{k=1}^{4}\left\{f(1+3^kt)\times\dfrac{g(1+3^kt)}{t}\right\}$

$=\displaystyle\sum_{k=1}^{4}f(1)\times\lim_{t\to0}\sum_{k=1}^{4}\left\{\dfrac{g(1+3^kt)}{t}\right\}$

이때, $g(1)=0$이므로 위의 식을 변형하면

$\displaystyle\sum_{k=1}^{4}f(1)\times\lim_{t\to0}\sum_{k=1}^{4}\left\{\dfrac{g(1+3^kt)}{t}\right\}$

$=\displaystyle\sum_{k=1}^{4}f(1)\times\lim_{t\to0}\sum_{k=1}^{4}\left\{\dfrac{g(1+3^kt)+g(1)}{3^kt}\times3^k\right\}$

$=\displaystyle\sum_{k=1}^{4}\{f(1)\times g'(1)\times3^k\}$

이때, $f(1)=2$, $g'(1)=2$이므로

$\displaystyle\sum_{k=1}^{4}\{f(1)\times g'(1)\times3^k\}=\sum_{k=1}^{4}4\times3^k$

$=4(3+3^2+3^3+3^4)$

$=480$

15 함수의 극한과 연속

16 수열

  정답 ③

함수의 연속

step1 주어진 조건을 파악한다.

정삼각형 ABC에 내접하는 반지름의 길이가 1인 원 S를 그래프로 나타내면 다음과 같다.

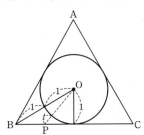

이때, 삼각형 위의 임의의 점 P에서 원 S까지 거리가 실수 $t(0\le t\le1)$이므로

구간을 나누어보면 다음과 같다.

(i) $t=0$일 때, P는 정삼각형 ABC와 원 S가 접할 때의 점

(ii) $0<t<1$일 때, P는 t값이 커질수록 정삼각형 ABC의 꼭짓점에 가까워진다.

(iii) $t=1$일 때, P는 정삼각형 ABC의 꼭짓점

step2 t값의 구간을 나누어 $f(t)$의 불연속인 지점을 구한다.

한편 $f(t)$는 점 P부터 원 S까지 거리가 t인 점 P의 개수이므로

(i), (iii) 즉, $t=0$, $t=1$일 때, 점 P는 3개이므로 $f(0)=3$, $f(1)=3$이고

(ii) 즉, $0<t<1$일 때, 점 P는 6개이므로 이때의 $f(t)=6$이다.

따라서 $f(t)$를 그래프로 나타내면 다음과 같다.

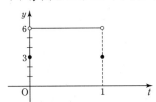

위의 그래프에서 불연속인 지점은 $k=0$, $k=1$일 때의 두 곳이므로

$\therefore a=2$

$\displaystyle\lim_{t\to1-}f(t)=6$이므로

$\therefore b=6$

따라서 $a+b=8$

✓ 핵심노트

함수의 연속

함수 $f(x)$가 실수 a에 대하여 다음 세 가지 조건을 모두 만족할 때, 함수 $f(x)$는 $x=a$에서 연속이라 한다.

㉠ 함수 $f(x)$가 $x=a$에서 정의되어 있다. ⇒ $x=a$에서 함숫값 $f(a)$가 존재한다.

㉡ 극한값 $\displaystyle\lim_{x\to a}f(x)$가 존재한다.

㉢ $\displaystyle\lim_{x\to a}f(x)=f(a)$

수열의 규칙성 파악 〔정답 ①〕

step1 주어진 조건을 해석한다.

주어진 조건에서 정사각형 $ABCD$의 변 위에 점 P가 있고, 내부에 점 (a, b)가 있으므로 이를 그래프로 나타내면 다음과 같다.

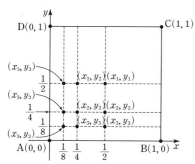

위의 그래프에서 n의 값을 $n=1$부터 차례대로 대입하면

(i) $n=1$일 때의 점 (a, b)를 (x_1, y_1)이라 하면,

점 P와 점 (x_1, y_1) 사이의 거리의 최솟값이 $\dfrac{1}{2^1}=\dfrac{1}{2}$

이므로

이를 만족시키는 (x_1, y_1)는 $\left(\dfrac{1}{2}, \dfrac{1}{2}\right)$이다.

∴ $n=1$일 때 (a, b)의 값은 총 1개이므로 $a_1=1$

(ii) $n=2$일 때의 점 (a, b)를 (x_2, y_2)라 하면,

점 P와 점 (x_2, y_2) 사이의 거리의 최솟값이 $\dfrac{1}{2^2}=\dfrac{1}{4}$

이고,

조건 (다)에 의해 x_2와 y_2의 분자는 항상 1의 값을 가지므로

이를 만족시키는 (x_2, y_2)는 $\left(\dfrac{1}{4}, \dfrac{1}{2}\right)$, $\left(\dfrac{1}{4}, \dfrac{1}{4}\right)$,

$\left(\dfrac{1}{2}, \dfrac{1}{4}\right)$이다.

∴ $n=2$일 때 (a, b)의 값은 총 3개이므로 $a_2=3$

(iii) $n=3$일 때의 점 (a, b)를 (x_3, y_3)라 하면,

점 P와 점 (x_3, y_3) 사이의 거리의 최솟값이 $\dfrac{1}{2^3}=\dfrac{1}{8}$

이고, 조건 (다)에 의해 x_3와 y_3의 분자는 항상 1의 값을 가지므로 이를 만족시키는 (x_3, y_3)는 $\left(\dfrac{1}{8}, \dfrac{1}{2}\right)$,

$\left(\dfrac{1}{8}, \dfrac{1}{4}\right)$, $\left(\dfrac{1}{8}, \dfrac{1}{8}\right)$, $\left(\dfrac{1}{4}, \dfrac{1}{8}\right)$, $\left(\dfrac{1}{2}, \dfrac{1}{8}\right)$이다.

∴ $n=3$일 때 (a, b)의 값은 총 5개이므로 $a_3=5$

⋮

step2 일반항 a_n을 구한다.

따라서 일반항 a_n을 구하면 $a_n=2n-1$이므로

∴ $\displaystyle\sum_{n=1}^{10} a_n=\sum_{n=1}^{10} 2n-1=100$

17 삼각함수

 삼각함수의 활용 〔정답 ①〕

step1 주어진 조건을 해석한다.

주어진 함수 $f(x)$의 주기는 $\dfrac{2\pi}{|a\pi|}=\dfrac{2}{a}$이고, 범위는

$-1+2b \le f(x) \le 1+2b$이므로 이를 그래프로 나타내면 다음과 같다.

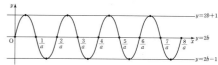

한편, 집합 $\{x \mid \log_2 f(x)$는 정수$\}$에서 $\log_2 f(x)=k$라고 하면 $f(x)=2^k$(단, k는 정수)이고,

이때, 원소의 개수가 8이 되어야 하므로, 위의 그래프와 직선 $y=2^k$(단, k는 정수)가 만나는 점의 개수가 8개가 되어야 한다.

step2 $b=1$부터 차례대로 대입하여 조건을 만족시키는 a의 값을 구한다.

a, b가 모두 자연수이므로 위의 그래프에 $b=1$부터 차례대로 대입하면,

(i) $b=1$일 때, 함수 $f(x)$의 범위는 $1 \le f(x) \le 3$

이때, 직선 $y=2^k$와 접점이 생기기 위한 k값은 $k=0$, $k=1$

따라서 함수 $f(x)$와 $y=2^k$의 접점의 개수가 8개를 만족시키는 a의 값은 5

∴ $a=5$

(ii) $b=2$일 때, 함수 $f(x)$의 범위는 $3 \le f(x) \le 5$

이때, 직선 $y=2^k$와 접점이 생기기 위한 k값은 $k=2$,

따라서 함수 $f(x)$와 $y=2^k$의 접점의 개수가 8개를 만족시키는 a의 값은 7

∴ $a=7$

(iii) $b=3$일 때, 함수 $f(x)$의 범위는 $5 \le f(x) \le 7$

직선 $y=2^k$와 접점이 생기기 위한 k값은 존재하지 않는다.

(iv) $b=4$일 때, 함수 $f(x)$의 범위는 $7 \le f(x) \le 9$

이때, 직선 $y=2^k$와 접점이 생기기 위한 k값은 $k=3$,

따라서 함수 $f(x)$와 $y=2^k$의 접점의 개수가 8개를 만족시키는 a의 값은 7

∴ $a=7$

(v) $b=5$일 때, 함수 $f(x)$의 범위는 $9 \le f(x) \le 11$

직선 $y=2^k$와 접점이 생기기 위한 k값은 존재하지 않는다.

⋮

따라서 $a=5$, $a=7$이외의 다른 a의 값은 존재하지 않으므로 모든 a의 값의 합은

∴ $5+7=1$

핵심노트

삼각함수의 최대, 최소

㉠ $y=a\sin(\omega x+b)+c$

　최댓값 : $|a|+c$, 최솟값 : $-|a|+c$, 주기 : $\dfrac{2\pi}{|\omega|}$

㉡ $y=a\cos(\omega x+b)+c$

　최댓값 : $|a|+c$, 최솟값 : $-|a|+c$, 주기 : $\dfrac{2\pi}{|\omega|}$

㉢ $y=a\tan(\omega x+b)+c$

　최댓값 : 없다, 최솟값 : 없다, 주기 : $\dfrac{\pi}{|\omega|}$

18 정적분

정답 ②

핵심주제　정적분의 성질

step1　함수 $g(x)$를 정리한다.

주어진 함수 $g(x)$에 $x=-1$을 대입하면 $g(-1)=0$이고 함수 $g(x)$를 정리하면

$$g(x)=2x\int_{-1}^{x}f(t)dt-\int_{-1}^{x}f(t)^2dt \text{이다.}$$

이때, 양변을 x에 대하여 미분하면

$$\therefore g'(x)=2\int_{-1}^{x}f(t)dt+2xf(x)-\{f(x)\}^2$$

step2　x값의 구간을 나누어 $g'(x)$를 구한다.

한편, 함수 $f(x)$는 x값의 구간에 따라 식이 달라지므로 x값의 범위를 나누어 $g'(x)$를 구하면

(ⅰ) $x<-1$일 때, $f(x)=0$

$$g'(x)=2\int_{-1}^{x}0dt+2x\times0-0^2=0$$

(ⅱ) $-1\leq x<0$일 때, $f(x)=1+x$

$$\begin{aligned}g'(x)&=2\int_{-1}^{x}(1+t)dt+2x(1+x)-(1+x)^2\\&=x^2+2x+1+2x+2x^2-x^2-2x-1\\&=2x^2+2x\end{aligned}$$

(ⅲ) $0\leq x<1$일 때, $f(x)=-x+1$

$$\begin{aligned}g'(x)&=2\int_{-1}^{x}(-t+1)dt+2x(-x+1)-(-x+1)^2\\&=\left\{2\int_{-1}^{0}f(t)dt+2\int_{0}^{x}(-t+1)dx\right\}\\&\qquad+2x(-x+1)-(-x+1)^2\\&=2\times\frac{1}{2}+2\left(-\frac{1}{2}x^2+x\right)-2x^2+2x-x^2+2x-1\\&=-4x^2+6x\end{aligned}$$

(ⅳ) $1\leq x$일 때, $f(x)=0$

$$\begin{aligned}g'(x)&=2\int_{-1}^{1}f(t)dt+\int_{1}^{x}f(t)dx+2x\times0-0^2\\&=2\times1+0+0-0=2\end{aligned}$$

따라서 좌표평면에 함수 $y=g'(x)$의 그래프를 그리면 다음과 같다.

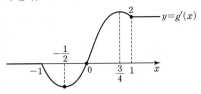

step3　함수 $g(x)$의 최솟값을 구한다.

위의 그래프에서 $x=0$일 때, 함수 $g(x)$가 극솟값을 가지므로 $g(0)$일 때 최솟값이다.

따라서

$$\begin{aligned}g(0)&=-\int_{-1}^{0}f(t)^2dt=-\int_{-1}^{0}(1+t)^2dt\\&=-\int_{-1}^{0}t^2+2t+1dt\\&=\left[\frac{1}{3}t^3+t^2+t\right]_{-1}^{0}\\&=-\frac{1}{3}\end{aligned}$$

핵심노트

함수의 극대와 극소의 판정

함수 $f(x)$가 미분가능하고 $f'(a)=0$일 때, $x=a$의 좌우에서 $f'(x)$의 부호가

㉠ 양($+$)에서 음($-$)으로 바뀌면 $f(x)$는 $x=a$에서 극대이고, 극댓값 $f(a)$를 가진다.

㉡ 음($-$)에서 양($+$)으로 바뀌면 $f(x)$는 $x=a$에서 극소이고, 극솟값 $f(a)$를 가진다.

19 함수의 극한

정답 ④

핵심주제　함수의 극한에 대한 성질

step1　주어진 각각의 조건을 해석한다.

주어진 조건에서 함수 $y=f(x)$의 그래프를 y축에 대칭이동한 함수가 $y=g(x)$이므로 함수 $f(x)$와 함수 $g(x)$는 우함수 관계이다.

$$\therefore f(x)=g(-x)$$

한편,

조건 (가)에서 $\displaystyle\lim_{x\to1}\frac{f(x)}{x-1}$의 값이 존재하기 위해서는

(분모)→0으로 갈 때, (분자)→0으로 가야하므로

$$\therefore f(1)=0$$

이와 마찬가지로, 조건 (나)에서 $\displaystyle\lim_{x\to3}\frac{f(x)}{(x-3)g(x)}$는 임의의 k값으로 수렴하므로 (분모)→0으로 갈 때, (분자)→0으로 가야하므로

$$\therefore f(3)=0$$

조건 (다)에서 $\displaystyle\lim_{x\to-3+}\frac{1}{g'(x)}=\infty$ 즉, 양의 무한대로 발산하므로 $\displaystyle\lim_{x\to-3+}g'(x)=0+$으로 수렴해야한다, 따라서

$$g'(-3)=0$$

이때, $f(x)=g(-x)$이므로 함수 $f'(x)$와 함수 $g'(x)$는 기함수 관계 즉, $f'(x)=-g'(-x)$

$$\therefore g'(-3)=-f'(3)=0, f'(3)=0$$

step2　주어진 조건을 만족시키는 함수 $f(x)$를 구한다.

따라서 위의 조건에 따라 함수 $f(x)$를 설정하면

$$\therefore f(x)=a(x-1)(x-3)^2\times Q(x)$$

(단, a는 양수이고, $Q(x)$는 임의의 다항식)

이를 다시 조건 (나)에 대입하면

$$\lim_{x\to3}\frac{a(x-1)(x-3)^2\times Q(x)}{(x-3)g(x)}$$

$$=\lim_{x\to 3}\frac{a(x-1)(x-3)\times Q(x)}{g(x)}=k$$

또한, $g(x)=f(-x)$이므로

$$\lim_{x\to 3}\frac{a(x-1)(x-3)\times Q(x)}{g(x)}$$
$$=\lim_{x\to 3}\frac{a(x-1)(x-3)\times Q(x)}{f(-x)}$$
$$=\lim_{x\to 3}\frac{a(x-1)(x-3)\times Q(x)}{a(-x-1)(-x-3)^2\times Q(-x)}=k$$

step3 k의 조건을 이용하여 m과 k의 값을 구한다.

이때, k는 0이 아닌 상수라는 조건을 만족시켜야 하는데, 분자에 $(x-3)$을 인수로 지니고 있으므로 $Q(-x)$는 $(x-3)$을 인수로 지니는 다항식이 되어야 한다.

$\therefore Q(-x)=(x-3)P(x)$ (단, $P(x)$는 임의의 다항식)

즉, $Q(x)=(-x-3)P(-x)=-(x+3)P(-x)$

이므로

$\therefore f(x)=-a(x-1)(x-3)^2(x+3)P(-x)$

함수 $f(x)$의 차수는 임의의 다항식 $P(-x)$가 상수항일 때 최소이므로

$\therefore m=4$

또한, 이때의 k값은

$$\lim_{x\to 3}\frac{a(x-1)(x-3)\times -(x+3)P(-x)}{a(-x-1)(-x-3)^2\times (x-3)P(x)}=\frac{1}{12}=k$$

$\therefore k=\dfrac{1}{12}$

따라서 $m+k=4+\dfrac{1}{12}=\dfrac{49}{12}$

20 미분

정답 ②

접선의 방정식

step1 점 A의 값을 구한다.

곡선 $y=x^3-x^2$ 위의 점 A에 그은 접선의 기울기가 8이므로

$y'=3x^2-2x=8$,

$3x^2-2x-8=0$,

$(3x+4)(x-2)=0$

$x=-\dfrac{4}{3}$ 또는 $x=2$

이때, 점 A는 제 1사분에 있는 점이므로

$\therefore A(2, 4)$

step2 좌표평면에 그래프를 그려 $\overline{BX}\sin\theta$의 의미를 파악한다.

한편, 주어진 조건에 따라 점 $B(0, 4)$, 원 S, 원위의 임의의 점 X, 그리고 위에서 구한 $A(2, 4)$를 좌표평면에 나타내면 다음 그림과 같다.

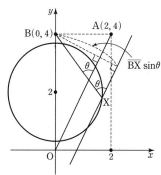

위의 그림에서 두 직선 OA와 BX가 이루는 예각의 크기가 θ이므로,

$\overline{BX}\sin\theta$의 값은 점 $B(0, 4)$에서 직선 OA와 평행하면서 X를 지나는 직선에 내린 수선의 발의 길이이다.

따라서 $\overline{BX}\sin\theta$가 최대인 지점은 직선 OA와 평행하면서 X를 지나는 직선이 원에 접할 때이고, 이때 $\overline{BX}\sin\theta$ 값이 $\dfrac{6\sqrt{5}}{5}$이다.

step3 닮음을 이용하여 r의 값을 구한다.

원 S의 반지름의 길이를 r이라 할 때, 삼각형의 닮음을 이용하여 r을 구하면

직선 OA와 평행하면서 원 S와 접하는 접선, 이 접선과 수직이면서 점 $B(0, 4)$를 지나는 직선, 그리고 y축으로 이루어진 직각삼각형과 직각삼각형 OAB는 두 각의 크기가 같은 AA닮음이므로 이때의 삼각형의 비는 $2:1:\sqrt{5}$

이때, 직선 OA와 평행하면서 원 S와 접하는 접선과 y축이 만나는 점을 M이라 하면,

$1:\dfrac{6\sqrt{5}}{5}=\sqrt{5}:\overline{BM}$

$\therefore \overline{BM}=6$

따라서 원의 반지름 r과 y축 그리고 직선 OA와 평행하면서 원 S와 접하는 접선을 각각 한 변으로 하는 직각삼각형의 비도 이와 같으므로

$r:\dfrac{6\sqrt{5}}{5}=4:6$

$\therefore r=\dfrac{4\sqrt{5}}{5}$

21 수열

정답 146

수열의 합

step1 a_1의 값을 구한다.

$\displaystyle\sum_{k=1}^{n}\frac{a_k}{2k-1}=2^n$에서 $n=1$을 대입하면 $a_1=2$

step2 a_5의 값을 구한다.

한편, $S_n=\displaystyle\sum_{k=1}^{n}\frac{a_k}{2k-1}=2^n$이므로

$S_n-S_{n-1}=\dfrac{a_n}{2n-1}=2^n-2^{n-1}$

$\therefore S_5-S_4=\dfrac{a_5}{9}=2^5-2^4$, $a_5=9(32-16)$, $a_5=144$

$a_1+a_5=2+144=146$

22 로그

정답 250

핵심주제 로그의 성질

step1 주어진 식을 정리한 후 치환한다.

주어진 식을 정리하면,
$\log a + \log b - \log 2 = (\log a)(\log b)$,
$\log b + \log c - \log 2 = (\log b)(\log c)$,
$\log c + \log a = (\log c)(\log a)$
이때, $\log a = A$, $\log b = B$, $\log c = C$라고 하면
(ⅰ) $A + B - \log 2 = AB$,
(ⅱ) $B + C - \log 2 = BC$,
(ⅲ) $C + A = CA$

step2 치환한 식을 연립하여 a, b, c의 값을 구한다.

위의 식에서 (ⅰ)-(ⅱ)를 한 후 양변을 정리하면
$A - C = AB - BC$,
$A - C = B(A - C)$,
$(A - C) - B(A - C) = 0$,
$(1 - B)(A - C) = 0$
따라서 $B = 1$ 또는 $A = C$
그러나 $B = 1$인 경우 $\log b = 1$, $b = 10$이므로 a, b, c가 모두 10보다 크다는 조건에 모순이다.
∴ $A = C$
이를 (ⅲ)에 대입하면 $2A = A^2$이므로,
∴ $A = 2$, $C = 2$, $B = 2 - \log 2$
따라서 $a = 100$, $c = 100$, $b = 50$이므로
∴ $a + b + c = 250$

✓ 핵심노트

로그의 성질

$a > 0$, $a \neq 1$, $x > 0$, $y > 0$일 때,
㉠ $\log_a 1 = 0$, $\log_a a = 1$
㉡ $\log_a xy = \log_a x + \log_a y$
㉢ $\log_a \dfrac{x}{y} = \log_a x - \log_a y$
㉣ $\log_a x^n = n \log_a x$

23 함수의 연속

정답 7

핵심주제 함수의 증가와 감소

step1 임의의 함수 $f(x)$를 구한다.

함수 $f(x)$는 최고차항이 1인 이차함수이므로 꼭짓점을 $(t, f(t))$라고 하면,
∴ $f(x) = (x - t)^2 + f(t)$

step2 좌표평면을 통해 임의의 함수 $f(x)$를 구체화 한다.

한편, 함수 $g(x)$는 $(x < 1)$인 영역에서 함수
$y = -x^2 + 2x + 2 = -(x - 1)^2 + 3$이고, $(x \geq 1)$인 영역에서 $f(x)$이므로, 이를 그래프로 나타내면 다음과 같다.

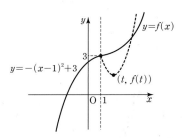

함수 $g(x)$는 $x = 1$에서 연속이므로 $f(1) = 3$
$f(1) = (1 - t)^2 + f(t) = 3$,
$t^2 - 2t + 1 + f(t) = 3$,
∴ $f(t) = -t^2 + 2t + 2$이므로 $f(x) = x^2 - 2tx + 2t + 2$

step3 조건을 만족시키는 t값을 구한다.

또한, t값의 범위가 $1 < t$인 경우 감소하는 부분이 존재하므로 실수 전체의 집합에서 증가하는 함수라는 조건에 모순이 생긴다. 따라서 조건을 만족시키는 t값의 범위는 $t \leq 1$
$f(x)$에 $x = 3$을 대입하면 $f(3) = -4t + 11$이므로 $t = 1$일 때 최솟값을 갖는다.
∴ $f(3)$의 최솟값은 7

24 함수의 그래프

정답 14

핵심주제 함수의 최대 최소

step1 주어진 부등식을 정리한 후 치환한다.

$\sin^2 x + \cos^2 x = 1$, $\sin^2 x = 1 - \cos^2 x$이므로 주어진 부등식을 정리하면
$(a \sin^2 x - 4) \cos x + 4$
$= \{a(1 - \cos^2 x) - 4\} \cos x + 4 \geq 0$
이때, $\cos x = t$ $(-1 \leq t \leq 1)$라고 하면
$\{a(1 - t^2) - 4\} \times t + 4 \geq 0$,
$at - at^3 - 4t + 4 \geq 0$,
$-at^3 + (a - 4)t + 4 \geq 0$
$at^3 - (a - 4)t - 4 \leq 0$
∴ $(t - 1)(at^2 + at + 4) \leq 0$

step2 부등식을 만족시키기 위한 조건을 찾는다.

위의 부등식에서 t값의 범위는 $-1 \leq t \leq 1$이므로 모든 t에 대하여 $(t - 1) \leq 0$가 성립한다.
따라서 부등식 $(t - 1)(at^2 + at + 4) \leq 0$의 조건을 만족하기 위해서는 $(at^2 + at + 4) \geq 0$가 되어야 한다.

step3 a의 구간을 나누어 함수 $f(t)$의 최댓값 최솟값을 만족시키는 a의 범위를 구한다.

함수 $f(t) = at^2 + at + 4$라고 하면 $f(t) \geq 0$,
$f(t) = a\left(t + \dfrac{1}{2}\right)^2 - \dfrac{a}{4} + 4$이고,
a의 범위에 따라 함수 $f(t)$의 값이 달라지므로 구간을 나누어 이를 판단하면
(ⅰ) $a < 0$일 때
함수 $f(t)$의 최고차항의 계수가 음수이므로 위로 볼록한 이차함수며,
t값의 범위가 $-1 \leq t \leq 1$이므로 이를 그래프로 나타내

면 다음과 같다.

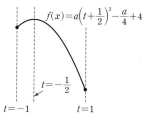

따라서 함수 $f(t)$는 $t=1$에서 최솟값을 가지므로

$f(1)=2a+4$

∴ $2a+4\geq 0$, $-2\leq a<0$

(ii) $a=0$일 때

함수 $f(t)=4$이므로 $4\geq 0$,

∴ $a=0$일 때 성립

(iii) $a>0$일 때

함수 $f(t)$의 최고차항의 계수가 양수이므로 아래로 볼록한 이차함수며,

t값의 범위가 $-1\leq t\leq 1$이므로 이를 그래프로 나타내면 다음과 같다.

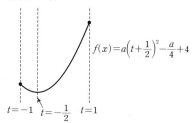

따라서 함수 $f(t)$는 $t=-\dfrac{1}{2}$에서 최솟값을 가지므로

$f\left(-\dfrac{1}{2}\right)=-\dfrac{1}{4}a+4$

∴ $-\dfrac{1}{4}a+4\geq 0$, $0<a\leq 16$

(i), (ii), (iii)에 의해 a의 범위는 $-2\leq a\leq 16$이므로 최댓값과 최솟값의 합은

∴ $-2+16=14$

25 정적분의 활용

정답 34

도형의 넓이

step1 주어진 조건에 따라 문제를 해석한다.

삼각형의 빗변을 $\overline{OP}=a$, 빗변 $\overline{OP}$와 x축이 이루는 각을 θ라고 할 때,

점 P의 좌표는 $P(a\cos\theta, a\sin\theta)$이다.

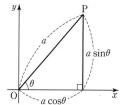

위의 그림을 참고하여 집합 A를 해석하면,

빗변 $\overline{OP}$의 길이가 2이고, 빗변 $\overline{OP}$와 x축이 이루는 각이 θ인 삼각형의 점 P의 좌표는

$P(2\cos\theta, 2\sin\theta)$이고, 이를 x축의 방향으로 2만큼 y축의 방향으로 2만큼 움직이면

∴ $P(2+2\cos\theta, 2+2\sin\theta)$ $\left(단, -\dfrac{\pi}{3}\leq\theta\leq\dfrac{\pi}{3}\right)$

이와 마찬가지로 집합 B를 해석하면,

$P(2\cos\theta, 2\sin\theta)$이고, 이를 x축의 방향으로 -2만큼 y축의 방향으로 2만큼 움직이면

∴ $P(-2+2\cos\theta, 2+2\sin\theta)$ $\left(단, \dfrac{2\pi}{3}\leq\theta\leq\dfrac{4\pi}{3}\right)$

또한, 집합 C는 두 직선 $y=2+\sqrt{3}$, $y=2-\sqrt{3}$가 $x=-3$부터 $x=3$까지의 영역에서 그려지므로 집합 $A\cup B\cup C$ 즉, 도형 X의 그래프는 다음과 같다.

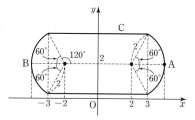

step2 α의 값을 구한다.

이때, 집합 X로 둘러싸인 부분의 넓이는 α이므로

∴ $\alpha=6\{(2+\sqrt{3})-(2-\sqrt{3})\}+4\left(\dfrac{1}{2}\times 2^2\times\dfrac{1}{3}\pi-\dfrac{\sqrt{3}}{2}\right)$

$=12\sqrt{3}+\dfrac{8}{3}\pi-2\sqrt{3}$

$=10\sqrt{3}+\dfrac{8}{3}\pi$

step3 β의 값을 구한다.

한편, 곡선 $y=-\sqrt{3}x^2+2$는 꼭짓점의 좌표가 $(0, 2)$이고 위로 볼록한 이차함수이므로

도형 X와 곡선 $y=-\sqrt{3}x^2+2$를 그래프로 그리면 다음과 같다.

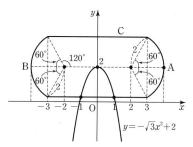

이때, 도형 X와 곡선 $y=-\sqrt{3}x^2+2$가 만나는 점은 $(1, 2-\sqrt{3})$, $(-1, 2-\sqrt{3})$이므로

∴ $c=2-\sqrt{3}$

따라서 곡선 $y=-\sqrt{3}x^2+2$와 직선 $y=2-\sqrt{3}$로 둘러싸인 부분의 넓이가 β이므로

∴ $\beta=\dfrac{|-\sqrt{3}|\times\{1-(-1)\}^3}{6}$

$=\dfrac{4\sqrt{3}}{3}$

따라서 $\alpha-\beta$의 값은

$\alpha-\beta=10\sqrt{3}+\dfrac{8}{3}\pi-\dfrac{4\sqrt{3}}{3}$

$=\dfrac{8\pi+26\sqrt{3}}{3}$

$p=8$, $q=26$이므로

∴ $p+q=34$